Ernst Heinrich Philipp August Haeckel

Studien zur Gastraeatheorie

Ernst Heinrich Philipp August Haeckel

Studien zur Gastraeatheorie

ISBN/EAN: 9783744637688

Hergestellt in Europa, USA, Kanada, Australien, Japan

Cover: Foto ©Andreas Hilbeck / pixelio.de

Weitere Bücher finden Sie auf **www.hansebooks.com**

BIOLOGISCHE STUDIEN.

VON

DR. ERNST HAECKEL,

Professor an der Universität Jena

ZWEITES HEFT

STUDIEN ZUR GASTRAEA-THEORIE.

Mit 14 TAFELN.

JENA.

VERLAG VON HERMANN DUFFT.

1877.

STUDIEN

ZUR

GASTRAEA-THEORIE.

VON

DR. ERNST HAECKEL,

Professor an der Universität Jena.

MIT 14 TAFELN.

JENA,
VERLAG VON HERMANN DUFFT.
1877.

Inhalts-Verzeichniss.

III. Die Physemarien (Haliphysema und Gastrophysema), Gastraeaden der Gegenwart.

Hierzu Taf. IX—XIV.

(August 1876.)

IV. Nachträge zur Gastraea-Theorie.
(November 1876.)

I.

Die Gastraea-Theorie,
die phylogenetische Classification des Thierreichs und die Homologie der Keimblätter.

Hierzu Tafel I.

1. Die causale Bedeutung der Phylogenie für die Ontogenie.

Die Entwickelungsgeschichte der Organismen hat in jüngster Zeit eine neue Periode ihrer Entwickelung dadurch begonnen, dass sie sich von der empirischen Erforschung der von ihr verfolgten Thatsachen zu der philosophischen Frage nach den natürlichen Ursachen derselben erhoben hat. Allerdings waren die denkenden Forscher im Gebiete der Biogenie schon seit mehr als einem halben Jahrhundert bemüht, durch die innige Verknüpfung von empirischer Beobachtung und philosophischer Reflexion sich über die blosse Kenntniss der biogenetischen Erscheinungen zu einem tieferen Verständniss ihrer Bedeutung zu erheben, und nach „Gesetzen der organischen Entwickelung" zu suchen. Allein dieses verdienstvolle Streben konnte so lange keine causalen Erkenntnisse erzielen, so lange man ausschliesslich die Entwickelung des organischen Individuums an sich verfolgte. Vielmehr ist diese Befriedigung des wissenschaftlichen Causalitäts-Bedürfnisses erst möglich geworden, seitdem wir im letzten Decennium begonnen haben, die natürliche Entwickelung der organischen Species zu untersuchen, und durch diese Stammesgeschichte der organischen Arten die Keimesgeschichte der organischen Individuen zu erklären.

Nachdem Caspar Friedrich Wolff im Jahre 1759 durch seine „Theoria generationis" die Epigenesis zum unerschütterlichen Fundamente der gesammten Entwickelungsgeschichte erhoben und nachdem auf diesem festen, über ein halbes Jahrhundert hindurch unbekannt gebliebenen Grundsteine Christian Pander 1817 den ersten Entwurf der Keimblätter-Theorie vorgezeichnet hatte, gelang es 1828 Carl Ernst Baer in seiner „Entwickelungsgeschichte der Thiere", die Richtung zu bestimmen und die Bahn abzustecken, innerhalb deren die ganze folgende Embryologie sich bewegen musste. In diesem classischen Werke ist durch die glückliche Verbindung von sorgfältigster Beobachtung und philosophischer

1 *

Reflexion, sowie durch die Verschmelzung der embryologischen
mit der vergleichend-anatomischen und zoologisch-systematischen
Forschung, die jugendliche Wissenschaft von der individuellen Entwickelung der Thiere zum Ausgangspunkte der gesammten wissenschaftlichen Zoologie erhoben, zu dem centralen Knotenpunkte geworden, in welchem alle verschiedenen Disciplinen der letzteren
wieder zusammenlaufen müssen. Die glänzenden und fruchtreichen
Arbeiten von JOHANNES MÜLLER und HEINRICH RATHKE, welche namentlich im Gebiete der niederen Thiere unsere Kenntnisse ausserordentlich erweiterten, haben sich ganz innerhalb jener Bahnen
gehalten. Selbst die bedeutendste Arbeit, welche die individuelle
Entwickelungsgeschichte der Thiere nächst BAER's Fundamental-Werk
aufzuweisen hat, die höchst werthvollen „Untersuchungen über die
Entwickelung der Wirbelthiere" von ROBERT REMAK (1851) müssen
als unmittelbare Fortsetzung der BAER'schen Forschungs-Richtung
angesehen werden; ihr originelles Hauptverdienst besteht darin,
die empirisch-philosophische Untersuchung der embryologischen
Processe von dem organologischen Gebiete auf das histologische
hinübergeführt und die Richtigkeit der Grundsätze, welche BAER
an den Individuen zweiter Ordnung, den Organen, aufgestellt hatte,
auch an den Individuen erster Ordnung, den Zellen erprobt zu
haben. Durch die weitere Ausbildung, die REMAK der Keimblätter-
Theorie gab, wurde dieselbe zugleich zum Ausgangspunkte der
Histogenie erhoben.

Wenn so einerseits die klare Berechtigung und volle Gültigkeit
der von WOLFF und BAER in die Entwickelungsgeschichte einge-
führten Ideen, und vor allen der fundamentalen Keimblätter-
Theorie, sich positiv in dem massgebenden Einfluss zeigte, den sie
auf die bedeutendsten Untersuchungen ihrer zahlreichen Nachfolger
ausübten, so wurde sie anderseits nicht minder negativ durch die
Ohnmacht einzelner Gegner dargethan, welche die von jenen vor-
gezeichnete Bahn zu verlassen und eine neue, ganz abweichende
Richtung einzuschlagen versuchten. Der prätensiöseste dieser Versuche ging von CARL BOGUSLAUS REICHERT aus, der in zahlreichen
einzelnen Schriften, besonders aber in seinem Aufsatze über „das
Entwickelungsleben im Wirbelthier-Reich" (1840) und in seinen
„Beiträgen zur Kenntniss des Zustandes der heutigen Entwickelungsgeschichte" (1843) die Keimblätter-Theorie und die damit zusammenhängenden wesentlichsten Grundprincipien der Zoogenesis
verwarf, und an ihre Stelle ein wüstes Conglomerat von phantasti-
schen Einfällen zu setzen suchte, das nicht einmal den Namen

einer wissenschaftlichen Hypothese, geschweige denn einer Theorie verdient. Während die vorhergenannten Häupter der Embryologie durch klare leitende Gedanken und Aufstellung von Entwickelungs-Gesetzen Licht und Ordnung in die chaotische Fülle der embryologischen Thatsachen zu bringen und die verwickelten Erscheinungen durch Zurückführung auf einfache Principien zu erklären bemüht waren, versuchte REICHERT umgekehrt, sich dadurch ein vorübergehendes Ansehen zu erwerben, dass er die einfachsten Thatsachen als höchst verwickelt, das Gleichartige als grundverschieden und das Zusammengehörige als ganz getrennt darstellte. Seine höchst unklaren und verworrenen Gedanken-Knoten würden aber wohl ebenso in der Embryologie wie in der Histologie rasch wieder vergessen worden sein, wenn er es nicht verstanden hätte, ihnen durch eine schwülstige und mit philosophischen Kunstausdrücken verbrämte Phraseologie eine bunte Hülle überzuwerfen, und durch dieses äusserliche Blendwerk die Leere des Innern zu verdecken. Obgleich nun dadurch nicht Wenige sich wirklich blenden und zu einer bewundernden Anerkennung seiner confusen Behauptungen hinreissen liessen, wurden dieselben doch bald durch BAER, RATHKE, REMAK, BISCHOFF, CARL VOGT und Andere in ihrer wahren Nichtigkeit aufgedeckt, und dadurch nur um so glänzender die fundamentale Sicherheit der Keimblätter-Theorie bewiesen, die REICHERT vergeblich zu zerstören versucht hatte [1]).

1) In historischen Betrachtungen über organische Entwickelungsgeschichte wird nicht selten neben und mit den Namen von WOLFF, BAER, REMAK u. s. w. auch derjenige von REICHERT als eines verdienstvollen Förderers derselben genannt. Dies kann nur so verstanden werden, dass REICHERT durch seine völlig verfehlten und ohne jedes tiefere Verständniss der Entwickelungsgeschichte angestellten, ebenso eitlen wie anmassenden Versuche eine kräftige Reaction hervorrief. Ebenso wie er in der Histologie durch seine abenteuerlichen Angriffe auf die Protoplasma-Theorie nicht wenig beitrug, dieselbe zu kräftigen, ebenso hat er auch in der Embryologie durch seine unrichtige Lehre von den „Umhüllungshäuten", durch seine falschen „Bildungsgesetze" und durch seine gänzlich verfehlten Anschauungen von der Histogenese indirect die Wissenschaft mannichfach gefördert. Darin liegt aber doch kein Grund, seine negativen Verdienste mit den positiven eines BAER, RATHKE, REMAK u. s. w. zu vergleichen, die auch ihrerseits sich energisch dagegen verwahrt haben. Allerdings sind in REICHERT'S ausgedehnten embryologischen Untersuchungen einzelne brauchbare Beobachtungen enthalten (bekanntlich findet auch ein blindes Huhn bisweilen ein Korn); allein im Grossen und Ganzen sind sie zu den Arbeiten niedersten Ranges zu rechnen und nur mit denjenigen eines DONITZ, DURSY, HIS u. s. w. zusammenzustellen. Einzelne bedeutende Ideen, die REICHERT als sein Eigenthum ausgiebt, hat derselbe nur von RATHKE und Anderen entlehnt.

Den Anstoss zu einer bahnbrechenden neuen Richtung erhielt die Entwickelungsgeschichte erst hundert Jahre nach dem Erscheinen der *Theoria generationis*, als CHARLES DARWIN 1859 sein epochemachendes Werk über die Entstehung der Arten veröffentlichte und durch die darin enthaltene Selections-Theorie eine höcht fruchtbare Reform der Descendenz-Theorie herbeiführte. Allerdings war diese letztere schon 1809 von JEAN LAMARCK in seiner tiefdurchdachten *Philosophie zoologique* mit vollem Bewusstsein ihrer Bedeutung als wahrer Grundgedanke der „biologischen Philosophie" hingestellt; sie wurde aber ebenso, wie WOLFF's gleich bedeutende *Theoria generationis* ein volles halbes Jahrhundert hindurch von der sogenannten „exacten" Naturwissenschaft todtgeschwiegen. LAMARCK hatte bereits mit voller Bestimmtheit die gemeinsame Abstammung aller Organismen von einer einzigen oder einigen wenigen einfachsten Urformen behauptet. Indem DARWIN aber seine Theorie von der natürlichen Züchtung im Kampfe um's Dasein begründete, und nachwies, wie unter deren Einfluss die organischen Formen einer beständigen langsamen Umbildung unterliegen, ging er weit über LAMARCK hinaus und lehrte uns für die von letzterem gelehrten Thatsachen die wahren bewirkenden Ursachen kennen: Die Wechselwirkung der Vererbung und Anpassung. Wenn nun auch zunächst dadurch nur der Ursprung der organischen Arten erklärt und eine „Entwickelungsgeschichte der Species" angebahnt werden sollte, so musste damit doch zugleich ein ganz neues Licht auch auf die Entwickelungsgeschichte der Individuen, auf die Embryologie fallen. Die innige Beziehung, in welcher diese beiden Zweige der organischen Entwickelungsgeschichte, diejenige der Arten und diejenige der Individuen, zu einander stehen, konnte DARWIN nicht entgehen. Doch hat er in seinem Hauptwerke, das vor Allem die Selections-Theorie zu begründen hatte, und ebenso in den übrigen darauf folgenden Schriften (namentlich in dem berühmten Werke über die Abstammung des Menschen) der Embryologie nur einen verhältnissmässig geringen Raum gewidmet und ihre hohe Bedeutung mehr gelegentlich gewürdigt.

In meiner „allgemeinen Entwickelungsgeschichte der Organismen" (im zweiten Bande der generellen Morphologie, 1866) habe ich den Versuch unternommen, jenes innige Verhältniss beider Zweige der Biogenie näher zu begründen und seine eigentliche Bedeutung nachzuweisen. Ich habe daselbst die paläontologische Entwickelungsgeschichte der Arten, die Phylogenie oder Stam-

mesgeschichte als die wahre Ursache dargestellt, auf deren
mechanischer Wirksamkeit die gesammte Entwickelungsgeschichte
der Individuen, die Ontogenie oder Keimesgeschichte überhaupt beruht. Ohne die erstere würde die letztere überhaupt nicht
existiren. Der Schwerpunkt dieses Verhältnisses liegt darin, dass
der Zusammenhang zwischen beiden ein mechanisch-causa-
ler ist. Die Ontogenie ist eine kurze Wiederholung der Phylogenie, mechanisch bedingt durch die Functionen der Vererbung
und Anpassung[1]). Die Vererbung von gemeinsamen Vorfahren
bewirkt die typische Uebereinstimmung in Form und Structur der
Jugendzustände jeder Klasse. Die Anpassung an verschieden-
artige Existenz-Bedingungen der Umgebung bewirkt die Unterschiede, welche die daraus entwickelten Formen in den verschiedenen Arten jeder Klasse bezüglich ihrer Form und Structur darbieten. Die Vererbung fällt als physiologische Function
unter die Erscheinungen der Fortpflanzung. Die Anpassung
fällt ebenso als physiologische Function in das Gebiet der
Ernährungs-Erscheinungen, wie im 19. Capitel der generellen
Morphologie ausführlich nachgewiesen worden ist (S. 148—294).

　　Die Phylogenesis ist die mechanische Ursache der
Ontogenesis. Mit diesem einen Satze ist unsere principielle
monistische Auffassung der organischen Entwickelung klar bezeichnet, und von der Wahrheit dieses Grundsatzes hängt in erster

---

[1]) In meinen „Ontogenetischen Thesen", im 20. Capitel der generellen
Morphologie (Band II, S. 295—300) habe ich dieses „biogenetische Grundgesetz" mit folgenden Worten ausgedrückt: „Die Ontogenesis oder die Entwickelung der organischen Individuen, als die Reihe von Form-Veränderungen,
welche jeder individuelle Organismus während der gesammten Zeit seiner individuellen Existenz durchläuft, ist unmittelbar bedingt durch die Phylogenesis oder die Entwickelung des organischen Stammes (Phylon), zu welchem
derselbe gehört. Die Ontogenesis ist die kurze und schnelle Recapitulation der Phylogenesis, bedingt durch die physiologischen Functionen der Vererbung (Fortpflanzung) und Anpassung (Ernährung). Das organische Individuum wiederholt während des
raschen und kurzen Laufes seiner individuellen Entwickelung die wichtigsten
von denjenigen Formveränderungen, welche seine Vorfahren während des langsamen und langen Laufes ihrer paläontologischen Entwickelung nach den Gesetzen der Vererbung und Anpassung durchlaufen haben." Dieses wahre
„Grundgesetz der organischen Entwickelung" ist die unentbehrliche Grundlage,
auf der das ganze innere Verständniss der Entwickelungsgeschichte beruht.
Ich wiederhole dasselbe hier, weil einerseits seine Anerkennung das Verständniss der nachfolgenden Erörterungen bedingt, und weil dasselbe andererseits noch
jetzt von vielen angesehenen Naturforschern bekämpft wird.

Linie die Wahrheit der Gastraea-Theorie ab, deren Bedeutung nachstehend entwickelt werden soll. Für oder wider diesen Satz wird in Zukunft jeder Naturforscher sich entscheiden müssen, der in der Biogenie sich nicht mit der blossen Bewunderung merkwürdiger Erscheinungen begnügt, sondern darüber hinaus nach dem Verständniss ihrer Bedeutung strebt. Mit diesem Satze ist zugleich die unausfüllbare Kluft bezeichnet, welche die ältere, teleologische und dualistische Morphologie von den neueren, mechanischen und monistischen trennt. Wenn die physiologischen Functionen der Vererbung und Anpassung als die alleinigen Ursachen der organischen Formbildung nachgewiesen sind, so ist damit zugleich jede Art von Teleologie, von dualistischer und metaphysischer Betrachtungsweise aus dem Gebiete der Biogenie entfernt; der scharfe Gegensatz zwischen den leitenden Principien ist damit klar bezeichnet. Entweder existirt ein directer und causaler Zusammenhang zwischen Ontogenie und Phylogenie oder er existirt nicht. Entweder ist die Ontogenese ein gedrängter Auszug der Phylogenese oder sie ist dies nicht. Zwischen diesen beiden Annahmen giebt es keine dritte! Entweder Epigenesis und Descendenz — oder Präformation und Schöpfung! In Beziehung auf diese entscheidende Alternative verdient His besondere Anerkennung, weil er sich wiederholt und bestimmt gegen unser biogenetisches Grundgesetz und gegen jeden Zusammenhang von Ontogenie und Phylogenie ausgesprochen hat[1]. Er

---

[1] His. Untersuchungen über die erste Anlage des Wirbelthierleibes. Leipzig 1868. S. 211 ff., 223 u. s. w. Besonders characteristisch sind für seine Auffassung der Biogenie die allgemeinen Betrachtungen in der Rede „über die Bedeutung der Entwickelungsgeschichte für die Auffassung der organischen Natur" (Leipzig, 1870, S. 35). His sieht sich hier „genöthigt, die Ansprüche der individuellen Entwickelungsgeschichte gegenüber der überwallenden Macht DARWIN'scher Anschauungen zu wahren" und meint, „dass die sämmtlichen, der Morphologie oder der Entwickelungsgeschichte entnommenen Argumente für DARWIN" desshalb nicht von beweisender Kraft seien, weil sie als die unmittelbaren Folgen physiologischer Entwickelungsprincipien der Erklärung auf dem weiten Umwege genealogischer Verwandtschaft gar nicht bedürfen. (!) Wenn die genealogische Verwandtschaft der organischen Wesen wirklich in jener Alles umfassenden Ausdehnung besteht, welche die Theorie zu statuiren pflegt, so erscheinen allerdings alle typischen und entwickelungsgeschichtlichen Uebereinstimmungen als ganz selbstverständliche Consequenzen. (!) Aus den typischen und entwickelungsgeschichtlichen Uebereinstimmungen auf die Blutsverwandtschaft zurückzuschliessen, möchte von dem Augenblick an nicht mehr gestattet sein, da sich Ansicht eröffnet, die verschiedenen Entwickelungsrichtungen als erschöpfende Verwirklichungen eines mathematisch bestimmten

versucht statt dessen die ontogenetischen Erscheinungen in der
oberflächlichsten Weise durch Krümmungen, Faltungen u. s. w. zu
erklären, ohne dass er aber für diese „mechanischen" Entwicke-
lungs-Processe irgend einen weiteren Grund, irgend eine bewir-
kende Ursache anzugeben weiss. Der unnütze Aufwand von ma-
thematischen Berechnungen, den His dabei entwickelt, vermag
nicht den Mangel jedes wahren Causal-Princips zu verdecken, und
seinen paradoxen Einfällen irgend einen Werth zu verleihen. Wie
ich schon in der Biologie der Kalkschwämme (S. 472) erklärt
habe, erscheinen solche Einfälle „nur einer humoristischen Be-
leuchtung, keiner ernstlichen Widerlegung fähig. Zugleich beweisen aber diese starken Missgriffe, wie nothwendig für Arbeiten
auf dem schwierigen Felde der Ontogenie die Orientirung in dem
Gebiete der vergleichenden Anatomie und die Beziehung der ontogenetischen Vorgänge auf ihre mechanischen phylogenetischen
Ursachen, ihre wahren *causae efficientes* ist." Wenn His nur ein
wenig mit den Thatsachen der vergleichenden Anatomie und mit
der Ontogenie der wirbellosen Thiere bekannt gewesen wäre, würde
er seine Versuche wohl schwerlich publicirt haben.

Um den vollen Gegensatz zwischen dieser angeblich exacten
„physiologischen" Auffassung der Ontogenie und der von uns
vertretenen Erklärung derselben durch die Phylogenie recht klar
zu empfinden, braucht man mit jenen verunglückten Unter-

kreises möglicher Wachsthumsweisen zu erkennen." Diese Erklärung von
His widerlegt sich bei genauerer Prüfung von selbst. Um aber die völlige
Haltlosigkeit seines Standpunktes einzusehen, braucht man nur näher auf die
„physiologischen Entwickelungsprincipien" einzugehen, durch welche His die
ontogenetischen Vorgänge „mechanisch zu erklären", die Descendenz-Theorie
zu eliminiren und den Zusammenhang zwischen Ontogenese und Phylogenese
zu leugnen sucht. Hier dürfte zur Characteristik derselben die Anführung
eines einzigen Beispiels der Art und Weise genügen, durch welche His „Principien der Morphologie als nothwendige Folgen der mechanischen Entwickelungsgeschichte darzulegen" glaubt (a. a. O. S. 34). His sagt: „Wie einfach
gestaltet sich die Homologie der vorderen und hinteren Gliedmassen, wenn wir
erkennen, dass ihre Anlage, den vier Ecken eines Briefes ähnlich, bestimmt
wird durch die Kreuzung von vier den Körper umgrenzenden Falten(!). Wie
klar wird auch der sonst so schwierige Vergleich des vorderen mit dem hinteren
Körperende, wenn wir auch hier auf das Grundverhältniss zurückgehen, dass
der Kopf sowohl, als das hintere Körperende mit einer sich umklappenden
Falte ihren Abschluss finden, und dass alle mechanischen Verhältnisse, welche
eine solche Faltenumklappung begleiten, vorn sowohl als hinten zum Vorschein
kommen müssen." Es dürfte schwer sein, in der ganzen morphologischen
Literatur ein Beispiel einer gleich rohen und oberflächlichen Auffassung morphologischer Verhältnisse zu finden.

suchungen von His nur das mustergültige Bild der Entwickelungsgeschichte der Crustaceen zu vergleichen, welches Fritz Müller
in seiner ideenreichen Schrift „Für Darwin" geliefert hat (Leipzig,
1864). Hier ist an dem vielgestaltigen Formenkreise einer ganzen
Thierklasse der unmittelbare Zusammenhang der Ontogenese und
Phylogenese nachgewiesen, und die erstere durch die letztere wirklich erlärt. Hier finden wir die beiden formbildenden Kräfte der
Vererbung und Anpassung als die wahren „physiologischen" Ursachen der Ontogenese dargelegt, und die Gesetze ihrer Wirksamkeit erkannt. Als zwei der wichtigsten Sätze, welche Fritz Müller
hier ausspricht, und welche gerade für unser Thema besondere
Bedeutung besitzen, sind namentlich folgende hervorzuheben: „Die
in der Entwickelungsgeschichte (der Individuen) erhaltene ge-
schichtliche Urkunde (von der Entwickelung der Vorfahren) wird
allmählig verwischt, indem die Entwickelung einen immer gerade-
ren Weg vom Ei zum fertigen Thiere einschlägt, und sie wird
häufig gefälscht durch den Kampf um's Dasein, den die frei lebenden Larven zu bestehen haben. Die Urgeschichte der Art (Phylogenesis) wird in ihrer Entwickelungsgeschichte (Ontogenesis) um
so vollständiger erhalten sein, je länger die Reihe der Jugendzustände ist, die sie gleichmässigen Schrittes durchläuft, und um so
treuer, je weniger sich die Lebensweise der Jungen von der der
Alten entfernt, und je weniger die Eigenthümlichkeiten der einzelnen Jugendzustände als aus späteren in frühere Lebensab-
schnitte zurückverlegt oder als selbstständig erworben sich auffassen lassen". (Für Darwin, S. 77, 81). Indem nun Fritz Müller
diese Gesetze durch die Ontogenese der verschiedenen Crustaceen
begründet und aus der gemeinsamen Nauplius-Jugendform der
verschiedensten Kruster auf eine gemeinsame, diesem Nauplius
wesentlich gleiche Stammform der ganzen Klasse zurückschliesst,
erklärt er zugleich eine Fülle von merkwürdigen Erscheinungen,
welche ohne diese Anwendung der Descendenz-Theorie völlig un-
erklärlich und unbegreiflich dastehen. Daraus ergiebt sich aber
unmittelbar die causale Bedeutung der Phylogenie für die Ontogenie.

2. Die causale Bedeutung der Gastraea-Theorie.

Die Anwendung des generellen biogenetischen Grundgesetzes
auf die verschiedenen Theile der speciellen Biologie, vor allem
auf das natürliche System der Organismen, ist eine wissenschaft-

liche Aufgabe, welche zwar von der denkenden Biologie selbstverständlich gefordert werden muss, welche aber bei jedem Versuche ihrer
durchgreifenden Ausführung auf die grössten Hindernisse stösst.
Diese Hindernisse sind zunächst durch den niederen Entwickelungszustand unserer biologischen Kenntnisse im Allgemeinen bedingt,
namentlich durch die geringe Theilnahme, welche die Biologen
bisher den beiden fundamentalen formbildenden Entwicke-
lungs- Functionen der Vererbung und Anpassung
gewidmet haben, ganz besonders aber durch die grosse Lücken-
haftigkeit und Unvollständigkeit der empirischen sogenannten
„Schöpfungs-Urkunden,‟ welche uns die drei Disciplinen der Ontogenie, Paläontologie und vergleichenden Anatomie darbieten.

Trotz dieser grossen Hindernisse und Schwierigkeiten, deren
Bedeutung ich nicht unterschätzen konnte, habe ich 1866 in meiner generellen Morphologie den ersten Versuch gewagt, mit Hülfe
des biogenetischen Grundgesetzes die Descendenz-Theorie auf das
natürliche System der Organismen anzuwenden, und in der „Systematischen Einleitung in die allgemeine Entwicklungsgeschichte‟
(S. XVII—CLX des zweiten Bandes) die Phylogenie zur Basis des
natürlichen Systems zu erheben. In mehr populärer Form habe
ich diesen Versuch erneuert und verbessert in meiner „Natürlichen
Schöpfungsgeschichte‟ (1868; vierte Auflage 1873). Nun haben
zwar diese ersten Versuche (als welche ich sie von Anfang an
ausdrücklich bezeichnet habe) mit wenigen Ausnahmen unter den
zunächst betheiligten Fachgenossen nur lebhafte Missbilligung und
entschiedenen Tadel gefunden; allein keiner derselben hat sich
die Mühe gegeben, mein phylogenetisches System durch ein besseres zu ersetzen. Diese Aufgabe liegt aber für Jeden vor, der
überhaupt die Descendenz-Theorie anerkennt und nach einem causalen Verständniss der organischen Formen strebt [1]).

1) Die beste Vertheidigung gegen die vielfachen Angriffe, die mein phylogenetisches System der Organismen erfuhren hat, scheint mir darin zu liegen,
dass ich dasselbe beständig zu verbessern und damit ein Verständniss von dem
causalen Zusammenhang der organischen Formen zu gewinnen
suche, das auf anderem Wege überhaupt nicht gewonnen werden kann. Die
Angriffe eines der heftigsten meiner Gegner, RÜTIMEYER, nach dessen Ansicht
überhaupt meine Stammbäume nicht mit dem Darwinismus und der Descendenz-
Theorie zusammenhangen, habe ich bereits in der Vorrede zur dritten Auflage
der „Natürlichen Schöpfungsgeschichte‟ zurück gewiesen. Es genügt hier, den
naiven Satz anzuführen, mit welchem RÜTIMEYER selbst sein Verhältniss zur
Descendenz- Theorie treffend characterisirt: „Mir erscheinen die Darwin'schen
Lehren nur als eine Art Religion des Naturforschers, für oder wider

Auf den nachstehenden Seiten werde ich nun den Versuch
machen, jenen ersten genealogischen Entwurf des natürlichen Systems wesentlich zu verbessern und mit Hülfe des biogenetischen
Grundgesetzes einerseits, der fundamentalen Keimblätter-Theorie
anderseits, eine Theorie zu begründen, welcher ich eine causale
Bedeutung für das natürliche System des Thierreichs, für das Verständniss der Entwickelung seiner „Typen" und der natürlichen
Verwandtschaft seiner Hauptgruppen beimesse, und welche ich kurz
mit einem Worte die Gastraea-Theorie nennen will. Der
wesentliche Inhalt dieser Gastraea-Theorie beruht auf der Annahme einer wahren Homologie der primitiven Darmanlage und
der beiden primären Keimblätter bei allen Thieren mit Ausnahme
der Protozoen, und lässt sich kurz in folgenden Worten zusammenfassen: „Das ganze Thierreich zerfällt in zwei Hauptabtheilungen:
die ältere, niedere Gruppe der Protozoen (Urthiere) und die jüngere, höhere Gruppe der Metazoen (Darmthiere). Die Hauptabtheilung der Protozoen oder Urthiere (Animale Moneren
und Amoeben, Gregarinen, Acineten, Infusorien) erhebt sich
stets nur zur Entwickelung der Thier-Individualität
erster oder zweiter Ordnung (Plastide oder Idorgan):
die Protozoen bilden niemals Keimblätter, besitzen
niemals einen wahren Darm und entwickeln überhaupt keine
differenzirten Gewebe; sie sind wahrscheinlich polyphyletischen
Ursprungs und stammen von vielen verschiedenen, durch Urzeugung entstandenen Moneren ab. Die Hauptabtheilung
der Metazoen oder Darmthiere (die sechs Thierstämme
der Zoophyten, Würmer, Mollusken, Echinodermen, Arthropoden,
Vertebraten) ist hingegen wahrscheinlich monophyletischen Ursprungs und stammt von einer einzigen gemeinsamen, aus einer
Protozoen-Form hervorgegangenen Stammform, der Gastraea
ab; sie erhebt sich stets zur Entwickelung der Thier-
Individualität dritter oder vierter Ordnung (Person
oder Cormus); die Metazoen bilden stets zwei primäre
Keimblätter, besitzen stets einen wahren Darm (nur
wenige rückgebildete Formen ausgenommen) und entwickeln
stets differenzirte Gewebe: diese Gewebe stammen immer nur von
den beiden primären Keimblättern ab, welche sich von

---

welche man sein kann; Allein über Glaubenssachen ist es bekanntlich
böse zu streiten und ich glaube daher auch nicht, dass Viel dabei heraus-
kommt!"

der Gastraea auf sämmtliche Metazoen, von der einfachsten Spongie bis zum Menschen hinauf vererbt haben.
Die Metazoen-Gruppe spaltet sich zunächst wieder in zwei Abtheilungen, einerseits die Zoophyten (oder Coelenteraten), bei denen
sich in Folge festsitzender Lebensweise der sogenannte „radiale
Typus" ausbildet, anderseits die Bilaterien (oder Sphenoten),
bei denen sich in Folge kriechender Lebensweise der sogenannte
„bilaterale Typus" entwickelt. Unter den Bilaterien stimmen die
niederen Würmer (Acoelomi) durch Mangel des Coelom
(der „Leibeshöhle") und des Blutgefässsystems mit den Zoophyten
noch überein aus diesen primären älteren acoelomen Würmern
haben sich erst secundär die höheren Würmer (Coelomati)
durch Ausbildung eines Coelom und eines (damit zusammenhängenden) Blutgefäss-Systems entwickelt. Vier divergente Descendenten
der coelomaten Würmer sind die vier typischen höchstentwickel-
ten Thierstämme, die Thier-Typen oder Phylen der Mollusken,
Echinodermen, Arthropoden und Vertebraten.

Die feste Grundlage für diese „Gastraea-Theorie" und
für die weitreichenden Consequenzen, welche wir nachstehend daraus ableiten werden, liefert meine Monographie der Kalkschwämme
(1872). Ich war bei der Ausarbeitung dieser Monographie allerdings zunächst nur bestrebt, einerseits eine möglichst gründliche
und umfassende Darstellung sämmtlicher biologischer Verhältnisse
dieser interessanten kleinen Thiergruppe zu liefern, anderseits
auf Grund ihrer ausserordentlichen Formbiegsamkeit eine „analy-
tische Lösung des Problems von der Entstehung der
Arten" zu versuchen, einen analytischen Beweis für die Wahrheit
der Descendenz-Theorie zu geben. Allein neben diesem besonderen Hauptzwecke führte mich die Entwickelungsgeschichte der
Kalkschwämme, die Entdeckung ihrer Gastrula-Form, sowie die
Frage nach ihrer natürlichen Verwandtschaft und nach ihrer Stellung im Systeme des Thierreichs, von selbst und mit Nothwen-
digkeit zu der allgemeineren Frage nach der Homologie ihrer
Keimblätter mit denjenigen der höheren Thiere, und somit
weiterhin zu denjenigen Vorstellungs-Reihen, deren Kern mit
einem Worte die Gastraea-Theorie bildet. Die Grundgedanken,
welche nachstehend hier ausgeführt werden, sind alle bereits
in der Monographie der Kalkschwämme enthalten; allein es
fehlte dort an Raum und an passender Gelegenheit, sie weiter
zu entwickeln. Indem ich diese Entwickelung der Gastraea-Theorie
hier gebe, muss ich bezüglich der speciellen Beobachtungs-Reihen,

14   Die Gastraea-Theorie.

welche mir dabei als sichere empirische Basis dienen, durchgängig auf die Monographie der Kalkschwämme mich beziehen[1]).

Für die scharfe Trennung des Thierreichs in die beiden Hauptabtheilungen der Protozoen und Metazoen, zwischen denen als fester Grenzstein die Gastraea steht, wurde nach oben hin dadurch der sicherste positive Anhalt gewonnen, dass ich bei den Spongien die Existenz eines Urdarms und die Entwickelung aus denselben beiden primären Keimblättern nachwies, welche bei allen Metazoen bis zu den Wirbelthieren hinauf dieselbe gemeinsame Grundlage für die ursprüngliche Körperbildung abgeben. Auf der andern Seite erhob sich die Forderung, für jene feste Grenzbestimmung nach unten hin dadurch eine entsprechende negative Sicherheit zu gewinnen, dass für sämmtliche Protozoen der vollständige Mangel des Urdarms und der beiden primaeren Keimblätter nachgewiesen wurde. In dieser Beziehung boten eigentlich nur die Infusorien, insbesondere die Ciliaten, erhebliche Schwierigkeiten dar, da deren systematische Stellung bis in die neueste Zeit hinein zwischen den Urthieren, Pflanzenthieren und Würmern hin und her schwankte. Ich hoffe durch meine kürzlich veröffentlichten Untersuchungen „Zur Morphologie der Infusorien"[2]) diese schwierige Frage definitiv erledigt und auch den Angriffen der neuesten Zeit gegenüber die zuerst von SIEBOLD (1845) aufgestellte Ansicht sicher begründet zu haben, dass die Infusorien einzellige Organismen, mithin echte Protozoen sind.

Für den Nachweis der wahren Homologie der beiden primären Keimblätter bei sämmtlichen Metazoen, ohne welchen die Gastraea-Theorie nicht haltbar ist, waren mir

---

1) Insbesondere sind folgende Abschnitte im ersten Bande der „Kalkschwämme" zu vergleichen: Individualitätslehre (S. 89—124), Histologie (S. 130—S. 180), Organologie des Canal-Systems (S. 210—292). Entwickelungsgeschichte (S. 328—360), Anpassung (S. 381—391), Vererbung (S. 399—402) und Philosophie der Kalkschwämme (S. 453—484). Im letzteren Abschnitte sind namentlich die Reflexionen über die Stammform der Spongien (S. 453), die Keimblätter-Theorie und den Stammbaum des Thierreichs (S. 464, 465), das biogenetische Grundgesetz (S. 471) und die Ursachen der Formbildung (S. 481) für die Gastraea-Theorie von Bedeutung. Um unnütze Wiederholungen zu vermeiden muss ich auf diese Abschnitte aus dem ersten Bande (der Biologie der Kalkschwämme) wiederholt verweisen. Zahlreiche bezügliche Beobachtungen sind im zweiten Bande (dem System der Kalkschwämme) speciell mitgetheilt. Die erläuternden Abbildungen dazu sind auf den 60 Tafeln zu finden, welche den dritten Band (den Atlas der Kalkschwämme) bilden.
2) Jenaische Zeitschrift. VII. Bd. 1873, S. 516, Taf. XXVII. XXVIII.

von besonders hohem Werthe die ausgezeichneten Untersuchungen über die Ontogenie verschiedener niederer Thiere, welche A. Kowalevsky in den letzten sieben Jahren (in den Memoiren der Petersburger Akademie) veröffentlicht hat, und welche ich unter allen neueren ontogenetischen Arbeiten für die wichtigsten und folgereichsten halten muss [1]). Allerdings giebt Kowalevsky die von uns behauptete complete Homologie der beiden primären Keimblätter bei den verschiedenen Thierstämmen nicht zu und hält z. B. das Darmdrüsen-Blatt der Insecten, das Entoderm der Hydroiden u. s. w. für eigenthümliche Bildungen. Auch in der Deutung der secundären Keimblätter weicht er sehr von der unsrigen ab. Allein im Grossen und Ganzen glaube ich behaupten zu dürfen, dass die wichtigen, von ihm entdeckten Thatsachen lauter Beweise für die Wahrheit der Gastraea-Theorie sind. Dasselbe gilt von den ausgezeichneten und werthvollen Untersuchungen über die Ontogenie niederer Thiere, welche Edouard van Beneden jun. in verschiedenen Schriften, namentlich in seiner gekrönten Preisschrift über die Zusammensetzung und Bedeutung des Thier-Eies (1870) mitgetheilt hat [2]).

In wesentlicher Uebereinstimmung mit den Vorstellungs-Reihen, welche mich zur Gastraea-Theorie geführt haben, hat kürzlich (im Mai 1873) E. Ray-Lankester einen sehr lesenswerthen Aufsatz über die primitiven Keimblätter und ihre Bedeutung für die Classification des Thierreichs veröffentlicht [3]). Zwar weichen im Einzelnen unsere Anschauungen mehrfach ab und namentlich ist unsere Auffassung der secundären Keimblätter, sowie des Coeloms und des Gefässsystems im Verhältniss zu den Urnieren u. s. w. grundverschieden. Jedoch in den meisten Beziehungen und beson-

1) Die ontogenetischen Arbeiten von Kowalevsky, besonders diejenigen über Amphioxus, Ascidia, Enaxes, Holothuria u. s. w. haben bei Weitem noch nicht die Würdigung gefunden, welche sie wirklich verdienen. Dieser Umstand erklärt sich zum grossen Theil wohl durch die ausserordentlich nachlässige und unordentliche Form seiner Darstellung. Nicht allein wird das Verständniss dadurch sehr erschwert, dass der springende Gedankengang der logischen Gliederung und folgerichtigen Anordnung sehr entbehrt, sondern auch dadurch, dass die erläuternden Figuren zum Theil gar nicht erklärt, zum Theil falsch beziffert und ohne genügende Beziehung zum Texte gegeben sind.

2) Edouard van Beneden, Recherches sur la composition et la signification de l'oeuf. Bruxelles, 1870.

3) E. Ray-Lankester, On the primitive cell-layers of the embryo as the basis of genealogical classification of animals, and on the origin of vascular and lymph systems. Annals and Mag. of nat. hist. 1873. Vol. XI. S. 321.

ders in Rücksicht auf die Homologie der primären Keimblätter
stimmt RAY-LANKESTER's Auffassung wesentlich mit der unsrigen überein. Diese Uebereinstimmung ist um so erfreulicher, als wir beide
unabhängig von einander und auf verschiedenen Wegen zu denselben Resultaten gelangt sind.

In Betreff der Folgerungen, welche ich nachstehend aus der
Gastraea-Theorie ableite, und welche einige der wichtigsten Grundfragen der vergleichenden Anatomie und Entwickelungsgeschichte,
sowie der Systematik des Thierreichs betreffen, muss ich diejenige
Berechtigung naturphilosophischer Speculation (oder mit anderen
Worten: denkender Vergleichung empirischer Resultate) in Anspruch nehmen, ohne welche überhaupt nach meiner Ueberzeugung die allgemeine Biologie keinen Schritt vorwärts thun kann.
Ich habe meine Auffassung dieser Berechtigung der nothwendigen Verschmelzung von empirischer und philosophischer Methode
in meiner „kritischen und methodologischen Einleitung in die generelle Morphologie der Organismen" sowie in meiner „methodologischen Einleitung" zur Monographie der Kalkschwämme hinreichend
erörtert und kann hier einfach auf jene ausführliche Rechtferti-
gung dieses Standpunktes verweisen.

Jedenfalls dürfte durch die nachstehenden Erörterungen schon
jetzt der Nachweis geliefert sein, dass die Typen-Theorie
von CUVIER und BAER, welche über ein halbes Jahrhundert hindurch bis heute die Basis des zoologischen
Systems bildete, durch die Fortschritte der Ontogenie unhaltbar geworden ist. An ihrer Stelle errichtet
die Gastraea-Theorie auf der Basis der Phylogenie
ein neues System, dessen oberstes Classifications-
Princip die Homologie der Keimblätter und des Urdarms, und demnächst die Differenzirung der Kreuz-
axen und des Coeloms ist.

Grössere Bedeutung aber, als durch diese fundamentale Um-
gestaltung des zoologischen Systems, dürfte die Gastraea-Theorie
dadurch gewinnen, dass sie der erste Versuch ist, ein causales
Verständniss der wichtigsten morphologischen Verhältnisse und
der typischen Hauptunterschiede im Bau der Thiere herbeizu-
führen, sowie die historische Reihenfolge in der Entstehung der
thierischen Organ-Systeme aufzuklären. Vererbung und Anpassung in ihrer Wechselwirkung treten hier als die
beiden einzigen formbildenden Factoren der organischen Form-Verhältnisse in ihr volles Licht. Vererbung

und Anpassung sind die beiden einzigen „mechanischen Ursachen", mit deren Hülfe die Gastraea-Theorie die Entstehung der natürlichen Hauptgruppen des Thierreichs und ihrer characteristischen Organisations-Verhältnisse erklärt.

3. Die phylogenetische Bedeutung der zwei primären Keimblätter.

Diejenige individuelle Entwickelungs - Form des Thierreichs, auf deren allgemeine Verbreitung sich die Gastraea-Theorie zunächst stützt, ist die Gastrula (Taf. 1, Fig. 1—8). Mit diesem Namen habe ich in der Biologie der Kalkschwämme denjenigen frühzeitigen Entwickelungszustand belegt, in welchem der embryonale Thierkörper die denkbar einfachste Form der Person darstellt: einen einaxigen ungegliederten hohlen Körper ohne Anhänge, dessen einfache Höhle (Urdarm) sich an einem Pole der Axe durch eine Mündung öffnet (Urmund), und dessen Körperwand aus zwei Zellenschichten oder Blättern besteht: Entoderm oder Gastral-Blatt und Exoderm oder Dermal-Blatt[1].

Die Gastrula ist die wichtigste und bedeutungsvollste Embryonal - Form des Thierreichs. Die ausserordentliche Bedeutung, welche ich derselben beimesse, stützt sich erstens darauf, dass dieselbe bei Thieren der verschiedensten Klassen, von den Spongien bis zu den Wirbelthieren in derselben characteristischen Form und Zusammensetzung wiederkehrt, und zweitens darauf, dass die morphologische und physiologische Beschaffenheit der Gastrula-Form an sich auf den monophyletischen Stammbaum des Thierreichs das hellste Licht wirft. Wollte man sich a priori eine möglichst einfache Thierform construiren, welche das wichtigste animale Primitiv-Organ, den Darm, und die beiden primären Keimblätter besitzt, so würde man zu derselben Form kommen, welche die Gastrula in Wirklichkeit darstellt.

Die Zusammensetzung und Structur der Gastrula habe ich in der Ontogenie der Kalkschwämme genau beschrieben (a. a. O. S. 333—337). Sie kehrt bei allen drei Familien dieser Thiergruppe

---

1) Ueber den festen Individualitäts-Begriff der Person (als des Morphon oder des morphologischen Individuums dritter Ordnung) vergl. meine Biologie der Kalkschwämme, S. 113. Ueber den festen Begriff der Gastrula vergl. ebendaselbst S. 333. In vielen Fällen ist unsere Gastrula identisch mit der embryonalen Thierform, die man bisher Planula nannte; allein in vielen anderen Fällen ist die sogenannte „Planula" ein sehr verschieden zusammengesetzter Körper.

2

stets in derselben Gestalt wieder, bei den Asconen (*Asculmis armata*, Taf. 13, Fig. 5, 6); bei den Leuconen (*Leuculmis echinus*, Taf. 30, Fig. 8, 9); bei den Syconen (*Sycyssa Huxleyi*, Taf. 44, Fig. 14, 15). Ueberall zeigt sie denselben wesentlichen Bau und unterscheidet sich nur in ganz unwesentlichen Verhältnissen. Der einaxige ungegliederte Körper ist bald kugelig, bald eiförmig oder länglich rund, seltener sphäroidal oder linsenförmig abgeplattet. Der Durchmesser beträgt meistens zwischen 0,1 und 0,2 Mm. Die primitive Magenhöhle oder der Urdarm (*Progaster*) ist von derselben Gestalt wie der Körper, und öffnet sich an einem Pole der Längsaxe durch eine einfache Mundöffnung (den Urmund, *Prostoma*). Die beiden Zellenschichten oder Blätter, welche die Magenwand zusammensetzen, unterscheiden sich in sehr characteristischer Weise. Die innere Zellenschicht, das Entoderm oder Gastralblatt, welches dem inneren oder vegetativen Keimblatte der höheren Thiere entspricht, besteht aus grösseren, dunkleren, kugeligen oder subsphärisch - polyedrischen Zellen, welche wenig von den Furchungszellen der Morula verschieden sind und durchschnittlich 0,01 Mm. Durchmesser haben. Die äussere Zellenschicht, das Exoderm oder Dermalblatt, welches dem äusseren oder animalen Keimblatte der höheren Thiere entspricht, besteht aus kleineren, helleren, cylindrischen oder prismatischen Zellen, von denen jede ein langes Flimmerhaar, eine schwingende Geissel trägt und bei 0,02 Mm. Länge nur 0,004 Mm. Dicke besitzt. (In den schematischen Darstellungen der Gastrula auf der zu diesem Aufsatze gehörigen Taf. I, Fig. 1—8, sind die Flimmerhaare des Exoderms absichtlich weggelassen.)

Im Stamme der Pflanzenthiere (Zoophyten oder Coelenteraten) kömmt dieselbe Gastrula-Form nicht allein bei den verschiedensten Schwämmen, sondern auch bei den Acalephen sehr verbreitet vor[1]), bei Hydroidpolypen und Medusen, bei Ctenophoren und Corallen (Taf. I, Fig. 2). Im Stamme der Würmer findet sich dieselbe Gastrula (der sogenannte „infusorien-artige Embryo") bald in ganz derselben, bald in mehr oder minder modificirter Form bei den Plattwürmern (Turbellarien, Taf. I, Fig. 3 und Trematoden), bei den Rundwürmern (Nematoden, Sagitten), bei den Bryozoen

---

1) Die Gastrula der Pflanzenthiere ist schon in vielen älteren und neueren Arbeiten über Spongien, Hydromedusen u. s. w. mehr oder weniger deutlich beschrieben und abgebildet worden. Vergl. die Mittheilungen von Kowalevsky „über die Entwickelung der Coelenteraten" (Göttinger Nachrichten 1868, S. 154), ferner die Arbeiten von Agassiz, Allman u. s. w.

und Tunicaten (Ascidien, Taf. I, Fig. 4), bei den Gephyreen und
Anneliden (Phoronis, Euaxes, Lumbricus, Chaetopoden)[1] Im
Stamme der Echinodermen scheint die Gastrula bei allen vier
Klassen sehr verbreitet zu sein, namentlich bei den Asteriden und
Holothurien[2] (Taf. I. Fig. 6). Im Stamme der Arthropoden
ist die Gastrula zwar nirgends in der ursprünglichen reinen Form
mehr vollständig conservirt; allein es ist sehr leicht, die frühesten
Entwickelungsformen des Nauplius (als der gemeinsamen Crusta-
ceen-Stammform) und vieler niederen Tracheaten auf die Gastrula
zu reduciren[3] (Taf. I. Fig. 7). Im Stamme der Mollusken
scheint die Gastrula namentlich in den Classen der Muscheln und
Schnecken sehr verbreitet zu sein, wahrscheinlich auch bei den
Spirobranchien[4]; unter den Schnecken ist sie zuerst bei Limnaeus
beobachtet worden (Taf. I, Fig 5). Im Stamme der Vertebraten
endlich ist die ursprüngliche Gastrula-Form nur noch bei den
Acranien (Amphioxus) vollständig conservirt (Taf. I. Fig. 8). Indessen lässt die Continuität, welche zwischen der Ontogenie des
Amphioxus und der übrigen Wirbelthiere existirt, keinen Zweifel
darüber bestehen, dass auch die Vorfahren der letzteren in früheren Zeiten der Erdgeschichte im Beginne ihrer Ontogenese die
Gastrula-Form durchlaufen haben[5].

Diese Erscheinung, dass die Gastrula als früher
individueller Entwickelungszustand bei Repräsen-

1) Ueber die Gastrula der Würmer sind besonders die Arbeiten von
Kowalevsky zu vergleichen, Mémoires de l'Acad. de St. Petersbourg. Tom. X.
No. 15 (1867), Tom. XVI. No. 12 (1871); seine Ontogenie der Phoronis, der
Ascidien, und die embryologischen Studien an Würmern und Arthropoden.

2) Ueber die Gastrula der Echinodermen geben Aufschluss die
Darstellungen von Johannes Müller, von Alexander Agassiz (Embryology of
the Starfish, Taf. I. Fig. 25—28) und von Kowalevsky (Ontogenie der Holothurien).

3) Dass auch die Vorfahren der Arthropoden sich aus der Gastrula
entwickelt haben müssen, ergiebt sich klar aus der Vergleichung ihrer einfachsten frühesten Jugendzustande mit der Gastrula der Würmer (Vergl. besonders
die Arbeiten von Edouard van Beneden und Bessels über die Ontogenie der
Crustaceen, von Weismann über die Ontogenie der Insecten).

4) Die Gastrula der Mollusken hat in einer kürzlich erschienenen
Abhandlung E. Ray-Lankester beschrieben (Annals and. Mag. Februar 1875,
s. 86, 87). Bei vielen Muscheln und Schnecken entwickelt sie sich genau
in derselben Weise, wie bei den Zoophyten, Würmern, Echinodermen, Amphioxus u. s. w.

5) Die Gastrula der Wirbelthiere, welche jetzt nur noch Amphioxus besitzt, hat uns Kowalevsky in seiner Ontogenie dieses ältesten
Wirbelthieres kennen gelehrt (a. a. O. Taf. I. Fig. 16, 17).

tanten aller Thierstämme (nur die Protozoen ausgenommen) in derselben wesentlichen Zusammensetzung und Form wiederkehrt, ist eine biogenetische
Thatsache von der grössten Bedeutung, und gestattet
nach dem biogenetischen Grundgesetze den sicheren Schluss, dass
alle diese Phylen des Thierreichs (mit Ausschluss der Protozoen)
von einer einzigen unbekannten Stammform gemeinsam abstammen,
welche im Wesentlichen der Gastrula gleichgebildet war. Ich habe
diese uralte, längst ausgestorbene Stammform, welche schon in
früher Primordial-Zeit (während der laurentischen Periode) gelebt
haben muss, in der Philosophie der Kalkschwämme Gastraea genannt (a. a. O. S. 345, 347. 467). Die Annahme dieser Stammform,
deren nächste Nachkommen während jenes Zeitraums wahrscheinlich in vielen verschiedenen Gattungen und Arten von Gastraeaden auftraten, ist fest begründet durch die Homologie oder die morphologische Identität der Gastrula bei den verschiedensten Thierstämmen. Ein Zeugniss von besonderer Bedeutung ist dafür der
Umstand, dass die Zellen der beiden Keimblätter ihre unterschei-
denden Charactere überall (durch Vererbung) bewahrt haben.
Ueberall sind die Zellen des inneren Keimblattes oder Entoderms durch indifferentere Beschaffenheit ausgezeichnet; ihre
Form ist kugelig oder irregulär-polyedrisch, ihr Protoplasma ist
trübe, körnig, locker, fettreich und färbt sich durch Carmin rasch
und intensiv; ihr Nucleus ist gewöhnlich kugelig; meistens flimmern sie nicht. Hingegen sind die Zellen des äusseren Keimblattes
oder Exoderms weiter differenzirt; ihre Form ist meistens cylindrisch oder konisch; ihr Protoplasma ist hell, klar, dicht, fettarm
und färbt sich durch Carmin langsamer und weniger intensiv; ihr
Nucleus ist gewöhnlich länglich; meistens flimmern die Exoderm-
Zellen [1]. Offenbar sind dieselben durch Anpassung an die umge-
bende Aussenwelt stärker modificirt als die innen gelegenen Entoderm-Zellen, welche den ursprünglichen Character der Morula-
Zellen getreuer bewahrt haben. Auch verläuft die ontogenetische
Bildung und Vermehrung bei den Exoderm-Zellen rascher als bei
den Entoderm-Zellen.

Aus der Homologie der Gastrula bei allen Thierstämmen (mit Ausschluss der Protozoen) folgt mit Nothwendig-

[1] Die Unterschiede zwischen dem Protoplasma der Exoderm- und Entoderm-
Zellen sind ganz analog, wie die Unterschiede zwischen der hyalinen Rindenschicht (Exoplasma) und der körnigen Markschicht (Endoplasma) in
dem einzelligen Thierkörper der Infusorien, Amoeben u. s. w.

keit die wahre Homologie der ursprünglichen Darmanlage bei allen Thieren, sowie die Homologie der beiden primären Keimblätter, auch bei allen jenen höheren
Thieren, die nach dem Gesetze der abgekürzten Vererbung den
ursprünglichen Gastrula-Zustand verloren haben. Diese Homologie halte ich für so ausserordentlich wichtig, dass ich darauf hin
den monophyletischen Ursprung der sechs höheren Thierstämme
von der gemeinsamen Stammform der Gastraea annehme und
sie alle zusammen als Keimblatt-Thiere (*Metazoa* oder *Blastozoa*) den noch nicht zur Keimblatt-Bildung gelangten Urthieren
(*Protozoa*) gegenüber stelle. Diese Annahme bildet den Kern
der Gastraea-Theorie, deren wichtigste Consequenzen nachstehend entwickelt werden sollen.

Dass die beiden permanenten Bildungshäute der Acalephen,
Entoderm und Exoderm, den beiden Keimblättern der höheren
Thiere wirklich homolog sind, hatte schon 1849 HUXLEY in seiner
ausgezeichneten Abhandlung „On the anatomy and the affinities
of the Medusae" behauptet[1]. Später ist dann vor Allen KOWALEVSKY
in einer Reihe von bedeutungsvollen ontogenetischen Arbeiten bemüht gewesen, diese Homologie über den grössten Theil des Thierreichs auszudehnen und zu zeigen, dass (mit wenigen Ausnahmen)
die beiden wohlbekannten ursprünglichen Keimblätter der Wirbelthiere auch bei den wirbellosen Thieren der verschiedensten
Stämme wiederkehren. Besonders wichtig wurde in dieser Beziehung seine glänzende Entdeckung von der identischen Ontogenese
des Amphioxus und der Ascidien (1867), eine der bedeutendsten
und folgenreichsten Entdeckungen der neueren Zoologie[2]. Am

---

1) Philosophical Transactions. 1849. S. 425. „...A complete identity of structure connects the foundation membranes of the Medusae with the corresponding
membranes in the rest of the series; and it is curious to remark, that through-
hout, the inner and outer membranes appear to bear the same physiological
relation to one another as do the serous and mucous layers of the germ:
the outer becoming developed into the muscular system and giving rise to
the organs of offence and defence; the inner, on the other hand, appearing
to be more closely subservient to the purposes of nutrition and generation."

2) Die bedeutende Tragweite, welche wir KOWALEVSKY's von KUPFFER besta-
tigter Entdeckung beimessen, beruht nach unserer Auffassung auf zwei Punkten. Erstens ist dadurch die tiefe Kluft zwischen den Wirbelthieren und den
Wirbellosen ausgefüllt, welche bisher für unausfüllbar und für ein Haupthin-
derniss der Descendenz-Theorie galt. Zweitens ist dadurch auch für die Wirbelthiere, ebenso wie für die verschiedensten Wirbellosen, die ursprüngliche
ontogenetische Entwickelung aus der Gastrula, mithin die gemeinsame Descen-

weitesten ausgeführt. zugleich aber doch theilweise beschränkt ist
diese Homologie der beiden primordialen Keimblätter und der zunächst daraus entstehenden Organe in Kowalevsky's neuester Arbeit, den „embryologischen Studien an Würmern und Arthropoden"
(1871). Die scharfsinnigste Beurtheilung und die entschiedenste
Vertretung hat diese Theorie sodann durch Nikolaus Kleinenberg
in seiner vortrefflichen Monographie der Hydra gefunden, einem
Werke, welches durch die glückliche Verbindung von genauester
objectiver Beobachtung und klarer philosophischer Reflexion eine
hervorragende Stellung unter den neueren morphologischen Arbeiten einnimmt. Endlich habe ich selbst in der Biologie der Kalkschwämme (a. a. O. S. 464) nachgewiesen, dass bei den Spongien
die beiden primären Keimblätter zeitlebens in ihrer einfachsten
Form persistiren, dass das äussere animale Keimblatt hier gleichzeitig die animalen Functionen der Empfindung und Bewegung.
Skeletbildung und Deckung versieht, während das innere vegetative Keimblatt lediglich die vegetativen Functionen der Ernährung
und Fortpflanzung besorgt. Zugleich habe ich daselbst die Keimblätter-Theorie direct auf den monophyletischen Stammbaum des
Thierreichs angewendet und dadurch dem natürlichen System
desselben die feste biogenetische Basis zu geben gesucht.

Als complet homolog im strengsten Sinne können
durch die ganze Thierreihe hindurch (nach Ausschluss der Protozoen, also bei allen Metazoen, von den Spongien bis zu den
Vertebraten hinauf) nur die beiden primären Keimblätter
und die von ihnen umschlossene primitive Darmhöhle gelten.
Die beiden Zellenschichten der Gastrula und der durch sie re-
capitulirten Gastraeaden, sowie das Exoderm und das Entoderm
der Spongien sind in diesem strengsten Sinne unzweifelhaft complet homolog den beiden primären Keimblättern beim Embryo
der Wirbelthiere, Gliederthiere, Weichthiere, Sternthiere und
Würmer. Die scheinbaren Hindernisse, welche die Ausbildung
eines Nahrungsdotters (und die damit zusammenhängende
particielle Furchung) bei den meisten höheren Thieren dieser
completen Homologie bereitet, sind leicht zu beseitigen und
durch secundäre Anpassung zu erklären. Hingegen wird diese
Homologie incomplet, sobald sich die beiden primären Keim-

denz von der Gastraea nachgewiesen. Alle Versuche, welche in neuester Zeit
von verschiedenen Autoren gemacht worden sind, die Thatsache dieser fundamentalen Entdeckung zu bestreiten oder ihre Bedeutung zu entkräften, erscheinen so schwach, dass sie keiner Widerlegung bedürfen.

blätter zu differenziren und zwischen ihnen ein mittleres Keimblatt (Mesoderm) zu entwickeln beginnt. Die Ontogenese der Pflanzenthiere und Würmer lehrt deutlich, dass dieses mittlere Keimblatt stets als secundäres Product von einem der beiden primären Keimblätter oder von beiden zugleich abzuleiten ist. Eines oder beide primäre Keimblätter müssen daher nothwendig bei der Production des Mesoderms eine Differenzirung eingehen und können in Folge dessen jetzt nicht mehr mit den beiden unveränderten und permanenten Keimblättern der Gasträaden und Spongien (Exoderm und Entoderm) complet verglichen werden. Sie müssen jetzt vielmehr, gleich den Mesoderm-Schichten selbst, als secundäre Keimblätter unterschieden werden[1]).

4. Die phylogenetische Bedeutung der vier secundären Keimblätter.

Während sich die Homologie der beiden primären Keimblätter mit dem Exoderm und Entoderm der Gastrula, und die phylogenetische Identität derselben in allen Thierstämmen (mit Ausnahme der Protozoen) schon jetzt ziemlich sicher annehmen lässt, so ist dagegen die Auffassung und Deutung des sogenannten Mesoderms oder des mittleren (dritten) Keimblattes, und aller der Theile, die sich aus diesem zwischen den beiden primären Keimblättern entwickeln, noch vielen Bedenken unterworfen. Die Widersprüche,

1) Die ursprüngliche Homologie der Gastrula in allen verschiedenen Thierstämmen, von den Spongien bis zu den Vertebraten, aus der wir hier direct auf die wahre Homologie des Darmes bei allen diesen Thieren, und auf ihre gemeinsame Descendenz von der Gastraea schliessen, ist von solcher Bedeutung, dass ich wenigstens den wichtigsten unter den Einwürfen, die man dagegen erheben könnte, widerlegen will. Dieser Einwurf betrifft die scheinbar sehr verschiedene Entstehung der Gastrula aus der Morula. In den meisten Fällen entsteht aus der Morula zunächst eine kugelige Keimblase, deren Wand aus einer Zellenschicht zusammengesetzt ist. Indem sich diese Blase an einer Stelle selbst einstülpt, entsteht ein zweiblätteriger Becher. Wenn diese Einstülpung vollendet ist, so dass der eingestülpte Theil (Entoderm oder Gastralblatt) sich innen an den äusseren, nicht eingestülpten Theil (Exoderm oder Dermalblatt) anlegt, ist die Gastrula fertig. Dieser Bildungs-Modus der Gastrula scheint der ursprüngliche zu sein. In anderen Fällen hingegen höhlt sich die Morula von innen her aus und die centrale Höhlung (Magenhöhle), deren Wand aus zwei Blättern besteht, bricht secundär nach aussen durch (Mundöffnung). Dieser Bildungs-Modus der Gastrula scheint aus dem ersteren durch abgekürzte Vererbung zusammengezogen zu sein. Das Resultat ist in beiden Fällen ganz dasselbe, und die scheinbar bedeutende Verschiedenheit der Genese ist secundär, als Anpassungs-Wirkung zu betrachten, wie RAY-LANKESTER (O. a. a. S. 330) sehr gut gezeigt hat.

welche in dieser Beziehung zwischen den verschiedenen Autoren
existiren, sind so gross und so fundamental, dass es bei dem
gegenwärtigen Zustande der ontogenetischen Literatur völlig unmöglich ist, dieselben in Uebereinstimmung zu bringen. Nicht
allein wird der Ursprung und die weitere Entwickelung des mittleren Keimblattes in den verschiedenen Thiergruppen ganz verschieden geschildert, sondern sogar bei einem und demselben
Thiere (wie z. B. beim Huhn, bei der Forelle) behaupten verschiedene Beobachter mit gleicher Sicherheit völlig entgegenge-
setzte Thatsachen. Der eine Autor lässt das Mesoderm eben so
bestimmt aus dem unteren, wie der zweite Autor aus dem oberen
Keimblatt hervorgehen; ein dritter Autor meint, dass ein Theil des
Mesoderms aus dem unteren, ein anderer Theil aus dem oberen
Keimblatt entstehe, und ein vierter Autor lässt gar einen Theil
des mittleren Keimblatts oder auch wohl das Ganze aus dem nicht
organisirten Nahrungsdotter „von aussen" hineinwandern! Will
man nun auch einen grossen Theil dieser unvereinbaren Widersprüche durch die Schwierigkeit der Beobachtung entschuldigen,
so ist doch sicher der grössere Theil nur durch das flüchtige oder
unmethodische Verfahren der Beobachter bedingt. Gerade in der
Ontogenie des Mesoderms zeigt sich schlagend, wie nothwendig
für ontogenetische Untersuchungen der beständige Hinblick auf
die vergleichende Anatomie und die Phylogenie ist.

Um die Schwierigkeiten, welche die Entstehung des mittleren
oder motorischen Keimblattes wirklich darbietet, zu bewältigen,
dürfte es vor Allem gerathen sein, von vornherein 'die beiden
wesentlich verschiedenen Bestandtheile zu sondern, aus denen dasselbe später zusammengesetz' erscheint, nämlich erstens die äussere Lamelle: Baer's Fleischschicht, Remak's Hautplatte (besser: Hautfaserplatte) oder das Hautmuskelblatt (Parie-
tal-Blatt des Mesoderms); und zweitens die innere Lamelle: Baer's
Gefässchicht, Remak's Darmfaserplatte oder das Darmmuskelblatt (Visceral-Blatt des Mesoderms). Es sprechen nämlich wichtige Gründe für die Annahme, dass diese beiden Blätter
phylogenetisch ursprünglich verschieden sind, obgleich sie
ontogenetisch bei vielen Thieren als secundäre Differenzirungen
eines scheinbar einfachen mittleren Blattes auftreten. Diese Anschauung wurde bereits von Baer vertreten, der jedes der beiden
primären Keimblätter in zwei Lamellen zerfallen lässt. Aus der
Spaltung des äusseren oder animalen Keimblattes entsteht die
Hautschicht und die Fleischschicht; aus der Spaltung des inneren

oder vegetativen Keimblattes entsteht die Gefässschicht und die
Schleimschicht. Später wurde aber diese Anschauung fast allgemein verlassen und angenommen, dass zunächst nur aus einem der
beiden primären Keimblätter ein drittes, mittleres Blatt entsteht,
und dass die „Fleischschicht" und „Gefässschicht" Spaltungs-Pro-
ducte dieses letzteren sind.

Allerdings scheint bei den Wirbelthieren schon die allererste
Anlage des Mesoderms eine einheitliche zu sein, so dass die ganze
Zellenmasse desselben von einem der beiden primären Keimblätter
abzuleiten wäre. Allein schon der Umstand, dass bei einem und
demselben Wirbelthier ein Theil der zuverlässigeren Beobachter
mit derselben Bestimmtheit das mittlere Blatt aus dem oberen
(animalen), wie ein anderer Theil aus dem unteren (vegetativen)
Keimblatte ableitet, lässt die Vermuthung aufkommen, dass beide
primäre Keimblätter sich am Aufbau des mittleren
Keimblattes betheiligen. Diese Vermuthung wird fast zur
Gewissheit durch die Vergleichung der Mesoderm-Entwickelung
bei den verschiedenen Wirbellosen, wo in vielen Fällen nur das
Hautmuskelblatt sich aus dem oberen Keimblatt, hingegen das
Darmmuskelblatt aus dem unteren Keimblatt entwickelt. Unter
vielen darauf bezüglichen Beobachtungen sind namentlich diejenigen von Kowalevsky über Enaxes bedeutungsvoll (Petersb. Mem.
1871, T. XVI, Nr. 12, S. 16, Taf. III). Uebrigens liegen auch bei
den Wirbelthieren aus neuester Zeit mehrfache Beobachtungen
vor, aus denen zu folgen scheint, dass ursprünglich, primär
bei ihnen derselbe Entwickelungs-Modus stattfindet und dass die
Vereinigung der beiden Muskelblätter in dem einfachen mittleren
Keimblatt ein secundärer Vorgang, die darauf folgende Spaltung des letzteren in die beiden ersteren mithin ein tertiärer
Process ist (Vergl. Taf. I, Fig. 11 — 16 nebst Erklärung). Besonders wichtig erscheint hierfür die genaueste Untersuchung der
Vorgänge im Axentheile der Vertebraten-Keimscheibe. Hier erscheinen schon sehr frühzeitig die sämmtlichen Keimblätter mehr
oder minder innig zu der indifferenten Zellenmasse vereinigt,
welche His mit dem Namen Axenstrang belegt und neben den
Keimblättern zu den Uranlagen des Embryo rechnet. Diese
letztere Ansicht ist ganz gewiss falsch. Denn wie die Vergleichung
der Gastrula bei den verschiedenen Thierstämmen lehrt, ist überall die Scheidung der beiden primären Keimblätter ursprünglich
eine vollständige; ihre Verbindung im Axenstrange der Wirbelthiere ist als secundäre Concrescenz aufzufassen. Sehr

wichtig aber erscheint die Beobachtung, dass dieser Axenstrang
aus Zellen des unteren und oberen Keimblattes zusammengesetzt
ist, und Zellen sowohl für die untere wie für die obere Lamelle
des Mesoderms liefert. Sehr bedeutungsvoll ist ferner der Umstand, dass auch bei vielen Wirbelthieren schon sehr frühzeitig,
gleich nach der Sonderung der Chorda von den Seitenplatten, und
noch vor Differenzirung der Urwirbelplatten (!) eine
horizontale Spaltung der Seitenplatten eintritt, die bis gegen die
Axe hingeht. Allerdings verschwindet diese Sonderung des Mesoderms in zwei mittlere Blätter wieder während der Sonderung der
Urwirbelplatten: sie ist aber doch wohl als Vorläufer der späteren
bleibenden Spaltung der Seitenplatten aufzufassen. Eine entscheidende Bedeutung für diese wichtige Frage möchte ich der Beobachtung von Kowalevsky beilegen, wonach bei Amphioxus unzweifelhaft nur das Hautmuskelblatt vom äusseren, hingegen das
Darmmuskelblatt vom inneren Keimblatt abstammt. Beide Muskelblätter sind hier ursprünglich völlig getrennt (a. a. O. S. 6;
Taf. II. Fig. 20). Vergl. Taf. I. Fig. 13.

Betrachtet man dieses schwierige Problem im Lichte der Descendenz Theorie, so ergiebt sich als das Wahrscheinlichste, dass
die Zellen der Darmfaserplatte oder des Darmmuskelblattes sich
in ähnlicher Weise aus den Zellen des Gastralblattes oder des
vegetativen Blattes entwickeln, wie die Zellen der Hautfaserplatte
oder des Hautmuskelblattes sich ursprünglich aus den Zellen des
Dermalblattes oder des animalen Blattes hervorbilden. Für letzteren
Vorgang ist die wichtige Entdeckung von Kleinenberg höchst be-
deutsam, wonach die Muskelfasern der Hydra (die erste Anlage
des Mesoderms) noch nicht einmal selbstständige Zellen, sondern
bloss faserförmige Fortsätze der nervösen Zellen des äusseren
Keimblattes, der „Neuro-Muskel-Zellen" sind.

Damit ist nun keineswegs gesagt, dass überall das Mesoderm
aus diesen beiden Blättern ursprünglich zusammengesetzt wird. Da
beide Muskelblätter hiernach unabhängig von einander entstanden
wären, das dermale — der Hautmuskelschlauch — als Bewegungs-Organ für die Haut, das gastrale — der Darmmuskelschlauch — als Bewegungs-Organ für den Darm, so ist auch
phylogenetisch der Fall denkbar, dass nur eines von Beiden zur
Entwickelung gelangt. Dieser Fall liegt in der That bei einigen
Hydroiden und wahrscheinlich bei der Mehrzahl der Acalephen
vor; das Darmmuskel-Blatt fehlt hier und das ganze Mesoderm

ist Product des Exoderms, entspricht also mit allen seinen Theilen nur dem Hautmuskel-Blatt.

Dass bei den Wirbelthieren die beiden Muskelblätter im Axentheile des Körpers anfänglich zusammenhängen und erst später sich scheiden, lässt sich aus einem sehr alten Verwachsungsprocess der vier ursprünglich getrennten secundären Keimblätter erklären der in der Axe des Körpers bei den ältesten Acranien stattfand und mit der Entstehung eines inneren, centralen Axen-Skelets (der Chorda) in ursächlichem Zusammenhange stand. Dass gerade hier in dem „Axenstrang" die Keimblätter sich schon frühzeitig inniger verbanden und dadurch vielfach eine ontogenetische Trübung und Abkürzung der ursprünglichen phylogenetischen Vorgänge erfolgte, darauf deutet auch die sehr frühzeitige Differenzirung der Chorda und viele andere eigenthümliche Vorgänge hin, welche in diesem axialen Körpertheile frühzeitig stattfinden. Hingegen lassen sich durch die Annahme, dass dieser centrale „Axenstrang" ein secundäres Verwachsungs-Product ist, und dass demnach beide primäre Keimblätter (bei den fünf höheren Thierstämmen!) an der Zusammensetzung des Mesoderms Theil nehmen, nicht allein viele von jenen eigenthümlichen Vorgängen, sondern auch die Widersprüche der meisten Autoren befriedigend aufklären.

Bei dieser Auffassung lässt sich auch die Entstehung der Leibeshöhle sehr einfach physiologisch erklären. Man kann sich dieselbe ganz mechanisch vorstellen, sobald man sich die so eben entwickelten beiden Muskelblätter in gleichzeitiger und von einander unabhängiger Action denkt. Es wird dann zwischen Beiden sich nothwendig eine Spaltung herstellen und in der so entstandenen Höhle Flüssigkeit ansammeln. Diese durch die Darmwand in die primitive Leibeshöhle transsudirte Flüssigkeit ist das erste Blut, und einzelne während der Transsudation abgelöste Zellen des Darmfaser-Blattes, welche in dieser primitiven Blutflüssigkeit bleiben und sich vermehren, sind die ersten Blutzellen.

Die wahre Leibeshöhle der Thiere, das Coeloma (oder die sogenannte „Pleuroperitonealhöhle"[1]) ist demnach phylo-

---

1) Die technische Bezeichnung *Coeloma*, welche ich in der Biologie der Kalkschwämme für die wahre Leibeshöhle der Thiere vorgeschlagen habe (S. 468) verdient vor dem bisher üblichen Ausdrucke *Pleuroperitonealhöhle* nicht allein wegen der grösseren Kürze und Bequemlichkeit den Vorzug, sondern vor allem desshalb, weil die letztere Bezeichnung auf die Wirbellosen im eigentlichen Sinne gar nicht anwendbar ist und eigentlich sich auf den jüngsten und

genetisch ebenso durch Auseinanderweichen der beiden Muskelblätter oder mittleren Keimblätter entstanden, wie das ontogenetisch aus der Embryologie der Wirbelthiere seit Remak sicher bekannt ist. Da wo die beiden Blätter in Zusammenhang bleiben und den Darm an der Leibeswand festgeheftet erhalten, bildet sich das Mesenterium. Ich habe meine morphologische Auffassung der Leibeshöhle bereits in der Biologie der Kalkschwämme (S. 467) auseinandergesetzt und begnüge mich daher hier damit, nochmals ausdrücklich hervorzuheben, dass nach meiner Auffassung das Coelom durch den angegebenen Vorgang (Auseinanderweichen der beiden Muskelblätter) zuerst bei den Würmern entstanden ist und sich von diesen auf die vier höheren Thierstämme vererbt hat. Das Coelom oder die wahre Leibeshöhle fehlt hingegen noch sämmtlichen Zoophyten (Spongien und Acalephen). sowie den niedersten Würmern. den Plathelminthen (Turbellarien. Trematoden. Cestoden). Mit dem Coeloma fehlt diesen Thieren zugleich das Blut und das Gefäss-System überhaupt. Denn diese Theile sind untrennbar verbunden. Wo sich die erste Spur von wahrer Leibeshöhle zeigt, da ist auch schon das erste Blut vorhanden. nämlich der Saft. der letztere erfüllt. die primitive „Haemolymphe" oder „Haemochylus".

Bei dieser Auffassung des Coeloma befinde ich mich in fundamentalem Gegensatze zu der von den meisten Zoologen getheilten Ansicht von Leuckart. der den Zoophyten (seinen Coelenteraten) ein echtes Coelom zuschreibt und (noch 1869) den Satz vertheidigte: „Die Leibeshöhle der Coelenteraten liegt nicht zwischen Exoderm und Entoderm. sondern wird von lezterem umschlossen" [1]. Eben so wenig kann ich die Auffassung von Kowalevsky theilen.

am meisten differenzirten Zustand des Coeloms bezieht. wie er nur den höchsten Wirbelthieren zukommt.

1) Leuckart sagt (im Arch. für Naturg. 1870. II. S. 270): „Die Annahme. dass der innere Höhlenapparat der Coelenteraten nach seiner morphologischen Bedeutung der Leibeshöhle der übrigen Thiere entspreche. hat ziemlich allgemein Eingang in unsere Wissenschaft gefunden — eine Auffassung. welche die anatomischen Verhältnisse nicht bloss rechtfertigen. sondern dem Beobachter geradezu aufdrängen u. s. w." Hiergegen ist zu bemerken. dass schon Van der Hoeven 20 Jahre früher in seiner Naturgeschichte (zu der Leuckart „Berichtigungen" lieferte) die Acalephen ganz richtig mit folgenden Worten charakterisirte. „Ventriculus parenchymate corporis sine cavitate abdominali inclusus: canales e ventriculo ortum ducentes." Später haben in demselben Sinne Gegenbaur (1859). Moschin (1865). Semper (1867) und Kowalevsky (1868) das coelenterische Höhlen-System der Zoophyten richtig als Darmhöhle aufgefasst.

welcher die Furchungshöhle oder Segmentationshöhle für die
erste Anlage der Leibeshöhle erklärt. Ich kann in diesem Hohlraum, der sich während der Furchung zwischen den Furchungszellen bildet und später die Höhlung der Keimblase (Vesicula
blastodermica) bildet, nur eine vorübergehende Höhlung ohne
jede bleibende morphologische Bedeutung erblicken. In der That
verschwindet dieselbe auch immer wieder im Laufe der Ontogenese
und geht niemals direct in das wahre Coelom über. Dieses letztere
erscheint erst viel später, als eine wahre Neubildung,
eine Spalte zwischen den beiden Muskelblättern. Nach
Kowalevsky's Ansicht würde das Coelom phylogenetisch viel älter
als die Darmhöhle sein, während in der That das Umgekehrte der
Fall ist. Der Darm hat als Primitiv-Organ bei den Zoophyten
und Acoelomen sicher sehr lange existirt, bevor sich (bei den
Coelomaten) zwischen Darmwand und Leibeswand die wahre Leibeshöhle entwickelte.

5. Die systematische Bedeutung der Gastraea-Theorie.

Für das natürliche System des Thierreichs, oder was dasselbe
ist, für seinen Stammbaum, ergeben sich aus den bisherigen Erörterungen folgende Schlüsse, welche ich zum Theil bereits in der
Biologie der Kalkschwämme, zum Theil in der vierten Auflage der
„Natürlichen Schöpfungsgeschichte" (im 18. Vortrage) angedeutet
habe. Zunächst zerfällt das ganze Thierreich in zwei grosse
Hauptgruppen, deren scheidende Grenzmarke die Gastrula
bildet: einerseits die Stammgruppe der Urthiere (*Protozoa*)
anderseits die sechs höheren Thierstämme, die wir jenen als
Keimblattthiere (*Metazoa* oder *Blastozoa*) gegenüber stellen.
Bei den Urthieren (*Protozoa*) besteht der ganze Körper entweder 1) aus einer einfachen Cytode (Moneren, Monothalamien)
oder 2) aus einem Aggregate von Cytoden (Polythalamien) oder 3)
aus einer einfachen Zelle (Amoeben, einzellige Gregarinen, Infusorien) oder 4) aus einem Aggregate von einfachen, gleichartigen
Zellen (vielzellige Gregarinen, Synamoeben), oder endlich 5) es
sind zwar die Zellen des Körpers in geringem Grade differenzirt,
aber sie bilden noch keine Keimblätter, und umschliessen noch
keine wahre Darmhöhle. Die Individualität der Urthiere
bleibt stets auf sehr niedriger Stufe stehen. Sie bilden nämlich
entweder ein Morphon erster Ordnung, eine einfache Plastide
(eine Cytode oder eine Zelle); oder sie bilden höchstens ein Mor-

phon zweiter Ordnung, ein „Organ" in rein morphologischem
Sinne, ein Idorgan (Vergl. die Individualitätslehre in der Biologie der Kalkschwämme, S. 103 u. s. w.). Niemals aber erheben
sich die Protozoen zu dem Formwerthe eines Morphon dritter oder
vierter Ordnung, einer Person oder eines Stockes (in dem an
letzterem Orte festgestellten Begriffe). Ebenso wie den Protozoen
ein wirklicher Darm fehlt (das erste und älteste Organ der Keimblatt-Thiere), ebenso fehlen ihnen alle differenzirten Organ-Systeme,
welche sich bei den letzteren finden. Es fehlen ihnen Nerven-
System, Muskel-System, Gefäss-System, Dermal-System u. s. w.
Ebenso fehlen ihnen die differenzirten Gewebe.

Aus den tiefliegenden Gründen, welche ich im zweiten Buche
der generellen Morphologie und in meiner Monographie der Moneren
ausführlich entwickelt habe, erscheint es für das Verständniss der
generellen Biologie von wesentlichem Vortheil, mindestens einen
grossen Theil der sogenannten Protozoen aus dem Thierreich überhaupt auszuscheiden und als Angehörige des neutralen, zwischen
Thierreich und Pflanzenreich mitten inne stehenden Protisten-
Reiches zu betrachten. Dahin gehört ein Theil der Moneren, der
Amoeboiden und der Flagellaten, ferner die Catallacten, die Labyrinthuleen, die Myxomyceten und die ganze formenreiche Classe der
Rhizopoden mit allen ihren verschiedenen Abtheilungen: Acyttarien
Radiolarien u. s. w.). Alle diese Protisten sind als selbstständige
organische Stämme oder Phylen zu betrachten, welche mit dem
Thierreich in keinerlei genealogischem Zusammenhange stehen und
mithin auch nicht in sein natürliches System gehören. Hingegen
sind diejenigen einfachsten Organismen, welche zu den wirklichen
Stammformen des Thierreichs gehören und die wahre Wurzel des
thierischen Stammbaumes begründen, oder welche selbstständige
Wurzelausläufer jener Wurzel repräsentiren, sowie endlich auch jene
einfachsten Organismen, welche unzweifelhaft thierischen Charakter
zeigen (wie die Infusorien), als wirkliche Urthiere oder Protozoen von jenen neutralen Urwesen oder Protisten zu trennen.
Als solche echte Urthiere wären diejenigen Moneren und Amoeben
anzusehen, welche wirklich die ältesten Stammformen des Thierreichs repräsentiren, und die ich in der vierten Auflage der Schöpfungsgeschichte als Eithiere (*Ovularia*) zusammengefasst habe,
weil sie den Formwerth der einfachen (kernhaltigen) Eizelle oder
der (kernlosen) Eicytode besitzen. Ferner wären dahin die der
Planula entsprechenden Thierformen (Planäaden), endlich die Gre-

garinen, die Acineten und die echten bewimperten Infusorien (Ciliata) zu rechnen.

Die zweite Hauptabtheilung des Thierreichs bilden die sechs höheren Thierstämme, welche sämmtlich von der gemeinsamen Stammform der Gastraea abzuleiten sind. Wir fassen sie als Keimblattthiere (Metazoa oder Blastozoa) oder Darmthiere (Gastrozoa) zusammen. Bei allen diesen Thieren, von den Spongien bis zu den Vertebraten hinauf, entwickelt sich der Leib ursprünglich stets aus zwei primären Keimblättern, dem animalen Exoderm und dem vegetativen Entoderm. Das letztere umschliesst stets eine wahre Darmhöhle mit Mundöffnung[1]. Demnach hat der Körper den Formwerth eines Morphon dritter Ordnung, einer wahren Person, oder ist aus mehreren Personen zusammengesetzt, also ein Form-Individuum vierter Ordnung, ein Stock (Biologie der Kalkschwämme, S. 105 u. s. w.). Zum Mindesten besitzen alle diese Keimblatt-Thiere zwei differenzirte Organ-Systeme, nämlich das Haut-System (die Decke des äusseren Keimblattes mit ihren Derivaten) und das Darmsystem (die Darmauskleidung des inneren Keimblattes mit ihren Derivaten).

Für die weitere Classification der Metazoen könnte man in erster Linie vorzüglich drei verschiedene Eintheilungs-Principien verwerthen: 1) Den Mangel oder Besitz des Coeloms; 2) die verschiedene Zahl der secundären Keimblätter; 3) die radiale oder bilaterale Grundform.

Wenn man das Hauptgewicht auf das Coelom und das damit zusammenhängende Gefäss-System oder Blutsystem legen will, so zerfällt die Hauptabtheilung der Metazoen zunächst in zwei verschiedene Gruppen: einerseits die niederen Keimblattthiere, ohne Coelom und ohne Haemolymphe: Zoophyten und Acoelomen (Plathelminthen); anderseits die höheren Metazoen, mit Coelom und mit Haemolymphe: die Coelomaten und die aus ihnen hervorgegangenen vier höchsten Thierstämme: Echinodermen, Arthropoden, Mollusken und Vertebraten (Vergl. die Biologie der Kalkschwämme, S. 465, 468). Für diese beiden Gruppen könnte man im strengsten

---

[1] Die wenigen darmlosen Thiere unter den Blastozoen, die Cestoden und Acanthocephalen, dürfen hier nicht als Einwurf gelten, da sie offenbar den Darm durch Parasitismus verloren haben und ursprünglich von darmführenden Würmern abstammen. Dies geht aus ihrer vergleichenden Anatomie und Ontogenie unzweifelhaft hervor (Vergl. Generelle Morphologie Bd. II, S. LXXX).

Sinne des Wortes (aber allerdings nicht in der entsprechenden Be-
grenzung ihres Autors) die uralten Bezeichnungen des Aristoteles:
Anaema und Enaema anwenden. Anaema oder wahre „blutlose"
Metazoen sind die Zoophyten und Plathelminthen (Acoelomen):
Enaema oder wahre „Blutthiere" sind hingegen die Coelomaten
(Würmer mit Blut und Coelom) und die daraus entsprungenen
vier höchsten Thier-Phylen. Erstere könnten als Anaemaria,
letztere als Haemataria bezeichnet werden.

Der Versuch, die Zahl und Differenzirung der constituirenden
Keimblätter als fundamentales Eintheilungs - Prinzip für die
Hauptgruppen des Thierreichs zu verwerthen, ist in neuester Zeit
zweimal in verschiedener Weise ausgeführt worden, von Gustav
Jaeger und von E. Ray-Lankester. Der erstere liefert in seinem
gedankenreichen Lehrbuche der allgemeinen Zoologie (1871) ein
besonderes Kapitel über die „Lehre von den Schichten und den
Schichtengruppen: Stratographie des Thierkörpers". Jaeger
unterscheidet hier: 1) Zweischichtige Thiere („Die niedrigsten
mehrzelligen Thiere"); 2) Dreischichtige Thiere (Coelenteraten); 3)
fünfschichtige Thiere (Enteraten oder Darmthiere: unsere Bilaterien,
die fünf höheren Thierstämme). So anerkennenswerth der Versuch
ist, in dieser Weise die „Stratographie" für die animale Morphologie zu verwerthen, so müssen wir ihn doch im Einzelnen für
misslungen erklären. Es ergiebt sich dies sofort durch Vergleichung von Jaeger's Darstellung (besonders § 55. 67) mit unserer
Darstellung im vorliegenden Aufsatze, der die Gastraea-Theorie
zur Basis hat. Ebenso kann ich auch dem Versuche von Ray-
Lankester (a. a. O. S. 325) nicht im Einzelnen beistimmen. Er
unterscheidet 1) Homoblastica: ohne differenzirte Keimblätter (Protozoa), 2) Diploblastica: mit zwei Keimblättern (Coelenterata), 3)
Triploblastica: mit drei Keimblättern (die fünf höheren Stämme,
unsere Bilaterien).

Nach unserer eigenen Ansicht würde man vielmehr, wenn
man in dieser Weise die Hauptgruppen des Thierreichs durch
die Zahl der Keimblätter charakterisiren wollte, folgende 4 oder
5 Abtheilungen zu unterscheiden haben: 1) Ablasteria: Thiere
ohne Keimblätter (*Protozoa*): 2) Diblasteria: Thiere mit zwei
permanenten Keimblättern (Gastraeaden und Spongien, niederste
Acalephen); 3) Triblasteria; Thiere mit drei Keimblättern (die
Mehrzahl der Acalephen: Hydromedusen, Ctenophoren, Corallen)
4) Tetrablasteria: Thiere mit vier Keimblättern (Hautsinnesblatt, Hautmuskelblatt, Darmmuskelblatt, Darmdrüsenblatt): Die

Bilaterien oder die vereinigten fünf höheren Thierstämme. Unter diesen letzteren würden die Acoelomen (die Würmer ohne Leibeshöhle und ohne Blut, die Plathelminthen) den niederen Entwickelungszustand darstellen, aus welchem sich erst secundär durch Auseinanderweichen der beiden Muskelblätter die Coelomaten (die Würmer mit Leibeshöhle und mit Blut) entwickelt haben. Divergirende Descendenten von vier verschiedenen Coelomaten-Formen sind die vier höchsten Thierstämme: Echinodermen, Arthropoden, Mollusken, und Vertebraten. Die Ableitung dieser vier typischen Phylen aus der gemeinsamen Stammgruppe der Würmer ist nicht schwer. Noch jetzt zeigt uns die vergleichende Anatomie und Ontogenie, dass dieselben nahe Verwandte unter den Coelomaten haben. Die Anneliden führen zu den Arthropoden und Echinodermen. die Bryozoen (?) zu den Mollusken. die Tunicaten (Ascidien) zu den Vertebraten hinüber (Vergl. den XVIII. Vortrag der Natürlichen Schöpfungsgeschichte). Wenn man im Sinne Jaeger's das (durch Spaltung des animalen und vegetativen Muskelblattes entstandene) Coelom und die dazu gehörigen Zellen (Coelom-Epithelien, Lymphzellen, Blutzellen) als Repräsentanten einer besonderen fünften Schicht. eines intermediären fünften Keimblattes ansehen wollte. so würde man als Tetrablasterien nur die Acoelomen (Plathelminthen) und vielleicht einen Theil der Acalephen auffassen haben. Hingegen würden alle mit Coelom versehenen Thiere (die Coelomaten und die vier höchsten Thierstämme) eine besondere fünfte Hauptgruppe bilden; Pentablasteria (mit fünf Keimblättern oder principalen Gewebsschichten: 1. Hautsinnesblatt, 2. Hautmuskelblatt, 3. Coelomblatt oder Lymphblatt, Gefässblatt in modificirtem Sinne, 4. Darmfaserblatt, 5. Darmdrüsenblatt).

Eine Zusammenstellung dieser fünf Hauptgruppen des Thierreichs mit den bekannten gewöhnlich angenommenen „Typen" würde folgende Resultate ergeben:

1. Ablasteria	1. Protozoa	Protozoa	Protozoa
2. Diblasteria	2. Gastraeada / Spongiae	Zoophyta	
3. Triblasteria	3. Acalephae		
4. Tetrablasteria	4. Acoelomi	Vermes	Metazoa
	Coelomati / Mollusca		
5. Pentablasteria	5. Echinoderma / Arthropoda / Vertebrata	Typozoa	

3

So verlockend es nun auch von phylogenetischem Gesichtspunkte aus erscheinen könnte, in dieser Weise die Zahl und Differenzirung der Keimblätter als Basis für die Classification des Thierreichs zu verwerthen, so ergeben sich doch bei näherer Betrachtung
bedenkliche Hindernisse, welche die strenge Durchführung diese
Eintheilungs-Princips nicht gestatten. Abgesehen davon, dass wir
überhaupt die Ontogenese vieler Thiere (besonders aus den niederen Stämmen) noch gar nicht genügend kennen, finden sich vermittelnde Uebergangs-Formen zwischen den fünf angeführten Gruppen, welche keine scharfe Trennung zulassen, und ausserdem kommen in den niederen Phylen der Metazoen Fälle vor, in denen
nahe verwandte Formen eines Stammes zu verschiedenen Gruppen
der Blasterien gestellt werden müssen. Obwohl die meisten Acalephen (Hydromedusen, Ctenophoren, Corallen) wahrscheinlich Triblasterien sind, kommen doch unter ihren niederen Formen (Hydra)
Diblasterien und unter ihren höheren Formen wahrscheinlich viele
Tetrablasterien vor. Unter den Acoelomen (Plathelminthen) finden
sich wahrscheinlich neben den vorwiegenden Tetrablasterien viele
Triblasterien oder selbst Diblasterien u. s. w.

Aus diesen und anderen Gründen erscheint es vielmehr ge-
boten, für die weitere Eintheilung der Metazoen als maassgebendes
Princip lediglich die Grundzüge ihrer Phylogenie zu verwerthen, wie sie sich aus der vergleichenden Anatomie und Ontogenie der Metazoen ergeben, und wobei die stereometrische (radiale oder bilaterale) Grundform der Körperanlage eine entscheidende Rolle spielt. Die weitere Entwickelung der Gastrula
erscheint hier zunächst bestimmend. Dieser folgend bin ich bereits in der Biologie der Kalkschwämme zu der Annahme gelangt,
dass die Descendenten der Gastraea, als der gemeinsamen
Stammform aller Metazoen, sich zunächst in zwei Linien spalteten:
den Protascus, welcher als die Stammform aller Zoophyten,
und die Prothelmis, welche als die gemeinsame Stammform
aller fünf höheren Thierstämme anzusehen ist. Die Spaltung
dieser beiden Hauptlinien ist ganz mechanisch durch die zweifach
verschiedene Lebensweise bedingt, der sich die Descendenten der
monaxonien (weder „radiären“, nach „bilateralen“) Gastraea zunächst anpassten. Die eine Gruppe gab die frei bewegliche
Lebensweise der schwimmenden Gastraea auf, setzte sich mit
dem aboralen Pole ihrer Körperaxe fest und entwickelte sich
dann eo ipso weiterhin zum sogenannten „radialen Typus“
(Zoophyten). Die andere Gruppe der Gastraea-Descendenten be-

hielt die freie Ortsbewegung bei, ging aus der schwimmenden Bewegungsform in die kriechende auf den Meeresboden über, und entwickelte sich eo ipso zum sogenannten „bilateralen Typus" (die fünf höheren Thierstämme, Würmer und Typozoen). Ich betrachte demnach lediglich einerseits die festsitzende Lebensweise bei der Stammform der Zoophyten (*Protascus*), als die mechanische „wirkende Ursache" ihres radialen Typus oder genauer ausgedrückt ihrer actinoten (regulär-pyramidalen) Grundform; anderseits die kriechende Lebensweise bei der Stammform der Würmer (*Prothelmis*) als die mechanische causa efficiens ihres bilateralen Typus oder genauer ausgedrückt ihrer dipleuren (amphithect-pyramidalen) Grundform. Diese hat sich von den Würmern auf die vier höchsten Thierstämme vererbt.

Auf Grund dieser phylogenetischen Betrachtung können wir die sämmtlichen, ursprünglich bilateralen Descendenten der Gastraea (die Abkömmlinge der Prothelmis) in eine natürliche Hauptabtheilung zusammenfassen, welche wir kurz Bilateria oder Sphenota („Keilthiere", wegen der keilartigen Grundform im Sinne Bronn's) nennen wollen. Diese Gruppe umfasst sämmtliche Würmer und die davon abzuleitenden vier höchsten Thierstämme: Mollusken, Echinodermen, Arthropoden, Vertebraten[1]).

6. Die Bedeutung der Gastraea-Theorie für die Homologie der Typen.

Durch die Vergleichung der Keimblätter bei den verschiedenen Thierstämmen werden wir zu der wichtigen Frage geführt, wie weit überhaupt die Organe und Organsysteme bei den sieben Phylen des Thierreichs einer morphologischen Vergleichung zugänglich sind, wie weit zwischen denselben eine wirkliche Homologie im strengsten Sinne (also Homophylie) durchzuführen ist. Diejenigen, welche an der Baer-Cuvier'schen Typen-Lehre in ihrer ursprünglichen starren Fassung festhalten und alle Typen des

---

1) Bei den sämmtlichen Wirbelthieren, Gliederthieren und Weichthieren ist die dipleure oder bilaterale Grundform ebenso unbestritten, wie bei den Würmern. Aber auch die Stammform der Echinodermen besitzt dieselbe Grundform. Als solche betrachten wir nach unserer Echinodermen-Theorie die gegliederte Wurm-Person, welche im Asteriden-„Arm" noch am meisten ihre Selbstständigkeit bewahrt hat. Die radiale Form der entwickelten Echinodermen-Stöcke (sternförmige Cormen aus 5 oder mehr Personen) bildet daher ebenso wenig einen Einwurf dagegen, als die radiale Form der Synascidien-Stöcke (Botryllus).

Thierreichs als völlig gesonderte morphologische Einheiten betrachten, müssen natürlich jene Frage überhaupt verneinen. Diejenigen hingegen, welche die Typen-Theorie im Lichte der Descendenz-Theorie betrachten und die von uns hier versuchte Modification derselben durch die Gastraea-Theorie, sowie die damit zusammenhängende Generalisation der Keimblätter-Theorie gelten lassen, müssen bis zu einem gewissen Grade eine solche morphologische Vergleichung gestatten. In der That hat sich auch Gegenbaur neuerdings in diesem Sinne ausgesprochen [1]), und ebenso Kowalevsky in seiner neuesten Arbeit [2]).

So ausserordentlich wichtig und interessant diese Frage nach den Homologien der Thierstämme für die vergleichende Anatomie und Phylogenie ist, so schwierig und verwickelt erscheint bei dem gegenwärtigen unvollkommenen Zustande der Morphologie ihre sichere Beantwortung. Ich lege daher den nachfolgenden Erörterungen nur den Werth eines provisorischen Versuches bei. Das Phylum der Protozoen bleibt natürlich von dieser Betrachtung ganz ausgeschlossen, da nach unserer vorher dargelegten Ansicht kein Thier dieser Wurzelgruppe sich bis zur Bildung von Keimblättern erhebt, und demnach auch die aus letzteren entwickelten Organe den Protozoen völlig abgehen. Mithin halten wir z. B. jede morphologische Vergleichung irgend eines Theiles des Infusorien-Körpers mit einem scheinbar entsprechenden (und physiologisch vielleicht gleichwerthigen, also analogen) Theile eines Keimblatt-Thieres für ganz unzulässig. Wie ich bereits in dem Aufsatze „Zur Morphologie der Infusorien" (a. a. O.) gezeigt habe, kann z. B. der Darm der Ciliaten physiologisch als solcher aufgefasst und mit dem Darm der Metazoen verglichen werden. In morphologischer Beziehung können diese Theile aber überhaupt nicht verglichen werden. Der Ciliaten-Darm ist Bestandtheil einer einzigen hoch differenzirten Zelle; der Metazoen-Darm ist ein Hohlraum, der von dem vielzelligen inneren Keimblatte umschlossen ist. Nur zwischen den sechs Stämmen der Metazoen, die alle von der Gastraea abzuleiten sind, können Homologien existiren.

Als die sicherste und allgemeinste Homologie, welche durch die ganze Reihe der Metazoen (von den Spongien bis zu den Vertebraten) durchführbar ist, ergiebt sich die Vergleichung der-

1) Gegenbaur, Grundzüge der vergl. Anatomie II. Aufl. S. 82.
2) Kowalevsky, Embryologische Studien an Würmern und Arthropoden 1871, Schluss.

jenigen Organe, welche bei den einfachsten Metazoen, den Gastraeaden und den niedersten Spongien bereits differenzirt sind, und
bei diesen zeitlebens in ihrer einfachsten Anlage verharren. Das
ist erstens der primitive Darmcanal mit seinem Epithelium
(dem Darmdrüsenblatt, Entoderm der Gastrula); und zweitens
die oberflächlichste Körperbedeckung, das Hautsinnesblatt oder
die Epidermis, Exoderm der Gastrula). Bezüglich dieser
letzteren ist ausdrücklich hervorzuheben, dass zwar die ursprüngliche complete Homologie der Epidermis bei den sechs Metazoen-
Phylen durch frühzeitig eintretende Häutungs--Processe vielfach
gestört und incomplet werden kann, indem die ursprünglich oberste
Epidermis-Schicht in eine vergängliche embryonale Hülle verwandelt oder abgestreift wird (z. B. Hydra, KLEINENBERG); dass
aber nichtsdestoweniger mindestens eine Zellenschicht der Epidermis sich constant erhält und als Ausgangslager für die übrigen
dient, mithin die Epidermis als Ganzes, und als Derivat
des einfachen Exoderms der Gastrula, bei allen sechs
Metazoen-Stämmen homolog ist[1]).

Sehr schwierig ist die Frage nach der Homologie des Cen-
tral-Nerven-Systems. Unzweifelhaft ist dasselbe bei allen
sechs Stämmen der Metazoen aus dem Exoderm hervorgegangen;
aber das Centralnerven-System der Zoophyten ist sicher unabhängig von demjenigen der Würmer entstanden und diesem in

[1] Die Bildung vieler embryonaler Hüllen, welche ontogenetisch aus dem
obersten Keimblatt (dem Hornblatt) entstehen, ist wohl phylogenetisch durch
Häutungen (oder „Mauserungen") zu erklären, welche die Vorfahren des
betreffenden Organismus in früheren Perioden der Erdgeschichte erlitten haben.
So ist namentlich die Larvenhaut vieler höheren Crustaceen, die innerhalb der
Eischale entsteht und selbst mehrfach gewechselt wird, auf wiederholte Häutungen der Crustaceen-Stammform, des Nauplius, und anderer aus diesem ent-
standenenen alten Stammformen zu deuten (Vergl. die bezüglichen Angaben
und Deutungen in den betreffenden Schriften von FRITZ MÜLLER, EDUARD VAN
BENEDEN, A. DOHRN u. s. w.). Ebenso ist vielleicht auch das sogenannte Amnion bei manchen Thieren zu deuten. Das Amnion der Wirbelthiere ist dagegen sicher anderen Ursprungs. Was die specielle Homologie dieses Amnion
bei Vertebraten und Arthropoden betrifft, wie sie von KOWALEVSKY und Anderen behauptet wird, so wird dieselbe, abgesehen von anderen Gründen, schon
dadurch widerlegt, dass das Amnion nur den drei höheren Wirbelthierklassen
(Amnioten) zukommt. Offenbar hat sich dasselbe hier also erst während der
Entstehung der Amnioten-Stammformen aus den Amphibien entwickelt, und ist
gänzlich unabhängig von dem Amnion der Arthropoden. Letzteres ist dem
letzteren nur analog (und homomorph) aber nicht wirklich homolog (homo-
phyl).

keiner Weise zu vergleichen. Hingegen ist die einfachste Form
des Centralnerven-Systems, welche sich bei den Würmern findet,
nämlich das über dem Schlunde gelegene einfache Nervenknoten-
Paar, das sogenannte obere Schlundknoten-Paar oder Urhirn erstens in allen Classen des Würmerstammes als homolog
zu betrachten, und zweitens auch dem gleichnamigen Theile der
Mollusken und Arthropoden, sowie der ursprünglichen Medullar-
rohr-Anlage der Wirbelthiere zu vergleichen (von der das Gehirn der letzteren nur der vorderste differenzirte Abschnitt ist [1]).
Bei den Echinodermen ist dieses ursprüngliche Central-Organ verloren gegangen: ihr Schlundring ist nur eine secundäre Commissur
zwischen den fünf radialen Nervensträngen, welche bei den Asteriden in der ursprünglichsten Form auftreten. Jeder dieser fünf
Radial-Nerven der Echinodermen ist homolog dem gegliederten
Bauchmark der Anneliden und Arthropoden. Vorbedingung für
die Annahme dieser scheinbar paradoxen Vergleichung ist die
Richtigkeit meiner Theorie vom Ursprung der Echinodermen, wonach als die Stammform dieses Phylum die Asteriden-Form zu
betrachten ist, ein Stock von fünf sternförmig verbundenen, gegliederten Würmern. Diese Theorie ist zwar von CLAUS, LEUCKART
SEMPER und Anderen verworfen worden, ohne dass sie jedoch
irgend eine andere natürliche Theorie an deren Stelle gesetzt und
den Versuch zur Erklärung der Echinodermen-Entstehung gemacht
hätten. Auf der anderen Seite hat meine Theorie, welche diese
Entstehung vollständig erklärt, die vollkommene Zustimmung von
zwei Zoologen ersten Ranges erhalten, auf deren morphologisches
Urtheil ich das grösste Gewicht lege, GEGENBAUR und M. SARS
(senior), letzterer bekanntlich einer der genauesten Kenner der
Echinodermen [2]).

1) Nicht homolog ist selbstverständlich nach dieser Auffassung das
Rückenmark der Wirbelthiere und das Bauchmark der Gliederthiere; diese
können ebenso wenig verglichen werden, als der sympathische Grenzstrang
der ersteren und das Bauchmark der letzteren.

2) Die Entstehung des Centralnerven-Systems aus der ursprünglichen Ober-
haut des Thierkörpers, dem Hornblatte, ist eines der schlagendsten Beispiele
für den Werth der phylogenetischen Auffassung und ihre Bedeutung für das
Verständniss der ontogenetischen Processe. Bisher hat man fast allgemein
jene Entstehung des „inneren" Nervensystems aus dem äusseren Keimblatte wunderbar und paradox gefunden. Sobald man sich aber die Frage
stellt: „Wie kann überhaupt das Nervensystem zuerst (phyletisch) entstanden
sein", so wird man nach reiflichem Nachdenken darüber nur die eine Antwort geben können: „Aus den oberflächlichsten Körpertheilen, welche mit der

Die Sinnesorgane der verschiedenen Thierstämme sind zum grössten Theile (mit Ausnahme der Haut als Tast-Organ, vielleicht sämmtlich!) nicht homolog; ist hier doch sogar innerhalb eines jeden Stammes die Homologie oft nicht nachzuweisen oder selbst innerhalb einer Klasse bestimmt ausgeschlossen, wie z. B. bei dem Gehörorgane der verschiedenen Insecten! Alles deutet darauf hin, dass dieselben polyphyletischen Ursprungs, aus verschiedenen Stücken des oberen Keimblatts zu verschiedenen Zeiten entstanden sind. Dieser vielfach verschiedene und selbstständige Ursprung der Sinnes-Organe ist auch phylogenetisch ganz gut begreiflich.

Wahrscheinlich haben aus dem oberen Keimblatte auch die Primordial-Nieren ihren Ursprung genommen und wahrscheinlich sind diese Organe bei allen Bilaterien (bei sämmtlichen Mitgliedern der fünf höheren Thierstämme) homolog. Die einfachste Form würden die sogenannten „Excretions-Organe oder Wassergefässe“ der Plathelminthen darstellen, welche ursprünglich weiter nichts als mächtig entwickelte schlauchförmige Hautdrüsen (gleich den Schweissdrüsen) sind. Die vergleichende Anatomie wird später wohl im Stande sein, nachzuweisen, dass diese Urnieren der ungegliederten Plathelminthen, welche sich in jedem Metamere der gegliederten Würmer als sogenannte Schleifencanäle oder Segmental-Organe wiederholen, sowohl den Nieren der Mollusken als den Urnieren der Wirbelthiere ihren Ursprung gegeben haben[1]. Unter den Arthropoden hat bereits Gegenbaur die Homologie der „Scha-

---

Aussenwelt beständig in Berührung waren“. Nur aus dieser beständigen Berührung konnte sich die erste „Empfindung“ entwickeln. Secundär hat sich dann das Nerven-System in das geschützte Innere des Körpers zurückgezogen, „vom Hornblatt abgeschnürt“. Die Annahme eines besonderen „Nervenblattes“, welches manche Embryologen vom Hautsinnesblatt trennen, halte ich nicht für gerechtfertigt.

1) Bei Amphioxus ist vielleicht als Homologon oder als rudimentärer Rest der ursprünglichen Urniere der von Rathke entdeckte und von J. Müller genauer beschriebene weite Canal zu deuten, welcher jederseits in der Hautfalte des Bauches (unmittelbar an der Aussenfläche der Sexual-Drüsen verlauft und sich hinten zu beiden Seiten des Porus abdominalis nach aussen öffnet. (Eine zweite, vordere Oeffnung in die Mundhöhle ist problematisch.) Wenn die Vergleichung dieses Hautcanales von Amphioxus (Fig. 10 auf J. Müller's Taf. I) mit der Urniere der Wirbelthiere und dem ähnlichen Excretions-Organe der Würmer richtig wäre, so würde damit eine sehr interessante Verbindung zwischen den beiden letzteren Organen hergestellt und zugleich die Entstehung des Urnieren-Ganges der Vertebraten aus dem äusseren Keimblatt erklärt sein.

lendrüse" der niederen Crustaceen (und der „grünen Drüse" der Decapoden) mit den Urnieren der Würmer nachgewiesen. Die Tracheaten haben dieses Excretions-Organ ganz verloren und an seine Stelle sind die Malpighischen Röhren des Darmcanales getreten. Wenn man die Urniere in dieser Weise ursprünglich (phylogenetisch) als eine ausscheidende Hautdrüse auffasst, so erklärt sich auch ihre ursprüngliche oberflächliche Lage beim Vertebraten-Embryo. Sie wird hier jedenfalls vom oberen Keimblatt abzuleiten sein, entweder direct vom Hornblatt, oder indirect, durch Zellen des „Axenstranges", welche vom Hornblatt in das Hautfaserblatt eingewandert sind.

Das Hautmuskelblatt oder das Hautfaserblatt (die „Fleischschicht" von Baer, die Hautplatten und Urwirbelplatten von Remak) ist als Ganzes in seiner ursprünglichen einfachen Anlage wahrscheinlich bei allen sechs Metazoen-Stämmen, oder doch wenigstens bei den fünf Phylen der Bilaterien, homolog. Vermuthlich ist dasselbe bei den Würmern ebenso wie bei den Zoophyten (Hydra u. s. w.) aus dem oberen Keimblatte entstanden und hat sich von den Würmern auf die vier höheren Thierstämme vererbt. Als die beiden primitivsten Spaltungsprodukte desselben sind das Corium und der Hautmuskelschlauch zu betrachten, die beide wohl innerhalb der fünf höheren Phylen (der Bilaterien) desselben Ursprungs, also homolog sind. Auch die Rumpfmuskeln der Wirbelthiere gehen aus diesem Blatte hervor.

Nicht homolog sind dagegen die Skelet-Systeme in den verschiedenen Thierstämmen. Sowohl die inneren Skeletbildungen der Zoophyten, als diejenigen der Echinodermen und der Wirbelthiere, obwohl alle drei aus dem Hautfaserblatt zu entstehen scheinen, sind völlig verschiedene Bildungen, für jedes Phylum eigenthümlich. Das Haut-Skelet der Würmer und Arthropoden, welches bloss eine chitinisirte Ausscheidung der Epidermis (der sogenannten Hypodermis oder Chitinogen-Membran) ist, sowie die Kalkschalen der Mollusken (ebenfalls Exsudate der Epidermis) kommen hierbei gar nicht in Betracht.

Das Coelom oder die Leibeshöhle, die ursprüngliche „Pleuroperitoneal-Höhle", welche den Protozoen, Zoophyten und den Acoelomen (Plathelminthen) gänzlich fehlt, ist sicher bei den Coelomaten und den vier höheren Thierstämmen homolog. Ueberall entsteht sie als Spalt zwischen den beiden Muskelblättern und hat sich offenbar von den Coelomaten, den blutführenden Würmern, auf die vier höheren Thierstämme vererbt. Hiergegen ist

diese Homologie nicht durch die Vergleichung mit der Segmen-
tations-Höhle zu begründen, aus der Kowalevsky das Coelom hervorgehen lässt (vergl. oben S. 27). Ursprünglich ist das Coelom
mit einer Flüssigkeit gefüllt, welche ihres indifferenten Characters
halber als Haemolymphe oder Haemochylus bezeichnet werden kann. Aber schon bei den höheren Würmern differenzirt sich
diese Ernährungsflüssigkeit in zwei verschiedene Bestandtheile, in
den farblosen Chylus oder die Lymphe, welche die Leibeshöhle erfüllt, und in das gefärbte Blut, welches in dem geschlossenen
Gefässsystem circulirt. Dieselbe Differenzirung kehrt auch bei
den Wirbelthieren wieder.

Das Darmmuskelblatt oder das Darmfaserblatt (die
„Gefässschicht" von Baer, die Darmfaserplatten und Mittelplatten
von Remak) scheint in dem Stamme der Zoophyten theils (bei
den Spongien und niedersten Acalephen) ganz zu fehlen, theils
(bei den höheren Acalephen) in eigenthümlicher Form sich zu entwickeln. Bei den Acoelomen beginnt sich dasselbe bereits als
„Darmmuskelschlauch" auszubilden und hat sich von diesen auf
die höheren Würmer (die Coelomaten), von letzteren auf die vier
höchsten Thierstämme vererbt. Es steht Nichts im Wege, eine
allgemeine Homologie desselben innerhalb dieser fünf Thierstämme
(der Bilaterien) anzunehmen.

Das Blutgefäss-System als Ganzes, welches sich im
Zusammenhang mit dem Coelom entwickelt hat, ist demnach ebenfalls innerhalb der fünf höheren Thierstämme zu vergleichen. Die
Frage jedoch, in wie weit die einzelnen Theile desselben und
namentlich das Herz homolog sind, ist sehr schwierig zu entscheiden. Nach der scharfsinnigen Vergleichung von Gegenbaur ist
das Herz der Arthropoden und Mollusken einem Abschnitte des
dorsalen, hingegen das Herz der Ascidien und Vertebraten
einem Abschnitte des ventralen Hauptgefässstammes der Würmer ursprünglich homolog.

Das Darmdrüsenblatt, welches als epitheliale Ausklei-
dung des Darmcanals und seiner drüsigen Anhänge in dem ganzen Thierreiche (nur die Protozoen ausgenommen) von den Spongien bis zu den Vertebraten sich constant erhält, ist sicher überall homolog; überall direct aus dem Entoderm der Gastrula abzuleiten. Allerdings ist Kowalevsky neuerdings zu der Annahme gelangt, dass das Darmdrüsenblatt der Insecten hiervon eine Ausnahme
bilde und vielmehr als eine eigenthümliche Neubildung sui generis
zu betrachten sei (Embryologische Studien an Würmern u. s. w.,

1871, S. 58). Diese Ansicht erscheint mir nicht stichhaltig. Wenn
irgend ein Organ bei allen sechs Metazoen - Phylen homolog sein
kann, so ist es sicher der Darmcanal mit seinem auskleidenden
Epithelium, dem Darmdrüsen - Blatt. Hingegen ist die Frage von
der Homologie der Darmmündungen. Mund und After, zur Zeit
noch ganz dunkel, und nur so viel sicher, dass die Mundöffnung
nicht überall dieselbe ist. Die ursprüngliche Mundöffnung der
Gastrula, der Urmund oder das Prostoma scheint sich nur auf
die Zoophyten und vielleicht auf einen Theil der Würmer vererbt zu haben. Sie scheint sich noch in dem Rusconischen After
der Vertebraten zu wiederholen. Hingegen sind die Mundöffnungen
der Vertebraten, der Arthropoden, der Echinodermen, eigenthümliche Neubildungen, und sicher nicht dem Urmund homolog.

7. Die phylogenetische Bedeutung der ontogenetischen Succession der Organ-Systeme.

Die gesetzmässige Reihenfolge, in welcher bei den verschiedenen Thierstämmen die Organ - Systeme während der Ontogenese
nach einander auftreten, gestattet uns nach dem biogenetischen
Grundgesetze einen sicheren Schluss auf die historische Reihenfolge, in welcher sich die thierischen Organ-Systeme während des
langen und langsamen Laufes der organischen Erdgeschichte nach
einander und aus einander entwickelt haben. Diese paläontologische Altersfolge der Organ-Systeme, wie sie sich a posteriori aus
den Thatsachen der Ontogenese empirisch ergiebt, entspricht im
Grossen und Ganzen vollständig den Vorstellungen, welche man
sich darüber a priori durch physiologische Reflexion und durch
philosophische Erwägung der Causal-Momente bilden könnte.

Zunächst ergiebt sich aus der Vergleichung der Gastrula,
und des ihr entsprechenden zweiblättrigen Keimzustandes bei den
verschiedensten Thierstämmen, dass bei den ältesten Metazoen,
den Gastraeaden, sich in erster Reihe zwei primäre Organ-
Systeme gleichzeitig differenzirten: das innere Darm-System und
das äussere Decken - System. Die ursprüngliche, ganz einfache
Magenhöhle oder der Urdarm der Gastraea ist in der That
das älteste Organ des Metazoen-Körpers: gleichzeitig aber mit
seiner Entstehung ist die Sonderung der beiden Zellenschichten
seiner Wand vor sich gegangen; des inneren ernährenden Epitheliums (des Gastral - Blattes oder Entoderms) und des äusseren
deckenden Epitheliums (des Dermal-Blattes oder Exoderms).

In zweiter Reihe bildeten sich (bei der Mehrzahl der Metazoen?) Elemente des Skelet-Systems aus, und zwar im Exoderm, wie uns die Spongien lehren. Obgleich bei den Schwämmen die beiden primordialen Keimblätter (allgemein?) in ihrer
ursprünglichen Einfachheit erhalten bleiben und kein drittes Keimblatt sich aus ihnen entwickelt, finden wir dennoch bei Vielen
derselben in dem verdickten Exoderm ein sehr entwickeltes und
mannichfach differenzirtes Skelet-System vor. Ja schon die Protozoen bilden sehr allgemein schützende und stützende Skelettheile. Es braucht nicht hinzugefügt zu werden, dass im Uebrigen das Skelet-System bei den verschiedenen Thierstämmen verschiedenen Alters und polyphyletischen Ursprungs ist.

In dritter Reihe bildeten sich gleichzeitig Nervensystem
und Muskelsystem aus. Die schönen Untersuchungen KLEI-
NENBERGS über die Ontogenese der Hydra haben uns über die
gleichzeitige Entstehung dieser beiden Organ-Systeme belehrt,
die in der innigsten Wechselwirkung sich befinden. Das höchst
interessante Neuromuskel-System der Hydra führt sie uns unmittelbar in statu nascenti vor Augen. Die aus dem Exoderm
der Hydra entwickelte Neuromuskelzelle zeigt uns die Functionen
beider noch in einem einzigen Individuum erster Ordnung vereinigt. Erst mit deren Trennung, mit der Arbeitstheilung derselben in Nervenzellen und Muskelzellen treten die beiden Organ-
systeme sich selbständig gegenüber. Wirkliche Muskeln im strengsten Sinne des Begriffes giebt es daher erst bei denjenigen Thieren, wo es auch wirkliche Nerven giebt, und umgekehrt. Wie
die Acalephen uns zeigen, ist zunächst nur das dermale oder
parietale Neuromuskel-System aus dem äusseren Keimblatte entstanden. Wahrscheinlich unabhängig davon ist erst später in ganz analoger Weise das gastrale oder viscerale Neuromuskel-System (Darmmuskeln und Darmnerven) aus dem
Darmdrüsenblatte entstanden. Es spricht Nichts bis jetzt gegen
die Annahme, dass das viscerale Nerven-System unabhängig von
dem parietalen entstanden ist; das erstere ebenso im Zusammenhang mit dem Darmmuskelblatt, wie das letztere mit dem Hautmuskelblatt.

In vierter Reihe hat sich das Nieren-System oder das
Excretions-System entwickelt, dessen physiologische Bedeutung
für den Thier-Organismus im Allgemeinen grösser ist, als diese-
nige des jüngeren Blutgefäss-Systems und des damit verbundenen
Coeloms. Diese Auffassung wird gerechtfertigt durch die Plathel-

minthen, welche noch kein Coelom und Blutsystem, wohl aber
Urnieren (Excretions-Canäle) besitzen; ferner durch die allgemeine
Verbreitung derselben durch die ganze Thierreihe, und endlich
besonders durch das frühzeitige Auftreten der „Urnieren" im
Embryo. Aus Allem ergiebt sich, dass wir es hier mit einer sehr
alten und wichtigen Organisations-Einrichtung zu thun haben, die
schon bei den Acoelomen vor der Entstehung des Blutsystems
und des Coeloms existirte, und sich von da aus auf die höheren
Thierstämme vererbt hat.

In fünfter Reihe erst hat sich nach dem Nieren-System das
Blutgefäss-System mit dem Coelom entwickelt. Wir haben
bereits gezeigt, dass diese beiden Theile in untrennbarem Zusammenhange stehen, und dass die wahre Leibeshöhle oder das Coelom geradezu als der erste Anfang des Gefäss-Systems zu betrachten ist. Erst nach eingetretener Entwickelung des Darmfaserblattes bildete sich mit seiner Ablösung von dem anhaftenden Haut-
faserblatte zwischen diesen beiden Muskelblättern eine Höhle, welche sich mit dem durch die Darmwand transsudirenden Chylus
füllte. Das war das Coelom in seiner einfachsten Gestalt und erst
später hat sich dieses Haemochylus-System oder primordiale Ur-
blut-System in zwei verschiedene Saftsysteme differenzirt, in das
Lymphsystem und das eigentliche Blutsystem [1]).

In sechster Reihe erst hat sich morphologisch als selbständiges Organ-System (!) das Genital-System entwickelt.
Allerdings ist dasselbe physiologisch schon längst vorhanden, ehe
alle andern Organ-Systeme sich differenzirten. Treffen wir doch
schon bei den Spongien im Entoderm des Darmrohres zerstreut
einzelne Zellen, welche sich zu Eiern und andere, welche sich zu
Spermazellen ausbilden; und wahrscheinlich ist dasselbe schon bei
den Gastraeaden der Fall gewesen. Allein bei allen Zoophyten
bleibt die Bildung der beiderlei Sexualzellen auf das Epithelium einzelner Theile des Gastrocanal-Systems beschränkt; und selbst

1) Eine sehr abweichende Auffassung des Coeloms und des Blutsystems,
sowie des Nieren-Systems hat Ray-Lankester in dem mehrfach citirten Aufsatz entwickelt (Annals and Mag. of nat. hist., Mai 1873). Derselbe hält diese
beiden Organ-Systeme für identisch und meint, dass die „Excretions-Organe
oder Wassergefässe" der Acoelomen den ersten Anfang einer Leibeshöhle bilden und dass demnach dieses Coelom von Anfang an nach aussen geöffnet ist.
Nach meiner Ansicht hingegen ist das Coelom primär geschlossen, erst später
und unabhängig von dem älteren Urnieren-System entstanden. Die Verbindung Beider wäre demnach secundar. Die Ontogenese der Bilaterien scheint
mir Ray-Lankester's Auffassung zu widerlegen.

noch bei vielen Würmern sind keine selbständigen persistenten
Sexual-Organe in morphologischem Sinne vorhanden. Bei vielen
Würmern (Bryozoen, Anneliden u. s. w.) entwickeln sich perio-
disch einzelne Coelom-Zellen, zerstreute Zellen des „Pleu-
roperitoneal-Epithels," zu Sexualzellen. Eine selbständige Differenzirung besonderer Geschlechts-Organe scheint demnach erst später eingetreten zu sein, vielleicht in den verschiedenen Thierstämmen zu verschiedenen Zeiten. Die Entscheidung dieser sehr
schwierigen Frage hängt mit der Frage nach der Homologie der
Sexual-Organe überhaupt und nach dem primären phyletischen
Ursprung der Sexual-Zellen zusammen, einem der schwierigsten
Probleme der Ontogenie und der Phylogenie. Den Bemerkungen,
die ich über diesen Gegenstand in der Biologie der Kalkschwämme
)S. 469, 471) gemacht habe, möchte ich hier noch die Eventua-
lität hinzufügen, dass möglicherweise beide primäre Keimblätter sich an der Bildung von Sexual-Zellen betheiligen. Denn obgleich in den meisten Fällen der Ursprung der Sexual-Zellen aus
Zellen des Darmfaserblattes oder selbst des primären Gastralblattes
nachzuweisen ist, so scheinen dieselben doch in anderen Fällen
ihren Ursprung eben so sicher aus dem Hautfaserblatt oder
selbst aus dem primären Dermalblatte zu nehmen (Hydra).

Bei der Bestimmtheit, mit welcher die entgegengesetzten Angaben über den Ursprung der Sexual-Zellen selbst innerhalb der
Zoophyten-Gruppe sich gegenüber stehen, dürfte endlich auch
noch zu erwägen sein, ob nicht eine Dislocation derselben so
frühzeitig (schon während der laurentischen Periode) stattgefun-
den hat, dass ihre scheinbare Ursprungsstätte in der That erst
ihre zweite Heimath ist. Bei den Kalkschwämmen habe ich nachgewiesen, dass die im Entoderm ursprünglich entstandenen Eizellen vermittelst ihrer amöboiden Bewegungen oft schon frühzeitig
in das Exoderm hinüber wandern und dort weiter wachsen. Bei
vielen Calcispongien sind die Eizellen viel leichter im Exoderm
(ihrer secundären Lagerungsstätte) als im Entoderm (ihrer primären Ursprungsstätte) aufzufinden, so dass ich sogar früher selbst
ihre ursprüngliche Entstehung im ersteren annahm. Nun dürft-
man wohl annehmen, dass diese frühzeitige Dislocation der
Zellen aus einem primären Keimblatt in das andere durch fort-
während „abgekürzte oder zusammengezogene Vererbung" im
Laufe der Generationen immer weiter in die Ontogenese zurück
verlegt wird, bis sie schliesslich schon während der Differenzirung
der gleichartigen Furchungszellen in die beiderlei Zellenformen

der beiden primären Keimblätter stattfindet. Dann würden Zellen die ursprünglich (phylogenetisch) dem inneren Keimblatte angehörten, doch (ontogenetisch) scheinbar zuerst im äusseren Keimblatte auftreten und umgekehrt. Ich vermuthe, dass dies bei den Sexualzellen oft wirklich der Fall ist und dass überhaupt eine solche frühzeitige Dislocation der Zellen, eine durch Vererbung constant gewordene Lagenveränderung und Versetzung aus einem Keimblatt in das andere, eine bedeutende Rolle spielt. Auch für unsere oben dargelegte Ansicht von der ursprünglichen Verschiedenheit der beiden Muskelblätter besitzt dieselbe grosse Bedeutung und dürfte z. B. bei der frühzeitigen axialen Concrescenz, bei der Verschmelzung der Keimblätter im Axenstrange der Vertebraten, wie bei ihrer späteren Divergenz, Vieles erklären.

8. Die Bedeutung der Gastraea-Theorie für die Typen-Theorie.

Wenn man die vorstehend gegebene Begründung der Ga-straea-Theorie für genügend hält und die daraus gezogenen Folgeschlüsse im Ganzen als richtig anerkennt, so wird man damit zugleich die Ueberzeugung gewonnen haben, dass durch dieselbe die sogenannte Typen-Theorie, welche noch heute allgemein als die tiefste Basis des zoologischen Systems gilt, in ihrer bisherigen Bedeutung aufgehoben ist, und einer wesentlich verschiedenen Classification des Thierreichs Platz machen muss. Bekanntlich gipfelt diese hochberühmte und hochverdiente Typen-Theorie, zu welcher im zweiten Decennium unseres Jahrhunderts zwei der bedeutendsten Zoologen gleichzeitig auf verschiedenen Wegen gelangten, in der Vorstellung, dass im Thierreiche mehrere grundverschiedene Hauptgruppen zu unterscheiden seien, von denen jede ihren eigenthümlichen „Typus". d. h. einen ganz charakteristischen immanenten und persistenten „Bauplan" besitzt; dieser „Bauplan" wird bestimmt durch die eigenthümliche Lagerung und Verbindung der constituirenden Organe, und ist völlig unabhängig von dem Grade der Vollkommenheit und Ausbildung, den die verschiedenen Thierklassen jedes Typus innerhalb desselben durchlaufen. Sowohl Georg Cuvier, welcher auf dem Wege der vergleichenden Anatomie, als Carl Ernst Baer, welcher selbstständig und unabhängig von ersterem auf dem Wege der vergleichenden Ontogenie zu dieser Vorstellung gelangte, unterschieden im ganzen Thierreich nur vier solcher Typen, welche Baer nach dem verschiedenen Modus der Ontogenese folgendermaassen charakterisirte 1) Radiata: mit strahlenförmiger Entwickelung (*evolutio radiata*); 2) Mollusca: mit gewundener Entwickelung (*evolutio contorta*); 3) Articulata: mit symmetrischer Entwickelung (*evolutio gemina*); 4) Vertebrata: mit doppelt symmetrischer Entwickelung (*evolutio bigemina*). Sowohl Cuvier als Baer hielten jeden Typus für etwas durchaus constantes und trotz aller Modificationen im tiefsten Grunde unveränderliches; sie liessen daher auch durchaus keinen Zusammenhang und keinen Uebergang zwischen den vier verschiedenen Typen zu. Baer hob insbesondere noch hervor, dass der Typus bei den niedersten Formen jeder der vier Hauptgruppen schon eben so bestimmt ausgesprochen sei, wie bei den höchsten, und dass mithin der Typus der Entwickelung völlig unabhängig von dem Grade der Ausbildung sei.

Gegenüber der früher herrschenden irrthümlichen Vorstellung, dass das ganze Thierreich eine einzige ununterbrochene Stufenleiter von Formen darstelle, und dass eine einzige continuirliche Entwickelungsreihe von dem niedersten Infusorium durch die verschiedenen Classen hindurch bis zum Menschen hinauf gehe, war die Typen-Theorie von Baer und Cuvier ein gewaltiger Fortschritt. Das helle Licht, welches sie auf die verschiedensten Theile der Zoologie, namentlich aber auf die vergleichende Anatomie und Entwickelungsgeschichte warf, verschaffte ihr schnellen Eingang auch in das zoologische System, und bald waren die vier Typen ziemlich allgemein als die Basis jedes strengeren wissenschaftlichen Systems der Thiere anerkannt. Allerdings wurde man bald durch die Fortschritte in der Kenntniss der niederen Thiere genöthigt, den ganz unnatürlichen Typus der Radiata aufzulösen: Siebold trennte 1845 davon zuerst die Protozoen ab und schied zugleich die Articulaten in Arthropoden und Würmer; Leuckart unterschied 1848 zuerst als zwei besondere Typen die Coelenteraten und Echinodermen; so wurden aus den ursprünglichen vier Typen die sieben verschiedenen Hauptgruppen, welche auch heute noch in den allermeisten Systemen als die obersten und allgemeinsten Hauptabtheilungen des Thierreichs gelten. Allein das eigentliche Wesen und die ursprüngliche Bedeutung der Typen-Theorie wurde durch diese Vermehrung der Typen-Zahl nicht berührt. Vielmehr bemühten sich die neueren Zoologen, den selbstständigen und ganz eigenthümlichen Charakter der vier neueren Typen (Protozoen, Coelenteraten, Echinodermen, Würmer) in demselben Sinne zu präcisiren und jeden derselben als isolirte Formen-Einheit mit besonderem „Bauplan" festzustellen, in welchem die drei beibehaltenen älteren Typen (Arthropoden, Mollusken, Vertebraten) von Baer und Cuvier aufgefasst worden waren. Die seitdem immer mehr befestigte Vorstellung von dem völlig selbstständigen Charakter und dem immanenten „Bauplan" dieser sieben Thier-Typen ist auch heutzutage noch die allgemein herrschende, so dass z. B. Claus noch in der neuesten Auflage seiner Zoologie (1872, S. 41) die Typen-Theorie als „den bedeutendsten Fortschritt der Wissenschaft seit Aristoteles und als Grundlage des natürlichen Systems" bezeichnet. Ja Hopkins nennt die Typen sogar die „Keppler'schen Gesetze in der Thierkunde" und erblickt in ihnen mit Kefersteix und Anderen „die schlagendste Widerlegung von Darwin's Irrlehre" und den stärksten Beweis gegen die Wahrheit der Descendenz-Theorie.

Mit dieser letzeren Wendung haben unsere Gegner selbst, ohne es zu ahnen, die Achilles-Ferse der Typen-Theorie bezeichnet. Denn es ist ganz richtig, dass die Typen-Theorie in dem ursprünglichen Sinne ihrer Urheber allerdings mit der Descendenz-Theorie in einem fundamentalen Widerspruche steht. Dieser Widerspruch liegt nicht sowohl darin, dass die Typen als völlig unabhängige und getrennte Hauptgruppen des Thierreichs betrachtet werden, als vielmehr in dem teleologischen Grundprincip ihrer Auffassung. Die Vorstellung, dass die Typen völlig unabhängige Formengruppen bilden, ist allerdings unvereinbar mit jeder monophyletischen Auffassung des Thierreichs, welche alle Thiere als Nachkommen einer einzigen gemeinsamen Stammform betrachtet; sie liesse sich aber dadurch mit der Descendenz-Theorie in Einklang bringen, dass man für jeden Typus eine selbstständige Stammform, mithin für das ganze Thierreich eine polyphyletische Descendenz statuirt; soviel Typen, soviel Phylen. Völlig unvereinbar mit der Descendenz-Theorie ist hingegen die Vorstellung von dem immanenten ursprünglichen „Bauplan der Typen", welche das eigentliche teleologische Grundprincip der Typen-Theorie bildet.

Sobald daher die durch Darwin refomirte Descendenz-Theorie an die Baer-Cuvier'sche Typen-Theorie herantrat und die letztere nöthigte, sich mit ihr auseinander zu setzen, musste erstens dieses teleologische Grundprincip aufgeben und zweitens zugleich das Verhältniss der Typen zu einander völlig umgestaltet werden. Den ersten Versuch hierzu habe ich 1866 in meiner allgemeinen Entwickelungsgeschichte gemacht (im zweiten Bande der generellen Morphologie, im 16., 19., 24., und 25. Capitel). Erstens habe

ich dort bereits nachgewiesen, dass „Baer's Typus der Entwickelung weiter Nichts ist als die Folge der Vererbung, und
Baer's Grad der Ausbildung weiter Nichts als die Folge der
Anpassung (a. a. O. S. 11); damit ist einerseits der dualistische
Begriff des Typus oder des teleologischen „Bauplans" auf das
mechanische Princip der Vererbung (mithin auf die physiologische
Function der Fortpflanzung) zurückgeführt (a. a. O. S. 171);
anderseits wird dadurch der dualistische Begriff der Vervoll-
kommnung oder des teleologischen Fortbildungszieles auf
das mechanische Princip der Anpassung, mithin auf die physiologische Function der Ernährung reducirt (a. a. O. S. 193).
Zweitens habe ich damals bereits gezeigt, dass die verschiedenen
höheren Typen des Thierreichs nur in genealogischem Sinne als
Stämme oder Phylen aufgefasst werden können, dass aber die
höheren Phylen des Thierreichs (Vertebraten, Mollusken, Arthropoden,
Echinodermen) als divergirende Descendenten des niederen Würmerstammes zu betrachten sind, die aus verschiedenen Zweigen dieser
vielgestaltigen niederen Thiergruppe ihren Ursprung genommen
haben; und dass endlich die Würmer und die Coelenteraten aus
der niedersten Organismen-Gruppe der Protozoen oder Protisten
abgeleitet werden müssen (a. a. O. S. 413, 414). Bestimmter habe
ich diese Ansicht dann in der ersten Auflage der „Natürlichen
Schöpfungsgeschichte" (1868) ausgesprochen und in den folgenden
Auflagen derselben zu verbessern gesucht. Es fehlte mir aber,
um zur vollen Klarheit zu gelangen, damals die Gastraea-Theorie,
auf welche ich erst durch die Monographie der Kalkschwämme geführt worden bin. Erst durch die Gastraea-Theorie und
ihre Consequenzen wird das phylogenetische Verhältniss der Thier-Typen zu einander vollständig auf-
gehellt.
Man könnte behaupten, dass die Gastraea-Theorie nur eine
Reform oder eine Modification der Typen-Theorie sei, weil drei
von den ursprünglichen vier Typen (Vertebraten, Mollusken, Arthropoden) nahezu in dem ursprünglichen Umfange ihres Begriffes
beibehalten worden sind; allein der Inhalt dieses Begriffes ist
ein völlig verschiedener geworden. Ausserdem besteht aber zwischen den beiden Theorien der höchst wesentliche Unterschied, dass
in der Typen-Theorie die Typen als coordinirte selbstständige
Formengruppen von gleichem morphologischen Werthe
neben einander und unabhängig von einander erscheinen,
während in der Gastraea-Theorie die Phylen als theilweise coor-

4

dinirte, theilweise subordinirte Gruppen von völlig verschiedenem morphologischen Werthe theils neben, theils
über einander, alle aber in gemeinsamem Zusammenhange erscheinen.

In der vortrefflichen Auseinandersetzung, welche GEGENBAUR
in der zweiten Auflage seiner Grundzüge der vergleichenden Anatomie (1872, S. 72) „von den thierischen Typen" gegeben hat,
sind diese verschiedenartigen Beziehungen der ungleichwerthigen
Typen zu einander klar erörtert und weiterhin durch die scharf-
sinnigsten Ausführungen im Einzelnen auf dem sicheren Fundamente der vergleichenden Anatomie fest begründet. GEGENBAUR
zeigt, dass die sieben Typen oder Phylen theils ziemlich scharf,
theils gar nicht von einander abgegrenzt sind; dass man niedere
und höhere Typen unterscheiden muss, und dass die verschiedenen
höheren Typen oder Phylen in den niederen ihren gemeinsamen
Ausgangspunkt erkennen lassen. Durch diesen nachweisbaren Zusammenhang der Phylen wird „für das gesammte Thierreich eine
Verbindung hergestellt, wodurch einer monophyletischen Umfassung
der Boden bereitet erscheint. Durch diese erkennbaren Ver-
knüpfungen muss die starre Auffassung der Stämme,
wie sie von der ersten Typenlehre her entstand,
bedeutend nachgiebiger werden; indem wir die Beziehungen der Typen zu einander in keiner anderen
Weise treffen, als die Abtheilungen innerhalb der
Typen: in genealogischer Gliederung" (a. a. O. S. 77).

Mit dieser Auffassung ist thatsächlich die Typen-Theorie von
BAER und CUVIER aufgehoben; sowohl dem Umfang, wie dem Inhalt des Typus-Begriffes nach. Der „Typus" hat danach seine
frühere Bedeutung vollständig verloren und besitzt als Kategorie
des Systems keine andere philosophische Bedeutung, als die
niederen Kategorien der Klasse, Ordnung, Genus, Species u. s. w.:
er ist nur relativ (durch seine Höhe), nicht absolut von letzteren
verschieden. Thatsächlich ist also auch GEGENBAUR auf dem Wege
der vergleichenden Anatomie zu derselben Stellung gegenüber der
Typen-Theorie gelangt, zu welcher uns der Weg der vergleichenden Ontogenie geführt hat. Die Typen-Theorie hat ihr ausserordentliches Verdienst um die Zoologie gehabt und als oberstes
Classifications-Princip des Thierreichs nach allen Seiten hin un-
gemein fruchtbar und anregend gewirkt. Ihre Wirksamkeit ist
aber jetzt als beendet anzusehen. Der consequenten Anwendung
und Durchführung der Descendenz-Theorie gegenüber ist sie nicht

mehr genügend und an ihre Stelle wird zunächst diejenige phylogenetische Classification des Thierreichs treten müssen, deren wesentliche Basis unsere Gastraea-Theorie bildet.

Anhang.
Synoptische phylogenetische Tabellen.

Zur anschaulichen Uebersicht der allgemeinen Resultate,
welche wir vorstehend aus der Gastraea-Theorie entwickelt haben,
sollen die nachstehend folgenden vier phylogenetischen Tabellen
dienen. Gegenüber den vielfachen Missdeutungen, welche die ähnlichen Tabellen und Stammbäume in meiner „Generellen Morphologie" und „Natürlichen Schöpfungsgeschichte", sowie in der „Monographie der Kalkschwämme" gefunden haben, will ich ausdrücklich hervorheben, dass dieselben durchaus keine dogmatische Geltung beanspruchen, vielmehr lediglich Versuche sind, mit Hülfe
der Gastraea-Theorie zu einer klaren Einsicht in die wichtigsten
Verhältnisse der ontogenetischen und der phylogenetischen Entwickelung des Thierkörpers und seiner fundamentalen Organ-Systeme zu gelangen. Wer diesen Versuchen nicht beistimmen kann,
mag etwas besseres Positives an ihre Stelle setzen, sich aber
nicht mit der negativen Verwerfung derselben begnügen, wie es
gewöhnlich geschieht. Jedenfalls schliesst sich das hier vorge-
schlagene System des Thierreichs enger an die wichtigsten Thatsachen der Entwickelungsgeschichte an, als alle anderen bisher
unternommenen Classifications-Versuche.

I.

Tabelle über die phylogenetische Entwickelung der Organ-Systeme der Wirbelthiere, gegründet auf die Gastraea-Theorie und die ontogenetische Vergleichung der Wirbelthiere mit den Wirbellosen.

A. **Exoderma.** Aeusseres primäres Keimblatt. **Animales Keimblatt.** Hautblatt. **Lamina dermalis** Epiblast.	a. Erstes secundäres Keimblatt: **Hautsinnesblatt** (Hautschicht, BAER) oder **Neuroblast.** (Lamella neurodermalis)	I. **Hornrohr** **Tubus corneus** II. **Nervenrohr** **Tubus nerveus** III. **Geschlechtsrohr** **Tubus urogenitalis**	1. Epidermis (Oberhaut) 2. Epidermis-Anhänge (Haare, Nägel, Federn etc.) 3. Epidermis-Drüsen (Schweissdrüsen, Talgdrüsen etc.) 4. Rückenmark 5. Gehirn 6. Sinnesorgane (Wesentlicher Theil) 7. Urnieren (??) (phylogenetisch ursprünglich Epidermis-Drüsen?) 8. Geschlechts-Drüsen (??) (phylogenetisch ursprünglich Exoderm-Zellen?)
	b. Zweites secundäres Keimbl.: **Hautfaserblatt** (Fleischschicht, BAER) oder **Inoblast.** (Lamella inodermalis)	IV. **Lederrohr** **Tubus coriarius** V. **Fleischrohr** **Tubus** **carnosus**	9. Corium (Lederhaut) (und Hautmuskulatur) 10. Rumpfmuskulatur (Seitenrumpfmuskeln etc.) 11. Endoskelet (Chorda, Wirbelsäule etc.) 12. Exocoelar (?) (Parietales Coelom-Epithel)
B. **Entoderma.** Inneres primäres Keimblatt. **Vegetatives Keimblatt.** Darmblatt. **Lamina gastralis** Hypoblast.	c. Drittes secundäres Keimbl.: **Darmfaserblatt** (Gefässschicht, BAER) oder **Haemoblast.** (Lamella inogastralis)	VI. **Blutrohr** **Tubus sanguineus** VII. **Gekrösrohr** **Tubus mesentericus**	13. Haemolymphe (Urblut) (Primordiale Blutflüssigkeit) 14. Endocoelar (?) (Viscerales Coelom-Epithel) 15. Haupt-Gefäss-Stämme (Lymphstämme und Blutstämme; Herz) 16. Gefäss-Drüsen (Lymphdrüsen, Milz etc.) 17. Mesenterium (Gekröse) 18. Darmmuskulatur (und Darmhüllen).
	d. Viertes secundäres Keimbl.: **Darmdrüsenblatt** (Schleimschicht, BAER) oder **Mykoblast.** (Lamella mykogastralis)	VIII. **Schleimrohr** **Tubus mucosus**	19. Darm-Epithelium 20. Darmdrüsen-Epithelium

II.

Synoptische Tabelle über diejenigen Urorgane, welche mit Wahrscheinlichkeit bei den Würmern, Gliederthieren, Weichthieren und
Wirbelthieren als homolog zu betrachten sind.

Vermes	Arthropoda	Mollusca	Vertebrata

I. Differenzirungs-Producte des Hautsinnesblattes.

Vermes	Arthropoda	Mollusca	Vertebrata
Epidermis	Hypodermis (Chitinogen-Membran)	Epidermis	Epidermis
Urhirn (Oberer Schlund-knoten)	Gehirn (Oberer Schlund-knoten)	Gehirn (Oberer Schlund-knoten)	Markrohr oder Medullarrohr (Vorderster Theil?)
Excretionsorgane ("Wassergefässe, Segmental-Organe")	Schalendrüse der Crustaceen	Nieren	Urnierengänge

II. Differenzirungs-Producte des Hautfaserblattes.

Vermes	Arthropoda	Mollusca	Vertebrata
Corium (und Ringmuskel-schlauch?)	Corium (Rudiment)	Corium und Haut-muskulatur (Erste Anlage?)	Corium und Haut-muskulatur (Erste Anlage?)
Längsmuskel-Schlauch	Rumpfmuskeln (Longitudinal)	Innere Rumpf-Muskulatur	Seitenrumpfmus-keln

III. Differenzirungs-Producte des Darmfaserblattes.

Vermes	Arthropoda	Mollusca	Vertebrata
Coelom	Leibeshöhle	Leibeshöhle	Pleuro-Peritoneal-Höhle
Dorsales Hauptgefass	Herz	Herz-Kammer	Aorta (primordialis)
Ventrales Hauptgefass			Herz (nebst Arterien-Bulbus)
Darmwand (exclus. Epithel)	Darmwand (exclus. Epithel)	Darmwand (exclus. Epithel)	Darmfaserhaut und Mesenterium

IV. Differenzirungs-Producte des Darmdrüsenblattes.

Vermes	Arthropoda	Mollusca	Vertebrata
Darm-Epithelium	Darm-Hypodermis (zum grössten Theil)	Darm-Epithelium (zum grössten Theil)	Darm-Epithelium (ausgenommen Mundhöhle und Afterhöhle).

III.

Entwurf einer phylogenetischen Classification des Thierreichs, gegründet auf die Gastraea-Theorie und die Homologie der Keimblätter, des Urdarms und des Coeloms.

	3 Syntagmata:	8 Phyla:	16 Phylocladi:	40 Classes
Protozoa. (Sub-2 Sub-regnum primum) Regna	Erste Hauptgruppe d. Thierreichs: **Protozoa. Urthiere.** Thiere ohne Keimblätter, ohne Darm, ohne Coelom, ohne Haemolymphe.	I. **Protozoa.**	1. Ovularia	1. Monera / 2. Amoebina / 3. Gregarinae
			2. Infusoria	4. Acinetae / 5. Ciliata
Metazoa. (Subregnum animale secundum) (Descendenten der Gastraea)	Zweite Hauptgruppe d. Thierreichs: **Anaemaria. Mittelthiere.** (Blutlose Darmthiere). Thiere mit zwei primaren Keimblättern u. mit Darm; aber ohne Coelom und ohne Haemolymphe.	II. **Zoophyta** (Coelenterata)	3. Spongiae	6. Gastraeada / 7. Porifera
			4. Acalephae	8. Coralla / 9. Hydromedusae / 10. Ctenophorae
		III. **Acoelomi.**	5. Acoelmio (Vermes I.)	11. Archelminthes / 12. Plathelminthes
		IV. **Coelomati**	6. Coelomati (Vermes II.)	13. Nematelminthes / 14. Bryozoa / 15. Tunicata / 16. Rhynchocoela / 17. Gephyrea / 18. Rotatoria / 19. Annelida
	Dritte Hauptgruppe des Thierreichs: Haemataria. Blutthiere. (Blutführende Darmthiere). Thiere mit zwei primären Keimblättern und mit Darm; mit Coelom und mit Haemolymphe; alle zugleich mit Muskel-System u. mit Nerven-System.	V. **Mollusca**	7. Brachiopoda	20. Spirobranchia / 21. Lamellibranchia
			8. Otocardia	22. Cochlides / 23. Cephalopoda
		VI. **Echinoderma**	9. Colobrachia	24. Asterida / 25. Crinoida
			10. Lipobrachia	26. Echinida / 27. Holothuriae
		VII. **Arthropoda**	11. Carides	28. Crustacea / 29. Arachnida
			12. Tracheata	30. Myriapoda / 31. Insecta
		VIII. **Vertebrata**	13. Acrania	32. Leptocardia
			14. Monorrhina	33. Cyclostoma
			15. Anamnia	34. Pisces / 35. Dipneusta / 36. Halisauria / 37. Amphibia
			16. Amniota	38. Reptilia / 39. Aves / 40. Mammalia

IV.

Monophyletischer Stammbaum des Thierreichs, gegründet auf die Gastraea-Theorie und die Homologie der Keimblätter.

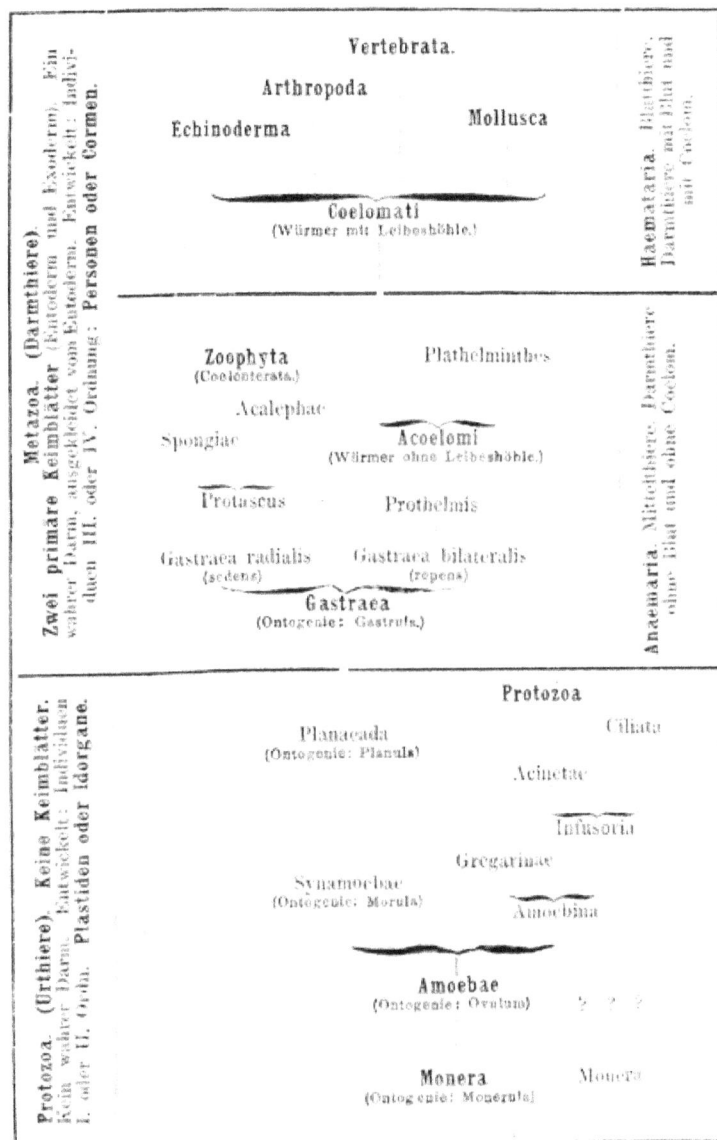

Metazoa. (Darmthiere). Zwei primäre Keimblätter (Entoderm und Exoderm). Ein wahrer Darm, ausgekleidet vom Entoderm. Entwickelt: Individuen III. oder IV. Ordnung: Personen oder Cormen.

Haemataria. Blutthiere. Darmthiere mit Blut und mit Coelom.

Vertebrata.

Arthropoda

Echinoderma

Mollusca

Coelomati
(Würmer mit Leibeshöhle.)

Zoophyta
(Coelenterata.)

Plathelminthes

Acalephae

Spongiae

Acoelomi
(Würmer ohne Leibeshöhle.)

Protaseus

Prothelmis

Gastraea radialis
(sedens)

Gastraea bilateralis
(repens)

Gastraea
(Ontogenie: Gastrula.)

Anaemaria. Mittelthiere. Darmthiere ohne Blut und ohne Coelom.

Protozoa. (Urthiere). Keine Keimblätter. Kein wahrer Darm. Entwickelt: Individuen I. oder II. Ordn. Plastiden oder Idorgane.

Protozoa

Planaeada
(Ontogenie: Planula)

Ciliata

Acinetae

Infusoria

Gregarinae

Synamoebae
(Ontogenie: Morula)

Amoebina

Amoebae
(Ontogenie: Ovulum)

? ? ?

Monera
(Ontogenie: Monerula)

Monera

Erklärung der Tafel I.

Schematische Illustration der Gastraea-Theorie.

Die Tafel I enthält schematische Durchschnitte durch die Jugend-Zustände von Repräsentanten aller verschiedenen Metazoen-Phylen, und soll die Homologie der beiden primären Keimblätter bei denselben, sowie den Ursprung der vier secundären Keimblätter veranschaulichen. Fig. 1—8 sind schematische Längsschnitte, Fig. 9—16 schematische Querschnitte. In allen Figuren ist das primäre innere Keimblatt (Gastralblatt, Entoderm, vegetatives Keimblatt) nebst den davon abgeleiteten Theilen durch rothe Farbe bezeichnet; hingegen das primäre äussere Keimblatt (Dermalblatt, Exoderm, animales Keimblatt) durch blaue Farbe. Die Buchstaben bedeuten überall dasselbe:

a) Urdarm (Progaster); primitives Darmrohr

o) Urmund (Prostoma); primitive Mundöffnung

i) Gastralblatt (Entoderma); inneres primäres Keimblatt; Hautblatt

d) Darmdrüsenblatt (Mykogastralblatt)

f) Darmfaserblatt (Inogastralblatt)

e) Dermalblatt (Exoderm); äusseres primäres Keimblatt; Darmblatt

m) Hautfaserblatt (Inodermalblatt)

h) Hautsinnesblatt (Neurodermalblatt)

c) Coelom (Leibeshöhle oder Pleuroperitoneal-Höhle)

n) Urhirn (Medullarrohr)

x) Axenstab oder Chorda dorsalis

t) Dorsales Darmgefäss (Aorta)

z) Ventrales Darmgefäss (Herz)

r) Dorsale Seitenrumpf-Muskeln

b) Ventrale Seitenrumpf-Muskeln

l) Lederhaut (Corium)

k) Keimdrüsen (Anlagen der Sexual-Drüsen)

u) Urnieren (Excretions-Canäle).

Fig. 1—8 stellen schematische Längsschnitte der Gastrula von acht verschiedenen Thierformen dar.

Fig. 1. Gastrula einer Spongie (Olynthus).

Fig. 2. Gastrula einer Coralle (Actinia).

Fig. 3. Gastrula eines Acoelomen (Turbellaria).

Fig. 4. Gastrula eines Tunicaten (Ascidia).

Fig. 5. Gastrula eines Mollusken (Limnaeus).

Fig. 6. Gastrula eines Asteriden (Uraster).

Fig. 7. Gastrula eines Crustaceen (Nauplius).

Fig. 8. Gastrula eines Vertebraten (Amphioxus).

Fig. 9—16 stellen schematische Querschnitte durch Repräsentanten von
acht verschiedenen Typen dar.

Fig. 9. Querschnitt durch eine einfachste Spongie (Olynthus) oder eine
einfachste Hydromeduse (Hydra). Die Wand des Urdarms besteht (wie
bei der Gastrula) zeitlebens nur aus den beiden primären Keimblättern.

Fig. 10. Querschnitt durch eine einfache Acalephen-Form (Hydroid).
Zwischen dem Gastroblatt (i) und dem Hautsinnesblatt (h) ist das Hautfaserblatt (m) angelegt.

Fig. 11. Querschnitt durch einen Acoelomen-Embryo (einer Turbellarie).
Der Schnitt geht mitten durch das Urhirn oder den oberen Schlund-
knoten (n). Zwischen dem Hautsinnesblatte (h) und dem Darmdrüsenblatte (d) sind ausserdem nur die beiden Faserblätter sichtbar, welche
dicht an einander liegen: das äussere Hautfaserblatt (m) und das innere
Darmfaserblatt (f).

Fig. 12. Querschnitt durch eine Ascidien-Larve, vor der Basis des Schwan-
zes, wo sich das vorderste Ende der Chorda (x) zwischen das Medullarrohr (n) und das Darmrohr (d) einschiebt. Zwischen Hautfaserblatt
(m) und Darmfaserblatt (f) ist das Coelom sichtbar.

Fig. 13. Querschnitt durch eine Amphioxus-Larve (Vergl. KOWALEVSKY,
Entwickelungsgeschichte des Amphioxus Taf. II, Fig. 20). Das Darm-
faserblatt (f) ist noch gänzlich von dem Hautfaserblatt (m) getrennt.
Der ganze Körper besteht bloss aus den vier secundären Keimblättern.

Fig. 14. Querschnitt durch eine etwas ältere Amphioxus-Larve. Das
Medullarrohr (n) hat sich vom Hornblatt (h) vollständig abgeschnürt.
Das Hautfaserblatt (m) ist mit dem Darmfaserblatt (f) in der dorsalen
Mittellinie (Mesenterial-Linie) verwachsen und in Lederhaut (l) und
Rumpfmuskeln (r) differenzirt. Zwischen dem Darmrohr und dem ab-
geschnürten Medullarrohr (n) hat sich die Anlage der Chorda (x) ge-
bildet.

Fig. 15. Querschnitt durch einen Wurm-Embryo (Kopf-Segment eines
Anneliden). Zwischen dorsalen (r) und ventralen (b) Längsmuskeln
treten die Urnieren (Segmental-Organe, n) von der Hautoberfläche hindurch in die Leibeshöhle (c). Oberhalb des Urdarms (a) ist das dorsale Längsgefäss (t), unterhalb desselben das ventrale Längsgefäss (z)
sichtbar, beide eingeschlossen in das Darmfaserblatt (f).

Fig. 16. Querschnitt durch einen Wirbelthier-Embryo (Körpermitte eines
Fisches). Zwischen dorsalen (r) und ventralen (b) Seitenrumpf-Muskeln
tritt die Urnieren-Anlage (u) von der Haut hindurch zur Leibeshöhle
(c). Oberhalb des Urdarms (a) ist die primordiale Aorta (t), unterhalb
desselben die Anlage des Herzens (oder des Arterienbulbus, z) sichtbar, beide eingeschlossen in das Darmfaserblatt (f). Der einzige wesentliche Unterschied zwischen dem typischen Querschnitt des Verte-
braten-Körpers und des Wurmkopfes (Fig. 15) besteht darin, dass sich
bei ersterem zwischen Medullarrohr (n) und Urdarm (a) die Chorda
entwickelt (x).

Jena, am 29. September 1873.

II.

Die Gastrula und die Eifurchung der Thiere.

(Hierzu Tafel II—VIII.)

9. Die Bedeutung der Palingenie und der Cenogenie.

Die Gastraea-Theorie hat sich in den drei Jahren, welche seit Publication ihrer Grundzüge in meiner Monographie der Kalkschwämme (1872) verflossen sind, als ein leitendes Princip bewährt, welches nach vielen Richtungen hin geeignet ist, Ordnung in das bunte Chaos der massenhaft angehäuften zoogenetischen Beobachtungen zu bringen und die causale Erkenntniss der wichtigsten Vorgänge in der Entwickelungsgeschichte der Thiere wesentlich zu fördern. Zu diesem Schlusse bin ich berechtigt einerseits durch die vielfache fruchtbare Verwendung, welche die Folgerungen der Gastraea-Theorie inzwischen bei zahlreichen Anhängern der monistischen Entwickelungslehre gefunden haben; anderseits durch die nicht minder zahlreichen und lebhaften Angriffe, welche dieselbe durch die dualistischen Gegner der letzteren erfahren hat. Wie Jene bestrebt gewesen sind, mittelst der Gastraea-Theorie und der daran geknüpften Consequenzen den einheitlichen Zusammenhang der Entwickelungs-Vorgänge im ganzen Thierreiche zu erkennen, so haben sich Diese umgekehrt bemüht, durch Widerlegung unserer Theorie darzuthun, dass ein solcher einheitlicher Zusammenhang nicht existirt, und dass die verschiedenen Entwickelungserscheinungen im Thierreiche ein zusammenhangloses Aggregat unverständlicher und wunderbarer Thatsachen bilden.

Inzwischen bin ich ununterbrochen bestrebt gewesen, die mannichfaltigen Folgerungen der Gastraea-Theorie weiter zu entwickeln und ihre Anwendung auf die phylogenetische Classification des Thierreichs, auf die Feststellung der Homologien in den verschiedenen Thierstämmen u. s. w. durchzuführen. Wie fruchtbar dieselbe sich für die zusammenhängende Erkenntniss der Keimes- und Stammesgeschichte sowohl im Ganzen als im Einzelnen erweist,

habe ich an dem Beispiele des menschlichen Organismus in meiner,
im vorigen Jahre veröffentlichten Anthropogenie darzuthun versucht.
Doch blieben trotz dieser unausgesetzten Bemühungen zur Befesti-
gung der Gastraea-Theorie immer noch manche dunkle Stellen und
schwache Seiten übrig, welche den Gegnern Gelegenheit zu mannich-
fachen Angriffen darboten. In der Absicht, diese Dunkelheiten
und Schwächen möglichst zu beseitigen, habe ich eine neue Reihe
von vergleichenden Beobachtungen über die ersten Entwickelungs-
Vorgänge in den verschiedenen Hauptgruppen des Thierreichs
angestellt. Um dieselben, vorzüglich durch Untersuchung niederer
Seethiere, zu einem vorläufigen Abschlusse zu bringen, unternahm
ich im Frühling dieses Jahres eine Reise nach Corsica, wo ich in
Gesellschaft meiner beiden Schüler und Freunde, der Doctoren
Oscar und Richard Hertwig, während der Monate März und April
verweilte. Der felsenreiche Strand von Ajaccio, der Hauptstadt
der Insel, bot uns für unsere Zwecke eine reiche Fülle von niederen Seethieren aus allen Hauptgruppen, und auch die pelagische
Fischerei mit dem Müller'schen Netze an der Oberfläche des weiten Golfes von Ajaccio lieferte uns manches werthvolle Material,
unter diesem namentlich pelagische Eier von Knochenfischen, welche
für mehrere streitige Fragen in der Ontogenie dieser Thiere von
entscheidender Bedeutung sind. Auf den ausgedehnten Strandfelsen, welche bei niederem Wasserstande weit entblösst werden,
wuchert eine reiche Algen-Flora, und mit dieser gemischt eine
nicht minder üppige Vegetation von Spongien, Hydroiden, Alcyona-
rien und anderen Zoophyten. Auch an Würmern, Mollusken.
Echinodermen und Crustaceen war kein Mangel und ich konnte
die Entwickelung der Eier wenigstens von einzelnen Repräsentanten dieser Gruppen in den ersten, mir vorzugsweise wichtigen
Stadien vergleichend verfolgen. Zugleich gelang es mir, eine Reihe
von früheren ontogenetischen Beobachtungen zu ergänzen, welche
ich 1865 auf Helgoland, 1867 auf der canarischen Insel Lanzerote,
1869 an der Küste von Norwegen, 1871 auf der dalmatischen
Insel Lesina und 1873 im Hafen von Smyrna angestellt hatte.
Indem ich über verschiedene Resultate dieser und früherer Untersuchungen mir spätere Berichterstattung vorbehalte, beschränke
ich mich zunächst für diesmal auf die Mittheilung der abgerun-
deten Ergebnisse, welche ich über die Eifurchung und die Gastrulabildung in den verschiedenen Hauptgruppen der Metazoen
erhalten habe.

Unstreitig sind es vor allen die mannichfaltigen Verhältnisse der thierischen Eifurchung, welche die ursprüngliche Einheit der Gastrulabildung in den verschiedenen Thierklassen verdecken und demzufolge von den Gegnern der Gastraea-Theorie ganz naturgemäss als Haupt-Argumente gegen dieselbe benutzt worden sind. Diese vielfachen und auffallenden Verschiedenheiten in der Eifurchung, welche anscheinend gänzlich verschiedene Keimformen zu Folge haben, lassen sich aber nur dann richtig beurtheilen und auf den ursprünglichen Entwickelungsgang der reinen Gastrulabildung zurückführen, wenn man die höchst wichtige, bisher nicht entfernt gewürdigte Unterscheidung zwischen Palingenie und Cenogenie, zwischen primären und secundären Keimungs-Vorgängen möglichst scharf verfolgt und durchführt. Unter den secundären cenogenetischen Erscheinungen aber, welche den primären palingenetischen Entwickelungsgang der Keimformen verdecken und fälschen, sind wieder vor Allen wichtig die einflussreichen Verhältnisse des Nahrungsdotters im Gegensatz zum Bildungsdotter, sowie die mannichfaltigen ontogenetischen Heterochronien und Heterotopien. Ausserdem sind auch einige andere Vorgänge, die auf gefälschte und abgekürzte Vererbung sich zurückführen lassen, von bedeutendem Einflusse.

Durch gehörige Verwerthung dieser Erscheinungen, durch jahrelanges Nachdenken über das Verhältniss der Palingenie zur Cenogenie, und durch die neuen Beobachtungsreihen, die ich von diesem Gesichtspunkte aus angestellt habe, ist es mir, wie ich hoffe, gelungen, alle die auffallenden Verschiedenheiten in der Eifurchung und frühesten Keimbildung der Thiere auf vier verschiedene Hauptformen zurückzuführen und von diesen letzteren wieder eine einzige als die ursprüngliche Grundform nachzuweisen, aus der sich die drei anderen Hauptformen phylogenetisch hervorgebildet haben. Diese eine Grundform ist die primordiale Eifurchung, und ihr Product die reine einfache Gastrula (,,*Archigastrula*''), wie sie z. B. beim Amphioxus und bei der Ascidie sich noch heute findet (Vergl. Taf. VIII und die V. Tabelle S. 65). Ferner ist es durch diese Reduction möglich geworden, bei sämmtlichen Thieren (— natürlich stets mit Ausnahme der Protozoen, die überhaupt keine Keimblätter bilden —) übereinstimmend jene fünf primitiven Entwickelungsstufen nachzuweisen, welche ich bereits in der Monographie der Kalkschwämme (Bd. I, S. 465) als gemeinsame ontogenetische Urformen sämmtlicher Metazoen hingestellt und nach dem biogenetischen Grundgesetze phylogene-

tisch gedeutet hatte (Vergl. die VI. synoptische Tabelle S. 66).
Jeder, der unter den verschiedenen, gegenwärtig möglichen, phylogenetischen Hypothesen über den Ursprung des Thierreichs die
einfachste vorzieht, und demgemäss eine monophyletische Descendenz sämmtlicher Metazoen von der Gastraea annimmt, der
kann jetzt auch noch weiter gehen, und fussend auf dem gemeinsamen, nunmehr nachgewiesenen Entstehungsmodus der Gastrula
(durch Einstülpung der Blastula u. s. w.) auch jene fünf Ur-
stufen der thierischen Formbildung bei allen Metazoen für homolog
halten; oder — mit anderen Worten — den ersten gemeinsamen
Ursprung aller Thiere bis zum denkbar einfachsten Organismus,
bis zum Moner hinab verfolgen. Denn bei gehöriger Berücksichtigung der verschiedenen cenogenetischen Veränderungen, welche
der Nahrungsdotter in dem palingenetischen Processe der primordialen Eifurchung hervorgebracht hat, ist es in der That möglich,
nicht nur die Gastrula, sondern auch die vorhergehenden vier
Bildungsstufen dieser wichtigsten Keimform, auf das gemeinsame
Urbild der primordialen Eifurchung bei allen Metazoen zu reduciren (Vergl. die VII. synoptische Tabelle S. 67).

Was die vier Hauptformen der Furchung betrifft (die primordiale, inaequale, discoidale und superficiale) so sind es dieselben,
welche ich bereits in der Anthropogenie (S. 166) unterschieden
habe. Ich hatte dort ausserdem noch zwei andere Hauptformen
als pseudototale und seriale Furchung aufgeführt. Indessen lassen
sich diese beiden Formen unter die inaequale Furchung subsumi-
ren. Das Verhältniss dieser vier wichtigsten Furchungsformen zu
den beiden, bisher allein unterschiedenen Hauptformen der totalen
und partiellen Furchung gestaltet sich so, dass die primordiale
und inaequale Furchung (rein äusserlich betrachtet) unter den
Begriff der totalen, hingegen die discoidale und superficiale
unter den Begriff der partiellen Furchung fallen (Tabelle V).
Jedoch sind scharfe und abschliessende Grenzen ebenso wenig
zwischen unseren vier Hauptformen, als zwischen der totalen und
partiellen Furchung zu ziehen. Vielmehr sind alle durch Uebergänge verbunden, und alle lassen sich auf die ursprüngliche Form
der primordialen Eifurchung phylogenetisch zurückführen.

V.
Synoptische Tabelle über die wichtigsten Verschiedenheiten in der Eifurchung und Gastrulation der Thiere.

(Die sechs Stämme der Metazoen sind durch die Buchstaben *a—f* bezeichnet: *a* Zoophyten (Coelenteraten), *b* Würmer, *c* Mollusken, *d* Echinodermen, *e* Arthropoden, *f* Vertebraten.)

I. **Totale** **Furchung.** (Ovula holoblasta).	**1. Primordiale Furchung.** (Ovula archiblasta). *Archigastrula.* Taf. VIII.	*a.* Die meisten Pflanzenthiere (Niedere Schwämme, Hydroiden, Medusen, Corallen). *b.* Viele niedere Würmer (Sagitta, Phoronis, Ascidien, viele Nematoden u. s. w.). *c.* Einige niedere Mollusken (Spirobranchien u. s. w.). *d.* Die meisten Echinodermen. *e.* Einige niedere Gliederthiere (Einige Branchiopoden, Pteromalinen?). *f.* Die Acranier (Amphioxus).
Primäre Gastrula. (*Hologastrula*).	**2. Inaequale Furchung.** (Ovula amphiblasta). *Amphigastrula.* Taf. VII.	*a.* Viele Pflanzenthiere (Manche Spongien, Medusen und Corallen; Siphonophoren, Ctenophoren). *b.* Die meisten Würmer (Acoelomier, Anneliden u. s. w.). *c.* Die meisten Mollusken. *d.* Einzelne Echinodermen. *e.* Niedere Arthropoden (sowohl Crustaceen, als Tracheaten). *f.* Cyclostomen, Ganoiden, Amphibien, Placentalien (?).
II. **Partielle** **Furchung.** (Ovula meroblasta).	**3. Discoidale Furchung.** (Ovula discoblasta). *Discogastrula.* Taf. IV. V.	*c.* Die meisten Cephalopoden. *e.* Manche Arthropoden. (Sowohl Crustaceen, als Tracheaten). *f.* Selachier, Teleostier, Reptilien, Vogel, Monotremen u. Didelphien (?).
Secundäre Gastrula. (*Merogastrula*).	**4. Superficiale Furchung.** (Ovula periblasta). *Perigastrula.* Taf. VI.	*b.* Einige höhere Würmer (?). *e.* Die meisten Arthropoden, sowohl Crustaceen als Tracheaten.

VI.

Synoptische Tabelle über die fünf ersten Keimungsstufen der Metazoen, verglichen mit ihren fünf ältesten Ahnenstufen.

Formwerth der fünf ersten Entwickelungsstufen der Metazoen.	Ontogenesis: Die fünf ersten Stufen der Keimes-Entwickelung.	Phylogenesis: Die fünf ersten Stufen der Stammes-Entwickelung.
I. Erste Formstufe: **Cytoda.** Eine einfachste Cytode (kernlose Plastide).	**I.** Erste Keimungsstufe: **Monerula.** Das befruchtete Ei nach Verlust des Keimbläschens.	**I.** Erste Ahnenstufe: **Moneres.** Aelteste, durch Urzeugung entstandene Stammform der Metazoen.
II. Zweite Formstufe: **Cellula.** Eine einfachste, indifferente, amoeboide Zelle (kernhaltige Plastide).	**II.** Zweite Keimungsstufe: **Cytula.** „Die erste Furchungskugel" (das befruchtete Ei mit neugebildetem Zellenkern).	**II.** Zweite Ahnenstufe: **Amoeba.** Einfachste, älteste, indifferente Stammzelle.
III. Dritte Formstufe: **Polycytium.** Ein einfachstes Aggregat von einfachen, gleichartigen, indifferenten Zellen.	**III.** Dritte Keimungsstufe: **Morula.** „Maulbeerdotter", kugeliger Haufen von einfachen gleichartigen Furchungskugeln.	**III.** Dritte Ahnenstufe: **Synamoebium.** Einfachste älteste Gemeinde von gleichartigen indifferenten Zellen.
IV. Vierte Formstufe: **Blastosphaera.** Eine einfache, mit Flüssigkeit gefüllte Hohlkugel, deren Wand aus einer einzigen Schicht gleichartiger Zellen besteht.	**IV.** Vierte Keimungsstufe: **Blastula.** „Keimhautblase" oder „Keimblase" (Vesicula blastodermica oder Blastosphaera) oft auch „Planula" genannt.	**IV.** Vierte Ahnenstufe: **Planaea.** Hohlkugel, deren Wand aus einer Schicht von Flimmerzellen besteht (ähnlich der heutigen Magosphaera).
V. Fünfte Formstufe: **Metazoarchus.** Ein einfacher, einaxiger Hohlkörper mit einer Oeffnung, dessen Wand aus zwei verschiedenen Zellenschichten besteht.	**V.** Fünfte Keimungsstufe: **Gastrula.** Einfacher einaxiger Darmschlauch (Urdarm) mit Urmund; Wand aus den beiden primären Keimblättern gebildet.	**V.** Fünfte Ahnenstufe: **Gastraea.** Gemeinsame Stammform aller Metazoen, gleich der Archigastrula des Amphioxus, der Ascidie u. s. w.

VII.

Synoptische Tabelle über die fünf ersten Keimungsstufen der Metazoen, mit Rücksicht auf die vier verschiedenen Hauptformen der Eifurchung.

A. Totale Furchung. *(Ovula holoblasta)*		B. Partielle Furchung. *(Ovula meroblasta)*	
a. Primordiale Furchung. *(O. archiblasta).*	b. Inaequale Furchung. *(O. amphiblasta).*	c. Discoidale Furchung. *(O. discoblasta).*	d. Superficiale Furchung. *(O. periblasta).*
I. Archimonerula. Das befruchtete Ei ist eine Cytode, in der Bildungsdotter und Nahrungsdotter nicht zu unterscheiden sind.	**I. Amphimonerula.** Eine Cytode, die am animalen Pole Bildungsdotter, am vegetativen Pole Nahrungsdotter besitzt, beide nicht scharf getrennt.	**I. Discomonerula.** Eine Cytode, die am animalen Pole Bildungsdotter, am vegetativen Pole Nahrungsdotter besitzt, beide scharf von einander getrennt.	**I. Perimonerula.** Das befruchtete Ei ist eine Cytode, die an der Peripherie Bildungsdotter, im Centrum Nahrungsdotter enthält.
II. Archicytula. Eine Zelle, aus der Archimonerula durch Neubildung eines Kernes entstanden.	**II. Amphicytula.** Eine Zelle, aus der Amphimonerula durch Neubildung eines Kernes entstanden.	**II. Discocytula.** Eine Zelle, aus der Discomonerula durch Neubildung eines Kernes entstanden.	**II. Pericytula.** Eine Zelle, aus der Perimonerula durch Neubildung eines Kernes entstanden.
III. Archimorula. Eine solide (meist kugelige) Masse, aus lauter gleichartigen Zellen gebildet.	**III. Amphimorula.** Eine rundliche Masse aus zweierlei Zellen zusammengesetzt: Bildungszellen am animalen, Nahrungszellen am veget. Pole.	**III. Discomorula.** Eine flache Scheibe, aus gleichartigen Zellen zusammengesetzt, dem animalen Pole des Nahrungsdotters aufliegend.	**III. Perimorula.** Eine geschlossene Blase, aus einer Zellenschicht bestehend, die den ganzen Nahrungsdotter umschliesst.
IV. Archiblastula. Eine (meist kugelige) hohle Blase, deren Wand aus einer einzigen Schicht gleichartiger Zellen besteht.	**IV. Amphiblastula.** Eine rundliche Blase, deren Wand am animalen Pole aus kleinen Exoderm-Zellen, am vegetativen Pole aus grossen Entodermzellen besteht.	**IV. Discoblastula.** Eine rundliche Blase, deren kleinere Hemisphäre aus den Furchungszellen besteht; grössere Hemisphäre aus dem ungefurchten Nahrungsdotter.	**IV. Periblastula.** Eine geschlossene Blase, aus einer Zellenschicht bestehend, die den ganzen Nahrungsdotter umschliesst (= Perimorula).
V. Archigastrula. Die ursprüngliche reine Gastrula-Form mit leerem Urdarm, ohne Nahrungsdotter; primäre Keimblätter einschichtig.	**V. Amphigastrula.** Glockenförmige Gastrula, deren Urdarm zum Theil von gefurchtem Nahrungsdotter erfüllt ist.	**V. Discogastrula.** Scheibenförmige ausgebreitete Gastrula, deren Urdarm ganz von ungefurchtem Nahrungsdotter erfüllt ist.	**V. Perigastrula.** Blasenförmige Gastrula, deren Urdarm klein, deren grosse Furchungshöhle von Nahrungsdotter erfüllt ist.

I. Das phylogenetische Verhältniss der Palingenie zur Cenogenie.

Die Unterscheidung zwischen Palingenie und Cenogenie, die Erkenntniss der ganz verschiedenen Bedeutung dieser beiden ontogenetischen Erscheinungs - Gruppen und insbesondere die Feststellung des phylogenetischen Verhältnisses derselben zu einander scheint mir von ganz fundamentaler Wichtigkeit für das Verständniss der Gastraea-Theorie, wie für die causale Beurtheilung und mechanische Begründung der Keimesgeschichte überhaupt zu sein. Denn diejenigen ontogenetischen Processe, welche unmittelbar nach dem biogenetischen Grundgesetze auf eine frühere, vollkommen entwickelte, selbständige Stammform zu beziehen und von dieser durch Vererbung übertragen sind, besitzen offenbar eine primäre Bedeutung für die Erkenntniss der causalen phylogenetischen Verhältnisse; dagegen können diejenigen keimesgeschichtlichen Vorgänge, welche erst später durch Anpassung an die Bedingungen des Embryolebens oder des Larvenlebens entstanden und demgemäss nicht als Wiederholung einer früheren selbständigen Stammform gelten dürfen, offenbar für die Erkenntniss der Stammesgeschichte nur eine ganz untergeordnete, secundäre Bedeutung beanspruchen. Die ersteren habe ich als palingenetische, die letzteren als cenogenetische bezeichnet. Von diesem kritischen Gesichtspunkte aus betrachtet wird die gesammte Ontogenie in zwei verschiedene Haupttheile zerfallen: erstens Palingenie oder „Auszugsgeschichte", und zweitens Cenogenie oder „Fälschungsgeschichte". Die erstere ist der wahre ontogenetische Auszug oder die kurze Recapitulation der alten Stammesgeschichte; die letztere ist gerade umgekehrt eine neuere, fremde Zuthat, eine Fälschung oder Verdeckung jenes Auszuges der Phylogenie.

Um sofort an einem Beispiele klar zu machen, was ich durch diese Unterscheidung zu erreichen wünsche, brauchen wir bloss einen Blick auf die Ontogenie des Menschen oder irgend eines anderen Amnioten zu werfen. Als palingenetische Processe, welche unmittelbar auf eine frühere selbständige Stammform zu beziehen, und offenbar getreu durch Vererbung übertragen sind, müssen wir bei allen Amnioten unter Anderen folgende betrachten: die Sonderung der beiden primären Keimblätter, das Auftreten einer einfachen Chorda zwischen Markrohr und Darmrohr, die Erscheinung des einfachen knorpeligen Urschädels, der Kiemenbogen und ihrer Gefässe, der Urnieren, die einfache Anlage der fünf Hirnblasen, die einkammerige Urform des Herzens, das Auftreten der primitiven Aorten und der Cardinal-Venen, die hermaphroditische Anlage der inneren und äusseren Geschlechts-Organe u. s. w. Hingegen werden wir als cenogenetische Processe, welche keineswegs auf eine frühere selbständige und völlig entwickelte Stammform zu beziehen, vielmehr durch Anpassung an die Bedingungen des Eilebens oder Embryolebens entstanden sind, zu betrachten haben: die Bildung des Nahrungsdotters und der Eihüllen, des Amnion, der Allantois, die Verhältnisse des embryonalen Dotter-Kreislaufs und Allantois-Kreislaufs, die vorübergehende embryonale Trennung von Urwirbelplatten und Seitenplatten, den secundären Verschluss der Bauchwand und Darmwand, die Nabelbildung, die zusammengekrümmte Keimform u. s. w.

Oder um ein Beispiel aus der Entwickelungsgeschichte der Crustaceen anzuführen, für die uns Fritz Müller-Desterro durch seine bahnbrechende Schrift „Für Darwin" (1864) ein so bedeutungsvolles und alle Theile der Biogenie erhellendes Licht angezündet hat, so werden wir für die Palingenie dieser Thierklasse vor Allen zu verwerthen haben: die wesentlich übereinstimmende Bildung und Zusammensetzung der *Nauplius*-Larven in den verschiedenen Ordnungen der Crustaceen, die ursprüngliche, einfache Bildung ihres Darmcanals, ihres unpaaren Stirnauges, ihrer drei Paar Schwimmfüsse u. s. w. Ebenso stellt für die höheren Crustaceen, insbesondere die Malacostraca, die charakteristische „*Zoëa*" mit ihrer typischen Gliederung und Gliedmaassenbildung eine palingenetische Keimform dar. Hingegen wird durch die Cenogenie der Crustaceen zu erklären sein: die partielle Eifurchung und die Bildung des Nahrungsdotters bei der Mehrzahl der Cruster, die Umwachsung desselben durch das Blastoderm, der secundäre Verschluss der Rückenwand, die Krümmung des Embryo innerhalb der Eischale, sowie die Bildung jener mannichfaltigen, sonderbaren Embryonalformen und Larvengestalten, die nicht von den Stammformen ererbt, sondern vielmehr „in dem Kampfe um's Dasein erworben sind, welchen die frei lebenden Larven zu bestehen haben." (Fritz Müller l. c. p. 77.)

Offenbar ist die Unterscheidung jener primären palingenetischen und dieser secundären cenogenetischen Processe für das phylogenetische Verständniss und somit für die mechanische Erklärung der ontogenetischen Thatsachen von der grössten Bedeutung; und zwar um so mehr, je mehr der primäre ursprüngliche

Entwickelungsgang des Embryo durch die secundäre Ausbildung von Eihüllen, von Nahrungsdotter u. s. w. gefälscht, und je mehr durch andere Ursachen die getreue Wiederholung der langen Stammesentwickelung durch die kurze Keimesentwickelung abgekürzt oder verdeckt ist. Wenn man diese höchst wichtigen, aber bisher fast ganz vernachlässigten Verhältnisse nicht gehörig in's Auge fasst, so wird man weder das wahre Causal-Verhältniss zwischen jenen beiden Entwickelungs-Reihen verstehen, noch überhaupt die Bedeutung des biogenetischen Grundgesetzes begreifen können. Schon in der „Generellen Morphologie" (1866), und eingehender später in der Anthropogenie (1874) habe ich darauf hingewiesen, „wie wichtig es für die richtige und kritische Anwendung des biogenetischen Grundgesetzes ist, stets beide Seiten desselben im Auge zu behalten. Die erste Hälfte dieses fundamentalen Entwickelungsgesetzes öffnet uns die Bahn der Phylogenie, indem sie uns lehrt, aus dem Gange der Keimesgeschichte denjenigen der Stammesgeschichte annähernd zu erkennen: Die Keimform wiederholt durch Vererbung die entsprechende Stammform (*Palingenesis*). Die andere Hälfte desselben schränkt aber diesen leitenden Grundsatz ein, und macht uns auf die Vorsicht aufmerksam, mit welcher wir denselben anwenden müssen; sie zeigt uns, dass die ursprüngliche Wiederholung der Phylogenese durch die Ontogenese im Laufe vieler Millionen Jahre vielfach abgeändert, gefälscht und abgekürzt worden ist: Die Keimform hat sich durch Anpassung von der entsprechenden Stammform entfernt" (*Cenogenesis*). Anthropogenie S. 626.

Für die Palingenesis oder die „Auszugs-Entwickelung" sind demnach von hervorragender Bedeutung die Gesetze der ununterbrochenen (continuirlichen), der befestigten (constituirten), der gleichörtlichen (homotopen) und den gleichzeitlichen (homochronen) Vererbung (Generelle Morphologie, Vol. II, p. 180—190). Diese höchst wichtigen Vererbungs-Gesetze gestatten uns noch heute, aus den vorliegenden Thatsachen der Keimesgeschichte ganz positive Schlüsse auf den ursprünglichen Gang der Stammesgeschichte zu thun. Hingegen sind für die Cenogenesis oder die „Fälschungs-Entwickelung" ganz besonders wichtig die Gesetze der abgekürzten (abbreviirten) und der gefälschten (modificirten), ganz besonders aber der ungleichörtlichen (heterotopen) und der ungleichzeitlichen (heterochronen) Vererbung. Diese Vererbungsgesetze haben für die Phylogenie nur einen negativen Werth. Für die gesammte Morphologie, und speciell für die Phylogenie, ist selbstverständlich die Palingenesis von ganz anderer Bedeutung, als die Cenogenesis. Die Morphologie, welche ihre Aufgabe richtig begriffen hat, wird den versteckten Pfad der Phylogenie in dem schwierigen Gebiete der Ontogenie nur dann finden, wenn sie die palingenetischen Processe möglichst hervorsucht, die cenogenetischen möglichst eliminirt. Die Physiologie wird umgekehrt an der näher liegenden Cenogenie in vielen Fällen ein weit höheres Interesse haben, als an der Palingenie.

II. Ontogenetische Heterochronien und Heterotopien.

Unter den mannichfaltigen secundären Erscheinungen, welche uns die Cenogenesis darbietet und welche in mehr oder minder ausgeprägtem Gegensatze zu den primären Phänomenen der Palingenesis stehen, sind von besonderer Wichtigkeit vor Allen die Ausbildung des Nahrungsdotters und was damit zusammenhängt; demnächst aber diejenigen Entwickelungs-Vorgänge, welche ich in der Anthropogenie als „ontogenetische Heterochronien und Heterotopien" bezeichnet habe. Gerade diese Processe der Keimesentwickelung, welche zu den entsprechenden Vorgängen der Stammesentwickelung in einem diametralen Gegensatze zu stehen, die Palingenesis zu negiren und das ganze biogenetische Grundgesetz zu erschüttern scheinen, lassen sich durch die Cenogenesis befriedigend erklären. Wie ich in der Anthropogenie bemerkte, „sind die ontogenetischen Heterochronien, welche durch Verschiebung der phylogenetischen Succession entstehen, nicht minder bedeutungsvoll als die ontogenetischen Heterotopien, die durch frühzeitige phylogenetische Wanderung der Zellen aus einem secundären Keimblatt in das andere bewirkt werden; dort wird die Zeitfolge, hier die Raumfolge gefälscht". Als wichtigste Leuchte zur Erkenntniss dieser cenogenetischen Processe dient uns die vergleichende Anatomie, ohne deren Hülfe wir überhaupt die Räthsel der Cenogenesis nicht lösen und den ursprünglichen Pfad der Palingenesis nicht erkennen würden.

Einleuchtende Beispiele solcher Processe liefert uns die Keimesgeschichte der verschiedensten Metazoen in Menge. Was zunächst die Heterochronie betrifft, die ontogenetische Zeitverschiebung, oder die cenogenetische Abänderung der palingenetischen Zeitfolge, so können wir im Allgemeinen Fälle von verfrühtem und von verspätetem Auftreten der Organe unterscheiden. Fälle von ontogenetischer Acceleration oder Verfrühung

(wo in der Keimesgeschichte das Organ viel früher erscheint, als
es im Verhältniss zu den übrigen Organen ursprünglich in der
Stammesgeschichte der Fall war) bietet z. B. bei den Wirbelthieren: das frühzeitige Auftreten der Chorda, die auffallend frühe
Entstehung des Gehirns und der Augen (besonders bei den Knochenfischen), der Kiemenspalten, des Herzens (vor den Gefässen)
u. s. w. Die Gliederthiere zeigen solche ontogenetische Acceleration besonders in der frühzeitigen Ausbildung gegliederter Extremitäten und der Metamerenkette (des „Primitivstreifs"); die Tracheaten in dem frühen Auftreten der Tracheen, die Crustaceen in
der vorzeitigen Ausbildung einer mächtigen Leber. Unter den
Mollusken erscheinen in Folge beträchtlicher cenogenetischer Verfrühung auffallend bald die Kalkschalen und die Gehörbläschen;
bei den Muscheln die Byssus-Drüse, bei den Schnecken die Radula.
Bei den Echinodermen bilden sich oft unverhältnissmässig früh in
der Ontogenese die Kalktheile des Skelets aus, die in der Phylogenese sicherlich späteren Ursprungs sind.

Umgekehrt erkennen wir eine ontogenetische Retarda-
tion oder Verspätung (wo in der Ontogenie das Organ verhältnissmässig später auftritt, als es ursprünglich in der entsprechenden Phylogenie der Fall gewesen sein muss) z. B. in folgenden
Vorgängen: das späte Auftreten der Sexualdrüsen bei den meisten
Metazoen, die sehr verspätete Ausbildung des Darmcanals und des
Coeloms bei Vielen derselben. Ein sehr auffallendes Beispiel liefert die späte Bildung der Vorkammer-Scheidewand (Septum
atriorum) im embryonalen Herzen der höheren Wirbelthiere, welche
der Entstehung der Kammerscheidewand (Septum ventriculorum)
nachfolgt. In der Phylogenie der Wirbelthiere ist umgekehrt die
erstere der letzteren vorausgegangen, wie die Dipneusten, Amphibien und Reptilien beweisen.

Eine nicht minder wichtige Rolle spielen in der Keimesgeschichte der Wirbelthiere die ontogenetischen Ortsverschiebungen oder Heterotopien, die cenogenetischen Abänderungen der palingenetischen Raumfolge. Vor Allen kommen
hierbei die Zellenwanderungen und Zellenverschiebun-
gen innerhalb der primären und secundären Keimblätter in Betracht, sowie die secundären Ortsveränderungen der aus den
Keimblättern entstehenden Organe. Eine grosse Rolle spielen die
ersteren z. B. bei der Entstehung des „mittleren Keimblattes", des
Mesoderms. Als das ursprüngliche palingenetische Verhältniss der
Mesodermbildung habe ich in der Anthropogenie die Bildung der

vier secundären Keimblätter hingestellt, indem ich das Hautfaserblatt vom Exoderm, das Darmfaserblatt vom Entoderm ab-
leitete. Beide Faserblätter zusammen, obwohl verschiedenen Ursprungs, verbinden sich secundär zum scheinbar einheitlichen Mesoderm. Die bekannte Spaltung des letzteren in Hautfaserblatt und
Darmfaserblatt ist demnach ein tertiärer, kein primärer Vorgang.
Wenn also jetzt (wie die meisten Ontogenisten annehmen) das Mesoderm als Ganzes aus einem der beiden primären Keimblätter allein
entsteht und wenn das andere daran keinen Antheil nimmt, so ist
das meiner Ansicht nach durch Heterotopie zu erklären, und zwar
durch sehr frühzeitige (vielleicht schon während der Furchung eintretende) Zellenwanderung aus einem primären Keimblatt in das
andere. Ebenso muss ich auch die (von den Meisten angenom-
mene) ontogenetische Entstehung der Sexualdrüsen im Mesoderm
als einen cenogenetischen Vorgang deuten, weil diese ursprünglich
auf eines der beiden primären Keimblätter zurückzuführen und
palingenetisch aus diesen entstanden sind. Auch die vorübergehende
Trennung der Urwirbelplatten von den Seitenplatten, sowie viele
auffallende Unterschiede in der Bildung der ersten Organ-Anlagen,
welche wir bei ontogenetischer Vergleichung der verschiedenen
Wirbelthier-Klassen wahrnehmen, dürften durch solche Heterotopien zu erklären sein.

Für Jeden, der das biogenetische Grundgesetz anerkennt und
einen tiefen inneren Causalnexus zwischen Ontogenie und Phylogenie annimmt, bedarf es wohl kaum noch eines besonderen Hin-
weises darauf, welche ausserordentliche Bedeutung diesen bisher
noch gar nicht gewürdigten Heterochronien und Heterotopien in
der Ontogenie zukommt. Erst wenn man über diese merkwürdigen, bisher unbeachtet bei Seite gelassenen Thatsachen reiflich
nachdenkt und den cenogenetischen Charakter derselben anerkennt, wird man das scheinbare Paradoxon verstehen, dass oft bei
nahe verwandten Thieren die Ontogenie so beträchtliche Differenzen zeigt, und der Verlauf derselben so bedeutend von dem entsprechenden Verlauf der Phylogenie sich entfernt. Das letztere
muss um so mehr der Fall sein und die ursprüngliche Palingenesis
muss um so mehr in den Hintergrund treten, je zahlreicher und
bedeutender sich jene cenogenetischen Zeitverschiebungen und
Ortsverschiebungen im Laufe der Jahrtausende allmählig ausgebildet und zu complexen Phänomenen zusammengeballt haben.
Ein solches complexes Phänomen ist z. B. die Bildung eines sogenannten „Primitivstreifs" d. h. das frühzeitige und imponirende

Auftreten einer Summe von axialen Körpertheilen, welche an der Oberfläche des Keimes in der Hauptaxe derjenigen dipleuren (oder „bilateral-symmetrischen") Metazoen erscheinen, deren Körper den Formwerth einer Metamerenkette oder einer „gegliederten Person" besitzt [1]. Als solche höchst complexe Gesammt-Resultate, die sich aus zahlreichen und mannichfaltigen cenogenetischen Heterochronien und Heterotopien zusammensetzen, sind ferner offenbar viele Fälle von sogenannter „Zusammenziehung und Vereinfachung" der Ontogenesis zu deuten, wie sie z. B. GEGENBAUR in der Bildung des Schädels und Gehirns bei den Wirbelthieren, FRITZ MÜLLER in der Gliederung und Differenzirung des Crustaceen-Körpers so einleuchtend nachgewiesen haben. Auch die scheinbar „directe Entwickelung", ist so zu erklären, welche die Cephalopoden (das Veliger-Stadium der Schnecken überspringend) uns darbieten; und ebenso diejenigen Echinodermen, welche den ursprünglichen Generationswechsel (oder die sogenannte „Metamorphose") der Mehrzahl dieses Stammes gegenwärtig nicht mehr besitzen.

Von besonderer Bedeutung dürfte für die richtige Würdigung der cenogenetischen Heterochronien und Heterotopien der Umstand sein, dass durch sie im Laufe der Zeit immer auffallender diejenigen Organe in den Vordergrund der Ontogenie gedrängt werden, welche für die betreffenden Hauptgruppen (Stamm, Classe, Ordnung) vorzugsweise charakteristisch und wichtig sind. So treten bei den Wirbelthieren unverhältnissmässig früh und mächtig die Chorda dorsalis und die Kiemenbogen auf; bei den Gliederthieren der sogenannte „Primitivstreif", die Metamerengrenzen und die Anlagen der gegliederten Extremitäten; bei den odontophoren Mollusken die Radula; bei vielen Echinodermen die Kalktheile des Skelets und die Anlagen des Ambulacral-Systems. Umgekehrt werden im Laufe der Jahrtausende immer mehr diejenigen Organe in den Hintergrund der Ontogenie gedrängt, welche die allgemeinste Bedeutung für sämmtliche Metazoen be-

---

1) Der sogenannte „Primitivstreif" hat demnach in den verschiedenen Thierstämmen eine ganz verschiedene Bedeutung, so namentlich bei den Anneliden und Arthropoden einerseits, bei den Vertebraten anderseits. Immer aber ist der Terminus „Primitivstreif" ein sehr unklarer Ausdruck für eine complexe Summe von Phänomenen, die theils palingenetischen, theils cenogenetischen Ursprungs sind. Die Unterscheidung von „Entwickelung mit oder ohne Primitivstreif", wie sie z. B. LEUCKART, CLAUS und viele Andere für sehr wichtig halten, ist im Grunde ganz unwichtig und werthlos.

sitzen, vor Allem also Urdarm und Urmund in ihrer ursprünglichen Gestalt. Desshalb ist auch die reine, primordiale Gastrula
(*Archigastrula*), welche durch Invagination einer einfachsten Blastula (*Archiblastula*) entsteht, vorzugsweise bei den niedersten,
indifferentesten und ältesten Formen der verschiedenen Gruppen
bis heute am getreuesten conservirt werden (Gastrophysema,
Monoxenia, Sagitta, Phoronis, Argiope, Terebratula, Uraster, Toxopneustes, Ascidia, Amphioxus).

III. Palingenetischer Bildungsdotter und cenogene-
tischer Nahrungsdotter.

Die auffallendste und für die frühesten Keimungs - Processe
der Metazoen weitaus wichtigste von allen cenogenetischen Erscheinungen ist die Ausbildung eines sogenannten „Nahrungsdotters",
im Gegensatze zu dem „Bildungsdotter". Bei sehr vielen Thieren
der verschiedensten Gruppen, namentlich aber bei den niederen
und unvollkommneren (also phylogenetisch älteren) Formen fehlt
ein separater Nahrungsdotter ganz und der Embryo entsteht einzig
und allein aus dem „*Protoplasma*" der Eizelle, dem Bildungsdotter (*Morphoblastus* oder *Protolecithus*, *Vitellus formativus*).
Zu diesem primären Bildungsdotter tritt nun aber bei vielen anderen Thieren, namentlich höheren und vollkommneren (also phylogenetisch jüngeren) Formen in sehr verschiedenen Klassen die besondere, zur Ernährung des Embryo dienende Vorrathsmasse, welche
als „*Deutoplasma*" (van Beneden) sich zum Protoplasma der Eizelle hinzugesellt, der Nahrungsdotter (*Trophoblastus* oder
Metalecithus, *Vitellus nutritivus*).

Diese Sonderung von Bildungsdotter und Nahrungsdotter bedingt von Anfang der Keimesentwickelung an höchst auffallende
Unterschiede bei den verschiedenen, oft nahe verwandten Thierklassen (ja selbst oft bei nahe verwandten Thieren einer Klasse);
Unterschiede, welche ihre Wirkung bald auf kürzere, bald auf längere Zeit des Embryolebens erstrecken, die palingenetische Identität
der Keimesentwickelung bei nahe verwandten Thieren oft ganz
verdecken und überhaupt eine Masse von Täuschungen hervorrufen.
Wenn man das Chaos von widersprechenden Beobachtungen, unvereinbaren Ansichten und entgegengesetzten. Meinungen überblickt,
welches gegenwärtig die Keimesgeschichte der Thiere darbietet, —
besonders in Betreff der frühesten und wichtigsten Stadien der Entwickelung. — so wird man wohl nicht irre gehen, wenn man in

der grossen Mehrzahl der Fälle die eigentliche Urquelle dieser
Verwirrung in dem Auftreten des Nahrungsdotters und den davon
abhängigen cenogenetischen Veränderungen sucht.

Je auffallender nun diese Unterschiede in den ersten Stadien
der Keimesentwickelung sich darstellen, je mehr die Anwesenheit
oder Abwesenheit eines Nahrungsdotters selbst nahe verwandte
Thiere zu trennen scheint, desto wichtiger ist es, den cenogenetischen Charakter aller dieser secundären Veränderungen im Auge
zu behalten und sich das ursprüngliche Bild der dadurch ver-
deckten palingenetischen Processe nicht trüben zu lassen. Denn
in allen Fällen ist der Nahrungsdotter ein secundäres
cenogenetisches Product, welches den primären palingenetischen Entwickelungsgang des Keimes zwar vielfach abändern und
verdecken, aber dessen morphologische Bedeutung nicht im Mindesten abschwächen kann. Während viele Ontogenisten, geblendet
durch die Grösse und die oft sehr complicirte Zusammensetzung
des Nahrungsdotters, einen höchst wichtigen und selbst die Formbildung des werdenden Thieres unmittelbar beeinflussenden Körper in demselben erblicken, werden wir umgekehrt denselben stets
nur als einen ganz untergeordneten Factor der Keimesgeschichte
ansehen, der zwar für die Physiologie des Embryo höchst bedeutungsvoll sein kann, für die Morphologie hingegen werthlos ist.

Um das Verhältniss des Nahrungsdotters zur Eifurchung richtig zu beurtheilen, müssen wir uns stets an drei wichtige Grundsätze erinnern, erstens, dass das Ei ursprünglich stets eine
einfache Zelle ist, zweitens, dass die Eifurchung nichts
anderes als eine einfache oft wiederholte Zellentheil-
lung ist, und drittens, dass der Nahrungsdotter zur primären Eizelle stets als ein secundäres Product hinzutritt, welches an den
activen Veränderungen der ersteren nur einen mehr oder minder
ausgedehnten passiven Antheil nimmt [1]. Als actives Element
der Eifurchung können wir überall nur das Protoplasma und den

---

[1] Die gegenwärtig zur Geltung gelangte Vorstellung, dass das Thier-Ei
eine einfache lebendige Zelle und die Eifurchung eine wiederholte Zellentheilung ist, steht mit der Zellentheorie wie mit der Phylogenie in bestem Einklang.
Die ganz entgegengesetzten, wunderlichen, allgemeinen Ansichten, welche GOETTE
kürzlich in seiner Keimungsgeschichte der Unke publicirt hat, werden jene
fundamentale Ueberzeugung nicht erschüttern. Obwohl es kaum nöthig ist,
meinen principiellen Gegensatz zu den meisten allgemeinen Anschauungen
GOETTE's hier zu constatiren, thue ich es doch, weil seine speciellen Anschauungen über Gastrulabildung (und besonders über die Invagination
der Gastrula) wesentlich mit den meinigen übereinstimmen.

Nucleus der Furchungszellen betrachten. Der Nahrungsdotter hingegen ist nur ein passiver Bestandtheil des Eies, eine Vorraths-kammer oder ein Proviant-Magazin, aus dem der entstehende Embryo den Nahrungsstoff entnimmt. Allerdings kann bisweilen der Nahrungsdotter noch längere Zeit nach der erfolgten primären Furchung des Bildungsdotters einer secundären Zerklüftung unter-liegen. Aber auch die so entstehenden wirklichen „Dotterzellen" spielen nur eine untergeordnete und passive Rolle gegenüber den formbildenden activen „Bildungszellen" der Keimblätter. Je nach dem verschiedenen Massen-Verhältniss, in welchem das „Deuto-plasma" des Nahrungsdotters zu dem ursprünglichen „Protoplasma" der Eizelle hinzukommt, und je nach der verschiedenen Vertheilung des ersteren im letzteren wird derselbe an der Furchung einen sehr verschiedenen passiven Antheil nehmen.

Die Verhältnisse des Nahrungsdotters zur Eizelle und zur Ei-furchung sind in den beiden Preisschriften von Edouard van Be-neden [1]) und von Hubert Ludwig [2]) so ausführlich erörtert worden, dass wir hier nicht weiter darauf einzugehen brauchen, sondern einfach auf letztere verweisen können. Wenngleich unsere Auffas-sung in einigen Einzelheiten abweicht, stimmt sie doch in allem Wesentlichen mit derjenigen von van Beneden und Ludwig überein. Die zahlreichen neuen Beobachtungen über die verschiedenen Arten der Eifurchung, welche in jüngster Zeit angestellt worden sind, scheinen übrigens geeignet, die von van Beneden unterschiedenen Kategorien der Eifurchung, welche auf der (l. c. p. 260) von ihm gegebene Tabelle übersichtlich zusammengestellt sind, wesentlich zu vereinfachen. Wenn man die Gastrula als das gemeinsame End-resultat der Furchung bei sämmtlichen Metazoen im Auge behält, so dürfte die Unterscheidung derjenigen vier Hauptformen der Ei-furchung und Gastrulabildung vorläufig genügen, welche ich in den beiden synoptischen Tabellen V und VI (S. 65 und 66) zusammengestellt habe. Nur bei der „primordialen Eifurchung" bildet der active Bildungsdotter für sich allein, als primärer palin-genetischer Organismus, das ganze Ei und den daraus hervor-gehenden Keim. Bei den drei übrigen Furchungsformen hingegen, bei der inacqualen, discoidalen und superficialen Eifurchung tritt der passive Nahrungsdotter, als secundäres cenogenetisches Pro-

1) Edouard van Beneden, Recherches sur la Composition et la Signifi-cation de l'oeuf. Bruxelles 1870.
2) Hubert Ludwig, Ueber die Eibildung im Thierreiche. Würzburg 1874.

duct, zu ersterem hinzu, bald nur theilweise und nicht scharf geschieden (inaequale Furchung), bald vollständig und scharf getrennt
discoidale und superficiale Furchung).

10. Die vier Hauptformen der Eifurchung und Gastrula-bildung.

I. Die primordiale Furchung und die Archigastrula (Taf. VIII).

Bei Beurtheilung der zahlreichen verschiedenen Formen, unter
welchen die Eifurchung und die erste Anlage des embryonalen
Körpers bei den verschiedenen Thieren auftritt, wird zuerst die
Frage zu stellen und zu beantworten sein, ob wir eine einzige
Form derselben als die ursprünglichste und als gemeinsamen Ausgangspunkt für die übrigen Formen betrachten dürfen. Wie die
vergleichende Anatomie als Phylogenie der Organe die Aufgabe
hat, alle stammverwandten entwickelten Formen einer natürlichen
Hauptabtheilung, z. B. alle Wirbelthiere, auf eine gemeinsame ursprüngliche Stammform zurückzuführen, so stellt sich die vergleichende Ontogenie die entsprechende Aufgabe, auch die verschiedenen Formen der Eifurchung und Keimbildung bei allen Gliedern
einer solchen Hauptabtheilung aus einer gemeinsamen ursprünglichen Grundform abzuleiten. Wer aber die monophyletische
Descendenz nicht nur für alle Glieder eines Stammes fordert,
sondern auch, unserer Hypothese folgend, die gemeinsame Abstammung aller Metazoen-Stämme von einer einzigen Stammform,
der Gastraea annimmt, der muss auch dem entsprechend alle
verschiedenen Keimformen sämmtlicher Metazoen auf eine ursprüngliche gemeinsame Gastrula zurückzuführen suchen.

Die Entstehung dieser einfachen, ursprünglichen und unver-
fälschten Gastrula liegt noch heute in der Keimesgeschichte zahlreicher niederer Thiere klar vor Augen und beweist sowohl durch
die auf einander folgenden, überall wesentlich gleichen Stufen ihrer
Bildung, wie durch ihre Verbreitung bei den niedersten, indifferentesten und ältesten Thierformen der verschiedenen Stämme, dass
sie als der Ausgangspunkt für das Verständniss an die Spitze gestellt werden muss. Ich bezeichne daher diese älteste und wichtigste Form der Eifurchung als die primordiale, und die daraus
hervorgegangene ursprüngliche Gastrula-Form als die Archigastrula (Taf. VIII).

Wir finden diese primordiale Form der Furchung und der reinen Gastrulabildung noch heute in vollständiger Uebereinstimmung wohl erhalten bei den niedersten Repräsentanten sämmtlicher Thierstämme: a) unter den Zoophyten (Coelenteraten) bei den Gastraeaden (*Gastrophysema*. Taf. VIII), bei verschiedenen Spongien, Hydroiden, Medusen und Corallen; b) unter den Würmern bei vielen niederen Wurmformen verschiedener Classen, z. B. Sagitta, Phoronis, Ascidia; c) unter den Mollusken bei den meisten (?) Spirobranchien, sowie vielleicht bei einigen Muscheln und Schnecken; d) unter den Echinodermen bei der grossen Mehrzahl dieses Stammes, soweit man nach den jetzt vorliegenden Untersuchungen schliessen darf; e) unter den Arthropoden bei einigen niederen Formen, sowohl Crustaceen (einige Branchiopoden) als Tracheaten (Pteromalinen?); f) unter den Wirbelthieren einzig und allein bei den Acraniern (Amphioxus). Um den Nachweis der weiten Verbreitung dieser primordialen Furchungsform und der daraus entstehenden *Archigastrula* hat sich vor Allen A. Kowalevsky verdient gemacht, der sie u. A. zuerst beobachtet hat bei Amphioxus, Phallusia, Asteracanthion, Ophiura, Echinus, Argiope, Phoronis, Sagitta, Actinia, Cereanthus, Pelagia, Cassiopeja, Rhizostoma u. s. w.

Wir dürfen es als eine ontogenetische Thatsache von höchstem morphologischen Interesse und von grösster phylogenetischer Bedeutung hervorheben, dass bei allen diesen Thieren, also bei Angehörigen sämmtlicher Metazoen-Stämme, ganz dieselbe Form der primordialen Furchung sich ebenmässig wiederholt und auf ganz gleiche Weise zur Entstehung einer und derselben Archigastrula-Form führt (Fig. 119, 120). In allen Fällen führt uns hier der palingenetische Process fünf auf einander folgende Hauptstadien der Keimbildung vor Augen, welche beim Mangel jeglicher cenogenetischen Störung unmittelbar auf die ältesten phylogenetischen Entwickelungsstufen sämmtlicher Metazoen bezogen werden können. Ich habe diese fünf ontogenetischen Stadien bereits früher, in der Natürlichen Schöpfungsgeschichte (S. 444) und in der Anthropogenie (S. 396) mit den fünf ersten Stufen der systematischen Entwickelung in Parallele gesetzt und demgemäss phylogenetisch gedeutet (Vergl. die VI. Tabelle). Es scheint mir jetzt, mit Rücksicht auf das phylogenetische Verhältniss der primordialen Furchung zu den drei anderen Furchungs-Formen, zweckmässig, die besonderen Eigenthümlichkeiten jener fünf ältesten Formstufen bei den archiblastischen Eiern auch in deren Benennung

zum Ausdruck zu bringen und durch ein vorgesetztes „*Archi*“ zu
bezeichnen. Ich nenne demnach jene fünf palingenetischen
Keimstufen der archiblastischen Eier, aus denen die entsprechenden cenogenetischen Keimformen der amphiblastischen, discoblastischen und periblastischen Eier erst secundär entstanden sind:
1. *Archimonerula*, 2. *Archicytula*, 3. *Archimorula*, 4. *Archiblastula*
und 5. *Archigastrula* (Vergl. die VII. Tabelle, S. 67).

Die Archimonerula (Taf. VIII, Fig. 111), das erste Stadium der primordialen Furchung, zeigt uns das befruchtete Ei,
nach Verlust des Keimbläschens und nach Verschmelzung der Spermazellen mit der Dottermasse, in jenem denkbar einfachsten Form-
zustande, welcher der phylogenetischen Stammform des Moneres
vollkommen entspricht. Ich habe schon früher wiederholt darauf
hingewiesen, welche hohe Bedeutung in dieser Beziehung die Monerula besitzt und komme später nochmals darauf zurück. Hier
sei nur noch besonders hervorgehoben, dass unter den vier Hauptformen der Monerula die Archimonerula allein das primordiale
Formverhältniss vollkommen rein wiederholt. Da ein vom Bildungsdotter gesonderter Nahrungsdotter nicht nachzuweisen ist,
müssen wir die Archimonerula als eine Cytode von denkbar ein-
fachster morphologischer Beschaffenheit betrachten.

Ebenso stellt sich uns die Archicytula (Fig. 112), die zweite
Keimungsstufe der archiblastischen Eier, als eine ganz einfache,
indifferente Zelle dar; aus der Archimonerula durch Neubildung
eines Nucleus entstanden. Diese Zelle, die sogenannte „erste
Furchungszelle“ zeigt in ihrem Protoplasma ebenfalls keinerlei Differenz von Morpholecithus und Tropholecithus. Bei der
weitern Entwickelung unterliegt diese Zelle einer vielfach wiederholten, vollkommen regelmässigen Zellentheilung, so dass zuerst 2,
dann 4, darauf 8, 16, 32, 64, 128 Zellen u. s. w. entstehen. Diese
Furchungszellen bleiben bis zur Beendigung des Furchungs-
Processes völlig gleich und lassen keinerlei Unterschiede erkennen (Fig. 113, 114).

Die Archimorula, das dritte Stadium des primordialen
Furchungs-Processes (Fig. 115), zeigt uns demzufolge eine „maul-
beerförmige oder brombeerförmige“ solide Kugel, welche aus
lauter gleichen indifferenten Zellen zusammengesetzt
ist. Irgend welche Differenzen zwischen plastischen und trophischen
Furchungskugeln, zwischen „Bildungszellen“ und „Nahrungszellen“,
sind auch nach vollständig beendigter Furchung an diesem kugeligen Zellenhaufen durchaus nicht wahrzunehmen.

Dasselbe gilt auch noch von den sämmtlichen Zellen, welche den Keim der vierten Stufe, die Archiblastula zusammensetzen (Taf. VIII. Fig. 116; Taf. II. Fig. 20, 29; Taf. III, Fig. 41). Die gleichartigen Zellen welche bisher dicht zusammengedrängt die solide Morula bildeten, sind jetzt durch Ansammlung von Flüssigkeit oder Gallert im Inneren der Maulbeerkugel aus einander getreten und haben sich sämmtlich an die Peripherie derselben begeben. Der Keim stellt demnach jetzt eine mit Flüssigkeit gefüllte Hohlkugel dar, deren Wand aus einer einzigen Schicht von gleichartigen Zellen besteht. Die davon umschlossene Höhle ist die Furchungshöhle oder Baer'sche Höhle; *Blastocoeloma, Cavum segmentationis*). Die einfache, gleichartige, epithelförmige Zellenschicht ist die Keimhaut oder das *Blastoderma*. Irgend welche formbestimmende Axen und überhaupt irgend welche Differenzen verschiedener Körpertheile sind an dieser Keimform noch nicht vorhanden. Zwar dürfen wir auf Grund der nachfolgenden Invagination annehmen, dass physiologische (resp. physikalische und chemische) Differenzen zwischen animalen und vegetativen Zellen an den beiden Hälften der Hohlkugel bereits bestehen. Aber morphologisch sind diese virtuellen Verschiedenheiten noch nicht ausgeprägt und treten erst bei der nun folgenden Bildung der Archigastrula actuell in die Erscheinung.

Die Archigastrula bildet die fünfte Stufe der primordialen Furchung (Taf. II, Fig. 17, 21, 22, 23, 25, 31, 33; Taf. III, Fig. 43, 44; Taf. VIII, Fig. 119, 120). Der einaxige blasenförmige Keim umschliesst eine einfache einaxige Höhle, den Urdarm (*Progaster* oder *Protogaster, a*). Dieser ist an dem einen (animalen) Pole der Axe geschlossen; an dem anderen (vegetativen) Pole derselben mündet er durch eine einfache Oeffnung nach aussen: Urmund (*Prostoma* oder *Protostoma, o*). Die Wand der Urdarmhöhle (die Darmwand und Leibeswand zugleich ist), besteht aus zwei verschiedenen, eng an einander liegenden Zellenschichten, den beiden primären Keimblättern: aussen Hautblatt oder *Exoderma* (auf Taf. II und III blau gezeichnet); innen Darmblatt oder *Entoderma* (auf beiden Tafeln roth gezeichnet). Die Zellen des Hautblattes oder die „animalen Keimzellen" sind gewöhnlich zahlreicher, kleiner, heller und weniger reich an Körnchen, als die Zellen des Darmblattes oder die „vegetativen Keimzellen".

Die Entstehung der Archigastrula aus der Archiblastula erfolgt ursprünglich stets durch Einstülpung oder Invagina-

tion (*Gastrula invaginata*, Ray-Lankester). Diese bedeutungsvolle
Einstülpung hat zuerst Kowalevsky bei den angeführten Repräsentanten aller Typen beobachtet. Ausserdem ist sie aber auch von
vielen anderen Beobachtern bei den verschiedensten Metazoen nachgewiesen worden. Ich selbst habe diesen Process in ganz übereinstimmender Form bei *Gastrophysema* (Fig. 118), bei mehreren
Corallen (Actinia, Monoxenia), bei Echinus und bei Phallusia beobachtet, und mich von der Richtigkeit der übereinstimmenden Beobachtungen von Carl Rabl. bei Linnaeus überzeugt (Fig. 29—31).
Die Invagination beginnt stets damit, dass an einer bestimmten
(physiologisch determinirten, aber morphologisch noch nicht differenzirten) Stelle der Oberfläche sich im Blastoderm eine kleine
kreisrunde Grube bildet. Diese vertieft sich durch fortschreitende
Einstülpung zu einer Höhle, die sich auf Kosten der dadurch
verdrängten Furchungshöhle vergrössert. Letztere schwindet zuletzt ganz und nunmehr ist der Urdarm der einzige Hohlraum des
Gastrula-Körpers. Jedoch bleibt bei mancher Archigastrula (z. B.
von vielen Echinodermen, Fig. 33) die Einstülpung unvollständig
und bleibt auch noch ein Rest der Furchungshöhle (*s*) neben der
Urdarmhöhle (*a*) bestehen.

    Mit der Einstülpung der Blastula tritt die erste
Axenbildung im Keim auf, der Gegensatz zwischen oralem
und aboralem Körperende. Da der Urmund der Gastrula bei
allen Metazoen an dem späteren aboralen Ende der Längsaxe
zu liegen scheint, so muss auch dieser vegetative Pol eigentlich
als aboraler bezeichnet werden. Indem durch die fortschreitende,
vom Protostom-Pol gegen den Oral-Pol gerichtete Einstülpung der
Blastula die Furchungshöhle Schritt für Schritt sich verengt und
schliesslich verschwindet, legt sich zugleich das eingestülpte, innere,
vegetative Blatt (*Entoderma*) unmittelbar an das nicht eingestülpte,
äussere, animale Blatt (*Exoderma*) an. Der höchst bedeutungsvolle fundamentale Gegensatz zwischen den beiden primären Keimblättern, der in den beiden Hemisphären der Archiblastula physiologisch jedenfalls schon vorhanden war, also potentiell
existirte, tritt durch die Invagination der Archigastrula zuerst
actuell in die Erscheinung und wird morphologisch offenbar.

    Von ganz besonderer Bedeutung für die Organogenie und
Histogenie der Metazoen ist der Mundrand der Archigastrula, oder
genauer gesagt der Urmundrand (*Properistoma*). So nenne ich
den kreisförmigen Ring, in welchem das Entoderm in das Exoderm

unmittelbar übergeht. Er ist identisch mit dem viel besprochenen und höchst wichtigen „Randwulst oder Keimwulst" der discoblastischen Metazoen und verdient als erster Ausgangspunkt für die ältesten Anlagen der wichtigsten Mesoderm-Producte ganz besondere Berücksichtigung. Innerhalb dieses Urmundrandes, in dem ringförmigen Falze zwischen Entoderm und Exoderm, sondern sich von den primären Keimblättern zuerst einige grosse Zellen ab, welche die früheste Grundlage des Mesoderm bilden.

II. Die inaequale Furchung und die Amphigastrula (Taf. VII).

An die primordiale Segmentation schliesst sich zunächst diejenige Form an, die ich in der Anthropogenie als inaequale Furchung bezeichnet habe, und deren Product die *Amphigastrula* ist. Bisher hat man diese wichtige Form der Eifurchung mit der primordialen unter dem Gesammtbegriff der „totalen Furchung" vereinigt, obgleich sie sehr wesentlich von der letzteren verschieden ist. Allerdings sind beide Furchungsformen durch eine continuirliche Reihe von vermittelnden Zwischenformen mit einander verbunden; wie auch zweifellos die inaequale aus der primordialen phylogenetisch entstanden ist. Allein nicht nur das Endproduct ist sehr verschieden, sondern auch der Furchungs-Process selbst schlägt entweder von Anfang an oder doch während seines Verlaufes eine wesentlich verschiedene Richtung ein.

Am längsten bekannt und am genauesten untersucht ist die inaequale Furchung bei den Fröschen und anderen Amphibien; in ganz gleicher Form ist sie später bei Petromyzon und bei Accipenser wiedergefunden worden. Wahrscheinlich dürfte sie auch bei den Dipneusten sich finden. Auch die Furchung der meisten Säugethiere (wahrscheinlich aller Placentalthiere) ist in diese Gruppe zu rechnen. Somit besitzt die inaequale Furchung unter den Wirbelthieren eine ausgedehnte Verbreitung. Unter den Wirbellosen finden wir ganz dieselbe ungleiche Segmentation zunächst bei der grossen Mehrzahl der Mollusken wieder; bei den meisten Schnecken und Muscheln, wahrscheinlich auch bei einigen Cephalopoden und vielen Brachiopoden. Unter den Arthropoden ist dieselbe, wie es scheint, bei den niederen Crustaceen und Tracheaten ziemlich verbreitet, jedoch in den meisten Fällen nicht hinreichend genau untersucht. Im Stamme der Echinodermen scheinen nur wenige Formen (z. B. einzelne Asteriden und Holo-

thurien mit abgekürzter, sogenannter „directer" Entwickelung) dieselbe zu besitzen. Dagegen ist sie unter den Würmern sehr
verbreitet und wahrscheinlich der grossen Mehrzahl derselben eigen
(Anneliden, Gephyreen, Rotatorien, Nematoden, Acoelomen u. s. w.).
Wie weit die inaequale Furchung unter den Pflanzenthieren
verbreitet ist, lässt sich zur Zeit noch nicht übersehen; die Ctenophoren und Siphonophoren liefern ausgezeichnete Beispiele; doch
scheint sie auch bei anderen Hydromedusen, bei Corallen und
Spongien häufig vorzukommen.

Meine eigenen Untersuchungen über inaequale Furchung und
Amphigastrula-Bildung betreffen vorzugsweise einige Siphonophoren,
Anneliden, Crustaceen, Gasteropoden und Amphibien. Als vorzugsweise geeignete Paradigmata stütze ich mich in der folgenden Darstellung hauptsächlich auf einen röhrenbewohnenden Borstenwurm
(*Fabricia*, aus der Familie der Sabelliden: Taf. VII, Fig. 91—
102), und auf eine gasteropode Schnecke (wahrscheinlich *Trochus*
oder ein verwandtes Genus, Taf. VII, Fig. 103—110. Der Laich
beider Thiere war auf den Strandfelsen von Ajaccio nicht selten
und eignete sich bei der geringen Grösse der Eier und der mäs-
sigen Undurchsichtigkeit der Nahrungszellen besonders zur Ver-
folgung der Gastrulabildung. Insbesondere gewährten Präparate,
welche mit Carmin und Hämatoxylin gefärbt waren und dann längere Zeit in Glycerin gelegen hatten, sehr befriedigende Ansichten.

Obgleich die inaequale Furchung sich einerseits an die primordiale eng anschliesst und durch zahlreiche vermittelnde Zwischenstufen unmittelbar mit ihr verbunden ist, so erscheint sie
doch anderseits früher oder später wesentlich verschieden und
bietet eben so allmähliche Uebergangs-Formen zur discoidalen
Furchung. Ihre wesentliche Eigenthümlichkeit besteht darin, dass
sich früher oder später, entweder schon im Beginn oder im weiteren Verlaufe des Furchungsprocesses, jedenfalls vor Ablauf desselben, ein Gegensatz zwischen der animalen und der vegetativen
Hälfte des Eies offenbart und somit auch eine durch diesen Gegensatz beider Pole charakterisirte Axe entsteht. Bei der primordialen Furchung tritt dieser Gegensatz und die Bildung der ersten
Axe erst viel später auf, nämlich nachdem die Blastula ausgebildet
ist und sich einzustülpen beginnt. Bei sehr vielen amphiblastischen
Eiern ist der Gegensatz zwischen animaler und vegetativer Hemisphäre sogar schon vor Beginn der Furchung erkennbar, indem
diejenige (meist untere, weil schwerere) Hälfte der Eizelle, aus der
später die Entodermzellen hervorgehen, sich durch besondere Fär-

bung (Anhäufung von Pigmentkörnern) oder durch Ansammlung
einer grösseren Menge von Fettkörnern oder von eigenthümlichen
Formelementen des Dotters auszeichnet; hingegen vermisst man
diese in der entgegengesetzten (meist oberen und helleren) Hälfte
der Eizelle, welche den Kern umschliesst, und welche später das
Material für die Exodermzellen liefert. Stets offenbart sich bei
den amphiblastischen Eiern der Antagonismus zwischen jenen vegetativen und diesen animalen Zellen früher oder später dadurch,
dass die ersteren sich langsam, die letzteren rascher vermehren.
Immer aber ist trotzdem die Furchung vollständig, und es bleibt
kein Rest von ungefurchtem Nahrungsdotter zurück, wie bei den
discoblastischen und cryptoblastischen Eiern.

In jenen Fällen, wo das Deutoplasma der vegetativen Eihälfte
sich durch Pigmentirung oder Reichthum an dunkeln Fettkörnern
u. dergl. auffallend von dem hellen Protoplasma der animalen Eihälfte unterscheidet, wie bei unserer Fabricia, ist auch schon der
Cytoden-Zustand der befruchteten Eizelle als Amphimonerula
deutlich charakterisirt (Taf. VII. Fig. 91). Vom Amphibien-Ei hat
Goette dieselbe Amphimonerula abgebildet (Ontogenie der Unke.
Atlas Taf. I, Fig. 13).

Die Amphicytula (Fig. 92), die „erste Furchungskugel" des
amphiblastischen Eies, ist in diesen Fällen natürlich gleicherweise
schon an der Differenz der animalen und vegetativen Hemisphäre
erkennbar. In der ersteren liegt der neugebildete Kern. Gewöhnlich spricht sich dann die Differenz beider Hemisphären auch
schon beim Beginne der Furchung darin aus, dass die erste Thei-
lungs-Ebene die Amphicytula in zwei ungleiche Hälften theilt, eine
kleinere animale Zelle (die Mutterzelle des Exoderm) und eine
grössere vegetative Zelle (die Mutterzelle des Entoderm). Das ist
bei vielen Anneliden der Fall (Fabricia, Fig. 93), und ebenso bei
Rotatorien und Gephyreen. Gewöhnlich theilt sich dann zunächst
bloss die kleinere animale Zelle weiter (in 2, 4. 8 u. s. w.), während die grössere vegetative Zelle erst später nachfolgt (Fig. 94.
95, 96). Bei vielen anderen amphiblastischen Eiern (besonders
von Mollusken) sind die ersten vier oder acht Furchungskugeln
von gleicher Grösse und erst bei der weiteren Theilung der Furchungskugeln treten allmählich die Unterschiede zwischen den
animalen und vegetativen Zellen hervor. Sehr häufig sind hier
namentlich die vier ersten Furchungszellen, welche durch zwei auf
einander senkrechte Meridianfurchen getrennt werden, gleich gross
(Fig. 103). Dann aber entsteht eine Ringfurche nicht im Aequator

des Eies, sondern diesem parallel, näher dem animalen Pol, so
dass jede dieser vier Furchungskugeln (eigentlich Kugel-Quadran-
ten) in zwei verschiedene Hälften zerfällt, eine obere (animale)
kleinere, und eine untere (vegetative) grössere Hälfte (Fig. 104, 105).
Die vier kleineren Zellen bilden die erste Grundlage des Exoderms,
die vier grösseren diejenige des Entoderms (Fig. 34). Im weiteren Verlaufe theilen sich die ersteren stets rascher als die letzteren, so dass am animalen Pole der Eiaxe eine grössere Anzahl
von kleineren Zellen, am vegetativen eine kleinere Anzahl von grösseren Zellen zu finden ist. So folgt z. B. bei unserem Trochus-Ei
(wie bei sehr vielen anderen Schnecken-Eiern) auf das achtzellige
Stadium (Fig. 104. 105) ein Stadium, in welchem acht animale
auf vier vegetativen Zellen liegen (Fig. 106, 107); später ein Stadium mit sechzehn animalen und acht vegetativen Zellen (Fig. 108).
Wenn die Theilungsfähigkeit der vegetativen Zellen schon frühzeitig erlahmt, während diejenige der animalen Zellen fortdauert,
so geht die inaequale Furchung allmählich in die discoidale über.
Im Uebrigen bietet dieselbe eine grosse Anzahl specieller Verschiedenheiten dar, auf welche einzugehen nicht im Bereiche unseres
Zieles hier liegt. Die bekannten zahlreichen Arbeiten über die
Eifurchung der Amphibien, der Schnecken, Anneliden, Rotatorien
u. s. w. schildern eine Fülle von mehr oder minder auffallenden,
meist aber unwichtigen Modificationen.

Die Amphimorula, welche aus dieser inaequalen Furchung
des amphiblastischen Eies hervorgeht, erscheint stets bereits als
ein einaxiger (monaxonier) Körper, dessen beide Pole meist
schon äusserlich, immer aber auf einem durch die Axe gehenden
Meridian-Schnitt eine wesentlich verschiedene Zusammensetzung
zeigen (Fig. 97 und 108). Die animale Hemisphäre zeigt sich
aus einer bedeutenden Anzahl kleiner (meist helleren) Zellen
(„Bildungszellen"), die vegetative Hemisphäre hingegen aus einer
geringen Anzahl grosser (meist dunkleren) Zellen zusammengesetzt
(„Nahrungszellen"). Erstere repräsentiren den animalen „Bildungs-
keim", die Exoderm-Anlage, letztere den vegetativen „Nahrungs-
keim", die Entoderm-Anlage. In vielen Fällen der amphiblastischen
Furchung tritt schon frühzeitig im Inneren der Zellenmasse die
„Furchungshöhle" (s) auf, so dass die Amphimorula unmerklich in
die Amphiblastula übergeht: so z. B. bei den Amphibien (Fig. 51)
und Cyclostomen (Fig. 45, 46).

Die Amphiblastula, das vierte Stadium der inaequalen
Furchung, ist von der Amphimorula wesentlich nur durch die voll-

ständige Ausbildung jener excentrischen, mit Flüssigkeit gefüllten „Furchungshöhle" verschieden. Während diese „Segmentationshöhle oder BAER'sche Höhle" häufig, wie bemerkt, schon frühzeitig oder selbst im Beginne des Furchungsactes zwischen den aus einander weichenden Furchungskugeln erscheint, so gelangt sie dagegen in vielen anderen Fällen erst nach beendigter Furchung zur selbstständigen Abrundung und Abgrenzung (Fig. 26, 27, 98, 109). Es treten dann die Furchungszellen an die Peripherie der im Inneren sich ausdehnenden Höhle, deren Wand sie bald in einschichtiger, bald in mehrschichtiger Lage zusammensetzen. Einschichtig ist z. B. die Wand der Amphiblastula bei Unio (Fig. 26, 27), wo eine einzige colossale, erst später sich theilende Entodermzelle den Schlussstein eines Gewölbes von zahlreichen kleinen Exodermzellen bildet. Mehrschichtig ist dagegen die Wand der Amphiblastula bei den Amphibien und Cyclostomen, wo der animale Eipol nach oben, der vegetative nach unten gerichtet ist, und wo die Furchungshöhle (s) eine fast halbkugelige Form hat (Fig. 45, 46, 47 von Petromyzon, Fig. 51, 52 von Bombinator). Hier wird die halbkugelig gewölbte „Decke der Furchungshöhle" von den kleineren Exodermzellen, der ebene „Boden" derselben von den grösseren Entodermzellen in mehrfacher, oft vielfacher Schicht gebildet. Je nachdem eine grössere oder geringere Menge von Flüssigkeit sich im Inneren ansammelt, wird die Furchungshöhle grösser oder kleiner. In vielen Fällen ist sie von so geringer Ausdehnung, dass sie bisher übersehen worden ist, und nicht selten kommt sie gar nicht zur Erscheinung, indem die Furchungszellen bis nach beendigter Segmentation überhaupt nicht aus einander weichen. Solche Fälle sind durch abgekürzte Vererbung zu erklären. Die Amphimorula geht dann direct in die Amphigastrula über.

Die Amphigastrula, das fünfte Stadium der inaequalen Furchung. ist ebenso wie die Amphiblastula und die Amphimorula bei den verschiedenen amphiblastischen Eiern von sehr mannichfaltiger Beschaffenheit (Fig. 18, 19, 24, 28, 32, 47, 48, 53, 100, 101, 110). Diese inaequale oder amphiblastische Gastrula ist bald kugelig, bald ellipsoid; bald einaxig, bald kreuzaxig (und zwar dipleurisch); sie umschliesst einen primitiven Urdarm (*Protogaster*). welcher bald leer, bald theilweise oder selbst ganz mit Entodermzellen erfüllt ist. Am vegetativen Pole der primären Axe öffnet sich der Urdarm meistens durch eine Mündung nach aussen. Jedoch kann dieser Urmund (*Prostoma*) auch fehlen, wenn er durch einen „Dotterpfropf" von Entoderm-Zellen verstopft

ist (Fig. 53). Die Furchungshöhle kann eine Zeitlang noch neben
der Urdarmhöhle, mit der sie nicht communicirt, fortbestehen.   In
diesem Falle wird fortdauernd ein Theil ihrer Wand (die „Decke“)
von Exoderm-Zellen, der andere Theil (der „Boden“) von Entoderm-
Zellen gebildet (Fig. 47, 53).

Die Amphigastrula entsteht aus der Amphiblastula entweder
durch Einstülpung (*Embole*, richtiger *Entobole*) oder durch Umwachsung (*Epibole*).   Durch Einstülpung (Entobolie oder Invagination) bildet sich die Amphigastrula bei der inaequalen
Furchung ganz ebenso, wie die Archigastrula bei der primordialen
Furchung.   Der Unterschied ist nur der, dass schon bei der Amphiblastula der Einstülpungspunkt am vegetiven Pole der Eiaxe durch
die grösseren Zellen ausgesprochen ist, während dies bei der
Archiblastula noch nicht der Fall ist.   Die erstere steht der letzteren um so näher, je geringer die Grössen-Differenzen zwischen
den beiderlei Furchungszellen sind.   Werden diese Differenzen
sehr bedeutend, und überwiegt das Volum der grossen vegetativen
„Nahrungszellen“ ganz unverhältnissmässig das Volum der kleinen
animalen „Bildungszellen“, so scheint bei der Gastrula-Bildung das
peripherisch sich ausdehnende Exoderm die voluminöse Masse der
„Dotterzellen“ zu umwachsen und der ganze Vorgang imponirt
äusserlich als Umwachsung (Epibolie oder Circumcrescenz).
In Wahrheit ist aber dieser Process nicht wesentlich von der
„Einstülpung“ zu unterscheiden, vielmehr lässt er sich stets auf
letztere zurückführen.   Die *Amphigastrula circumcreta* der Amphibien und Cyclostomen, sowie mancher Schnecken, welche mittelst „Umwachsung der Dotterzellen durch die Keimzellen“ entsteht,
und die *Amphigastrula invaginata* vieler Schnecken, Würmer und
Zoophyten, welche durch „Einstülpung der Dotterzellenmasse in
die Keimhöhle“ entsteht, sind wesentlich nicht verschieden. Ueberall
ist der Process ursprünglich und wesentlich eine „Einstülpung“ oder Invagination; nur durch die unverhältnissmässige
Grösse der Nahrungszellen wird diese Entobolie oft verdeckt und
imponirt dann, äusserlich betrachtet, als „äussere Umwachsung“
oder Epibolie.

Am längsten bekannt und am genauesten untersucht ist die
Amphigastrula der Amphibien, über welche schon vor 20
Jahren REMAK in seinen classischen „Untersuchungen über die Entwickelung der Wirbelthiere“ höchst wichtige Aufschlüsse und neuerdings GOETTE in der Ontogenie der Unke die genauesten Darstellungen gegeben hat (Fig. 52, 55).   Die „sichelförmige oder elliptische

Rescoxi'sche Höhle" der Amphibien-Eier ist der Urdarm (a) und deren Oeffnung. „der Rescoxi'sche After" (o), ist der Urmund der Gastrula der Amphibien. Dieser Urmund ist verstopft durch den „Dotterpfropf". Wie REMAK (l. c. p. 141) erzählt, kam er schon 1850 „zu der Ansicht, welche nunmehr ausser Zweifel gesetzt ist, dass Rescoxi's elliptische Höhle die Nahrungshöhle sei, sich auf Kosten der BAER'schen Höhle (oder „Furchungshöhle") vergrössert und durch eine Einstülpung von unten her sich bildet". Aus verschiedenen anderen Aeusserungen REMAK's (z. B. p. 143, 183 u. s. w. l. c.) geht hervor, dass dieser geniale Forscher mit prophetischem Blicke schon damals „die Entstehung der Nahrungshöhle durch eine blindsackige, von aussen nach innen vordringende Einstülpung" für höchst wichtig und weit verbreitet hielt, und der Gastrula-Erkenntniss sehr nahe war.

Bei den Amphibien und Cyclostomen, wie bei vielen Mollusken und Würmern, bleibt die „BAER'sche Furchungshöhle" (Fig. 28, 47, 53 s) neben der „primitiven Nahrungshöhle" (Fig. 28, 47, 53 a) noch lange bestehen, bis sie durch die letztere ganz verdrängt wird. Eigentlich ist mit dieser Verdrängung erst die reine Gastrula-Bildung vollendet (Fig. 48). Allein in Folge sehr verbreiteter cenogenetischer Processe, namentlich beträchtlicher Heterochronien, tritt häufig schon eine weitere Differenzirung in dem rascheren Exoderm ein, bevor die Furchungshöhle durch das trägere Entoderm ausgefüllt wird.

Wichtiger als dieses Verhältniss ist der cenogenetische Umstand, dass der Urdarm hier bei den Amphibien und Cyclostomen sogleich excentrisch (nämlich concav gegen die Eiaxe gekrümmt) angelegt wird, und somit schon eine Differenzirung der beiden secundären Richtaxen (Sagittal-Axe und Dorsoventral-Axe) gegeben ist, welche der Gastrula von vornherein den dipleuren (oder bilateral-symmetrischen) Typus aufdrückt. Hingegen bleibt bei vielen Mollusken und Würmern insofern das palingenetische Verhältniss erhalten, als der gerade Urdarm central eingestülpt wird, seine Axe mit der Eiaxe zusammenfällt, und somit die Amphigastrula (gleich der Archigastrula) anfangs einaxig ist und erst durch spätere Differenzirung dipleurisch wird.

Ein anderer wichtiger Unterschied betrifft das Verhalten der Entodermzellen zur Darmbildung. Es wird nämlich bei einer Abtheilung der amphiblastischen Eier das gesammte Entoderm zur Bildung der Darmwand selbst verwendet, während bei

einer anderen (wohl viel grösseren) Abtheilung derselben nur ein
Theil des Entoderms zur Bildung der Darmwand ("Darmdrüsenzellen") direct verwendet wird, ein anderer Theil nur indirect benutzt, nämlich von den ersteren aufgezehrt und als "Dotterzellen"
verbraucht wird. Hierin verhalten sich aber wiederum die amphiblastischen Eier zweifach verschieden, indem die "Proviantzellen"
bald nach innen, bald nach aussen von den Darmdrüsenzellen
liegen, welche in der Bildung der Darmwand aufgehen.

Im ersteren Falle liegen die Proviantzellen in der Urdarmhöhle, welche sie oft ganz ausfüllen, und werden von den ringsum
die Darmwand bildenden äusseren Entodermzellen aufgezehrt (z. B.
Euaxes, Purpura). Im letzteren Falle hingegen liegen die Proviantzellen in der Furchungshöhle, welche sie bald theilweise, bald
ganz ausfüllen, und werden durch die äussere Fläche der innen
anliegenden Darmdrüsenzellen resorbirt (so bei vielen Würmern,
Mollusken und bei den meisten (?) amphiblastischen Arthropoden).

Sehr verschieden ist ferner das Verhältniss der Zellenschich-
tung in den beiden primären Keimblättern der Amphigastrula.
Bei den älteren und ursprünglicheren Formen derselben, welche
sich am nächsten an die Archigastrula anschliessen, besteht sowohl
Exoderm als Entoderm (gleichwie bei der letzteren) nur aus einer
einzigen Zellenschicht (z. B. Unio Fig. 28, Fabricia Fig. 100).
Häufiger besteht schon von Anfang der Gastrulabildung an jedes
der beiden primären Keimblätter (oder auch nur eins von beiden)
aus zwei, drei oder mehreren Zellenschichten (z. B. Petromyzon
Fig. 47, Bombinator Fig. 53, Trochus Fig. 110).

Wie weit alle diese verschiedenen Modificationen der Amphigastrula bei den verschiedenen Metazoen-Gruppen verbreitet sind,
lässt sich heute noch nicht ermessen, da die bezüglichen Beobachtungen (hauptsächlich wegen der Undurchsichtigkeit der grossen dunkeln Proviantzellen) schwierig und in den meisten Arbeiten nicht hinreichend klar dargestellt sind. Dasselbe gilt auch
von der sehr wichtigen Frage, wie sich hier der primäre Urdarm
(*Protogaster*) zum secundären Nachdarm (*Metagaster*), sowie
die Oeffnung des ersteren (der Rusconi'sche After) zum bleibenden
After verhält. Wir kommen später hierauf zurück.

Als besondere Modification der inaequalen Furchung dürfte
wohl diejenige der Säugethiere und mancher Würmer zu betrachten sein. Auf die eigenthümliche Segmentation der Säugethiere,
welche ich in der Anthropogenie (S. 166) als pseudototale
unterschieden habe, werde ich nachher (bei specieller Besprechung

der Gastrula der Wirbelthiere) näher eingehen. Diejenige Form,
die ich ebendaselbst als seriale Furchung bezeichnet habe, und
die sich im Beginne durch die Vermehrung der Furchungszellen
in arithmetischer Progression auszeichnet (so z. B. bei vielen
Räderthieren und anderen Würmern) ist durch unmittelbare Zwischenformen mit der gewöhnlichen (in geometrischer Progression
beginnenden) inaequalen Furchung verknüpft. Ausdrücklich muss
endlich nochmals hervorgehoben werden, dass die inaequale Furchung mit allen drei übrigen Hauptformen der Eifurchung durch
vermittelnde Zwischenformen verbunden ist; so zwar, dass sie
gegenüber der primordialen als spätere, gegenüber der discoidalen
und superficialen Segmentation als frühere Furchungsform erscheint.
Die Amphigastrula ist daher einerseits mit der Archigastrula, andererseits mit der Discogastrula und Perigastrula durch eine Reihe
von Uebergangsformen eng verknüpft.

III. Die discoidale Furchung und die Discogastrula
(Taf. IV. V).

Wie man die beiden vorstehend untersuchten Formen der Eifurchung, die primordiale und inaequale, trotz ihrer bedeutenden
Verschiedenheit bisher allgemein als totale Segmentation zusam-
menfasste, so hat man auch die nunmehr folgenden beiden Formen
der discoidalen und superficialen Furchung stets unter dem Begriffe der partiellen Furchung vereinigt. Die letzteren beiden
sind aber nicht weniger von einander verschieden, als die ersteren
beiden. Gemeinsame Eigenthümlichkeit der discoidalen und superficialen Furchung ist die Ausbildung eines selbständigen grossen
„Nahrungsdotters", der mehr oder minder scharf gesondert von
dem „eigentlichen Keime" oder Bildungsdotter sich absetzt. Bei
der primordialen und inaequalen Furchung soll nach der herrschenden Ansicht dieser Gegensatz noch fehlen. Indessen gilt das eigentlich nur für die primordiale Furchung. Bei der inaequalen Furchung ist, wie wir gesehen haben, derselbe vielmehr ebenfalls vorhanden; nur ist die Sonderung des Bildungs- und Nahrungs-Dotters nicht so vollständig. Bei vielen amphiblastischen Eiern, sondern sich bereits von den Darmdrüsenzellen der Darmwand andere
Entodermzellen ab, welche die beginnende Bildung eines selbstständigen Nahrungsdotters einleiten. Auch sind zwischen jenen
Formen der Amphigastrula, welche eine sehr ansehnliche Masse
von Proviantzellen besitzen und jenen Formen der Discogastrula,

bei denen der Nahrungsdotter noch relativ klein ist, so zahlreiche
Zwischenstufen zu finden, dass eine scharfe Grenze gar nicht zu
ziehen ist.

Die discoidale Furchung spielt die grösste Rolle im Stamme
der Wirbelthiere, wo sie sich bei den meisten echten Fischen,
insbesondere allen (?) Selachieren und Teleostiern findet, ferner bei
sämmtlichen Reptilien und Vögeln, und wahrscheinlich auch bei
den niederen Säugethiern, den Monotremen und Didelphien (?).
Ausserdem finden wir sie im Stamme der Mollusken bei den
Cephalopoden; auch die eigenthümliche Furchung einer Anzahl von
höheren Arthropoden, welche nicht die vorherrschende superficiale Furchung dieser Gruppe theilen, ist als discoidale aufzufassen (z. B. unter den Crustaceen bei vielen Copepoden und Iso-
poden, unter den Tracheaten beim Scorpion, einigen Spinnen und
einer Anzahl von Insecten).

Bei allen Eiern, welche der discoidalen Furchung unterliegen
und demgemäss eine Discogastrula ausbilden, sehen wir den Gegensatz zwischen „Bildungsdotter" und „Nahrungsdotter" schon
sehr frühzeitig während der Ausbildung des Eies im Eierstock
sich entwickeln. Das reife unbefruchtete Ei zeigt uns stets eine
voluminöse Masse von Nahrungsdotter (*Deutoplasma*) und auf dieser
aufliegend eine verhältnissmässig geringe Menge von Bildungsdotter, das eigentliche *Protoplasma* der Eizelle, welches deren
Kern, das Keimbläschen, umschliesst. Die genauere Untersuchung
lehrt jedoch, dass ursprünglich stets eine dünne Schicht des Protoplasma die gesammte Masse des voluminösen Deutoplasma über-
zieht, so dass das Ei trotz seiner ausserordentlichen Grösse doch
den morphologischen Werth einer einzigen Zelle behält. Mag der
Nahrungsdotter der discoblastischen Eier noch so mächtig sein
und mag derselbe noch so viele verschiedene Formbestandtheile
(Dotterplättchen, Fettkugeln u. s. w.) einschliessen, so wird dadurch
die einzellige Natur der ganzen grossen Zelle doch nicht aufgehoben, so wenig als der einzellige Charakter der Infusorien dadurch
vernichtet wird, dass sie andere einzellige Organismen oder Bestandtheile von solchen gefressen haben. An demjenigen discoblastischen Objecte, welches am häufigsten und genauesten untersucht wurde und trotzdem die meisten Irrthümer und Missver-
ständnisse hervorgerufen hat, am Vogel-Ei hat schon Gegenbaur [1])

---

1) Gegenbaur, Ueber den Bau und die Entwickelung der Wirbelthier-Eier
mit partieller Dotterfurchung (Archiv für Anat. Phys. 1861, S. 491). Die An-

(1861) die Einzelligkeit klar dargethan; Edouard van Beneden und H. Ludwig (in den citirten Preis-Arbeiten) haben dieselbe noch ausführlicher begründet.

Die noch gegenwärtig herrschende irrthümliche Auffassung der discoblastischen Eier und ihrer discoidalen Furchung beruht offenbar wesentlich darauf, dass der gewaltige Nahrungsdotter theils wegen seiner unverhältnissmässigen Grösse, theils wegen seiner eigenthümlichen Zusammensetzung den meisten Beobachtern nicht als das erschien, was er wirklich ist: nämlich ein untergeordneter secundärer Bestandtheil der Eizelle; — sondern vielmehr als ein dem „Bildungsdotter oder Keime" coordinirter oder gar superordinirter Körper; ja viele ältere Beobachter, stets von der grossen gelben Dotterkugel des Hühner-Eies mit ihren verschiedenartigen Form-Bestandtheilen ausgehend, hielten denselben für das Wichtigste am ganzen Ei. In der That aber ist der ganze grosse Nahrungsdotter mit allen seinen Einschlüssen doch nur ein Inhalts-Bestandtheil (ein passives „inneres Protoplasma-Product") der Eizelle, und bei der Furchung, wie bei der Gastrulabildung spielt er zwar eine wichtige physiologische, aber nur eine ganz untergeordnete morphologische Rolle. Wenn man die zahlreichen Modificationen der amphiblastischen Eier vergleichend betrachtet, welche sich einerseits an die archiblastischen, anderseits an die discoblastischen Eier unmittelbar anschliessen, so erhält man eine ununterbrochene Stufenleiter von zusammenhängenden Formen und wird dann kein Bedenken mehr tragen, auch die grössten discoblastischen Eier mit ihrem „colossalen Nahrungsdotter" als einfache Zellen, homolog der ursprünglichsten und einfachsten Formen der Eizellen, aufzufassen.

Wie wir diese einheitliche Auffassung durch das vergleichende Studium des unbefruchteten discoblastischen Eies gewinnen, so werden wir sie selbstverständlich auch auf das befruchtete Ei übertragen müssen. Wie bei den archiblastischen und amphiblastischen, so scheint auch bei den discoblastischen Eiern (nach den übereinstimmenden Angaben der meisten Beobachter) zunächst nach erfolgter Befruchtung das Keimbläschen zu verschwinden und demnach das Ei auf das kernlose Cytoden-Stadium zurückzuschlagen, welches als Recapitulation des phylogenetischen Moneren-Stadiums

griffe von Klebs und Anderen, welche Gegenbaur's naturgemässe Auffassung zu widerlegen suchten, haben dieselbe nicht im Mindesten zu erschüttern vermocht.

zu deuten ist. Wir würden dem entsprechend diese Ausgangsform
der discoblastischen Keimung, mit welcher der neuerzeugte Organismus seine individuelle Existenz beginnt, als Discomonerula
zu bezeichnen haben. Diese specielle Cytoden-Form unterscheidet
sich von den Monerula-Formen der übrigen Eier dadurch, dass
am einen (animalen) Pole der einaxigen Cytode eine relativ geringe
Menge von Bildungsdotter auf dem unverhältnissmässig grossen
Nahrungsdotter aufliegt; beide mehr oder minder scharf gesondert.

Auch die Discocytula, die „erste Furchungszelle" der discoblastischen Eier ist durch diese monaxonie Grundform und durch
die einseitige Anhäufung des „Bildungsdotters" am animalen Pole
der Eiaxe ausgezeichnet. Die Discocytula unterscheidet sich von
der Discomonerula wesentlich nur durch den neugebildeten Kern,
welcher ihr wieder den Zellencharakter verleiht. Dieser Kern ist
der Stammvater sämmtlicher Kerne der „Furchungskugeln" und
somit auch der aus ihnen hervorgehenden Kerne der Keimblätter-
zellen.

Ueber den discoidalen Furchungsprocess dieser Discocytula,
sowie über die daraus hervorgehende Discogastrula lauten die zahlreichen Angaben der verschiedenen Beobachter nur in den ersten
Stadien übereinstimmend, in den späteren Stadien dagegen sehr
abweichend. Meine eigene Auffassung desselben stimmt im Wesentlichen mit derjenigen überein, welche in neuester Zeit GOETTE
und RAUBER über die discoidale Furchung und Gastrulation des
Hühnchens gegeben haben (S. unten). Ich stütze mich dabei vor
allen auf meine eigenen Beobachtungen über discoblastische Fisch-
Eier, welche ich kürzlich auf Corsica angestellt habe. Unter
den verschiedenen Teleostier-Eiern, welche wir während unseres
Aufenthaltes in Ajaccio erhielten, waren von besonderem Interesse
einige vollkommen durchsichtige pelagische Laich-Arten, welche
wir mit dem feinen MÜLLER'schen Netze von der Oberfläche des
Meeres fischten. Jedoch war nur eine von diesen Laich-Arten so
häufig, dass ich sie genauer untersuchen konnte. Dieser Laich
bildet kleine weiche Gallertklumpen, in welche zahlreiche, kleine,
vollkommen durchsichtige Eier eingebettet sind. Leider gelang es
nicht, die daraus hervorgehenden, ganz durchsichtigen Fischchen
so lange zu züchten, dass sich mit Sicherheit Genus und Species,
oder auch nur die Familie hätte bestimmen lassen. Ich vermuthe
jedoch, dass dieselben entweder Lota oder einem Lota verwandten
Gadoiden (Motella?) angehören, angesichts der auf unsere Eier
passenden Schilderung, welche RETZIUS von den ähnlichen Eiern

des Gadus lota gegeben hat [1]). Ich werde daher dieselben in Folgendem kurz als Gadoiden-Eier bezeichnen, jedoch mit dem ausdrücklichen Vorbehalt, dass diese Vermuthung nicht vollständig begründet ist. Uebrigens finden sich diese und ähnliche pelagische Teleostier-Eier, deren Entwickelung meines Wissens bisher noch nicht untersucht ist, und welche ein ganz vorzügliches Object für viele wichtige Fragen in der Ontogenie der discoblastischen Eier bilden, auch an anderen Orten des Mittelmeeres nicht selten vor. Ich kenne dieselben seit dem Jahre 1856, wo ich sie zuerst in Nizza beobachtete und habe sie seitdem gelegentlich meiner Untersuchungen über Radiolarien und andere pelagische Thiere auch in Messina und in Gibraltar wiederholt gesehen, ohne sie jedoch näher zu untersuchen.

Die fraglichen, vorläufig als Gadoiden-Eier zu bezeichnenden, pelagischen Teleostier-Eier sind vollkommen farblose und durchsichtige Kugeln von 0,64–0,66 Mm. Durchmesser (auf Taf. IV sind sie 60 Mal vergrössert). Das jüngste von wir gesehene Stadium zeigt die befruchtete Eizelle bereits in 4 Furchungszellen zerfallen (Fig. 55, 56). Die äussere Eihaut ist vollkommen homogen und structurlos, sehr dünn, aber fest und elastisch. Den grössten Theil des Innenraums erfüllt der Nahrungsdotter, welcher aus zwei völlig getrennten Theilen besteht, einer grossen wasserhellen Eiweisskugel und einer kleinen glänzenden Fettkugel. Da die Fettkugel der specifisch-leichteste Theil des Eies ist, so ist sie an dem schwimmenden Ei stets nach oben gekehrt, während der kleine, am entgegengesetzten Pole der Eiaxe befindliche „Bildungsdotter" nach unten gekehrt ist. In den Abbildungen auf Taf. IV und V habe ich das Ei jedoch umgekehrt dargestellt (den Bildungsdotter nach oben, die Oelkugel nach unten gerichtet), um die Homologie mit den übrigen, auf Taf. VI und VII dargestellten Eiern nicht zu stören. Die Eiweisskugel des Nahrungsdotters, welcher mit gelber Farbe gedruckt ist, besitzt an beiden Polen der Eiaxe eine kleine, grubenförmige Vertiefung. In der seichteren Grube am animalen Pole (welcher in den Figuren 55—76 aufwärts, in natürlicher Lage abwärts gekehrt ist), liegt der Bildungsdotter; hingegen ist die tiefere, fast kugelige Grube der Eiweisskugel am entgegengesetzten vegetativen Pole der Eiaxe, von der stark lichtbrechenden Oelkugel ausgefüllt. Die Oelkugel ist nicht vollständig

1) RETZIUS, Ueber den grossen Fetttropfen in den Eiern der Fische. MÜLLER's Archiv f. Anat. Phys. 1855, S. 34.

von der Eiweisskugel eingeschlossen, sondern berührt mit dem obersten Drittel ihrer Peripherie die äussere Eihaut. Beide Bestandtheile des Nahrungsdotters, sowohl die Eiweisskugel, als die Fettkugel, sind völlig homogen, durchsichtig und structurlos. Von dieser wichtigen Thatsache, dass der gesammte Nahrungsdotter durchaus keine geformten Bestandtheile einschliesst, auch keinerlei Unterschied von „centraler Dottermasse und Rindensubstanz" zeigt, davon kann man sich sowohl an den frischen Eiern als auch durch Behandlung der conservirten Eier mit den verschiedendsten Reagentien bestimmt überzeugen. Am frischen Ei erscheint der ganze Nahrungsdotter so klar und homogen wie ein Wassertropfen oder wie eine Glasperle. Sticht man das Ei an oder zerdrückt dasselbe, so tritt der kugelige Eiweisstropfen als zähflüssige homogene Masse heraus und trennt sich von der Oelkugel. Gegen Reagentien verhält sich diese ganze homogene Eiweisskugel wie gewöhnliches Eiweiss aus dem Vogel-Ei, und gerinnt namentlich auf Einwirkung aller Substanzen, welche letzteres zur Gerinnung bringen. Die geronnene Masse erscheint bei starker Vergrösserung fein granulirt, von äusserst feinen und kleinen dunkeln Pünktchen durchsetzt. Von „Dotterplättchen, Dotterkugeln, Dotterzellen, Dotterkernen" und wie sonst die geformten Inhaltsbestandtheile bei anderen Fisch-Eiern genannt werden, ist, — ich wiederhole es ausdrücklich — keine Spur zu finden. Ebenso vollkommen homogen und structurlos ist auch die am vegetativen Pole befindliche Oelkugel, ein Fetttropfen von 0,16—0,17 Mm. Durchmesser (also ungefähr ¹/₄ des Dotter-Durchmessers). Dass auch diese Oelkugel keinerlei geformte Einschlüsse besitzt, lässt sich ebenso leicht und sicher feststellen. Während also bei den meisten übrigen Fischen, wie bei Vögeln und Reptilien, die beiderlei wichtigsten Bestandtheile des Nahrungs-Dotters, Eiweisskörper und Fettkörper, in Form einer gröberen oder feineren Emulsion mit einander gemengt sind, sehen wir sie hier völlig getrennt neben einander liegen. Im weiteren Verlaufe der Keimung wird die Eiweisskugel allmählig aufgezehrt, während die Fettkugel lange Zeit unverändert bleibt und erst spät verschwindet.

Die falsche Parablasten-Theorie von His und alle ähnlichen Theorien, wonach bei den discoblastischen Wirbelthier-Eiern aus dem separaten Nahrungsdotter gewebebildende Embryonalzellen unabhängig von den beiden primären Keimblättern und in morphologischem Gegensatze zu diesen entstehen sollen, werden demnach durch unsere Teleostier-Eier bündig widerlegt. Denn da

sich hier innerhalb der äusseren Eihülle neben ein wenig klarer
Flüssigkeit nur die beiden structurlosen Bestandtheile des Nahrungsdotters finden, die grosse Eiweisskugel und die kleine Fettkugel, ganz getrennt von den Furchungszellen des Bildungsdotters,
so können nur die Furchungszellen einzig und allein die
Grundlage des entstehenden Fischkörpers bilden. Die Eiweisskugel ebensowohl wie die Fettkugel erzeugen durchaus keinerlei embryonale Zellen, sondern werden einfach als Nahrungsmaterial von dem Embryo verbraucht und von dem sich bildenden
Darme umwachsen, in welchem wir später ihre letzten Reste finden
(Fig. 80).

Auf das jüngste, von mir gesehene Stadium (welches vier
gleiche Furchungskugeln zeigt) folgt ein Stadium mit 8, dann eins
mit 16 Zellen (Fig. 57, 58) mit 32, 64 Zellen u. s. w. Die zuerst
auftretenden Furchungsebenen sind Meridian-Ebenen und anfangs
liegen daher alle Furchungszellen in einer einzigen Schicht. Aber
schon in dem Furchungsstadium mit 16 Zellen (Fig. 57, 58) tritt
eine horizontale Furchungsebene auf, welche die Zellen in zwei
Schichten ordnet, und dann folgen, wechselnd mit neuen Meridianfurchen, noch mehrere Furchungsebenen parallel dem Aequator
(und also senkrecht auf jenen Meridian-Ebenen) und nunmehr liegen die Furchungszellen in mehreren Schichten über einander.
Nach vollendeter Furchung stellt unser Fisch-Keim eine kreisrunde
linsenförmige Scheibe dar, die Keimscheibe (*Discus blastodermi-
cus* oder kurz *Blastodiscus*; Fig. 59, 60). Diese Scheibe besteht
aus lauter gleichartigen Furchungszellen, welche noch durchaus
keine morphologischen Unterschiede darbieten und am Rande der
Keimscheibe in einfacher, in der Mitte in mehrfacher (drei- bis
vierfacher) Schicht über einander liegen (Fig. 73, im Meridiandurchschnitt). Alle Zellen zeigen einen hellen kugeligen Kern (ungefähr von ein Drittel des Zellendurchmessers), mit einem dunkeln,
sehr kleinen Kernkörperchen; in dem ziemlich klaren Protoplasma
sind wenige, sehr kleine Körnchen vertheilt. Die linsenförmige
Keimscheibe liegt am animalen Pol oder Bildungspol der Dotterkugel in einer seichten Depression ihrer Oberfläche, ohne dass
zwischen beiden ein Zwischenraum existirte. Dieses Stadium entspricht offenbar der Archimorula der archiblastischen Eier und ist
demnach als Discomorula zu bezeichnen.

Nunmehr tritt in der linsenförmigen Keimscheibe eine Verschiebung der constituirenden Zellen (wahrscheinlich mit gleichzeitiger Vermehrung derselben) auf, welche sich (wenigstens äus-

serlich betrachtet) kurz als centrifugale Wanderung bezeichnen
lässt. Im Centrum wird die Scheibe verdünnt, am Rande umgekehrt verdickt. Während die linsenförmige Keimscheibe vorher
in der Mitte 2—3 Mal so dick war, als in der Nähe des scharfen
Randes, ist dieselbe nunmehr umgekehrt in der Nähe des wulst-
förmig verdickten Randes 2—3 Mal so dick als im Centrum (Fig.
61, 62). Zugleich hebt sich letzteres von der darunter liegenden
Dotterkugel ab und es entsteht nunmehr zwischen beiden eine
kleine, mit klarer Flüssigkeit erfüllte Höhle (Fig. 74). Diese Höhle,
welche im Meridianschnitt (Fig. 62) halbmondförmig erscheint,
ist die „Furchungshöhle oder Baer'sche Höhle" (= Keimhöhle
oder *Blastocoeloma*). Ihr flach gewölbter Boden wird vom Nahrungsdotter, ihre stark gewölbte Decke vom Blastoderma gebildet.
Der Keim entspricht jetzt dem Stadium der amphiblastischen Eier,
das wir Amphiblastula nannten und ist demgemäss als Discoblastula zu bezeichnen.

Jetzt folgt der höchst wichtige und interessante Vorgang, den
ich als Einstülpung der Blastula auffasse und der zur Bildung
der Gastrula führt (Fig. 63, 64). Es schlägt sich nämlich der
verdickte Saum der Keimscheibe, der „Randwulst" oder das *Properistom*, nach innen um und eine dünne Zellenschicht wächst als
directe Fortsetzung desselben, wie ein immer enger werdendes
Diaphragma, in die Keimhöhle hinein. Diese Zellenschicht ist das
entstehende Entoderm (Fig. 64 i, 74 i). Die Zellen, welche dieselbe zusammensetzen und aus dem innern Theile des Randwulstes
hervorwachsen, sind viel grösser aber flacher als die Zellen der
Keimhöhlendecke und zeigen ein dunkleres grobkörniges Protoplasma. Auf dem Boden der Keimhöhle, d. h. also auf der Eiweisskugel des Nahrungsdotters, liegen sie unmittelbar auf und
rücken hier durch centripetale Wanderung gegen dessen Mitte
vor, bis sie dieselbe zuletzt erreichen und nunmehr eine zusammenhängende einschichtige Zellenlage auf dem ganzen Keimhöhlen-
boden bilden. Diese ist die erste vollständige Anlage des Darm-
blatts, Entoderms oder „Hypoblasts", und von nun an können
wir, im Gegensatz dazu den gesammten übrigen Theil des Blastoderms, nämlich die mehrschichtige Wand der Keimhöhlendecke als
Hautblatt, Exoderm oder „Epiblast" bezeichnen. Der verdickte
Randwulst (Fig. 64 w, 74 w), in welchem beide primäre Keimblätter in einander übergehen, besteht in seinem oberen und äusseren Theile aus Exodermzellen, in seinem unteren und inneren
Theile aus Entodermzellen.

In diesem Stadium entspricht unser Fischkeim einer Amphi-blastula, welche mitten in der Invagination begriffen ist, und bei welcher die entstehende Urdarmhöhle eine grosse Dotterkugel auf-genommen hat. Die Invagination wird nunmehr dadurch vervoll-ständigt und die Gastrulabildung dadurch abgeschlossen, dass die Keimhöhle verschwindet. Das wachsende Entoderm, dem die Dot-terkugel innig anhängt, wölbt sich in die letztere hinein und nähert sich so dem Exoderm. Die klare Flüssigkeit in der Keimhöhle wird resorbirt und schliesslich legt sich die obere convexe Fläche des Entoderms an die untere concave des Exoderms eng an; die Gastrula des discoblastischen Eies oder die „Discogastrula" ist fertig (Fig. 65, 76; Meridiandurchschnitt Fig. 66, 75).

Die Discogastrula unsers Knochenfisches in diesem Stadium der vollen Ausbildung stellt nunmehr eine kreisrunde Kappe dar, welche wie ein gefüttertes Mützchen fast die ganze obere Hemi-sphäre der hyalinen Dotterkugel eng anliegend bedeckt (Fig. 65). Der Ueberzug des Mützchens entspricht dem Exoderm (e) sein Futter dem Entoderm (i). Ersteres besteht aus drei Schichten von kleineren Zellen, letzteres aus einer einzigen Schicht von grösseren Zellen. Die Exodermzellen (Fig. 77) messen 0,006—0,009 Mm., und haben ein klares, sehr feinkörniges Protoplasma. Die Ento-dermzellen (Fig. 78) messen 0,02—0,03 Mm. und ihr Protoplasma ist mehr grobkörnig und trüber. Letztere bilden auch den gröss-ten Theil des Randwulstes, den wir nunmehr als Urmundrand der Gastrula, als „Properistoma" oder auch als „Rusconi'schen After" bezeichnen können. Der letztere umfasst die Dotterkugel, welche die ganze Urdarmhöhle ausfüllt und weit aus der dadurch verstopften Urmund-Oeffnung vorragt.

Es liegt nicht im Bereiche unserer Aufgabe, die Keiment-wickelung unsers Knochenfisches hier noch weiter zu verfolgen und ich will nur bei dieser Gelegenheit noch auf ein paar Eigenthüm-lichkeiten aufmerksam machen, durch welche sich derselbe vor den bisher beschriebenen Teleostier-Embryonen auszeichnet (Fig. 67—72, Fig. 80). Wie bei den letzteren, erfolgt auch hier die erste Anlage der dorsalen Axentheile, oder die Bildung des sogenannten „Primitivstreifs", durch welche der einaxige Keimkörper kreuz-axig (und zwar dipleurisch oder bilateral-symmetrisch) wird, nicht in der ganzen Länge der Hauptaxe, sondern am einen Pole der-selben. Hier entsteht zuerst die Anlage des Kopfes, dessen beide Seitenhälften (Antimeren) als zwei parallele längliche Wülste auf-treten, durch eine dunkle gerade Linie getrennt (Fig. 67). Wäh-

7*

rend aber bei den bisher beschriebenen Keimen von Knochenfischen die erste Anlage dieser „Axenplatte" entweder schon am
Blastodiscus vor der vollen Ausbildung der Discogastrula bemerkbar wird oder doch durch eine bedeutende Verdickung des Keim-
wulstes an dieser Seite der Keimscheibe sich bemerkbar macht,
sehen wir bei unserem Gadoiden-Ei zunächst eine reguläre einaxige
Gastrula entstehen (Fig. 65, 76). Erst nachdem diese Discogastrula
ausgebildet ist, entsteht an einer Seite ihres Urmundrandes durch
lebhafte Zellen-Vermehrung die Verdickung, von welcher die erste
Anlage des „Embryonalschildes" oder der „Axenplatte" ausgeht
(senkrecht auf der Peripherie des Mundrandes, also in einem Meri-
dian der Gastrula) (Fig. 67).

Die Discogastrula umwächst nunmehr die Dotterkugel, welche
ihre Urdarmhöhle ausfüllt und aus ihrem Urmund frei vorragt,
vollständig (Fig. 67—71). Wenn das Properistom den Aequator
erreicht, hat die Urmundöffnung ihre grösste Weite erlangt und
verengt sich wiederum, nachdem der Keimwulst den Aequator über-
schritten hat (Fig. 69). Immer mehr nähert sich der kreisförmige
dicke Rand des Urmundes dem vegetativen Pole der Eiaxe, an
welchem die Oelkugel des Nahrungs-Dotters liegt, und wächst
schliesslich über letzterem zusammen (Fig. 71). In der Nähe des
Punktes, wo der Verschluss des Urmundes (oder des „Rusconi'schen
Afters") erfolgt, bildet sich später die bleibende After-Oeffnung.

Gleichzeitig mit dieser „Umwachsung" der Dotterkugel durch
die Discogastrula treten in den dorsalen Axentheilen weitere Differenzirungen auf. Das Markrohr erweitert sich vorn zum Gehirn,
aus dem frühzeitig die beiden grossen Augenblasen vorwachsen
(Fig. 69, 70). Beiderseits der Chorda differenziren sich die Ur-
wirbel-Stränge (Fig. 71, 72) und zwischen ihnen tritt unterhalb
des Rückenmarks die Chorda deutlich hervor. Später erscheinen
die ersten Anlagen der Nase (Fig. 80 n) und des Gehörorgans
(Fig. 80 g). In dem Raume zwischen Gehörorgan, Auge und Nahrungsdotter macht sich die erste Anlage des Herzens bemerkbar
(z). Weiter davor bildet sich in der äusseren Haut die Mund-
grube, welche später sich vertieft, die Rachenhaut durchbricht,
und so mit dem blinden vorderen Ende des (noch vom Reste des
Nahrungsdotters erfüllten) Urdarms in offene Verbindung tritt.

Besonders beachtenswerth ist die erste Anlage des Mesoderms, die ich leider nicht genau genug verfolgen, konnte um
so mehr aber künftigen Beobachtern empfehlen möchte. Dieselbe
scheint nämlich vom Properistom (vom verdickten Rande des

Rusconi'schen Afters oder des Urmundes der Discogastrula) und
zwar unmittelbar von der Kopfanlage aus in einer doppelten Weise
zu erfolgen: erstens durch Abspaltung (Delamination) der bilateral-
symmetrisch auftretenden Urwirbelstränge vom Exoderm (Anlage
des Hautfaserblattes); und zweitens durch Abspaltung einer
tieferen Zellenschicht vom Entoderm (Anlage des Darmfaserblattes). Die letztere besteht aus sehr beweglichen amöben-
artigen Wanderzellen (Fig. 79), welche durch die Lücken
zwischen den Zellen des Darmdrüsenblattes (Fig. 78) hindurch-
wandern und sich theils auf der Oberfläche des Nahrungsdotters,
theils im Embryo-Körper selbst ausbreiten. Diese amöboiden
Wanderzellen des Darmfaserblattes (Fig. 79) verwandeln
sich theils in Blutzellen, theils in Bindegewebszellen
und Pigmentzellen. Da sie auf der Oberfläche des Dotters
sich zerstreuen (und bei anderen Fischen sogar im Innern desselben
umherkriechen und Proviant sammeln) sind sie wahrscheinlich in
vielen Fällen für freie Producte des Nahrungsdotters selbst gehalten worden. Viele Angaben verschiedener Autoren über „Zellen,
welche durch freie Zellbildung im Dotter, unabhängig von den
primären Keimblättern, entstanden" sein sollen, dürften sich durch
solche wandernde Entoderm-Zellen erklären. Die Gesammtheit
dieser amöboiden Wanderzellen und der unmittelbar über dem
einschichtigen Darmdrüsenblatt liegen bleibenden (abgespaltenen)
Zellenschicht, welche später die Muskelwand des Darmrohres bildet, fasse ich als Darmfaserblatt auf. Dasselbe scheint in der
gesammten Peripherie der Discogastrula gleichzeitig angelegt
zu werden (nicht dipleurisch!), während die erste Anlage des
Hautfaserblattes (resp. der Urwirbelplatten) beiderseits der
Chorda von Anfang an jene auffallende Dipleurie (oder bilaterale Symmetrie) zeigt, welche zuerst Carl Rabl in ihrer hohen Bedeutung für alle Bilaterien erkannt hat[1]).

Die discoidale Furchung, wie ich sie hier vom Gadoiden-Ei
beschreibe, verläuft am Bildungsdotter ohne jede Betheiligung des
Nahrungsdotters; dieser verhält sich völlig passiv und wird lediglich als Nahrungsmaterial von dem sich bildenden Embryo verzehrt. Er wird zusehends kleiner in dem Maasse als der letztere
grösser wird. Im Mitteldarme des reiferen Embryo, sowie des
jungen, aus dem Ei ausgeschlüpften Fischchens (Fig. 80), finden

1) Carl Rabl. Die Ontogenie der Süsswasser-Pulmonaten. Jen. Zeitschr.
f. Naturw. 1875. IX. Bd. S. 202, 236.

wir noch den Rest des Nahrungsdotters, und zwar seine beiden
Bestandtheile: die grössere Eiweisskugel (*d*) und die kleinere
Fettkugel (*f*). Letztere füllt jetzt den hintersten Theil der Darmhöhle aus und liegt nahe dem bleibenden After (Fig. 80 *y*). Es
kann demnach kein Zweifel bestehen, dass in diesem Falle die
Discogastrula und der aus den beiden primären Keimblättern derselben hervorgehende ganze Fisch-Körper einzig und allein
aus den Zellen sich aufbauen, welche durch Furchung
des Bildungsdotters entstehen.

Anders scheinen sich viele andere discoblastische Eier zu verhalten, bei denen die Trennung des Bildungsdotters vom Nahrungsdotter nicht so vollständig ist, wie bei unseren Teleostier-Eiern,
und welche sich demnach näher an die amphiblastischen Eier anschliessen. Hier nimmt noch ein Theil des Nahrungsdotters, und
zwar derjenige, welcher zunächst am Bildungsdotter anliegt, an der
Furchung Theil und liefert Zellen, welche theils als „Dotterzellen",
(gleich dem ungefurchten Nahrungsdotter) verzehrt werden, theils
in Blutzellen und Bindegewebs-Zellen überzugehen scheinen. Da
wir vom phylogenetischen Gesichtspunkte aus den gesammten Nahrungsdotter überhaupt als Entoderm-Product auffassen, so müssen
wir auch jene Dotterzellen als Zellen des Entoderms oder des
Darmblattes in weiterem Sinne betrachten. Mit Rücksicht auf ihre
spätere Verwendung werden sie theils als Darmdrüsen- theils als
Darmfaser-Zellen zu betrachten sein.

Bei den discoblastischen Vogel-Eiern hat zuerst Goette [1] nachgewiesen, dass die Furchung sich nicht bloss, wie man bisher annahm, auf den Bildungsdotter beschränkt, sondern dass auch noch
ein kleiner Theil des Nahrungsdotters derselben unterliegt und
dadurch in „Dotterzellen" zerlegt wird, welche „theils zur Blut-
bildung, theils zur Ernährung des entwickelten Embryo verbraucht
werden" (l. c. p. 195). Sodann hat kürzlich Balfour [2] bei Hai-
fischen gezeigt, dass ein grosser Theil des Nahrungsdotters nach
abgelaufener primärer Furchung des Bildungsdotters ebenfalls einer
solchen secundären Furchung unterliegt. Endlich hat Ray-Lankester [3] bei den discoblastischen Eiern der Cephalopoden in dem

1) A. Goette, Beiträge zur Entwickelungsgeschichte der Wirbelthiere. Arch. für mikr. Anat. 1874. Vol. X, p. 110.
2) Balfour, Development of the Elasmobranch Fishes. Quart. Journ. Micr. Sc. 1874. Oct.
3) Ray-Lankester, Development of the cephalopoda. Quart. Journ. Micr. Sc. 1875. No. LVII.

secundär zerklüfteten Nahrungsdotter zahlreiche Zellen entstehen
sehen, welche er als „Autoklasten" den aus der primären Furchung
des Bildungsdotters entstandenen Furchungskugeln, den „Klasto-
plasten" entgegensetzt. Auch hier sind jene „Autoklasten oder
Dotterzellen", welche sich theils in Bindegewebszellen, theils in
Blutzellen zu verwandeln scheinen, histogenetisch als Entoderm-
Producte und speciell als Theile des Darmfaserblattes zu betrachten. Ich fasse diese discoblastischen Eier als vermittelnde Zwi-
schenglieder zwischen den amphiblastischen Eiern und jenen rein
meroblastischen Eiern auf, bei denen (wie bei unsern Teleostier-
Eiern), der Dotter gar keinen Antheil mehr an der Furchung nimmt.

IV. Die superficiale Furchung und die Perigastrula (Taf. VI).

Nicht geringere Schwierigkeiten und Differenzen der Beurtheilung, als die discoidale Furchung, hat die zweite Hauptform der
sogenannten partiellen Segmentation, die oberflächliche oder
superficiale Eifurchung hervorgerufen, deren Endresultat die
Bildung der Perigastrula ist (Taf. VI, Fig. 87, 88). Fanden
wir schon bei jener die verschiedenen Autoren hinsichtlich der
principiellen morphologischen Auffassung weit aus einander gehen
und zu sehr entgegengesetzten Ansichten gelangen, so ist das be-
dieser letzten und abweichendsten Furchungsform fast in noch
höherem Maasse der Fall. Bei dem Versuche, dieselbe zu erklären, sind die meisten Beobachter gänzlich fehlgegangen oder
sind selbst zu dem Resultate gelangt, dass hier überhaupt keine
„eigentliche Eifurchung" vorliege.

Die superficiale Eifurchung und die Perigastrula-Bildung findet sich sehr weit verbreitet, vor Allen im Stamme der Arthropoden, sowohl bei den Crustaceen als bei den Tracheaten,
und wir dürfen vermuthen, dass die grosse Mehrzahl aller Gliederthiere aus diesen beiden Hauptgruppen jene specielle Form der
Segmentation besitzt. Hingegen ist es sehr zweifelhaft, ob dieselbe Furchungsform noch in anderen Thierstämmen ausserdem
vorkommt. Vielleicht findet sie sich bei einigen höheren Würmern vor.

Bei der grossen Mehrzahl der Arthropoden, namentlich bei
allen höher entwickelten Formen, ist ein ansehnlich grosser, fett-
reicher Nahrungsdotter vorhanden; und dieser zeigt sich nach
beendigter Furchung ringsum von einer blasenförmigen Keimhaut

(*Blastoderma*) umschlossen, welche aus einer einzigen Schicht von
gleichartigen Zellen besteht, den Furchungsproducten des Bildungsdotters (Taf. VI, Fig. 85, 86). Das ist der Fall bei sämmtlichen
Insecten, mit sehr wenigen Ausnahmen, ferner bei den meisten
höheren Arachniden und Myriapoden, und wohl auch bei der
Mehrzahl der höheren Crustaceen. Dass demnach bei der über-
wiegenden Mehrzahl aller dieser höheren Arthropoden auf einer
frühen Keimungsstufe eine solche blasenförmige, einschichtige, den
ganzen Nahrungsdotter umhüllende Keimhaut besteht, darüber sind
fast alle Autoren einig; dagegen stehen sich darüber, wie diese
Keimhaut aus dem Bildungsdotter hervorgeht, die widersprechend-
sten und sonderbarsten Ansichten gegenüber. Die meisten Autoren
sind der Meinung, dass hier überhaupt die Eifurchung fehle, und
statt dessen plötzlich (durch Neubildung zahlreicher Kerne in einem
oberflächlichen Keimhautblastem, eine Art „freier Zellbildung")
das Blastoderm entstehe. Ihren bestimmten Ausdruck findet diese
Ansicht u. A. in den Grundzügen der Zoologie von Claus (III
Aufl. 1875, p. 627) in folgendem Satze: „Anstatt der Dotterfurchung beginnt die Embryonalbildung der Insecten mit der
Anlage eines peripherischen Keimhautblastems, welches
sich durch Auftreten von Kernen mit später erfolgender zelliger
Umgrenzung zu der, wie es scheint, stets aus einer einfachen Lage
von Zellen zusammengesetzten Keimhaut gestaltet. Ueber die Abstammung dieser Kernbläschen sind die Beobachter verschiedener
Ansicht. Während Metschnikoff dieselbe bei den Aphiden auf
Derivate des Keimbläschens zurückführt, sollen sie nach Weismann
bei den Dipteren, nach Melnikoff bei Donacia unabhängig von
dem längst geschwundenen Keimbläschen selbständig entstehen."

Gegenüber dieser herrschenden Auffassung, welche sich vorzugsweise auf Weismann's Keimesgeschichte der Dipteren und auf
Claparède's Beobachtungen über die Ontogenie der Arachniden
stützt, zeigten Edouard van Beneden und Emil Bessels in ihren
Untersuchungen über die Blastodermbildung der Crustaceen [1]), dass
auch hier überall eine wahre Eifurchung sich findet, bei welcher
die Theilung der Kerne der Theilung der Protoplasma-Portionen
vorausgeht. Jedoch wird der centrale Nahrungsdotter, der bei den
verschiedenen Arthropoden in sehr verschiedenem Umfange entwickelt ist, von dieser wiederholten Theilung des oberflächlichen

---

1) Edouard van Beneden et Emile Bessels, Sur la Formation du Blasto-
derme chez les Crustacés. Bulletins et Mémoires de l'Acad. Belge. 1868 et 1869.

Bildungsdotters nicht mit betroffen, und die Eitheilung erscheint daher hier in Wahrheit als eine oberflächliche „Furchung" im eigentlichen Sinne.

Bei manchen periblastischen Eiern ist die scharfe Sonderung des peripherischen Bildungsdotters von dem centralen Nahrungsdotter schon an dem unbefruchteten Ei mehr oder weniger deutlich nachweisbar. Gewöhnlich aber ist dieselbe erst an dem befruchteten Ei nach Verlust des Keimbläschens wahrzunehmen und erscheint somit als erstes Resultat des Befruchtungs-Actes und als erstes Zeichen der beginnenden Keimesentwickelung. So sagt z. B. Weismann: „Die erste Veränderung am befruchteten Ei der Arthropoden scheint ganz allgemein eine Veränderung der peripherischen Schicht des Dotters zu sein, welche von einer Zusammenziehung der gesammten Dottermasse begleitet ist: es bildet sich ein Keimhautblastem" [1]. Dieses sogenannte „Keimhautblastem", eine zähflüssige, klare, körnchenarme Protoplasmaschicht an der gesammten Oberfläche des Eies, ist in Wahrheit der „Bildungsdotter" und setzt sich nach innen mehr oder weniger scharf von dem dunkleren, undurchsichtigen, körnerreichen, centralen „Nahrungsdotter" ab. Das Arthropoden-Ei in diesem Stadium, unmittelbar nach erfolgter Befruchtung und nach Verlust des Keimbläschens, stellt die charakteristische Keimform der Perimonerula dar, eine kernlose Cytode, deren Protoplasma als peripherische Hülle das centrale Deutoplasma allseitig umschliesst.

Die Pericytula, die „erste Furchungskugel" der periblastischen Eier, entsteht unmittelbar aus jener Perimonerula durch Neubildung eines Zellenkerns. In vielen Fällen (besonders bei vielen Crustaceen) ist dieser Kern der ersten Furchungszelle deutlich wahrgenommen und als Stammvater der Kerne sämmtlicher Embryonalzellen nachgewiesen worden, so namentlich von van Beneden und Bessels (l. c.). In anderen Fällen dagegen (besonders bei vielen Tracheaten) ist derselbe vermisst worden; er hat sich hier wahrscheinlich dadurch dem Blicke entzogen, dass er entweder in der centralen Dottermasse verborgen lag oder dass sein Lichtbrechungs-Vermögen von demjenigen der Rindenschicht in der er eingebettet lag, nicht hinreichend verschieden war. Der wirkliche Nachweis des Kernes der Pericytula in jenen ersteren Fällen berechtigt uns, seine Existenz auch in diesen letzteren an-

---

[1] Weismann. Die Entwickelung der Dipteren. Leipzig 1864. S. 90. Taf. IV. Fig. 52.

zunehmen. Die Pericytula ist demnach allgemein als eine echte, kernhaltige Zelle aufzufassen, deren peripherisches Protoplasma von dem ansehnlichen centralen Deutoplasma mehr oder minder scharf gesondert ist. Beide verhalten sich zu einander, wie die hyaline Rindenschicht (*Exoplasma*) und die granulöse Markmasse (*Endoplasma*) bei vielen anderen Zellen [1]).

Die superficiale Furchung der Pericytula ist gewöhnlich wegen des ansehnlichen Umfangs und der Undurchsichtigkeit des centralen Nahrungsdotters sehr schwierig zu verfolgen. Diejenige Methode der Untersuchung, welche hier, wie bei den meisten übrigen Fällen der Eifurchung, die sichersten Aufschlüsse giebt, die Vergleichung zahlreicher, successiver, gefärbter Querschnitte vom Beginne der Eifurchung an, ist bei der superficialen Furchung im Ganzen noch zu wenig angewendet worden. Doch hat u. A. Kowalevsky[2]) wichtige Resultate damit erzielt, vor Allen aber Bobretzky[3]) in seinen vorzüglichen Keimesgeschichten verschiedener Crustaceen (Astacus, Palaemon. Oniscus). Mit Recht hebt letzterer hervor, dass die sorgfältige Tinction der Querschnitte von hervorragender Bedeutung sei, um die Kerne von den kernähnlichen Form-Elementen des Dotters zu unterscheiden. Ich selbst habe nach der von ihm angegeben vortrefflichen Methode[4]) eine grosse Anzahl von Querschnitten durch die erhärteten Eier eines *Peneus* (*membranaceus?*) angefertigt, und bin dabei zu Resultaten gelangt, welche wesentlich mit denjenigen von Bobretzky übereinstimmen. Ich gebe hier zunächst meine eigene Beobachtungen wieder und werde dann versuchen, das Verhältniss derselben zu den übrigen, meist sehr abweichenden Angaben über superficiale Furchung zu erläutern.

Die frühesten Stadien der superficialen Furchung, welche mir von Peneus zu Gesicht gekommen sind, betreffen Eier mit vier Furchungszellen (Taf. VI. Fig. 81, 82). Das ellipsoide Ei, welches von einem dünnen, homogenen und ganz durchsichtigen, aber

---

1) Ueber die wichtige Differenzirung des Zellen-Protoplasma in eine äussere klare Rindensubstanz (*Exoplasma*) und eine innere körnige Marksubstanz (*Endoplasma*) vergl. meine Monographie der Kalkschwämme, 1872, Bd. I, S. 138.

2) Kowalevsky, Embryologische Studien an Würmern und Arthropoden. Mem. de l'Acad. Petersb. 1871.

3) Bobretzky, Russische Abhandlung über die Keimesgeschichte von Astacus und Palaemon. Kiew 1873.

4) Bobretzky, Zur Embryologie des Oniscus murarius. Zeitsche. f. wiss. Zool. 1874, Bd. XXIV, S. 180.

festen Chorion umschlossen ist, zeigt zwei auf einander senkrechte
Ringfurchen, eine aequatoriale (dem längsten Durchmesser des
Ellipsoids entsprechend) und eine meridianale (dem kürzesten Durchmesser correspondirend). Eine ganz undurchsichtige Markmasse
(mehr als die innere Hälfte des Radius einnehmend), geht nach
aussen, ziemlich scharf abgesetzt, in eine hellere Rindenschicht
über, und in dieser liegen sehr oberflächlich, deutlich durchschim-
mernd, die kugeligen Kerne der vier Zellen; jeder Kern ungefähr
in der Mitte der Oberfläche seines Quadranten (Fig. 81). Auf
Querschnitten (Fig. 82) zeigt sich deutlich, dass die Trennungs-
Ebenen der vier Zellen (die „Furchen“ der Oberfläche) nicht durch
die ganze Eimasse hindurchgehen, sondern bloss die helle, äussere, feinkörnige Rindenschicht, den „Bildungsdotter“ in vier Por-
tionen theilen, während die centrale Markmasse, der dunkle, grob-
körnige, an kleinen Fettkugeln reiche, undurchsichtige „Nahrungsdotter“, eine völlig ungetheilte ellipsoide Centralmasse darstellt.

Ganz dasselbe Verhältniss der oberflächlichen „Furchungszellen“ zu dem centralen ungetheilten Nahrungsdotter bemerken
wir an den folgenden Furchungsstadien, mit acht, sechzehn, zweiunddreissig Zellen u. s. w. Das letztgenannte Stadium zeigt Fig.
83 von der Oberfläche, Fig. 84 im Meridianschnitt. Das Ei wird
von acht Meridianfurchen und drei darauf senkrechten Parallel-
kreisen geschnitten. Die Furchen gehen auch hier nur durch die
Rindenschicht des Bildungsdotters hindurch, und lassen die centrale
Markmasse des Nahrungsdotters unberührt. Der Bildung der Furchen geht immer die Theilung der Kerne vorher, welche aus einander rücken, aber ihre oberflächliche Lage beibehalten. Auch
alle folgenden Furchungen durchschneiden bloss die Rindenschicht,
und so erhalten wir nach vollendeter Furchung die Perimorula,
welche in Fig. 85 von der Oberfläche, in Fig. 86 im Meridianschnitt dargestellt ist. Die gesammte Masse der gleichartigen
Furchungskugeln, welche nunmehr aus der wiederholten Theilung
der Eizelle entstanden sind, bildet eine einzige oberflächliche Zellenlage, welche als geschlossene „Keimhaut“ (*Blastoderma*) blasen-
förmig den gesammten ungefurchten Nahrungsdotter umgiebt. Die
„Furchen“, d. h. die Grenzlinien der einzelnen Blastoderm-Zellen
die den morphologischen Werth der Morula-Zellen haben, gehen
nur durch die helle Rindenschicht hindurch. Eine scharfe Grenze
zwischen den hellen, feinkörnigen Zellen der letzteren, und der
dunkeln, grobkörnigen Centralmasse des Nahrungsdotters ist nicht
wahrnehmbar.

Da der ganze centrale Nahrungsdotter an dem Furchungsprocesse keinen Antheil nimmt, so müssen nothwendig die Furchungszellen, welche aus der fortgesetzten Theilung des superficialen Bildungsdotters hervorgehen, an der Oberfläche des ersteren sich in eine epithelartige Schicht neben einander stellen, statt sich zu einer wirklichen Morula zusammenzuballen. Eine nothwendige Folge dieses Verhältnisses ist aber, dass bei der superficialen Eifurchung das dritte und vierte Stadium des Furchungs-Processes zusammenfallen, dass also die Perimorula zugleich Periblastula ist. Denn die centrale ungefurchte Masse des fettreichen Nahrungsdotters verhält sich nunmehr zu der einschichtigen Zellenhülle des Blastoderms gerade so, wie die wasserhelle, klare Flüssigkeit oder Gallertmasse der Archiblastula zu der umschliessenden Zellenschicht der letzteren. Der Raum, in welchem dort der Nahrungsdotter, hier das klare Fluidum sich befindet, ist in beiden Fällen die Furchungshöhle, Keimhöhle oder Baer'sche Höhle, das „*Blastocoeloma*".

Aus dieser Periblastula (Fig. 85, 86) entsteht nun die Gastrula der periblastischen Eier wiederum auf diejenige Weise, welche wir als die ursprüngliche ansehen, nämlich durch eine Einstülpung des Blastoderms, welche mit Bildung einer Grube an dessen Oberfläche beginnt. Diese höchst wichtige und interessante Invagination hat zuerst Bobretzky bei Astacus und Palaemon genauer geschildert und ich kann die Richtigkeit seiner Darstellungen im Wesentlichen nur bestätigen. Was ich bei Peneus sah, schliesst sich unmittelbar an des Letzteren Angaben von Palaemon an. An einer bestimmten Stelle der Ei-Oberfläche, und zwar nicht an einem der beiden Pole der Längsaxe, sondern in der Mitte der letzteren bildet sich eine kleine, anfangs sehr seichte, grubenförmige Vertiefung, welche sich rasch ausdehnt und als radial gerichteter Blindsack in den Nahrungsdotter, gegen die Mitte des Eies, hineinwächst (Fig. 87, 88). Dieser cylindrische, am blinden Ende etwas kolbig erweiterte Blindsack ist der Urdarm (a), seine äussere Oeffnung der Urmund (o). Die einfache Zellenschicht, welche denselben auskleidet und deren Zellen sich durch bedeutendere Höhe von denen des übrigen Blastoderms auszeichnen, sind die ersten Entoderm-Zellen, denen sich alle anderen nunmehr als Exoderm-Zellen gegenüberstellen.

Die Perigastrula, welche so entsteht, und welche Fig. 87 von der Oberfläche, Fig. 88 im Meridianschnitt zeigt, unterscheidet sich von der Archigastrula eigentlich nur durch die ansehnliche

Masse des die Furchungshöhle erfüllenden Nahrungsdotters, welche
zwischen den beiden primären Keimblättern liegen bleibt, und
welche die vollständige Annäherung des eingestülpten Entoderms
an das nicht eingestülpte Exoderm verhindert. Dieser Nahrungs-
Dotter wird von den Entoderm-Zellen des wachsenden Urdarms
resorbirt; theilweise scheint derselbe auch noch später einer secundären Zerklüftung zu unterliegen. Die Exoderm-Zellen (e),
welche den Nahrungsdotter von aussen umschliessen, sind kleine,
helle Zellen mit centralem Kern, welche anfangs noch cylindrisch
sind, später sich abplatten. Die Entoderm-Zellen hingegen (i)
sind schlanke Cylinderzellen oder Pyramiden, deren Kern in der
nach aussen gerichteten Basis der Pyramiden, ganz nahe am Nahrungsdotter, sich befindet. Durch fortgesetzte Theilung werden
die Entoderm-Zellen immer dünner und schlanker; zugleich werden
sie aber auch länger, indem ihre äusseren kernhaltigen Enden (die
Basen der schlanken Pyramiden) immer tiefer in den Dotter hineinwachsen.

Das Properistom, der Umschlagsrand des Blastoderms, an
welchem das Exoderm (e) in das Entoderm (i) übergeht, und welcher den Mundrand der Perigastrula darstellt, ist auch hier
der erste Ausgangspunkt für die Bildung des Mesoderms (Fig. 89
m). Hier erscheinen schon kurz nach Beginn der Darm-Ein-
stülpung die ersten Spuren eines mittleren Keimblattes in Gestalt
von wenigen grossen Zellen, von denen sich namentlich die unmittelbar in dem Falze des Umschlagsrandes gelegenen durch besondere Grösse auszeichnen. Zugleich geht die einaxige Grundform der Perigastrula in die dipleure Grundform über, indem
der Urmund seine centrale Lage verlässt und nach demjenigen
Pole der Längsaxe hinrückt, welcher dem späteren Hinterende des
Körpers entspricht. Es wird dies durch überwiegendes Wachs-
thum des späteren Vordertheils, resp. durch eine Zellenverschie-
bung im Exoderm bewirkt, welche mit der Bildung einer vor dem
Urmund auftretenden Hautgrube, der ersten Anlage des Vorderdarms (g) im Zusammenhang steht. Vor der letzteren erscheint
ein klappenartiger Vorsprung, die Anlage der Oberlippe (l); hinter derselben sprossen drei Paar kleine stumpfe Höcker als Aus-
wüchse des Exoderms hervor, die ersten Anlagen der drei Paar
Nauplius-Gliedmaassen (Fig. 89 I, II, III). Wie durch das
Auftreten dieser äusseren Theile die dipleure oder bilateral-symmetrische Grundform sich bereits deutlich ausspricht, so geschieht
es auch innerlich durch die weitere Fortbildung des Darmcanales.

Die Anlage des Vorderdarms (g) wächst dem blinden Vorderende des Urdarms entgegen. Der Nahrungsdotter zwischen beiden verschwindet und beide Darmhöhlen sind nur noch durch eine dünne Scheidewand getrennt, welche aus zwei Zellenschichten besteht, dem Exoderm der Schlundwand und dem Entoderm der Urdarmwand. Später wird diese Scheidewand (Rachenhaut) durchbrochen und der Vorderdarm communicirt nunmehr frei mit dem Urdarm. Aus letzterem geht bloss der Mitteldarm hervor, und vielleicht auch der Enddarm, falls sich (was noch unentschieden ist) der Urmund hier in den bleibenden After verwandelt. Der durch secundäre Einstülpung des Exoderms entstandene Vorderdarm bildet nicht nur die Mundhöhle und den Schlund, sondern auch die ganze Speiseröhre und den Kaumagen des Krebses. Beiläufig sei noch bemerkt, dass die Anlage des Postabdomen, welches bei Astacus und Palaemon frühzeitig hinter dem Urmund als Verlängerung des hinteren Körperendes hervorsprosst, bei unserm Peneus erst später aufzutreten scheint. Die in Fig. 89 und 90 dargestellte Keimform (die älteste, welche ich beobachtete) ist ein reiner Nauplius und möglicherweise schlüpft bei dieser Peneus-Art, wie bei der von Fritz Müller beobachteten, das Thier als Nauplius aus dem Ei.

Die superficiale Furchung und die Perigastrula-Bildung, wie ich sie hier nach meinen eigenen Beobachtungen an Peneus geschildert habe, scheint in wesentlich übereinstimmender Form bei vielen Arthropoden verschiedener Gruppen, sowohl Crustaceen, als Tracheaten, wiederzukehren. Bei vielen anderen Thieren dieses Stammes weicht sie dagegen mehr oder minder von jenem Typus ab und unterliegt vielfachen Modificationen. Schon die wenigen sicheren Angaben, die wir gegenwärtig besitzen, deuten darauf hin, so namentlich diejenigen von Weismann über die Musciden, von Bobretzky über Astacus und Palaemon, von Kowalevsky über Hydrophilus und Apis. Auch die zahlreichen Beobachtungen von Metschnikoff über die Ontogenie verschiedener Arthropoden scheinen diese Annahme zu stützen. Nur sind leider die meisten Angaben dieses fleissigen, aber kritiklosen Beobachters wegen ihrer Oberflächlichkeit und wegen der Unbekanntschaft desselben mit den wichtigsten Grundbegriffen der Morphologie, und besonders der Histologie nicht sicher zu verwerthen.

Als die auffallendste Modification der superficialen Furchung müssen wir wohl Diejenige ansehen, welche zuerst Weismann bei den Dipteren beschrieben hat und als weit verbreitet bei den Arthropoden betrachtet. Es sollen hier in der Rindenschicht der

Pericytula, überall in dem „peripherischen Keimhautblastem das rings den Nahrungsdotter umschliesst", gleichzeitig und plötzlich zahlreiche Zellkerne neben einander auftreten und so das einschichtige peripherische Blastoderm erzeugen. Höchst wahrscheinlich haben wir es hier mit einer sehr beschleunigten superficialen Furchung zu thun, bei welcher die Kerntheilung entweder innerhalb des undurchsichtigen Nahrungsdotters verläuft und sich so dem Blick entzieht, oder aber innerhalb des durchsichtigen Nahrungsdotters (der „Blastemschicht") so rasch vor sich geht, dass die zahlreichen Kerne alle gleichzeitig aufzutreten scheinen; vielleicht ist auch das gleiche Lichtbrechungsvermögen der Kerne und des umgebenden Protoplasma der „Blastemschicht" die Ursache, dass die fortschreitende Theilung der ersteren nicht beobachtet wurde. Jedenfalls ist das Endresultat der Eifurchung auch hier dieselbe Perigastrula, wie bei Peneus.

Die Vermuthung, dass sich jene auffallendste Modification der superficialen Furchung in dieser oder in einer anderen Weise auf die von uns geschilderte Form derselben bei Peneus zurückführen lasse, wird dadurch bekräftigt, dass auch die übrigen Modificationen, welche theils das Verhalten des Nahrungsdotters, theils dasjenige des Bildungsdotters bei verschiedenen Crustaceen und Tracheaten darbietet, sich in gleicher Weise durch secundäre cenogenetische Abänderungen erklären lassen. Auch verdient der Umstand noch besonders hervorgehoben zu werden, dass von nahe verwandten Arthropoden einer Familie (oder selbst einer Gattung, z. B. Gammarus) die einen Arten superficiale, die anderen inaequale oder discoidale Furchung besitzen. Endlich bietet uns die superficiale Eifurchung so viele Uebergänge zur discoidalen sowohl als zur inaequalen Eifurchung, dass wir sie als aus der letzteren hervorgegangen betrachten und demnach in letzter Instanz wiederum auf die primordiale Furchung zurückführen dürfen.

II. Die Eifurchung und Gastrulabildung in den Hauptgruppen des Thierreichs.

I. Gastrula und Eifurchung der Zoophyten.

Der Stamm der Zoophyten (oder der Coelenteraten im weiteren Sinne), der niederste und älteste unter den sechs Metazoen-Phylen, besitzt noch heute, wie von vornherein zu erwarten ist, die primordiale Furchung in vielen verschiedenen Gruppen;

und wir finden daher auch deren Endproduct, die ursprüngliche
reine Archigastrula, bei sehr vielen Pflanzenthieren — wahrscheinlich bei der Mehrzahl derselben — getreu conservirt. Da die
Urform der Metazoen, die Gastraea, selbst im zoologischen Systeme
zu den Zoophyten gestellt werden muss, und da selbst die völlig
ausgebildeten Pflanzenthiere der niedersten Stufe (Haliphysema,
Olynthus, Hydra) nur sehr wenig von der Gastraea sich entfernt
haben, so erscheint die weite Verbreitung der Archigastrula in
der Ontogenie dies Stammes sehr natürlich.

Von besonderem Interesse ist es dabei, dass eines der niedersten
unter den bekannten Zoophyten, Gastrophysema, uns die ursprüngliche Entstehung der Archigastrula (durch Einstülpung der
Archiblastula) noch heute in typischer Form zeigt (Taf. VIII).
Wie bei diesem Gastracaden, so ist die primordiale Furchung auch
bei mehreren Spongien (Calcispongien [1], Fig. 17, und Myxospongien) von mir beobachtet worden, ebenso gelegentlich bei Hydroiden und Medusen verschiedener Gattungen. Bei den Myxospongien
(*Halisarca*) hat GIARD die Archigastrula zuerst nachgewiesen [2].
Bei verschiedenen Hydroiden ist dieselbe von C. GEGENBAUR [3]),
AGASSIZ [4]), ALLMAN [5]), HINCKS [6]), A. KOWALEVSKY [7]) u. A. beobachtet
worden. Der Letztere hat auch die reine primordiale Furchung
und die typische Entstehung der Archigastrula durch Einstülpung
der Archiblastula bei mehreren höheren Discomedusen genau verfolgt (Cassiopeja, Rhizostoma, Pelagia, l. c. Tab. I—III). Vergl.
Taf. II, Fig. 22. Unter den Corallen hat derselbe sie ebenso
bei Actinia (ibid. Taf. IV), Caryophyllia, Gorgonia und Cereanthus
gesehen (ibid. Taf. V, VI). Vergl. Taf. II, Fig. 20, 21. Ich
selbst habe die typische Form der primordialen Furchung und die
Entstehung der echten Archigastrula durch Einstülpung der Archiblastula bei einer Actinia und bei der solitären Octocoralle Monoxenia verfolgt (Vergl. meine „Arabische Korallen", Berlin 1875).

---

1) E. HAECKEL, Monographie der Kalkschwämme. 1872. Taf. 13, 30, 44.

2) GIARD, Archives de Zoologie expérimentale. 1873. Vol. II. Pl. XIX,
Fig. 15, 16.

3) GEGENBAUR, Zur Lehre vom Generationswechsel und der Fortpflanzung
der Medusen und Polypen. Würzburg 1854.

4) LOUIS AGASSIZ, Contributions to the nat. hist. etc. Vol. IV. 1863.

5) ALLMAN, Monograph of the tubularian Hydroids. 1871.

6) THOMAS HINCKS, History of the British Hydroid Zoophytes. London 1868.

7) A. KOWALEVSKY, Russische Abhandl. über Ontogenie der Coelenteraten.
Moskau 1873.

Dass demnach bei sehr vielen Zoophyten aus verschiedenen Classen die primordiale Furchung in der typischen ursprünglichen Weise, wie bei Gastrophysema (Taf. VIII) verlauft und die echte Archigastrula der Pflanzenthiere sehr oft sich durch Einstülpung oder Invagination der Archiblastula bildet, steht also unzweifelhaft fest. In vielen Fällen soll allerdings statt dieser *Gastrula invaginata* vielmehr eine *Gastrula delaminata* entstehen, d. h. es soll sich das einschichtige Blastoderm der Blastula in der Fläche spalten und so zweischichtig werden. Die Mundöffnung soll sich dann erst später bilden, indem die Wand dieser „Planula" durchbrochen wird. So soll durch „Delamination oder Abspaltung" namentlich die Gastrula mancher Spongien und Hydroid-Polypen, z. B. Cordylophora [1]), Campanularia [2]) entstehen. Gerade dieses Verhältniss haben die Gegner der Gastraea-Theorie mit besonderem Nachdruck als vernichtendes Argument gegen dieselbe geltend gemacht. Allein erstens sind die bezüglichen Beobachtungen keineswegs immer vollkommen klar und zweifellos; zweitens lassen dieselben — ihre volle Richtigkeit vorausgesetzt — die Deutung zu, dass die *Gastrula delaminata* eine secundäre Keimform ist, durch cenogenetische Abänderung aus der primären *Gastrula invaginata* entstanden; und drittens wird jener scheinbar so wesentliche Unterschied dadurch als völlig bedeutungslos erwiesen, dass von ganz nahe verwandten Thieren einer natürlichen Familie, oder selbst von nächststehenden Arten einer Gattung (z. B. Actinia) die Gastrula der einen durch primäre „Invagination", die Gastrula der anderen angeblich durch secundäre „Delamination" entsteht. Schon RAY-LANKESTER [3]) hat wiederholt darauf hingewiesen, dass die letztere sich auf die erstere zurückführen lässt: und ebenso hat sich neuerlichst GOETTE ausgesprochen [4]). Ich selbst bin gegenwärtig ganz überzeugt, dass auch diejenigen Gastrula-Formen, welche heute wirklich ontogenetisch durch „Delamination" oder Abspaltung sich bilden, ursprünglich (phylogenetisch) durch „Invagination" entstanden sind. Sehr viele Angaben über Delamination sind auch wohl auf Beobachtungsfehler zurückzuführen, die bei den sehr schwierigen und delicaten

---

1) FRANZ EILHARD SCHULZE, Ueber den Bau und die Entwickelung von Cordylophora lacustris. 1871. S. 38. Taf. V.

2) KOWALEVSKY, Russ. Abhandl. über Ontogenie der Coelenteraten. 1873. Taf. I.

3) E. RAY-LANKESTER, Ann. Mag. nat. hist. 1873, Vol. XI, p. 330.

4) GOETTE, Keimesgeschichte der Unke. 1875, S. 870.

Objecten sich leicht einschleichen. Wird doch z. B. bei den Ge-
ryonien die Einstülpung der Blastula, aus der die Magenhöhle
hervorgeht, von Kowalevsky (l. c.) klar beschrieben, während Foi.
und Metschnikoff von einer solchen Nichts wissen. Bis demnach
ganz genaue und unzweifelhafte Angaben über die wahre *Gastrula
delaminata* geliefert sind, dürfen wir deren Existenz einstweilen
noch bezweifeln; und selbst wenn sie erwiesen sein sollte, würden
wir sie auf die ursprüngliche *Gastrula* invaginata zurückführen
und annehmen, dass sie aus dieser durch gefälschte oder abgekürzte Vererbung, oder durch andere cenogenetische Processe secundär entstanden ist.

Auch die Gastrula der Spongien, welche in sehr mannichfaltigen und stark abweichenden Modificationen vorzukommen
scheint, dürfte durch Annahme solcher cenogenetischen Veränderungen sich erklären und auf den einheitlichen Gastrula-Typus
zurückführen lassen. Diese Annahme ist vorläufig um so mehr gestattet, als bei einzelnen Schwämmen die Archigastrula in reiner
Form sicher gestellt zu sein scheint (Fig. 17), während in anderen
Fällen sehr abweichende Formen von Amphigastrula sich finden.
Die ausführliche Darstellung der Eifurchung und Gastrulabildung
der Spongien, welche ich zuerst in meiner Monographie der Kalkschwämme gegeben habe [1]), ist später von Metschnikoff auf das
Heftigste angegriffen worden [2]). Auch Oskar Schmidt hat in einer
kürzlich erschienenen Arbeit sich gegen meine Auffassung, gleichzeitig aber auch gegen diejenige von Metschnikoff ausgesprochen [3]).

1) E. Haeckel, Monographie der Kalkschwämme, 1872. Bd. I, p. 328—346.
2) Elias Metschnikoff, Zur Entwickelungsgeschichte der Kalkschwämme.
Zeitschr. f. wiss. Zool. 1874. Bd. XXIV, p. 1. Taf. I. Die ausserordentliche
Geringschätzung und ingrimmige Erbitterung, mit welcher sich Metschnikoff
in diesen und den daran angeschlossenen Aufsätzen über meine wissenschaftlichen Arbeiten ausspricht, erklärt sich ganz einfach und befriedigend aus den
diametral entgegengesetzten allgemeinen Standpunkten, welche wir Beide in
der Zoologie einnehmen. Für Elias Metschnikoff ist die Natur ein grosses
Curiositäten-Museum, welches um so „interessanter und merkwürdiger" ist, je
wunderbarer und unerklärlicher die tausendfältigen Formbildungen unverbun-
den und unvermittelt neben einander stehen. Er sucht daher auch möglichst
zahlreiche und grosse Unterschiede zwischen verwandten Formkreisen aufzufinden. Meine eigenen Bestrebungen sind gerade auf das Gegentheil gerichtet,
indem ich diese Unterschiede auszugleichen und jene Mannichfaltigkeit bunter
Erscheinungen auf eine gemeinsame Einheit zurückzuführen und so zu erklären
suche. Die herzliche Verachtung, welche Metschnikoff diesem Bestreben be-
zeigt, erwidere ich natürlich mit gleicher Innigkeit.
3) Oskar Schmidt, Zur Orientirung über die Entwickelung der Spongien.
Zeitschr. f. wiss. Zool. 1875. Suppl. Bd. XXV, p. 127; Taf. VIII—X.

Da ausserdem O. Schmidt selbst bei nahe verwandten Spongien
sehr verschiedene Keimungsformen beschrieben hat, bedarf die
gesammte Ontogenie der Schwämme, wie er auch selbst hervorhebt, dringend neuer ausgedehnter Untersuchungen. Uebrigens
scheinen mir sowohl die Beobachtungen von O. Schmidt als von
Metschnikoff (ihre Richtigkeit vorausgesetzt!) einer Deutung fähig,
welche ihre Zurückführung auf die inaequale Amphigastrula-Bildung wohl gestattet, demnach auch mit der Gastraea-Theorie sich
vereinbaren lässt. Ich werde später darauf zurückkommen und
will vorläufig nur hervorheben, dass die beiden genannten Autoren
mit keinem Worte des Olynthus gedenken, jener wichtigsten
und lehrreichsten Spongien-Form, welche ich als die Urform der
Kalkschwämme betrachte und auf welche sich meine ganze Betrachtungsweise vorzüglich stützt. Der Olynthus ist wesentlich nur eine festsitzende Gastrula, welche geschlechtsreif
geworden ist, Hautporen und Kalknadeln gebildet hat. Der junge,
noch nicht geschlechtsreife Olynthus (ohne Hautporen und Kalknadeln) ist die Ascula (von der Metschnikoff behauptet, dass
ich sie nie gesehen habe!). Sowohl der Olynthus als die Ascula
sind sehr häufige und äusserst wichtige Schwammformen, die jeder-
zeit leicht zu haben sind. Es kann sich also nur um die Frage
handeln, wie diese, der Gastrula ganz nahe stehenden, festsitzenden Formen aus der freischwimmenden Flimmerlarve entstanden
sind? Wenn diese letztere eine Invagination erleidet (wie
Metschnikoff angiebt) und keine Delamination (wie ich annahm) so ist mir das für die Gastraea-Theorie natürlich nur um
so lieber!

Die inaequale Furchung, welche zur Bildung der Amphigastrula führt, scheint unter den Zoophyten nicht selten vorzukommen, wenn auch im Ganzen viel weniger verbreitet als die
primordiale Furchung und die Archigastrula. Unter den Spongien
ist die inaequale Furchung möglicherweise ziemlich verbreitet,
namentlich bei den Kieselschwämmen. Schon bei einigen Kalkschwämmen (die meistens archiblastisch zu sein scheinen), finden
wir Uebergänge zur amphiblastischen Form, so z. B. bei Sycyssa
Huxleyi (Fig. 18)· und Sycandra raphanus (Fig. 19). Unter den
Hydromedusen finden wir sie bei vielen Siphonophoren[1]:
sonst scheint sie in dieser Classe selten zu sein. Häufiger ist sie
vielleicht bei den Korallen (Kowalevsky l. c. Taf. IV, V). In ganz

---

1) E. Haeckel, Entwickelungsgeschichte der Siphonophoren. Utrecht 1869.

8 *

exquisiter Form aber findet sie sich bei den meisten (oder allen?)
Ctenophoren, wo sie von A. Kowalevsky[1]), Hermann Fol[2]) und
Alexander Agassiz[3]) genau beschrieben und durch zahlreiche Ab-
bildungen erläutert worden ist.

Ob die discoidale Furchung und die daraus hervorgehende
Discogastrula im Zoophyten-Stamme vorkommt, ist heute noch
zweifelhaft. Vielleicht findet sie sich bei einigen Siphonophoren
und Ctenophoren. Die ansehnliche Grösse, welche die Masse der
grossen „Dotterzellen" des Entoderms bei einigen Siphonophoren
erreicht, so dass dem gegenüber der kleine „Blastodiscus" der Exodermzellen nur eine flache Keimscheibe am animalen Pole der Eiaxe bildet, vermittelt den Uebergang zur Discogastrula.

Dagegen ist es sehr zweifelhaft, ob die superficiale Furchung und deren Endproduct, die Perigastrula, unter den
Zoophyten sich findet. Nach einigen Abbildungen scheint es, als
ob sie bei manchen Spongien, bei einigen Siphonophoren und
Korallen (Alcyonien) vorkommt.

II. Gastrula und Eifurchung der Würmer.

Im Stamme der Würmer finden wir die ursprüngliche Form
der primordialen Furchung und die daraus hervorgehende
Urform der Archigastrula bei niederen Helminthen sehr verschiedener Gruppen noch heute wohl erhalten. Unter den Plathelminthen ist dieselbe wahrscheinlich bei den Turbellarien
(deren Keimesgeschichte leider nur sehr wenig untersucht ist)
weit verbreitet, ebenso bei einer Anzahl Trematoden und wahrscheinlich auch bei vielen Cestoden[1]). Bei den Nemertinen ist
sie von Metschnikoff[5]) und Dieck[6]) beschrieben worden. Auch
bei den Enteropneusten (Balanoglossus) scheint sie in ganz reiner Form erhalten zu sein. Ebenso finden wir sie bei den Chae-

1) Kowalevsky, Entwickelung der Rippenquallen. Mém. de l'Acad. S.
Petersb. Tom. X. 1866.

2) Hermann Fol, Anatomie und Entwickelung einiger Rippenquallen.
Berlin 1869.

3) Alex. Agassiz, Embryology of the Ctenophorae. Cambridge 1874.

4) Édouard van Beneden, Recherches sur la composition et la signification de l'oeuf. Bruxelles 1870.

5) Metschnikoff, Ueber die Entwickelung der Echinodermen und Nemertinen. Mém. de l'Acad. de S. Petersb. Tom. XIV, 1869, No. 8. Taf. IX.

6) Georg Dieck, Beiträge zur Entwickelungsgeschichte der Nemertinen.
Jenaische Zeitschr. f. Nat. Bd. VIII, 1874. Taf. XX.

tognathen [1]) (*Sagitta*) vor (Fig. 23). Ferner scheint dieselbe auch bei den Nematoden verbreitet zu sein; wenigstens geht dies aus einer kürzlich erschienenen Mittheilung von Bütschli hervor, der sie bei Cucullanus genau beschreibt [2]). Bei anderen Nematoden-Gruppen dürfte gewöhnlicher die Amphigastrula auftreten. Gleiches gilt wohl auch von der Mehrzahl der Bryozoen. Unter den Tunicaten kennen wir die reine Archigastrula durch Kowalevsky's [3]) und Kupffer's [4]) Untersuchungen über verschiedenen Ascidien; der erstere hat sie auch bei *Phoronis* unter den Gephyreen nachgewiesen.

Weit häufiger als die primordiale findet sich im Stamme der Würmer die inaequale Furchung, die zur Bildung der Amphigastrula führt (Fig. 91—102). Soweit es der heutige beschränkte Zustand unserer Kenntnisse zu beurtheilen erlaubt, ist diese Form der Eifurchung unter den Würmern bei weitem am meisten verbreitet und namentlich unter den höheren Helminthen die herrschende Keimungsform. Alle verschiedenen Modificationen derselben finden sich hier vor, bald unten bei den niederen Würmern in Anschluss an die primordiale, bald oben bei den höheren Würmern in Anschluss an die discoidale und superficiale Furchung. Dabei ist das Verhältniss der zahlreichen kleinen, hellen Zellen des animalen Bildungskeimes zu den wenigen grossen, dunkeln Zellen des vegetativen Nahrungskeimes äusserst mannichfaltig. Bald erscheint die aus den letzteren gebildete vegetative Hemisphäre in die von den ersteren formirte animale Hemisphäre „eingestülpt" (*Entobole, Amphigastrula invaginata*); bald scheint vielmehr die letztere die erstere zu „umwachsen" (*Epibole, Amphigastrula circumcreta*). Gerade hier lässt sich (wie auch bei den Mollusken) sehr schön zeigen, dass beide Formen der inaequalen Furchung nur durch die relative Grösse und Masse der „Nahrungszellen" im Verhältniss zu den „Bildungszellen" verschieden und durch unmerkliche Uebergänge verbunden sind. Unter der Plathelminthen [5]) scheinen solche Uebergänge sehr verbreitet zu

1) A. Kowalevsky, Embryol. Stud. an Würmern und Arthropoden. Mém. de l'Acad. de S. Petersb. 1871. Tom. XVI, N. 12. Taf. I.

2) Bütschli, Zur Entwickelungsgeschichte des Cucullanus elegans. Zeitschr. f. wiss. Zool. 1875: Bd. XXVI, S. 103. Taf. V. Fig. 5—7 Archigastrula

3) A. Kowalevsky, Entwickelungsgeschichte d. einfachen Ascidien. Mém. Acad. Petersb. Tom. X. Nr. 15. 1866. Taf. I.

4) Kupffer, Die Stammverwandtschaft zwischen Ascidien und Wirbelthieren. Archiv f. mikr. Anat. 1870, Vol. VI, Taf. VIII.

5) A. Keferstein, Beiträge zur Anatomie und Entwickelungsgeschichte d. Seeplanarien. 1868.

sein; wahrscheinlich auch unter den Nematoden und namentlich
bei den Anneliden. Unter den letzteren hat sie vorzüglich
Claparède[1]) schon 1869 in ausgedehnter Verbreitung nachgewiesen und später Kowalevsky[2]) auf Querschnitten genauer studirt
(l. c.). Bei den meisten Chaetopoden verläuft die inaequale Furchung nach demselben Modus, den ich oben nach meinen eigenen
Beobachtungen bei Fabricia geschildert habe (Taf. VII, Fig. 91—
102). In gleicher oder ähnlicher Form entwickelt sich die Amphigastrula aber auch bei vielen anderen Würmern, namentlich den
Räderthierchen, wo sie von Leydig[3]), Salensky[4]) u. A. beschrieben worden ist. Sie tritt hier meistens, wie bei vielen Anneliden,
in derjenigen Modification auf, welche ich in der Anthropogenie
(S. 166) als „seriale Furchung" unterschieden habe, ausgezeichnet durch die arithmetische Progression, in der sich die Furchungszellen anfänglich vermehren. Andere Modificationen der
inaequalen Furchung scheinen bei Gephyreen, Tunicaten und andern Würmern vorzukommen, müssen jedoch noch genauer untersucht werden. Von Phascolosoma hat kürzlich Selenka eine ausführliche Darstellung gegeben[5]).

Die discoidale Furchung und die daraus entstehende
Discogastrula scheint zwar in so reiner Form, wie bei den
Cephalopoden, Scorpionen, Vögeln u. s. w. bei den Würmern nicht
vorzukommen. Aber vollständige Uebergänge zu derselben bildet
die Amphigastrula der Würmer nicht selten. Einen solchen hat
Kowalevsky bei *Euaxes* sehr genau beschreiben (l. c. Tab. III);
und ähnliche werden sich wahrscheinlich auch noch bei manchen
anderen Würmern mit sehr voluminösem Nahrungsdotter finden.
Offenbar führt hier die starke Massenzunahme des letzteren zu
einer Modification der Amphigastrula, welche sich unmittelbar der
Discogastrula anschliesst[6]). Ob wahre superficiale Furchung

1) Ed. Claparède, Beiträge zur Kenntniss der Entwickelungsgeschichte
der Chaetopoden. Zeitschr. für wiss. Zool. Bd. XIX. 1869. Taf. XII—XVII.
2) Kowalevsky, Embryol. Stud. an Würmern etc. Taf. III—V Euaxes;
Taf. VI, VII Lumbricus.
3) Leydig, Ueber den Bau und die systematische Stellung der Räderthiere.
Zeitschr. f. wiss. Zool. Bd. VI. 1854.
4) Salensky, Entwickelung des Brachionus. Zeitschr. f. wiss. Zool. 1872.
Bd. XXII. Taf. XXXVIII.
5) Selenka, Eifurchung und Larvenbildung von Phascolosoma. Zeitschr.
f. wiss. Zool. 1875. Bd. XXV, Taf. XXIX.
6) A. Kowalevsky, Embryol. Studien an Würmern etc. (l. c. Tab. III, IV).
Auf den Querschnitten seiner Tafel IV konnte man Fig. 25 und 26 als Disco-

und die daraus entstehende Perigastrula, wie wir sie bei den meisten Arthropoden finden, auch bereits bei höheren Würmern, namentlich Anneliden, vorkommt, ist gegenwärtig noch nicht sicher bekannt, jedoch nicht unwahrscheinlich.

III. Gastrula und Eifurchung der Mollusken.

Der Stamm der Weichthiere schliesst sich bezüglich seiner Eifurchung und Gastrulabildung auf das Engste an die Gruppe der höheren Würmer an, aus der er phylogenetisch hervorgegangen ist. Die primordiale Furchung mit der Archigastrula scheint im Ganzen nur selten rein conservirt zu sein; so namentlich bei den niedersten Mollusken, den Spirobranchien oder Brachiopoden (Fig. 25). Hier hat sie KOWALEVSKY neuerlich von *Argiope, Terebratula* u. A. beschrieben [1]). Unter den Schnecken hat sie schon 1862 LEREBOULLET bei Lymnaeus richtig erkannt [2]); und kürzlich haben sie bei derselben RAY-LANKESTER [3]) und am sorgfältigsten CARL RABL [4]) beschrieben. Das Vorkommen der reinen Archigastrula ist hier um so interessanter, als die primordiale Furchung einen vorübergehenden Anlauf zur inaequalen nimmt. Nachdem nämlich die ersten vier Furchungszellen von gleicher Grösse gebildet sind, werden dieselben durch eine dem Aequator parallele Kreisfurche in vier grössere und vier kleinere Zellen getheilt, wie bei sehr vielen Würmern und Mollusken (Fig. 101). Dann aber „theilen sich die grossen Furchungskugeln rascher und öfter als die kleinen, so dass schliesslich alle Zellen ungefähr die gleiche Grösse besitzen." (RABL l. c.).

Viel häufiger als die primordiale tritt bei den Mollusken die inaequale Furchung mit der Amphigastrula auf, welche in diesem Thierstamme, wie bei den Würmern, die bei weitem häufigste Keimungsform zu sein scheint. Die meisten älteren Be

morula, Fig. 27 u. 28 als Discoblastula, Fig. 29 u. 30 als Discogastrula deuten, mit Rücksicht auf die entsprechenden Flächenansichten der Taf. III.

1) KOWALEVSKY, Russische Abhandl. über Ontogenie der Brachiopoden. Kasan 1873. Taf. I.

2) LEREBOULLET, Embryologie du Lymnée. Annales d. sciens. nat. Vol. XVIII, 1862. Taf. 11. Fig. 25 Archiblastula. Fig. 26 Archiblastula invaginata. Fig. 26 Archigastrula.

3) RAY-LANKESTER, Observations on the development of the Pond-Snail. Quart. Journ. of microsc. Science, Vol. XIV, 1874.

4) CARL RABL, Die Ontogenie der Süsswasser-Pulmonaten. Jen. Zeitschr. f. Naturw. 1875. Vol. IX, Taf. VII.

schreibungen der Keimung von Muscheln und Schnecken sind auf
diese Form zu beziehen, obwohl die Mehrzahl derselben nicht hinreichend genau ist. Auch diejenigen Brachiopoden, welche viel
Nahrungsdotter im Ei angehäuft haben (z. B. *Thecidium*), haben
an Stelle der ursprünglichen primordialen allmählich die inaequale
Furchung angenommen. Ueber die Amphigastrula der Muscheln
hat die genauesten (noch nicht veröffentlichten) Untersuchungen
CARL RABL. an *Unio* angestellt. Ich habe mich von deren Richtigkeit an sehr guten, von RABL. angefertigten Querschnitten mit
eigenen Augen überzeugt. Seiner freundlichen Mittheilung verdanke ich die in Fig. 26—28 auf Taf. II gegebenen Abbildungen.
Das eingestülpte Entoderm der Amphigastrula zeigt sehr hohe
schmale Cylinderzellen im Gegensatze zu den niederen Platten-
zellen des Exoderm. An der Amphiblastula von Unio (Fig. 26) ist
das ganze Entoderm nur durch eine einzige sehr grosse Zelle repräsentirt, während das Exoderm bereits ein Gewölbe von vielen
kleinen Zellen bildet [1]. Von den Schnecken hat die Amphigastrula
besonders genau SELENKA bei Purpura beschrieben [2]. Der Nahrungsdotter ist hier so gross, dass die primär gefurchte Schicht der kleinen hellen Bildungszellen am animalen Bildungspole des Eies eine
fast halbkugelige Kappe bildet. Diese „umwächst" die grosszellige,
erst secundär gefurchte, subsphärische Masse der grossen dunkeln
Nahrungszellen: „Epibolie" (Amphiblastula. l. c. Fig. 3). Hierauf
schlägt sich der verdickte Rand der primären hellen Keimschicht
am untern „Nahrungspole" nach innen um und seine eingestülpte
Verlängerung wächst als „secundäre Keimschicht" (Entoderm) zwischen den grossen Dotterkugeln und der „primären Keimschicht"
(Exoderm) nach dem oberen „Bildungspole" zurück (*Amphigastrula
circumereta*, l. c. Fig. 4, 5). Vergl. Fig. 32. Wird der Nahrungsdotter noch grösser, wie es bei einigen höheren Cochliden der Fall
ist, so breitet sich die primäre Keimschicht noch flacher, scheibenförmig auf dem Nahrungsdotter aus, den sie später umwächst. Die
Amphigastrula geht so in die Discogastrula über (Fig. 104—110).

Die discoidale Furchung mit der Discogastrula wird

1) PAUL FLEMMING bemerkt in den kürzlich erschienenen „Studien in der Entwickelungsgeschichte der Najaden" (Wien. Acad. Sitzungsber. 1875. Vol. LXXI), dass eine eigentliche Gastrula hier nicht vorkomme. Er hat dieselbe offenbar desshalb übersehen, weil er keine Querschnitte durch das Gastrula-Stadium angefertigt hat.
2) SELENKA, Die Anlage der Keimblätter bei Purpura lapillus. Haarlem 1872. Taf. XVII.

dergestalt schon bei den höheren Schnecken durch die zunehmende Vergrösserung des Nahrungsdotters allmählig eingeführt. Sie findet sich allgemein bei der höchsten Mollusken-Classe, den Cephalopoden vor, und verläuft hier in einer Form, welche im Wesentlichen mit derjenigen der Vögel und Reptilien, wie der meisten Fische, identisch zu sein scheint. Bekanntlich ist diese Bildung einer Keimscheibe (*Blastodiscus*) bei den Cephalopoden schon 1844 von KÖLLIKER[1]) entdeckt und neuerdings von E. RAY-LANKESTER[2]) und USSOW[3]) auf Querschnitten studirt worden. Die Abbildung, welche RAY-LANKESTER (l. c. Taf. IV, Fig. 1 x) von einem Meridianschnitt durch die Keimscheibe eines Loligo-Eies giebt, scheint mir keinen Zweifel zu lassen, dass die Discogastrula sich auch hier bei den Cephalopoden, ganz ebenso wie bei den discoblastischen Wirbelthieren, durch Invagination bildet. Die linsenförmige Keimscheibe (*Discomorula*) verdünnt sich in der Mitte, während die Ränder sich verdicken, und hebt sich in der Mitte von dem darunter liegenden Nahrungsdotter ab (*Discoblastula*). Hierauf schlägt sich der verdickte „Randwulst", das Properistom, nach innen um, wächst als secundäre Keimschicht (beginnendes Entoderm) zwischen den Nahrungsdotter und die primäre Keimschicht (Exoderm) centripetal hinein und bildet schliesslich mit letzterer zusammen eine flach kappenförmige zweiblätterige *Discogastrula*, welche darauf den ganzen Nahrungsdotter umwächst.

Die superficiale Furchung mit der Perigastrula scheint unter den Mollusken nicht vorzukommen.

IV. Gastrula und Eifurchung der Echinodermen.

Im Stamme der Echinodermen überwiegt ganz vorherrschend, soweit sich nach den bisherigen, immer noch relativ wenig zahlreichen Beobachtungen schliessen lässt, die primordiale Furchung und die Archigastrula. Die Keimung derselben, welche ganz dem primitiven, auf unserer Tafel VIII von Gastrophysema abgebildeten Typus entspricht, ist neuerdings bei den Asteriden von ALEX. AGASSIZ[4]), bei den Holothurien von KOWA-

1. KÖLLIKER, Entwickelungsgeschichte der Cephalopoden. Zürich 1844.
2. E. RAY-LANKESTER, Observ. on the Development of the Cephalopoda. Quart. Journ. Micr. Sc. 1875. No. 57. Pl. IV, V.
3. M. USSOW, Zoologisch-embryologische Untersuchungen. Arch. f. Naturg. 1874. Bd. 40, S. 340.
4. ALEX. AGASSIZ, On the Embryology of the Starfish. Contributions etc. Vol. V. 1864.

LEVSKY[1]) genau verfolgt worden. Die Gastrulation eines Echiniden,
des Toxopneustes lividus, habe ich selbst kürzlich in Ajaccio, gelegentlich der Untersuchungen, welche mein Reisegefährte, Herr
Dr. OSCAR HERTWIG, über die Eibildung desselben anstellte, verfolgt,
und mich dabei überzeugt, dass sie in nichts Wesentlichem von der
primordialen Furchung und der Archigastrula-Bildung der Asteriden und Holothurien abweicht. Der Umstand, dass bei vielen
Echinodermen die Einstülpung der Archiblastula nicht vollständig
wird und zwischen Entoderm und Exoderm der Archigastrula ein
ansehnlicher, mit klarer Flüssigkeit oder Gallertmasse („Gallertkern", HENSEN) gefüllter Hohlraum, der Rest des Blastocoeloms,
längere Zeit bestehen bleibt, ist natürlich nicht von Belang (Fig.
33 s). Dass die primordiale Furchung unter Echinodermen aller
Gruppen weit verbreitet ist, lässt sich aus der Vergleichung der
verschiedenen Larven- oder Ammenformen erschliessen.

Neben der vorherrschenden primordialen Furchung scheint
bei vielen Echinodermen inaequale Furchung und Amphigastrula vorzukommen; insbesondere bei jenen Formen, welche
der sogenannten „directen Entwickelung" unterliegen und den ursprünglichen Generationswechsel sehr stark abgekürzt oder ganz
verloren haben. Da hier offenbar keine ursprüngliche „directe
Entwickelung" vorliegt, sondern vielmehr eine cenogenetische Abkürzung und Fälschung des ursprünglichen palingenetischen Ent-
wickelungsganges (— wie unter Anderem der „provisorische Lar-
venapparat" der Embryonen bei der lebendig gebärenden Amphiura squamata deutlich beweist —), so ist von vornherein zu erwarten, dass auch die ursprüngliche Form der primordialen Eifurchung secundäre Modificationen erlitten haben wird. Wahrscheinlich wird sich hier bei Vielen im Laufe der Zeit eine mehr
oder minder bedeutende Quantität von Nahrungsdotter gebildet
haben und die Furchung mehr oder minder inaequal geworden
sein. Zwar ist eine deutliche Amphigastrula bisher erst bei wenigen Echinodermen beobachtet worden, allein ihre weitere Verbreitung lässt sich aus den obigen Gründen vermuthen. Insbesondere dürften die lebendig gebärenden oder sonst in der Keimung vom gewöhnlichen Typus des Generationswechsels abweichenden Arten darauf zu untersuchen sein: unter den Asteriden Cra-
ster Mülleri, Echinaster Sarsii, Pteraster militaris, Amphiura squa-

---

1) KOWALEVSKY. Beiträge zur Entwickelungsgeschichte der Holothurien.
Mem. Acad. Petersb. 1867.

mata und die verwandten viviparen Arten[1]); unter den Crinoiden
wahrscheinlich viele Species; unter den Echiniden der lebendig
gebärende Anochanus chinensis und verwandte Arten; unter den
Holothurien Thelenota tremula, Phyilophorus urna, Synaptula vivi-
para und vielleicht noch viele Andere. Die genaueste Darstellung
der inaequalen Furchung hat kürzlich Selenka von Cucumaria
doliolum gegeben. Bei der Amphiblastula dieser Holothurie ist
die Invagination ebenfalls nicht vollständig und zwischen Entoderm
und Exoderm der Amphigastrula bleibt ein „glasheller Gallertkern
zurück, welcher die Rolle eines ungeformten Nahrungsdotters spielt.
Während hinten die Reste dieses Gallertkerns allmählig eingeengt
und endlich durch Resorption ganz zum Verschwinden gebracht
werden, bleibt im vorderen Drittel derselbe noch lange bestehen.
Es kommt hier zur Bildung eines grossen Oeltropfens, welcher die
Larve schwimmend an dem Meeresspiegel hält, den hinteren Pol
nach unten gewendet. Erst später tritt ein Schwund dieses Ge-
bildes und damit der Furchungshöhle überhaupt ein"[2]).

Ob bei einigen von denjenigen Echinodermen, bei denen der
palingenetische Gang der Keimung durch cenogenetische Anpassungen abgekürzt und gefälscht worden ist, die Ansammlung des
Nahrungsdotters einen höheren Grad erreicht und somit zur discoidalen Furchung und zur Discogastrula hinüber führt,
ist aus den bisherigen, sehr unvollständigen Beobachtungen nicht
sicher zu ersehen; indessen keineswegs a priori unwahrscheinlich.

Dagegen ist es nicht wahrscheinlich, dass bei irgend einem
Echinodermen die superficiale Furchung und die Perigastrula sich findet.

V. Gastrula und Eifurchung der Arthropoden.

Im Stamme der Arthropoden, sowohl bei den Crustaceen, wie
bei den Tracheaten, scheint die primordiale Furchung und
die Archigastrula nur in sehr wenigen Fällen rein conservirt
zu sein. Wahrscheinlich findet sie sich noch heute bei einzelnen
Crustaceen aus den Ordnungen der Branchiopoden und Copepoden,
bei denen vor der ursprünglichen Nauplius-Form eine rasch vorübergehende zweiblätterige Keimform auftritt, welche als Archi-

___

1) Sars. Fauna litoralis Norvegiae. Vol. I, 1846, Taf. VI; Vol. II, 1856,
Taf. VIII.
2) Selenka, Embryologie von Cucumaria doliolum. Sitzungsber. der phy-
sik. medic. Soc. zu Erlangen. 1875.

gastrula zu betrachten ist [1]). Als solche ist wahrscheinlich auch
der Keim der Tardigraden oder Arctisken zu deuten, welchen Kaufmann beschrieben hat [2]). Ebenso ist vielleicht auch der einfache,
von Nahrungsdotter ganz entblösste Embryo der merkwürdigen
Pteromalinen (Platygaster, Polynema, Ophioneurus, Teleas), welchen
wir durch Ganin [3]) kennen gelernt haben, als Archigastrula zu
deuten und vermuthlich durch Invagination einer primordialen
Archiblastula entstanden. Allerdings beschreibt Ganin die „totale
Furchung" dieser parasitischen Hymenopteren in abweichender
Weise. Indessen dürfte dieser Unterschied entweder durch genauere histologische Untersuchung des Furchungsprocesses auszugleichen oder auf eine geringfügige cenogenetische Modification
zurückzuführen sein. Möglich bleibt es immerhin, dass hier keine
ursprüngliche Archigastrula-Bildung vorliegt, sondern eine eigenthümliche Modification der Eifurchung, welche durch den tertiären
cenogenetischen Verlust des secundären, bei den Vorfahren der
Pteromalinen noch vorhandenen Nahrungsdotters bedingt ist.

Ziemlich verbreitet unter den niederen Arthropoden, und jedenfalls viel häufiger als die primordiale, ist die inaequale Furchung und die daraus hervorgehende Amphigastrula. Unter
den Crustaceen scheint dieselbe in den allermeisten Fällen aufzutreten, in denen der echte Nauplius noch heute conservirt ist;
jene bedeutungsvolle Keimform, welche zuerst Fritz Müller in
seiner ideenreichen Schrift „Für Darwin" als Wiederholung der
gemeinsamen Stammform aller Crustaceen nachgewiesen hat [4]).
Die Entstehung des Nauplius und der zweiblätterigen, der Gastrula
entsprechenden Keimform scheint in der Mehrzahl der Fälle durch
inaequale Furchung zu geschehen. Wird die Masse des Nahrungsdotters, die den Nauplius-Darm erfüllt, beträchtlich, so kann die
inaequale Furchung bald in die discoidale, bald in die superficiale
Furchung übergehen. Die genauesten Untersuchungen, die wir
bisher über diesen Vorgang besitzen, namentlich diejenigen von
Ed. van Beneden und Emil Bessels [5]), lassen vermuthen, dass hier

1) Ed. van Beneden et Emil Bessels (l. c.).

2) Joseph Kaufmann, Ueber die Entwickelung und system. Stellung der
Tardigraden. Zeitschr. f. wissensch. Zool. 1851. Vol. III, S. 220, Taf. VI.

3) M. Ganin, Beiträge zur Erkenntniss der Entwickelungsgeschichte bei den
Insecten. Zeitschr. f. wissensch. Zool. 1869. Vol. XIX, Taf. 30—33.

4) Fritz Müller, Für Darwin. Leipzig 1864.

5) Edouard van Beneden et Emil Bessels, Sur la Formation du Blasto-
derme chez les Crustacés. Bulletins et Mémoires de l'Acad. Belge. 1868. 1869.

eine ziemlich ausgedehnte Stufenreihe von Uebergangsformen der inaequalen Eifurchung bestehen wird, welche sich einerseits unten an die frühere primordiale, oben an die spätere discoidale und superficiale Furchung anschliessen. Dasselbe ist auch von den niederen Tracheaten zu vermuthen, sowohl Insecten, als namentlich Spinnen. Auch hier scheinen manche (vorzüglich kleine Arten, deren kleine Eier wenig Nahrungsdotter enthalten) eine inaequale Eifurchung durchzumachen, die sich bald mehr an die primordiale, bald mehr an die discoidale, bald endlich unmittelbar an die superficiale Furchung anschliesst.

Wie weit die discoidale Furchung und die Discogastrula unter den Arthropoden verbreitet ist, lässt sich heutzutage noch nicht annähernd bestimmen. Nur so viel scheint sicher, dass sie sowohl unter den Crustaceen als unter den Tracheaten ziemlich häufig vorkommt, insbesondere bei grösseren, differenzirteren Formen, die einen ansehnlichen Nahrungsdotter erworben haben. Sie muss hier überall vorkommen, wo sich „an einem Pole des Eies eine Keimscheibe (*Blastodiscus*) bildet, welche den Nahrungsdotter umwächst, indem sie sich allmählich bis zu dem entgegengesetzten Pole hin ausdehnt". So finden wir sie bei der Nauplius-Bildung von grösseren Crustaceen verschiedener Ordnungen (van Beneden et Bessels l. c.). Vom Oniscus hat sie Bobretzky[1]) sehr genau beschrieben (Fig. 35, 36, 37). Ebenso sehen wir sie bei verschiedenen Tracheaten, insbesondere bei den Scorpionen verlaufen. Die Discogastrula des Scorpions, welche auf unserer Fig. 40 copirt ist, entspricht derjenigen der Vögel und Reptilien[2]).

Die grösste Rolle spielt im Stamme der Gliederthiere, sowohl unter den Crustaceen, als unter den Tracheaten, die superficiale Furchung und die daraus resultirende Perigastrula (Fig. 38). Ja diese eigenthümliche Keimungs-Form ist sogar recht eigentlich für diesen Stamm charakteristisch und wir müssen es noch dahin gestellt sein lassen, ob dieselbe in einem der anderen Stämme (insbesondere bei den Würmern), in derselben ausgeprägten Form sich findet. Bei vielen niederen und bei der grossen Mehrzahl der höheren Crustaceen (namentlich der Malacostraken), bei den Poecilopoden (Limulus), bei der Mehrzahl der Arachniden und Myriapoden und namentlich bei den allermeisten Insecten scheint

---

1) Bobretzky, Zur Embryologie des Oniscus murarius. Zeitschr. f. wiss. Zool. 1874. Bd. XXIV. S. 175, Taf. XXI.

2) Metschnikoff, Embryologie des Scorpions. Zeitschr. f. wissensch. Zool. 1871, Vol. XXI, S. 204.

sich der Embryo auf diesem eigenthümlichen Wege zu entwickeln. Als die genauesten Beobachtungen, welche wir darüber besitzen, wurden bereits vorher diejenigen von Bobretzky [1]), E. van Beneden und Bessels (l. c. l. c.), Weismann [2]) und Kowalevsky [3]) hervorgehoben. Aber auch die Angaben von Claparède [4]) Metschnikoff und vielen anderen Beobachtern lassen sich wohl auf jene zurückführen.

Soweit man nach den zahlreichen, gegenwärtig vorliegenden — allerdings bei dem ungeheuren Umfang des Arthropoden-Stammes immer noch relativ spärlichen — Angaben urtheilen darf, ist die echte superficiale Furchung mit derjenigen Perigastrula-bildung, welche ich von Peneus geschildert habe (Taf. VI) unter den höheren Crustaceen und Tracheaten allerdings die vorherrschende Form. Allein es scheinen unter den zahlreichen Modificationen derselben auch viele Zwischenformen vorzukommen, welche als vermittelnde Uebergänge theils zwischen der superficialen und discoidalen, theils zwischen der superficialen und inaequalen, theils zwischen der superficialen und primordialen Furchung zu deuten sind. Selbst bei nahe verwandten Gliederthieren finden sich in dieser Beziehung höchst auffallende Unterschiede vor, wie schon van Beneden und Bessels (l. c.) mit Recht hervorgehoben haben. Sie fanden z. B. bei verschiedenen Species das Genus Gammarus die Furchung und das Verhalten des Nahrungsdotters höchst verschieden.

Aus diesen Gründen dürfen wir schliessen, dass die superficiale Furchung und die Perigastrula-Bildung der Arthropoden bald direct aus der primordialen, bald indirect aus der discoidalen, oder aus der inaequalen Furchung (wie sie bei anderen Thieren dieses Stammes vorkommt) sich phylogenetisch entwickelt hat. Da wir aber sowohl die discoidale als die inaequale Furchung als secundäre Processe nachgewiesen haben (aus der primordialen Furchungsform durch cenogenetische Abänderungen entstanden), so werden wir auch die superficiale Furchung direct oder indirect auf letztere zurückzuführen haben. Sehr oft wird die superficiale Furchung

1) Bobretzky, Russische Abhandlungen über Ontogenie der Arthropoden. Kiew 1873.

2) Weismann, Die Entwickelung der Dipteren. Leipzig 1864.

3) Kowalevsky, Embryol. Studien an Würmern und Arthropoden. Mém. Acad. Petersb. 1871.

4) Ed. Claparède, Recherches sur l'évolution des Araignées. Genève 1862. Studien an Acariden. Zeitschr. f. wissensch. Zool. 1868. Vol. XVIII, S. 488.

aus der primordialen direct entstanden sein, indem der im Centrum
der Eizelle angesammelte Nahrungsdotter sich an der Theilung des
peripherischen Bildungsdotters zu betheiligen aufhörte.

VI. Gastrula und Eifurchung der Wirbelthiere.

Im Stamme der Vertebraten ist die Eifurchung und die daraus
resultirende Keimblätterbildung seit mehr als einem halben Jahrhundert von zahlreichen Beobachtern auf das Genaueste untersucht worden, und es sind darüber mehr verschiedene und ein-
gehende Darstellungen veröffentlicht worden, als über die ersten
Keimungs-Vorgänge in allen übrigen Thierstämmen zusammenge-
nommen. Ja die betreffenden Verhältnisse der Wirbelthiere bildeten eigentlich noch bis vor wenigen Jahren den Mittelpunkt der
gesammten Keimblätter Theorie; und als man dann anfing, diese
auch auf die Wirbellosen auszudehnen, lieferten die Vertebraten
das ausgebildete Schema, von welchem ausgehend man die verschiedenen Verhältnisse der Wirbellosen zu beurtheilen versuchte.
Bekanntlich haben viele Zoologen noch bis vor zehn Jahren die
Bildung und Sonderung der Keimblätter überhaupt als einen den
Wirbelthieren eigenthümlichen Differenzirungs-Process aufgefasst.
Als man dann aber auch bei den Wirbellosen diesen Vorgang in
grosser Ausdehnung nachzuweisen begann, war es ein verhängnissvoller Umstand, dass man die am häufigsten und am genauesten
untersuchte Keimung des Hühnchens zum Ausgangspunkt wählte.
Die hier auftretende discoidale Furchung und Discogastrula-Bildung, eine sehr stark modificirte secundäre Keimungsform, wurde
unglücklicher Weise als Erklärungs-Basis für die viel einfacheren,
primären Keimungsformen niederer Thiere hingestellt und das
Verhältniss des kleinen Bildungsdotters zum grossen Nahrungsdotter völlig verkehrt aufgefasst. Die wichtigsten Keimungspro-
cesse, die Bildung der Blastula und die Entstehung der Gastrula
durch Invagination der letzteren wurden dabei ganz übersehen.
und erst in neuester Zeit gelang es, diese auch hier nachzuweisen,
    Soweit sich gegenwärtig die Keimungsverhältnisse der Verte-
braten übersehen lassen, finden wir von den vier Hauptformen der
Eifurchung und Gastrulation die superficiale hier gar nicht vor.
die primordiale nur beim Amphioxus. Dagegen findet sich die
inaequale Furchung bei den Cyclostomen, Amphibien, Ganoiden,
Marsupialien (?) und Placentalien (wahrscheinlich auch bei den

Dipneusten); die discoidale Furchung bei den Selachiern, Teleostiern, Reptilien, Vögeln und Monotremen (?).

Die ursprüngliche reine Form der primordialen Furchung
und die daraus hervorgehende Archigastrula hat unter den
Wirbelthieren bis auf den heutigen Tag einzig und allein der Amphioxus getreu conservirt (Taf. III, Fig. 41—44). Wie wir
durch Kowalevsky's epochemachende Entdeckung 1866 erfahren
haben, durchläuft das Ei dieses ältesten Wirbelthieres eine vollkommen reguläre totale Furchung, die sich in keiner Weise von
derjenigen anderer archiblastischer Eier unterscheidet [1]). Aus der
Archimorula entsteht eine echte Archiblastula (Fig. 41); diese
stülpt sich unipolar ein (Fig. 42); das eingestülpte Entoderm legt
sich an das nicht eingestülpte Exoderm an (Fig. 43) und wir erhalten somit eine ellipsoide Archigastrula (Fig. 44). Wie wir den
Amphioxus aus vergleichend-anatomischen Gründen als den letzten
überlebenden Repräsentanten einer untergegangenen formenreichen
Classe von schädellosen Wirbelthieren (*Acrania*) betrachten müssen,
so müssen wir auch aus vergleichend-ontogenetischen Gründen den
Schluss ziehen, dass die von ihm conservirte primordiale Furchung
diesen letzteren (wenigstens zum Theil) gemeinsam war.

Aus der primordialen Furchung und der Archigastrula der
Acranier, welche unter den Wirbelthieren der Gegenwart nur noch
der Amphioxus besitzt, hat sich zunächst die inaequale Furchung und die Amphigastrula entwickelt, welche wir bei vielen niederen Wirbelthieren in bemerkenswerther Uebereinstimmung
antreffen: bei den Cyclostomen, den Ganoiden und den Amphibien,
höchstwahrscheinlich auch bei den Dipneusten. Die inaequale
Furchung der Cyclostomen hat zuerst Max Schultze [2]) von
Petromyzon beschrieben (Fig. 45—48); vermuthlich wird sich dieselbe Form auch bei den Myxinoiden finden, deren wichtige Keimesgeschichte leider noch ganz unbekannt ist. Die Amphimorula
von Petromyzon (Fig. 46) zeigt eine geräumige Keimhöhle (*s*),
deren gewölbte Decke von der animalen Hemisphäre, deren vertiefter Boden von der vegetativen Hemisphäre der Furchungszellen
gebildet wird. Bei der daraus hervorgehenden Amphiblastula (Fig.
47) ist die Keimhöhle (*s*) noch bedeutend erweitert, während schon
die Einstülpung des Urdarms beginnt (*a*). Später verschwindet

---

1) A. Kowalevsky, Entwickelungsgeschichte des Amphioxus lanceolatus.
Mém. Acad. Petersb. 1867. Tom. XI. No. 4.
2) Max Schultze, Die Entwickelungsgeschichte von Petromyzon Planeri.
Haarlem 1856.

mit der fortschreitenden Einstülpung des Urdarms die Furchungshöhle ganz und die typische Amphigastrula ist fertig (Fig. 48).
Der Urmund der letzteren oder der „Rusconi'sche After" (o) geht
nach Max Schultze „bestimmt in den definitiven After des Embryo über".

Ueber die inaequale Furchung der Ganoiden besitzen wir bis
jetzt bloss die vorläufige Mittheilung, welche Kowalevsky, Owsjannikow und Wagner über die Keimung der Störe 1869 gegeben
haben. Demnach stimmt dieselbe im Wesentlichen mit derjenigen
des Petromyzon und der Amphibien überein. Auch die Amphigastrula des Accipenser scheint von derjenigen des Petromyzon
und der Amphibien nicht wesentlich verschieden zu sein [1].

Am längsten bekannt und am genauesten untersucht ist die
inaequale Furchung bei den Amphibien, über welche vor allen
die höchst sorgfältigen Beobachtungen von Remak [2] und Goette [3]
vollständigen Aufschluss gegeben haben (Fig. 51—53). Als Eigenthümlichkeiten derselben sind besonders hervorzuheben: das lange
Bestehen der Furchungshöhle (s) neben der Urdarmhöhle (a),
welche zum grössten Theile mit Dotterzellen ausgefüllt ist, und
deren Urmund (o) durch den Baer'schen Dotterpfropf (gewöhnlich
mit Unrecht nach Ecker benannt) ausgefüllt wird. Daher ist eine
scharfe Grenze weder zwischen der Amphimorula (Fig. 51) und
der Amphiblastula (Fig. 52), noch zwischen dieser letzteren und
der Amphigastrula (Fig. 53) zu ziehen.

Eine ganz eigenthümliche Modification der inaequalen Furchung und der Amphigastrula-Bildung scheinen die Säugethiere
darzubieten. Seit den ersten genauen Beobachtungen, welche uns
Bischoff [4] über die Eifurchung der Säugethiere gegeben hat,
nimmt man allgemein an, dass dieselbe als „reguläre totale Furchung" verläuft, in derselben primordialen Form, welche unter
den Wirbelthieren sonst nur beim Amphioxus zu finden ist. Als
Endproduct der wiederholten Eitheilung wird eine reguläre Archimorula geschildert, ein solider kugeliger Zellenhaufen, der aus

---

1) A. Kowalevsky, P. Owsjannikow und N. Wagner, Die Entwickelungsgeschichte der Störe. Bulletin Acad. Petersb. 1870. Tom. XIV, S. 318.

2) Robert Remak, Untersuchungen über die Entwickelung der Wirbelthiere. 1855. Taf. IX.

3) Alexander Goette, Entwickelungsgeschichte der Unke (Bombinator).
1875. Taf. I, II.

4) Bischoff, Entwickelungsgeschichte des Kaninchen-Eies. 1842. — des
Hunde-Eies. 1845.

lauter gleichartigen Zellen zusammengesetzt ist [1]). Aus diesem
soll dann eine reguläre „Keimblase oder *Vesicula blastodermica*",
also eine Archiblastula entstehen, indem im Innern desselben sich
Flüssigkeit ansammelt und sämmtliche Zellen zur Bildung einer
einschichtigen Wand der Hohlkugel zusammentreten [2]). Wäre
diese „Keimblase" der Säugethiere wirklich, wie man fast allgemein annimmt, der einfachen Archiblastula des Amphioxus, der
Ascidien und anderer archiblastischer Thiere homolog, so müsste
der mit klarer Flüssigkeit gefüllte Hohlraum die Furchungshöhle sein. Nun ist derselbe aber vielmehr, wie sich aus der
späteren Entwickelung zweifellos ergiebt, die Höhle des mit Flüssigkeit gefüllten Dottersacks, oder — mit anderen Worten — die
Urdarmhöhle. Unmöglich aber kann sich die Furchungshöhle.
welche zwischen Exoderm und Entoderm liegt, unmittelbar in die
ganz davon geschiedene, bloss vom Entoderm umschlossene Urdarmhöhle umwandeln.

In der That liegen aber die Furchungs-Verhältnisse der Säugethiere nicht so einfach, wie man bisher annahm, sondern vielmehr
ziemlich complicirt. Das lässt sich schon a priori erwarten aus dem
Verwandtschafts-Verhältniss der Säugethiere zu den übrigen Vertebraten. Unmöglich können die Mammalien als höchst entwickelte
Classe des Stammes den ursprünglichen einfachsten Process der
primordialen Furchung bis heute conservirt haben, den allein der
Amphioxus noch besitzt, während alle übrigen Wirbelthiere modificirte Furchungsformen zugleich mit dem Nahrungsdotter erworben haben. Auch ist ja in der That die Archigastrula, die das
Resultat der primordialen Furchung sein müsste, nirgends bei den
Säugethieren nachzuweisen und ich habe desshalb schon in der
Anthropogenie (S. 166) ihre Eifurchung als „pseudototale" bezeichnet. Ausserdem lässt sich aber schon aus den wenigen und
lückenhaften Beobachtungen, die überhaupt über die Furchung der
Säugethiere vorliegen, mit Sicherheit schliessen, dass hier nirgends
primordiale, sondern überall abgeleitete und modificirte Furchungs-
Verhältnisse sich finden.

Leider sind die höchst wichtigen Vorgänge, welche die Eifurchung der Säugethiere begleiten, bisher noch viel zu wenig er-
forscht, und neue, umfangreiche und mit Rücksicht auf die leitende

---

1) Die angebliche Archimorula des Säugethieres ist von BISCHOFF abgebildet: „Kaninchen-Ei" Taf. IV, Fig. 28, 30; „Hunde-Ei" Taf. II, Fig. 16, 19.
2) Die angebliche Archiblastula des Säugethieres ist von BISCHOFF abgebildet: „Kaninchen-Ei", Taf. VI, Fig. 35. 36; Taf. VII, Fig. 37.

Gastraea-Theorie angestellte Untersuchungen sind das dringendste Bedürfniss. Von den drei Hauptgruppen der Säugethiere sind die beiden niederen, Monotremen und Didelphien, überhaupt noch gar nicht auf die Furchung untersucht, und nur über einige wenige Placentalien besitzen wir unvollständige und unzureichende Beobachtungen. Von den grossen Eiern der Monotremen, die einen mächtigen Nahrungsdotter besitzen, lässt sich mit Sicherheit vermuthen, dass sie discoidale Furchung besitzen und eine Discogastrula bilden werden wie die Vögel und Reptilien. Dasselbe gilt vielleicht auch von einem Theile der Marsupialien (?), während ein anderer Theil derselben (und wohl die grosse Mehrzahl) sich vermuthlich an die Placentalien anschliessen wird. Die Placentalien der Gegenwart besitzen wahrscheinlich sämmtlich inaequale Furchung und bilden eine eigenthümlich modificirte Amphigastrula. Man könnte versucht sein, diese unmittelbar von derjenigen der Amphibien abzuleiten, da ja die Säugethiere überhaupt — direct oder indirect — jedenfalls als Descendenten der Amphibien aufzufassen sind. Viel wahrscheinlicher ist es aber, dass die Amphigastrula der Placentalien (und Didelphien?) durch Rückbildung — insbesondere durch Reduction und Verflüssigung des Nahrungsdotters — aus der Discogastrula der Monotremen und somit die inaequale Furchung der ersteren nicht primär, sondern tertiär aus der secundären discoidalen Furchung der letzteren entstanden sein wird.

Dass in der That die Eifurchung der Placentalien die inaequale und nicht die primordiale ist, lässt sich schon aus den Angaben und Abbildungen von Bischoff über die Keimung des Meerschweinchens und des Rehes entnehmen. Bereits in frühen Stadien der Furchung treten hier Furchungszellen von sehr ungleicher Grösse und Beschaffenheit neben einander auf[1]). Aber auch schon die früheren Beobachtungen desselben Forschers über die Keimung des Kaninchens und des Hundes führen zu demselben Schlusse. Denn jener bekannte hügelförmige oder halbkugelige „Rest von dunkeln Furchungskugeln an einer Stelle der Innenfläche der hellen Keimblase" beweist allein schon, dass diese „Vesicula blastodermica" keine wahre primäre Archigastrula, sondern eine modificirte secundäre oder tertiäre Amphiblastula ist, und dass schon während des Furchungsprocesses eine Differenzi-

---

1) Bischoff, Entwickelungsgeschichte des Meerschweinchens, 1852 (Taf. I, Fig. 7—12). — des Rehes, 1854 (Taf. I, Fig. 5—10)

rung zwischen zweierlei Zellen, kleineren, hellen, animalen (Exo-
derm-) Zellen, und grösseren, dunkeln, vegetativen (Entoderm-)
Zellen eingetreten ist. Daraus lässt sich dann auch ferner schliessen, dass die Annahme einer Spaltung oder Delamination des
Blastoderms in die beiden primären Keimblätter unbegründet ist.
Meines Wissens hat bis jetzt nur ein einziger Beobachter
diese wichtigen Verhältnisse in der inaequalen Furchung des Säugethier-Eies richtig ins Auge gefasst und den Weg angedeutet, auf
welchem das schwierige Verständniss der eigenthümlichen Säuger-
Furchung gesucht werden muss. In der kurzen vorläufigen Mittheilung, welche ALEXANDER GOETTE „Zur Entwickelungsgeschichte
des Kaninchens" 1869 veröffentlichte, sagt derselbe wörtlich Folgendes: „An Eiern von 2—3 Mm. Durchmesser sah ich an der
Innenfläche der hellen Keimblase einen dunkeln Fleck, oder den
eigentlichen Zellenhaufen, und in weitem Umfang um denselben
einen hellen Hof, welcher von einer dünnen Zellenanhäufung her-
rührt (vegetatives Blatt der Keimblase der Autoren). Von dem
kreisförmigen Rande dieser zarten Schichte wächst alsdann ein
Ring gegen das Innere der Keimblase vor und schliesst sich bald
zu einer continuirlichen Haut, welche sich an jene Zellenschichte,
aus deren Umschlage sie hervorging, anlegt."[1]) Offenbar ist dies
ganz derselbe Vorgang, den ich oben vom discoblastischen Teleo-
stier-Ei (Taf. IV und V) näher geschildert habe. Der Unterschied ist nur der, dass statt des soliden grossen Nahrungsdotters
hier die mit Flüssigkeit gefüllte Keimblase der Säugethiere sich
findet. Diese sogenannte Keimblase ist aber nicht homolog der
wahren primären Archiblastula, sondern vielmehr als eine secundäre Amphiblastula aufzufassen, vielleicht sogar richtiger als eine
Discoblastula, bei welcher der hügelförmig innen vorspringende
„Rest von dunkeln Furchungskugeln" die Grundlage des Frucht-
hofs, den wahren Blastodiscus darstellt. Wie GOETTE in seiner
Keimesgeschichte der Unke wohl richtig bemerkt (S. 144) „muss
man sich dazu die Dotterzellenmasse des holoblastischen Eies nachträglich aufgelöst und verflüssigt denken", und man muss ferner
annehmen (S. 866 Anm.), „dass die während der Auflösung des
Nahrungsdotters secundär entstehende einschichtige Keimblase in
keiner unmittelbaren Beziehung zur Gastrula steht, sondern eine
von dem eigentlichen Eie sich ablösende zellige Eihülle darstellt,

---

1) ALEXANDER GOETTE. Centralblatt für die medic. Wissensch. Berlin 1869.
No. 55.

welche auch thatsächlich in der Bildung des Chorion aufzugehen scheint". Die Abbildung, welche Bischoff (l. c. Tab. II, Fig. 19—24) von der Blastula und Gastrula des Hunde-Eies giebt, scheint diese Auffassung lediglich zu bestätigen. Offenbar entsteht auch hier die eigenthümliche Amphigastrula durch Invagination aus der Amphiblastula; und höchst wahrscheinsch gilt dies für den Menschen ebenso wie für alle übrigen Placentalthiere. Ich fasse demnach die inaequale Eifurchung der Placentalien (die ich in der Anthropogenie als „pseudototale" bezeichnet habe) als eine besondere Modification auf, welche durch Verflüssigung und Rückbildung des Nahrungsdotters phylogenetisch aus der discoidalen Furchung der Monotremen und überhaupt der älteren Vorfahren der Säugethiere (insbesondere der Protamnien) entstanden ist. Demgemäss ist auch die Amphigastrula der Placentalien aus der Discogastrula der Monotremen (resp. der Promammalien) phylogenetisch hervorgegangen.

Die grösste Rolle spielt im Stamme der Wirbelthiere die discoidale Furchung und die daraus hervorgehende Discogastrula (Taf. IV und V). Die grosse Mehrzahl aller jetzt lebenden Vertebraten scheint diesem Furchungsprocesse unterworfen zu sein, nämlich: alle echten Fische mit Ausnahme der Ganoiden (also sämmtliche Selachier und Teleostier), wahrscheinlich ein Theil der Amphibien (Salamandra?), und die umfangreichen Klassen der Reptilien und Vögel, vermuthlich auch die Monotremen und ein Theil der Didelphien (?). Bei weitem am häufigsten und genauesten ist der Furchungs-Process hier beim Hühnchen untersucht worden, und dieser Umstand war insofern sehr verhängnissvoll, als gerade dieses Object zu den schwierigsten gehört. Daher ist die grosse Mehrzahl aller Untersuchungen über die Keimblätter des bebrüteten Hühnchens fehl gegangen. Erst in neuester Zeit ist es den sorgfältigen Untersuchungen von Goette[1]) und Rauber[2]) gelungen, auch hier das wahre Sachverhältniss klar zu erkennen und auf die Gastrulabildung durch Einstülpung zurückzuführen; sowie die wesentliche Uebereinstimmung nachzuweisen, die in der Gastrulabildung der Vögel und der Fische besteht. Uebrigens hat schon vor 22 Jahren der Strassburger Embryologe Lere-

---

1) Alexander Goette, Die Bildung der Keimblätter und des Blutes im Hühner-Ei. Arch. für mikr. Anat. 1874. Bd. X. S. 145.

2) A. Rauber, Ueber die embryonale Anlage des Hühnchens. II. Die Gastrula des Hühnerkeims. Berlin. Medicin. Centralblatt 1871 No. 50. 1875 No. 4. 17.

BOULLET die Gastrulabildung bei den meroblastischen Fisch-Eiern richtig erkannt und hat die Discogastrula der Knochenfische (z. B. vom Hecht) ganz klar beschrieben und abgebildet (Taf. III, Fig. 50) [1]).

Wenn man von diesem, nunmehr endgültig gewonnenen festen Boden aus die zahlreichen und sehr divergirenden, oft sich direct widersprechenden Angaben der Autoren über die Eifurchung der discoblastischen Wirbelthiere vergleicht, so gewinnt man die Ueberzeugung, dass auch hier wieder unter der Fülle mannichfaltiger Erscheinungen überall ein und derselbe discoidale Keimungs-Process, die Bildung der Discogastrula, verborgen ist. Theils die Schwierigkeit des Objectes, theils die mangelhaften Untersuchungs-Methoden der Beobachter, theils und vor Allem aber der Mangel der leitenden phylogenetischen Gesichtspunkte, welche durch die Gastraea-Theorie gegeben sind, verschulden hier die Masse der Irrthümer, mit denen die bezügliche umfangreiche Literatur angefüllt ist. Die Schwierigkeiten, alle die verschiedenen Vorgänge, die hier bei den verschiedenen discoblastischen Wirbelthier-Eiern vorkommen sollen, auf die fundamentale Entstehung der Discogastrula durch Invagination der Discoblastula (Taf. IV und V) zurückzuführen, sind vom Standpunkte der Gastraea-Theorie aus nicht grösser, als die leicht lösbaren Schwierigkeiten, welche sich der Zurückführung aller verschiedenen Formen der amphiblastischen Keimung auf die ursprüngliche Urform der archiblastischen Keimung entgegenstellen. Dabei ist noch besonders zu berücksichtigen, dass die verschiedenen Modificationen der Discogastrula-

---

1) LEREBOULLET. Recherches d'Embryologie comparée sur le developpement du Brochet, de la Perche et de l'Ecrevisse. Mém. de l'Acad. des sc. (sav. etrang.). Paris 1853. Tom. XVII. Brochet, Pl. I, Fig. 17—27. Die Entstehung der Discoblastula des Hechtes durch Einstülpung ist hier ganz deutlich mit folgenden Worten beschrieben (p. 488): „Vers la fin du premier jour le germe embryonnaire a pris la forme d'une vésicule plus ou moins aplatie, reposant sur le vitellus („Discoblastula"). Pendant la première moitié du second jour la vésicule blastodermique s'aplatit de plus en plus; ses deux parois opposées se touchent, et elle se moule comme une séreuse autour de la portion de l'oeuf, qu'elle recouvre, comme le ferait un verre de montre. Cette nouvelle calotte est d'abord plus épaisse à son centre; mais, quand elle commence à s'étendre, en s'aplatissant de plus en plus, c'est le contraire qui a lieu; sa partie centrale s'amincit, tandis que son rebord circulaire devient plus épais et forme un véritable bourrelet autour de l'oeuf. On peut encore, à cette epoque, reconnaître et séparer les deux feuillets qui composent la calotte blastodermique („Discogastrula"!).

bildung bei den verschiedenen discoblastischen Wirbelthieren eine
zusammenhängende Stufenleiter darstellen, welche sich unten unmittelbar an die Amphigastrula der amphiblastischen Vertebraten
anschliesst, während sie oben (bei unverhältnissmässig grossem
Nahrungsdotter) eine ganz davon verschiedene eigenthümliche Keimungsform zu bilden scheint. Während dort noch der Nahrungsdotter am Furchungsprocesse mehr oder minder Antheil nimmt,
ist er hier zuletzt ganz davon ausgeschlossen.

Bei den Selachiern entsteht offenbar die Discogastrula durch
Invagination der Discoblastula (Taf. III, Fig. 49); wir können dies
aus Balfour's wichtigen Mittheilungen über die Ontogenie der Hai-
fische schliessen, obwohl dieser Autor eine eigentliche „Involution"
hier nicht zugiebt[1]. Ebenso lassen sich die sehr mannichfaltigen
und widersprechenden Angaben über die Keimung der Teleostier
bei sorgfältiger kritischer Vergleichung sämmtlich auf die discoidale Furchung zurückführen, wie ich sie oben vom Gadoiden-Ei
beschrieben habe (Taf. IV und V). Unter allen Autoren hat
Goette hier den Keimungs-Process am richtigsten (vom Forellen-
Ei) beschrieben. „Nach beendigter Furchung bilden die Zellen
des Keimes eine linsenförmige Scheibe, welche in einer entsprechenden Vertiefung des Dotters ruht („Discomorula", vergl. auf
Taf. IV meine Fig. 59, 60, 73). Darauf verdünnt sich die Mitte
des Keimes und löst sich vom Dotter, so dass zwischen beiden die
Keimhöhle entsteht („Discoblastula", Fig. 61, 62, 74). Dann schlägt
sich der Rand des Keimes auf einer Seite nach unten um und
breitet sich an der unteren Fläche des Keimes aus. Dasselbe geschieht später an der übrigen Peripherie. So besteht der Keim
aus zwei Schichten, welche im verdickten Rande zusammenhängen
(„Discogastrula", Fig. 63—66, 75, 76). Wo jener Umschlag begann, bildet sich die Embryonal-Anlage, indem die tiefere Schicht
sich in zwei Blätter sondert, so dass dort im Ganzen drei Blätter
über einander liegen"[2]. Durch diese vollkommen naturgetreue
Darstellung Goette's, die mit meinen eigenen Beobachtungen über
verschiedene Teleostier-Eier völlig übereinstimmt, sind alle die
übrigen abweichenden Angaben anderer Autoren über die Keimung
der Knochenfische erledigt, so insbesondere diejenigen von Carl

---

[1] Balfour, Development of the Elasmobranch Fishes. Quart. Journ. of
Mikr. Sc. 1874. No. LVI.
[2] Alexander Goette, Der Keim des Forellen-Eies. Berlin. medicin.
Centralbl. 1869, No. 26. Ausführliche Darstellung im Arch. f. mikr. Anat. 1873.
Bd. IX, S. 683. Taf. XXVII.

Vogt[1]), Kupffer[2]), van Bambecke[3]), Rieneck[4]), Oellacher[5]), Stricker[6]) u. s. w. Unter diesen Mittheilungen sind diejenigen Kupffer's von besonderem Interesse und stimmen auch in vielen Beziehungen mit unseren eigenen Beobachtungen überein: die Discogastrula von Gasterosteus ist daselbst abgebildet auf Taf. XVI, Fig. 1—3; von Gobius auf Taf. XVII, Fig. 16—20. Die discoidale Furchung und die Discogastrula-Bildung der Reptilien ist bisher noch nicht genauer untersucht; indessen kann es a priori nicht zweifelhaft sein, dass dieselbe im Wesentlichen völlig mit der Keimung der nahverwandten Vögel übereinstimmen wird. Ueber diese haben uns, wie schon angeführt, erst die neuesten Untersuchungen von Goette[7]) und Rauber[8]) (l. c.) einen völlig befriedigenden Aufschluss gegeben, indem sie auch hier, ganz wie bei den Teleostiern, die Entstehung der Discogastrula durch Invagination der Discoblastula nachgewiesen haben (Fig. 54). Dadurch sind auch hier alle die zahlreichen entgegenstehenden Angaben anderer Beobachter in einem, der Gastraea-Theorie vollkommen entsprechenden Sinne erledigt. so insbesondere diejenigen von Remak[9]).

---

1) Charles Vogt, Embryologie des Salmones. Neuchâtel 1842.

2) Kupffer, Beobachtungen über die Entwickelung der Knochenfische. Arch. f. mikr. Anat. Bd. IV, 1868. S. 209, Taf. XVI—XVIII.

3) van Bambecke, Embryogénie des poissons etc. Compt. rend. Tom. 74. No. 16.

4) Rieneck, Ueber die Schichtung des Forellen-Keims. Arch. f. mikr. Anat. 1869. Bd. V, S. 356. Taf. XXI.

5) Oellacher, Beiträge zur Entwickelungsgeschichte der Knochenfische. Zeitschr. f. wiss. Zool. 1873. Bd. XXII. S. 371. Bd. XXIII, S. 1.

6) Salomon Stricker, Handbuch der Gewebelehre. 1872. S. 1211.

7) Goette, Die Bildung der Keimblätter im Hühner-Ei. 1874 (l. c. S. 162) „Ein Theil der aus der Dotter-Theilung hervorgehenden Zellen sondert sich zu einer primären Keimschicht ab („Discomorula"), welche bei ihrer Ausbreitung sich verdünnt, dabei einen dickeren Rand erhält („Discoblastula") und darauf von diesem durch eine Art von Umschlag nach unten und innen („Invagination") die secundäre Keimschicht erzeugt („Discogastrula").

8) Rauber, Die Gastrula des Hühnerkeims (l. c.) betont zum ersten Male gehörig die Bildung der wahren Discoblastula der Vögel, als einer wirklichen „Keimblase", deren untere Hälfte der oberen sich nähert und anschmiegt (l. c.). Ihs, der anfangs diese richtige Auffassung Rauber's auf das heftigste bekämpfte, suchte später, nachdem er sich von ihrer Richtigkeit überzeugt hatte, sie ersterem zu entziehen und als sein Eigenthum auszugeben! Vergl. die beiderseitigen Erklärungen im Berlin. medic. Centralblatt 1875.

9) Remak, Untersuchungen über die Entwickelung der Wirbelthiere. 1850.

His [1], Peremeschko [2], Oellacher [3], Schenk [4], Kölliker [5]) und vielen anderen Autoren. Unter sich in vielfachem und unvereinbarem Widerspruche, konnten diese letzteren auch mit der Gastraea-Theorie nicht zusammenstimmen. Die gleiche discoidale Furchung und Discogastrula-Bildung wie die Fische, Reptilien und Vögel werden voraussichtlich auch die Monotremen unter den Säugethieren besitzen und vielleicht auch ein Theil der Didelphien. Aus dieser Keimungsform wird diejenige der Placentalien durch Verflüssigung und Rückbildung des Nahrungsdotters hervorgegangen sein. Dass auch die inaequale Furchung und die Amphigastrula-Bildung der Placentalien (mit Inbegriff des Menschen) demgemäss ursprünglich auf Invagination einer Blastula (oder Blastosphaera) zurückzuführen ist, wurde bereits vorher (S. 133) gezeigt und soll hier schliesslich nochmals ausdrücklich hervorgehoben werden.

Während so bei den Vertebraten die discoidale Furchung und die Discogastrula die grösste Bedeutung besitzt, fehlt die superticiale Furchung und die Perigastrula in diesem Stamme ganz: ein sehr charakteristischer Gegensatz zu den Arthropoden, bei denen umgekehrt diese letzte Form der Eifurchung und Gastrulation die grösste Rolle spielt. In allen Fällen aber lassen sich diese cenogenetischen Formen der Gastrulation direct oder indirect (durch Vermittelung der inaequalen Furchung und Amphigastrula-Bildung) auf die ursprüngliche, palingenetische Form der primordialen Furchung und der Archigastrula-Bildung zurückführen.

12. Die phylogenetische Bedeutung der fünf ersten ontogenetischen Entwickelungsstufen.

I. Das Moner und die Monerula.

Wenn die Descendenz-Theorie wahr ist, wenn die tausendfaltigen Formen der Organismen nicht durch übernatürliche Schöpfung, sondern durch natürliche Entwickelung aus gemeinsamen

1) His, Untersuchungen über die erste Anlage des Wirbelthierleibes. 1868.
2) Peremeschko. Ueber die Bildung der Keimblätter im Hühner-Ei. Wien. Akadem. Sitzungsber. 1868.
3) Oellacher. Untersuchungen über die Furchung und Blätterbildung im Hühner-Ei. Wien 1870.
4) Schenk. Vergleichende Embryologie der Wirbelthiere. Wien 1874.
5) Kölliker. Zur Entwickelung der Keimblätter im Hühner-Ei. Würzburger Verhandl. 1874. Neue Folge Bd. VIII.

einfachen Stammformen entstanden sind, so existirt auch jener
innige Causal-Nexus zwischen Ontogenie und Phylogenie, welcher
in unserem biogenetischen Grundgesetze seinen präcisen Ausdruck
findet. Jede Keimform ist dann ursächlich auf eine frühere Stammform zu beziehen; und zwar ist die erstere eine mehr oder minder treue Wiederholung der letzteren, wenn die Keimesgeschichte
vorwiegend palingenetisch ist; hingegen wird die Zurückführung der Keimform auf die entsprechende Stammform mehr oder
minder schwierig sein, wenn der ontogenetische Process vorwiegend
cenogenetisch verläuft. In allen Fällen aber wird es möglich
sein, bei richtiger kritischer Beurtheilung der palingenetischen und
cenogenetischen Verhältnisse, die verschiedenen Keimformen der
verwandten Organismen auf ursprüngliche gemeinsame Stammformen zurückzuführen.

Von diesem phylogenetischen Gesichtspunkte aus betrachtet
gewinnt die Untersuchung der ontogenetischen Thatsachen, welche
uns die Eifurchung und die Gastrulation der Thiere darbietet, ein
ausserordentliches Interesse. Denn sie führt uns zur Erkenntniss
der ältesten und ursprünglichsten Entwickelungs-Verhältnisse des
Thierreichs in jener altersgrauen laurentischen Urzeit hinab, über
deren primordiale Fauna uns keine Versteinerungen Aufschluss
geben können. Sie gewährt uns die Möglichkeit, den zusammenhängenden und ununterbrochenen Entwickelungsgang aller Thierformen bis zum ältesten, durch Urzeugung entstandenen Moner
hinab zu verfolgen. Sie eröffnet uns zugleich die Möglichkeit, die
Formverwandtschaft der Thiere nicht bloss innerhalb der „Typen"
oder „Phylen" annähernd festzustellen, sondern auch darüber hinaus den gemeinsamen ursprünglichen Zusammenhang der verschiedenen Typen an ihrer Wurzel zu erkennen und so durch die
Gastrula ein natürliches monophyletisches System des Thierreichs
vorzubereiten. Gerade darin liegt ja, wie ich schon früher (im 5.
und 6. Abschnitte) gezeigt habe, die hohe allgemeine Bedeutung
der Gastraea-Theorie.

Die Reihe von zusammenhängenden monistischen Vorstellungen,
welche hierbei für meine monophyletische Auffassung des Thierreichs maassgebend sind, habe ich bereits in früheren Schriften so
ausführlich erläutert, dass es unnöthig ist, dieselben hier nochmals
zu wiederholen. Ich verweise in dieser Beziehung namentlich auf
den zweiten Band der „Generellen Morphologie" (1866) und auf
den ersten Band der „Monographie der Kalkschwämme" (1872).
Dagegen scheint es mir angemessen, hier noch einmal kurz auf

eine zusammenhängende Uebersicht der fünf ersten ontogenetischen Entwickelungsstufen der Metazoen und auf deren phylogenetische Bedeutung zurückzukommen. Zwar habe ich auch diese bereits im vierten und siebenten Capitel der „Kalkschwämme" (S. 342—347 und S. 464—475) eingehend besprochen. Aber es fehlten mir damals bei Begründung der Gastraea-Theorie nach mancherlei wichtige Thatsachen, die erst durch die Forschungen der letzten Jahre an das Licht gefördert worden sind; und es blieben damals verschiedene Lücken und dunkle Stellen übrig, die ich erst jetzt befriedigend auszufüllen und aufzuhellen im Stande bin. Doch werde ich mich bei dieser Ausführung kurz fassen, um so mehr, als bereits meine 1874 erschienene „Anthropogenie" das Wichtigste enthält (vergl. namentlich den VI. und XVI. Vortrag). Die VI. synoptische Tabelle (S. 66), auf welcher „die fünf ersten Keimungsstufen der Metazoen mit ihren fünf ältesten Ahnenstufen verglichen" sind, ist eine verbesserte Wiederholung der entsprechenden Tabelle, welche ich schon seit Jahren in der „Natürlichen Schöpfungsgeschichte" (S. 444) gegeben habe und welche auch in der „Anthropogenie" (S. 396) verwerthet worden ist. Um die fünf primordialen Entwickelungsstufen des Thier-Körpers, welche hier in natürlicher Reihe auf einander folgen, als gemeinsames Erbgut sämmtlicher Metazoen, von den Spongien und Korallen bis zu den Affen und Menschen hinauf anzuerkennen, ist es nothwendig, zunächst nur die ursprüngliche palingenetische Form derselben in's Auge zu fassen, wie sie uns die archiblastischen Thiere darbieten (Erste Spalte, a, in der VII. Tabelle, S. 67). Das Verständniss der entsprechenden Stufen bei den amphiblastischen, discoblastischen und periblastischen Thieren (zweite, dritte und vierte Spalte in der VII, Tabelle, b. c. d) ergiebt sich erst, wenn man diese sämmtlich als cenogenetische betrachtet und sie als secundäre Modificationen auf die erstere, palingenetische Form zurückführt.

Die erste Stufe der Metazoen-Keimung, die Monerula, ist vor Allem desshalb von hohem Interesse, weil sie nach dem biogenetischen Grundgesetze als die ontogenetische Wiederholung der primordialen Urform aller Organismen, des Moneres zu deuten ist (Vergl. Kalkschwämme, Bd. I, S. 330, 342; Anthropogenie. S. 145, 384). Jede natürliche Entwickelungs-Theorie, welche kein Wunder, keinen übernatürlichen Eingriff zweckthätiger Schöpferkräfte in den natürlichen und nothwendigen Entwickelungsgang der Körperwelt zulässt, ist gezwungen, die erste Entstehung lebender Organismen auf unserem Erdball durch die unentbehrliche Hypothese der Urzeugung zu erklären. Vernunftgemäss ist aber nur diejenige specielle Form dieser Hypothese zulässig, welche ich als „Autogonie der Moneren" im VI. Capitel der „Generellen Morphologie" (S. 167—190) und in den „Studien über Moneren" (1870) eingehend erörtert habe. In letzterer Arbeit ist insbesondere der Abschnitt über „Bathybius und das freie Protoplasma der Meerestiefen" (S. 86—106), sowie über „Die Moneren und die Urzeugung" (S. 177—182) zu vergleichen.

Wenn nun demgemäss die Moneren, als die denkbar einfachsten unter allen Organismen, diejenigen Urformen des Lebens sind, auf die wir den ältesten Ursprung aller übrigen Organismen phylogenetisch zurückzuführen gezwungen sind, so ist es offenbar eine ontogenetische Thatsache vom allerhöchsten Interesse, dass auch die meisten, wenn nicht alle, höheren Organismen ihre individuelle Existenz in einer Form beginnen, welche denselben morphologischen Werth besitzt, wie das Moner, in der Form der Cytode. Die allermeisten unter den neueren und genaueren Untersuchungen über die Ontogenie der Metazoen stimmen darin überein, dass die thierische Eizelle entweder vor oder nach der Befruchtung ihren Kern (das „Keimbläschen") verliert und somit von der höheren Plastiden-Form der kernhaltigen Zelle auf die niedere Plastiden-Form der kernlosen Cytode zurücksinkt. Wenn diese höchst merkwürdige und bedeutungsvolle Thatsache richtig ist, so kann sie nach dem biogenetischen Grundgesetze nur als „Rückschlag der einzelligen Urform in die primordiale Stammform des Moneres" gedeutet werden, wie ich bereits bei verschiedenen Gelegenheiten, insbesondere in der Ontogenie der Kalkschwämme (Bd. I, S. 330) hervorgehoben habe.

Allerdings ist ausdrücklich zu bemerken, dass jene merkwürdige Thatsache, auf die wir diesen Schluss gründen, keineswegs unbestritten dasteht. Bekanntlich haben verschiedene Beobachter — und darunter Zoologen ersten Ranges: Baer, Johannes Müller, Gegenbaur, Leydig — behauptet, dass das Keimbläschen nicht verschwinde, sondern persistire und der directe Stammvater aller „Furchungszellen" sei, die durch wiederholte Theilung aus demselben hervorgehen. Ich selbst habe mich in meiner „Entwickelungsgeschichte der Siphonophoren" (Utrecht, 1869) auf Grund eigener Beobachtungen dieser Ansicht angeschlossen, „welche für die theoretisch wichtige Frage von der Continuität der Zellengenerationen von hoher Bedeutung ist" (l. c. p. 18). Diesen „positiven" Beobachtungen gegenüber stellt nun allerdings die grosse

Mehrzahl der neueren Beobachter die „negative" Behauptung auf,
dass „das Keimbläschen verschwinde" (l. c. p. 18. Anmerkung!).
An seine Stelle soll ein neuer Nucleus, der „Cytula-Kern" oder
der „Kern der ersten Furchungskugel" treten. Dieser soll aus
dem Plasson der Cieytode durch Differenzirung in Protoplasma
und Nucleus entstehen und durch fortgesetzte Theilung die Kerne
sämmtlicher „Furchungszellen" erzeugen.

Die Beobachter, die diese Ansicht vertreten, zerfallen aber
wieder in zwei verschiedene Gruppen, indem die einen das Keimbläschen vor erfolgter Befruchtung der Eizelle, die anderen nach
derselben verschwinden lassen — eine Differenz, die principiell
von hoher Bedeutung ist. Denn im letzteren Falle würde der
„Rückschlag der Zellenform in die primordiale Cytodenform" (oder
die „Monerula") als die unmittelbare Folge des Befruchtungs-Actes
erscheinen und demnach von viel höherer phylogenetischer Bedeutung sein, als im ersteren Falle. Dabei kömmt die schwierige
Frage von der Natur der Befruchtung und der geschlechtlichen
Zeugung überhaupt in's Spiel. Nach unserer morphologischen
Auffassung ist diese wesentlich als „Verwachsung oder Concrescenz
zweier verschiedener Zellen zu betrachten, der weiblichen Eizelle
und der männlichen Spermazelle" (Anthropogenie, S. 135—138).
Dass der letzteren dabei eine ebenso wichtige physiologische Rolle
wie der ersteren zukömmt, ergiebt sich einfach aus der Thatsache
der amphigonen Vererbung (Generelle Morphologie, Bd. II,
S. 183). Denn diese höchst wichtige, obwohl von den bisherigen
Fortpflanzungs-Theorien nicht entfernt gewürdigte Thatsache lehrt
uns, dass jeder geschlechtlich erzeugte Organismus eine Summe
individueller Eigenschaften von beiden Eltern erbt. Der Beginn
der individuellen Existenz ist daher für jeden durch
Amphigonie entstandenen Organismus in den Augenblick der Befruchtung zu setzen, in das Moment, in welchem die Verschmelzung oder Concrescenz der beiderlei Sexual-
zellen thatsächlich stattfindet.

Ist nun die nächste Folge dieser Concrescenz wirklich das
„Verschwinden des Keimbläschens", so repräsentirt der Organismus
im Beginne seiner individuellen Existenz eine Cytode, welche
als das gemeinsame Product der weiblichen Eizelle und der männlichen Spermazelle die erblichen Eigenschaften von Beiden in sich
vereinigt. Die Zelle aber, welche aus dieser „Monerula" durch
Neubildung eines „ersten Kernes" entsteht, ist natürlich ein ganz
anderes Wesen, als die ursprüngliche Eizelle; und der neugebildete

Kern dieser „Cytula" oder „ersten Furchungskugel" ist etwas ganz Anderes, als das ursprüngliche Keimbläschen.

Bei den zahlreichen und unvereinbaren Widersprüchen, welche augenblicklich in der umfangreichen ontogenetischen Literatur betreffs der wichtigsten Verhältnisse der Befruchtung sich gegenüberstehen, erscheint es unfruchtbar, hier noch weitere Reflexionen über deren Bedeutung anzustellen. Diese grosse offene Frage kann nur durch erneute Anstellung zahlreicher Beobachtungen über die Befruchtung verschiedener Organismen aus allen Klassen erledigt werden. Einen neuen Anstoss dazu haben die sehr wichtigen Untersuchungen von Auerbach[1]), Bütschli[2]), Strasburger[3]) und Oscar Hertwig gegeben. Der letztere hat während unseres gemeinsamen Aufenthaltes auf Corsica im Frühling dieses Jahres eine lange Reihe von höchst sorgfältigen Beobachtungen über die Befruchtung von Toxopneustes lividus angestellt, welche ein neues Licht auf diese wichtige Frage zu werfen scheinen. Da dieselben aber noch nicht publicirt sind, enthalte ich mir hier jeder weiteren Bemerkung darüber. Wenn ich hier als nächste Folge des Befruchtungs-Actes die Entstehung der „Monerula" annehme und diese nach dem biogenetischen Grundsetze als eine, durch Vererbung bedingte palingenetische Wiederholung der gemeinsamen autogenen Stammform des Moneres betrachte, so geschieht dies, weil die grosse Mehrzahl der neueren Beobachter darin übereinstimmt, dass „das Keimbläschen nach erfolgter Befruchtung der Eizelle verschwindet" und somit die Zelle in die Cytode zurückschlägt. Sollte, was wohl möglich ist, dieser Rückschlag nur bei einem Theile der Thiere vorkommen, bei einem anderen Theile derselben dagegen fehlen, so würde wohl der erstere Fall als palingenetischer, der letztere als cenogenetischer Process zu deuten sein.

II. Die Amoebe und die Cytula.

Je zweifelhafter und dunkler augenblicklich die Monerula-Frage steht, desto sicherer können wir für den monophyletischen Stammbaum der Metazoen die Cytula verwerthen, mit welchem

1) Auerbach, Organologische Studien. I. und II. Heft. Zur Charakteristik und Lebensgeschichte der Zellkerne. Breslau 1874.

2) Bütschli, Vorläufige Mittheilung über das befruchtete Ei von Nematoden und Schnecken, sowie über die Conjugation der Infusorien und die Zelltheilung. Zeitschr. f. wissensch. Zool. 1875, Vol. XXV, s. 201 u. 426

3) Strasburger, Ueber Zellbildung und Zelltheilung. Jena 1875.

Ausdrücke wir ein für alle Mal kurz die sogenannte „erste Furchungskugel" oder richtiger „die erste Furchungszelle" bezeichnen. Die grosse Mehrzahl aller besseren Beobachter stimmt
gegenwärtig in der Annahme überein, dass eine solche „erste
Furchungskugel" existirt, gleichviel ob diese Cytula als eine neue,
aus der Monerula durch Neubildung eines Kernes entstandene
Stammzelle, oder als die modificirte und durch die Befruchtung
veränderte Eizelle mit persistentem Keimbläschen zu betrachten
ist. Alle Zellen, welche die Keimblätter und den daraus entstehenden Organismus der Metazoen aufbauen, sind Descendenten
jener Stammzelle und durch wiederholte Spaltung, entweder Theilung oder Knospung aus der Cytula entstanden. Wenn die Begriffe der „Theilung und Knospung" so gefasst werden, wie es in
der Generellen Morphologie geschehen ist (Bd. II, S. 37—49), so
müssen wir die beiden Formen der primordialen und superficialen
Furchung als wahre Theilung der Eizelle, hingegen die beiden
Formen der inaequalen und discoidalen Furchung als Knospung
derselben auffassen (Anthropogenie, S. 153, 166).

Zweifellos durchläuft also jeder vielzellige Organismus im Beginne seiner individuellen Entwickelung eine einzellige Formstufe, und ebenso zweifellos ist die entsprechende phylogenetische
Annahme berechtigt, dass auch alle vielzelligen Organismen von
einzelligen ursprünglich abstammen müssen. Jede einzellige
Keimform ist die palingenetische Wiederholung einer
entsprechenden einzelligen Stammform. Dieser wichtige
Satz ist für jeden consequenten Anhänger der Descendenz-Theorie
so selbstverständlich klar und nothwendig, dass wir hier wohl
auf eine weitere Begründung desselben verzichten können. Dagegen haben wir kurz die weitere Frage zu erörtern, ob wir aus
der Existenz der Cytula bei sämmtlichen Metazoen nach dem biogenetischen Grundgesetze auf eine einzige gemeinsame einzellige
Stammform derselben schliessen dürfen und ob wir die Beschaffenheit dieser letzteren annähernd zu bestimmen im Stande sind.

Einen gemeinsamen Ursprung sämmtlicher Metazoen aus einer einzigen einzelligen Stammform sind wir
desshalb anzunehmen berechtigt, weil unter allen hier möglichen
Hypothesen diese Annahme die einfachste ist. In dem grossen
Hypothesen-Gebäude der Phylogenie muss uns ganz ebenso wie
in dem ähnlichen Hypothesen-Gebäude der Geologie der Grundsatz leiten, dass die einfachste Hypothese die beste ist.
So lange keine bestimmten Thatsachen vorliegen, welche eine ver-

wickeltere oder zusammengesetztere Hypothese wahrscheinlicher
machen, ist die einfachste stets vorzuziehen. Und wie oft schon
hat uns die Natur, die stets den einfachsten Gang geht, gelehrt,
dass unter vielen aufgestellten Hypothesen die einfachste der
Wahrheit am nächsten kam. Ich erinnere nur wiederholt an die
allgemein anerkannte Wissenschaft der Geologie, die bei ihrem
grossartigen und verwickelten Hypothesenbau ganz ebenso zu Werke
geht, ganz nach denselben logischen Methoden der Induction und
Deduction verfährt, wie ihre jüngere Schwester, die noch so vielfach verkannte und angefeindete Phylogenie. Es kann nicht
genug betont werden, dass diese beiden Schwestern ganz denselben
Weg gehen und ganz denselben philosophischen und naturwissen-
schaftlichen Werth haben. Nur ist die Aufgabe der jüngeren
Phylogenie ungleich schwieriger und verwickelter, als diejenige
der älteren Geologie. „Sie ist in demselben Maasse schwieriger
und verwickelter, in welchem sich die Organisation des Menschen
über die Structur der Gebirgsmassen erhebt." (Anthropogenie,
S. 297).

Um nun demgemäss die gemeinsame Abstammung sämmtlicher Metazoen von einer einzigen einzelligen Stammform mit
Sicherheit zu behaupten, wäre nur noch nachzuweisen, dass die
beträchtliche und mannichfache Verschiedenheit der Cytula bei
den verschiedenen Metazoen kein Argument gegen jene monophyletische Hypothese bildet. Dieser Nachweis ist aber unseres Erachtens bereits dadurch geliefert, dass wir unter den vier verschiedenen, in der VII. Tabelle (S. 67) aufgeführten Hauptformen
der Cytula nur diejenige der archiblastischen Eier, die Archicytula, als die ursprüngliche, palingenetische, einzellige Keimform nachgewiesen haben. Die drei übrigen Cytula-Formen sind
aus dieser primordialen Urform erst cenogenetisch entstanden,
durch den Erwerb des Nahrungsdotters. Bei der Amphicytula
und bei der Discocytula hat sich der Nahrungsdotter an einem
Pole (dem vegetativen Pole), bei der Pericytula hingegen im
Centrum der Keimzelle angesammelt und von dem Protoplasma
derselben gesondert. Diese Sonderung ist bei der Amphicytula
noch unvollständig geblieben, hingegen bei der Discocytula und
Pericytula vollständig geworden, so dass bei diesen beiden letzteren
(meroblastischen) Keimzellen der Nahrungsdotter theilweise oder
ganz vom Furchungsprocess ausgeschlossen wird.

Da die cenogenetische Scheidung des Nahrungsdotters vom
Bildungsdotter bei den meroblastischen Eiern durch eine immer

stärker sich geltend machende Heterochronie immer weiter in die früheste Zeit der Eibildung zurückverlegt wird, so ist dieselbe gewöhnlich schon innerhalb des Eierstockes an den jungen Eiern desselben frühzeitig wahrzunehmen. Um das richtige Verständniss dieses schwierigen Verhältnisses zu erlangen, (welches den meisten damit beschäftigten Autoren wegen des Mangels phylogenetischer Gesichtspunkte ganz abgeht), ist es durchaus erforderlich, das primäre Ur-Ei (*Protovum*) von dem secundären Nach-Ei (*Metovum*) scharf zu unterscheiden (Anthropogenie, S. 152). Nur das amoeboide Ur-Ei, welches noch keinen Nahrungsdotter besitzt, die ganz junge und indifferente Eizelle, erscheint bei sämmtlichen Metazoen im Wesentlichen gleich. Diese Gleichheit wird später durch das ansehnliche Deutoplasma verdeckt, welches zum Protoplasma der Eizelle hinzutritt. Aber auch dann noch ist die Homologie sämmtlicher Nach-Eier festzuhalten, weil sie ursprünglich überall im Entoderm entstehen, und weil offenbar die amphiblastischen sowohl als die discoblastischen und periblastischen Eier erst secundär aus den archiblastischen Eiern durch den cenogenetischen Erwerb des Nahrungsdotters entstanden sind. Wollte man gegen diese Homologie der Eier bei sämmtlichen Metazoen geltend machen, dass dieselben nicht überall aus demselben Keimblatte ihren ersten Ursprung nehmen, so ist zu erwidern, dass dieser verschiedene Ursprung (— wenn überhaupt richtig —) sich durch Heterotopie, durch frühzeitige Wanderung der Eizellen aus einem Keimblatt in das andere erklären lässt, wie ich sie z. B. bei den Kalkschwämmen thatsächlich beobachtet habe (Bd. I, S. 157—160).

Wie die palingenetische Archicytula als die gemeinsame Urform aller einzelligen Keimstufen, so ist auch in gleicher Weise die Archimonerula als die palingenetische Urform aller Cytoden-Keimstufen zu betrachten, aus welcher sowohl die Amphimonerula als die Discomonerula und die Perimonerula durch die cenogenetische Bildung des Nahrungsdotters erst secundär hervorgegangen sind. Durch die Neubildung eines Zellen-Kernes verwandeln sich diese vier Hautformen der Monerula in die entsprechenden vier Hauptformen der Cytula.

Wie wir im Stande sind, demgemäss sämmtliche Cytula-Formen aller Metazoen auf die palingenetische Urform der Archicytula zurückzuführen, so können wir auch durch die einfachste Hypothese die Frage beantworten, von welcher Beschaffenheit die gemeinsame einzellige Stammform der Metazoen gewesen sein mag, welche durch die einzellige Keimform der Archicytula noch heute wiederholt wird. Offenbar wird jene einzellige Stammform ursprünglich einen möglichst einfachen und indifferenten Charakter besessen haben, da alle differenzirten Formen von einzelligen Organismen wieder aus einer ganz indifferenten Stammform abgeleitet werden müssen. Nun sind aber unzweifelhaft die einfachsten und indifferentesten unter allen selbständigen einzelligen Organismen, welche wir kennen, die Amoeben. Die nackten „amoeboiden Zellen", welche weder irgend eine Hülle, noch differenzirte „Plasma-Producte" in ihren ganz einfachen Zellenleibe besitzen, sind die indifferentesten und primitivsten von allen Zellen-Arten. Demgemäss dürfen wir denn auch phylogenetisch die Amoebe als die gemeinsame, der ontogenetischen Cytula entsprechende, einzellige Stammform sämmtlicher Metazoen betrachten, wie ich bereits in der Anthropogenie ausführlich gezeigt habe (S. 93—114 und 383, 396).

III. Das Synamoebium und die Morula.

Die dritte Formstufe in der Keimesgeschichte der Metazoen bildet die Morula oder die Maulbeerform des Keims, das nächste Resultat der Eifurchung. Mit der Ausbildung dieser Keimform beginnt der Metazoen-Organismus sich zu einem Individuum zweiter Ordnung, einem vielzelligen „Idorgan" zu erheben, während die beiden ersten Formstufen, Cytode und Zelle, als isolirte „Individuen erster Ordnung" unter den Begriff der „Plastide oder des Elementar-Organismus" fielen. Welcher wichtige Fortschritt für die Individualitätslehre, für die tectologische Auffassung des thierischen Organismus damit gegeben ist, habe ich in der Tectologie der Kalkschwämme erläutert (Bd. I, S. 89—124). Zugleich habe ich daselbst die im dritten Buche der Generellen Morphologie (Bd. I, S. 239—374) aufgestellten Kategorien des organischen Individuums einer näheren Bestimmung und einfacheren Begrenzung unterzogen, so dass alle verschiedenen Erscheinungsformen der thierischen Individualität sich folgenden vier Hauptstufen unterordnen lassen: I. Plastide. II. Idorgan. III. Person und IV. Stock.

Die morphologische Bedeutung, welche demnach die Morula, als das nächste Product der Eifurchung, für das Metazoen-Individuum besitzt, muss gleicherweise auch die entsprechende phylogenetische Stammform beanspruchen, die wir als Synamoebium bezeichnet haben. Auch die Annahme dieser Stammform bedarf kaum einer näheren Begründung, da sie bei einigem Nachdenken sich als nothwendige Entwickelungsstufe von selbst ergiebt. Denn die ersten vielzelligen Organismen, welche in früher laurentischer Urzeit auf unserem Erdballe auftraten, werden einfache Colonien von gleichartigen indifferenten Zellen gewesen sein und eine solche einfachste Gemeinde von amoeboiden Zellen ist auch unser hypothetisches *Synamoebium*. Wenn anfänglich nur autogone Moneren entstanden und später sich aus diesen die ersten Zellen, einzeln lebende Amoeben entwickelten, wird der nächste weitere Fortschritt des organischen Lebens darin bestanden haben, dass die Nachkommenschaft dieser Einsiedler-Zellen sich zu kleinen Gemeinden versammelte und die erste „Zellen Colonie", den ersten vielzelligen Organismus bildete. Anfangs werden alle Mitglieder dieser ältesten Zellengemeinden noch von gleicher Beschaffenheit gewesen sein, wie uns ja auch noch heute die Labyrinthuleen, viele Diatomeen, die socialen Myxodictyen und Microgromien, viele Desmidiaceen u. s. w. gleiche einfache Zellengeschaften vor Augen führen, deren Mitglieder noch keine Differenzen zeigen. Das Synamoebium, als eine ganz indifferente Gemeinde von gesellig lebenden, ganz gleichartigen Amoeben, dürfte demnach in der Stammesgeschichte der Metazoen, als die erste Stufe der vielzelligen Ahnenreihe, wohl keinem Bedenken unterworfen sein.

Die getreue ontogenetische Wiederholung dieser dritten phylogenetischen Formstufe führt uns noch heute die Archimorula der archiblastischen Thiere vor Augen: ebenfalls ein einfacher Haufen von ganz gleichartigen und indifferenten Zellen (Fig. 115). Während diese palingenetische Keimform vollständig dem hypothetischen Synamoebium entspricht, weichen dagegen die drei anderen Hauptformen der Morula, die Amphimorula, Discomorula und Perimorula mehr oder minder von jenem palingenetischen Urbilde des „Maulbeerkeimes" ab. Auch diese Abweichung erklärt sich ganz leicht als eine cenogenetische Wirkung des Nahrungsdotters, der von Anfang an einen mehr oder minder modificirenden Einfluss auf den Furchungs-Process ausübt. Die Differenzen, welche hier schon bei der inaequalen Furchung sich zwischen kleineren, animalen und grösseren vegetativen Zellen geltend machen, und welche bei der discoidalen und superficialen Furchung in einer sehr abweichenden Morula-Bildung zu Tage treten, sind selbstverständlich nicht als palingenetische Wiederholungen entsprechender selbstständiger Stammformen, sondern als cenogenetische Modificationen der Archimorula aufzufassen, durch die Ausbildung des Nahrungsdotters bedingt.

Diese Auffassung ist um so mehr zu betonen, als die mannichfaltigen Morula-Formen der verschiedenen Metazoen allerdings bei
blosser ontogenetischer Vergleichung sehr beträchtliche Verschiedenheiten darzubieten scheinen. Diese Differenzen betreffen namentlich die G r u n d f o r m. Nur die palingenetische Archimorula (Fig.
115) hat die homaxonie Grundform der Kugel meistentheils conservirt, da die Lagerungs-Verhältnisse der völlig gleichen Morula-
Zellen hier noch ganz gleichartig sind. Auch die Perimorula hat
in vielen Fällen die ursprüngliche Kugelgestalt noch beibehalten,
während in vielen anderen Fällen bereits eine Axe ausgebildet
und demnach die homaxonie Promorphe in die monaxonie (meist
ellipsoide) Grundform übergegangen ist (Fig. 83—86). Die Amphimorula ist ganz allgemein deutlich monaxon, weil der polare
Gegensatz zwischen Bildungs- und Nahrungsdotter immer schon
während des Furchungs-Processes in der Lagerung der beiderlei
Zellen an beiden Polen der Urdarm-Axe sich geltend macht (Fig.
93—97; 104—108). Ebenso ist auch die Discomorula in allen
Fällen von Anfang an ausgesprochen einaxig (meist linsenförmig),
wie das bei der unipolaren Lagerung des Bildungsdotters nicht
anders sein kann (Fig. 55—60 und 73).

Alle diese und die sonst noch vorkommenden Differenzen in
der Morulabildung sind selbstverständlich cenogenetischer Natur,
und offenbar wieder durch den Nahrungsdotter direct oder indirect
bewirkt. Dieser allein bedingt auch bei den periblastischen Eiern
das eigenthümliche Verhältniss, dass das dritte und vierte Stadium
der Keimung, Perimorula und Periblastula, in Eines zusammenfallen; die Furchungshöhle ist hier von Anfang an mit Nahrungsdotter erfüllt (Fig. 81—86). Wenn die Furchungshöhle sich sehr
frühzeitig während der Furchung ausbildet', so ist eine scharfe
Grenze zwischen drittem und viertem Stadium überhaupt nicht zu
ziehen. So geht namentlich die Discomorula (durch Heterochronie)
oft ganz unmerklich in die Discoblastula über (Fig. 45, 46, 51, 52).
Alle diese cenogenetischen Modificationen lassen sich auf die palingenetische Archimorula zurückführen und sind durch diese auf
das Synamoebium phylogenetisch zu beziehen.

IV. Die Planaea und die Blastula.

Mehr Angriffen und verschiedenen Ansichten als die vorher-
gehende dritte und als die nachfolgende fünfte Entwickelungsstufe
der Metazoen, dürfte die vierte Keimungsstufe derselben begegnen,

die Blastosphaera oder Blastula, deren entsprechende Stammform wir Planaea genannt haben. Auch hier wieder kommt Alles darauf an, sich nicht durch die mannichfach verschiedenen, secundären, cenogenetischen Formen beirren zu lassen, sondern die ursprüngliche, primäre, palingenetische Form aufzusuchen, und die ersteren auf die letztere zurückzuführen.

Als diese palingenetische Urform der Blastula ist ohne Zweifel die Archiblastula der archiblastischen Eier aufzufassen, wie sie uns bei den niedersten und ursprünglichsten Formen der verschiedensten Klassen vorliegt, z. B. bei Gastrophysema (Fig. 116, 117), Actinia (Fig. 20), Limnaeus (Fig. 29), Amphioxus (Fig. 41). Ueberall, wo die primordiale Eifurchung in ihrer ursprünglichen palingenetischen Form rein abläuft und zur Bildung der Archigastrula führt, da sehen wir auch zunächst aus der Archimorula die Archiblastula hervorgehen, aus der dann weiterhin die Archigastrula durch Invagination entsteht (Fig. 118). Ueberall scheint ursprünglich diese Archiblastula dadurch zu Stande zu kommen, dass die zusammenhängenden, meist dicht an einander liegenden, gleichartigen Zellen der Archimorula Flüssigkeit nach innen ausscheiden, durch welche sie auseinander und an die Peripherie des kugeligen Morula-Körpers gedrängt werden. Hier bilden sie dann schliesslich eine einzige, zusammenhängende, einfache Zellenschicht, die Keimhaut oder das *Blastoderma*. Der mit Flüssigkeit oder Gallerte gefüllte Hohlraum der so gebildeten Hohlkugel ist „die BAER'sche Höhle, Keimhöhle, Furchungshöhle, Segmentationshöhle oder das *Blastocoeloma*" (s).

Eine störende Ausnahme scheinen hier nur diejenigen archiblastischen Eier zu machen, bei welchen die Archigastrula nicht durch Invagination, sondern durch Delamination entstehen soll; so namentlich die Eier mancher Zoophyten, sowohl Spongien, als Hydroiden. Hier soll sich theils eine einfache, echte Archiblastula bilden, die nicht durch Einstülpung, sondern durch Flächenspaltung des Blastoderms und secundären Durchbruch der Mundöffnung an einem Pole der „Keimhöhle" entsteht, so dass letztere unmittelbar zur „Urdarmhöhle" würde. Theils sollen sich die Zellen der Archimorula schon während der Ausbildung einer centralen Höhle von Anfang an in zwei verschiedene Zellenschichten ordnen, die zu den beiden primären Keimblättern sich gestalten, so dass also jene centrale Höhle von Anfang an nicht das Blastocoeloma, sondern die Protogaster ist. In diesem letzteren Falle liegt offenbar eine cenogenetische Abkürzung der Ontogenie vor, bei

welcher das Blastula-Stadium einfach übersprungen wird und
so die Archimorula direct in die Archigastrula übergeht. Aber
auch im ersteren Falle dürfen wir wohl eine cenogenetische Modification der ursprünglichen palingenetischen Bildung vermuthen
— vorausgesetzt, dass überhaupt die bezüglichen, schwierig an-
zustellenden Beobachtungen richtig sind. Da ich diese Verhältnisse
schon früher wiederholt erläutert habe, ist es nicht nöthig, hier
von Neuem darauf einzugehen, und soll nur nochmals ausdrücklich hervorgehoben werden, dass bei einer vergleichenden Uebersicht aller archiblastischen Keimungsverhältnisse sich die Archiblastula mit befriedigender Sicherheit als das ursprüngliche palingenetische Mittelglied zwischen der Archimorula und der Archigastrula herausstellt.

Eine andere Schwierigkeit für die Auffassung der Blastula als
gemeinsamer ursprünglicher Entwickelungsform aller Metazoen ergiebt sich aus den sehr abweichenden Formen, welche dieselbe in
Folge verschiedener, oft sehr weit gehender, cenogenetischer Abänderungen angenommen hat. Diese Schwierigkeit wird aber durch
die vergleichende Zusammenstellung aller der verschiedenen Stufen cenogenetischer Modification gelöst, welche uns in ununterbro-
chener Kette von der ursprünglichen palingenetischen Archiblastula
bis zu den auffallendsten, am weitesten entfernten Modificationen
der Blastosphaera-Form hinführen. Da sind wieder besonders in-
structiv die mannichfaltigen Abstufungen der inaequalen Furchung,
welche sich einerseits unten an die primordiale, oben an die discoidale und superficiale Furchung anschliessen. Bei vielen amphiblastischen Eiern ist die Amphiblastula nur dadurch von der palingenetischen Archiblastula verschieden, dass die Zellen des Blastoderms nicht alle von ganz gleicher Beschaffenheit sind. Am einen
(animalen) Pole der Amphiblastula finden wir kleinere, meist hellere, am anderen (vegetativen) Pole grössere, meist dunklere
Zellen. Der Unterschied in der Grösse und molecularen Zusammensetzung der beiderlei Zellen ist in vielen Fällen nur
sehr unbedeutend, kaum bemerkbar; in anderen Fällen tritt er
schon auffallender hervor; und endlich begegnen wir bei der
Mehrzahl der amphiblastischen Eier einer so starken Differenzirung der animalen und vegetativen Zellen, dass erstere sofort
als Bildungszellen, letztere als Nahrungszellen erkennbar sind und
sich scharf von einander scheiden (so z. B. bei Unio Fig. 26, 27;
bei Petromyzon Fig. 45, 46; bei Bombinator Fig. 51, 52; bei
Fabricia Fig. 98; bei Trochus Fig. 109 u. s. w.). Hier ist oft

schon der Hohlraum des Blastocoeloms sehr reducirt durch die sich hineindrängenden mächtigen „Dotterzellen" des Nahrungsdotters; und statt des einschichtigen Blastoderms finden wir oft von Anfang an ein mehrschichtiges. Ein Theil der letzteren Formen bildet bereits den unmittelbaren Uebergang zur Discoblastula der discoblastischen Eier, bei denen meist nur eine enge und kleine Furchungshöhle sich findet. Die gewölbte Decke der letzteren wird von den Zellenschichten des gefurchten „Bildungsdotters", ihr ebener oder vertiefter Boden von dem voluminösen, ganz oder grösstentheils ungefurchten „Nahrungsdotter" gebildet (Fig. 49, 54). Sehr klar liegt dies Verhältniss bei unserem pelagischen Gadoiden-Ei vor (Fig. 61, 62, 74). Dass auch bei dem am stärksten modificirten discoblastischen Vogel-Ei die Furchungshöhle nicht fehle und somit auch der Hühnerkeim vorübergehend eine bedeutungsvolle Blase bilde, hat neuerdings namentlich RAUBER hervorgehoben (l. c.). Er bemerkt mit Recht: „damit ist nicht etwa Gleichgültiges behauptet; denn mit dieser Veränderung tritt das Hühnchen in Beziehung zu weit niedriger stehenden Geschöpfen".

Gleicherweise ist nun auch die Periblastula auf die palingenetische Urform der Archiblastula mit Sicherheit zurückzuführen (Fig. 83—86). Denn diese cenogenetische Blastosphaera der periblastischen Eier ist ja eigentlich nur dadurch von der Archiblastula verschieden, dass der Hohlraum der Keimhautblase, das Blastocoelom, nicht mit klarer Flüssigkeit oder Gallertmasse, sondern mit dem massiven Nahrungsdotter erfüllt ist. Da dieser schon vor Beginn der Keimung das Centrum des Eies erfüllt, muss hier nothwendig die Periblastula mit der Perimorula zusammenfallen.

Wenn demnach alle verschiedenen Modificationen der Blastula sich als cenogenetische Abänderungen der ursprünglichen palingenetischen Archiblastula nachweisen lassen, so ist uns auch nach dem biogenetischen Grundgesetze die einfachste Hypothese gestattet, welche diese wichtige ontogenetische Thatsache phylogenetisch deutet und verwerthet. Wir dürfen dann sagen, dass sämmtliche Metazoen von einer gemeinsamen uralten Stammform abstammen, welche im Wesentlichen der Archiblastula gleichgebildet war: diese längst ausgestorbene laurentische Stammform ist die Planaea.

Selbständig entwickelte Organismen, welche dieser hypothetischen Planaea im Wesentlichen gleich gebildet sind, leben zahlreich auch noch in der Gegenwart. Vor allen dürften hier die coloniebildenden Flagellaten, und namentlich die Volvocinen

zum Vergleich herbeizuziehen sein; frei schwimmende Gallertku-
geln, deren Peripherie durch eine Schicht von gleichartigen Geisselzellen gebildet wird. Auch die von mir an der Norwegischen
Küste beobachtete Magosphaera planula, die wahrscheinlich den
Volvocinen, z. B. der Synura nahe verwandt ist, tritt hier als eine
der ausgestorbenen Planaea sehr ähnliche Protisten-Form in den
Vordergrund [1]). Gleich diesen Catallacten und Volvocinen werden
höchstwahrscheinlich auch die ausgestorbenen Planaeaden, die
verschiedenen der Planaea nächststehenden Genera und Species,
sich mittelst eines Flimmerkleides schwimmend im laurentischen
Urmeere umher bewegt haben.

　　Wenn ich hier die Bezeichnung „*Planaea*" für diese vierte
Ahnenstufe der Metazoen beibehalte, und sie nicht durch die pas-
sendere Benennung „*Blastaea*" ersetze, so geschieht es, um nicht
noch einen neuen Namen gerade für diese Entwickelungsstufe einzuführen, die ohnehin schon verschiedene andere Bezeichnungen
früher erhalten hat. Die Bezeichnung *Blastula* für die entsprechende Keimungsstufe hat bereits in mehreren andern Aufsätzen
Eingang gefunden und ist der Kürze wegen der früher von mir
gebrauchten Benennung *Blastosphaera* vorzuziehen; und ebenso der
älteren Bezeichnung: *Vesica blastodermica*. Der an anderen Orten
dafür gebrauchte Name *Planula* wird wohl am besten ganz zu
eliminiren sein, da er von vielen verschiedenen Autoren in einem
ganz abweichenden Sinne verwendet wird. Dalyell, der 1847 den
Ausdruck „Planula" zuerst eingeführt hat, verstand darunter weiter Nichts, als kleine (meist mikroskopische) flimmernde Larven
von Zoophyten auf sehr verschiedenen Entwickelungszuständen.
Spätere Autoren haben dann darunter bald frei bewegliche und
flimmernde Formen von Morula, bald ebensolche Formen von Blastula, bald echte Gastrula-Formen verstanden. Ausserdem sind
auch oft verschiedene, weiter entwickelte Jugendformen niederer
Thiere als „Planula" bezeichnet worden, die weiter Nichts mit
einander gemein haben, als geringe Grösse, einfache Körperform
und eine flimmernde Körperbedeckung. Auch der sogenannte
„infusorienartige Embryo" vieler anderen Autoren gehört in die
Kategorie dieser falschen „Planula". Da demnach augenblicklich
gar keine allgemein anerkannte Bestimmung des Planula-Begriffes
nach Inhalt und Umfang existirt, und da noch in neuester Zeit

---

1) E. Haeckel, Die Catallacten, eine neue Protisten-Gruppe. Jen. Zeitschr.
f. Naturw. Vol. VI, 1871, S. 1 Taf. I.

viele Autoren denselben in ganz verschiedenem Sinne gebrauchen,
so ist es wohl am besten, ihn ganz fallen zu lassen. Will man
ihn trotzdem beibehalten, so kann man ihn vielleicht am zweck-
mässigsten zur Bezeichnung jener cenogenetischen Keimform ver-
wenden, die ich in der Monographie der Kalkschwämme *Planula*
genannt habe (Bd. I, S. 332).

Mit dem weitschauenden Blicke des genialen Naturphilosophen
hat schon im Jahre 1828 der grosse BAER die hohe allgemeine
Bedeutung der Blastula erkannt. Im ersten Bande seiner classischen „Entwickelungsgeschichte der Thiere" (S. 223; § 4 des V.
Scholions) findet sich folgender Satz: „Je weiter wir in der Entwickelung zurückgehen, um desto mehr finden wir auch in sehr
verschiedenen Thieren eine Uebereinstimmung. Wir werden hier-
durch zu der Frage geführt: ob nicht im Beginne der Entwickelung alle Thiere im Wesentlichen sich gleich sind, und ob nicht
für alle eine gemeinschaftliche Urform besteht. Da der Keim das
unausgebildete Thier selbst ist, so kann man nicht ohne Grund
behaupten, dass die einfache Blasenform die gemeinschaftliche Grundform ist, aus der sich alle Thiere
nicht nur der Idee nach, sondern historisch entwickeln."
Der Abschnitt, in dem dieser merkwürdige Satz enthalten ist,
trägt die Ueberschrift: „Beim ersten Auftreten sind vielleicht alle
Thiere gleich und nur hohle Kugeln."

V. Die Gastraea und die Gastrula.

Die fünfte ontogenetische Entwickelungsstufe der Metazoen,
die Gastrula, ist zugleich die letzte, welche allen diesen Thieren
ursprünglich gemeinsam zukommt. Denn von hier an scheiden
sich die Wege der Keimesentwickelung; sie führen von der monaxonien Gastrula einerseits zu den monaxonien Spongien und den
stauraxonien Acalephen, anderseits zu den dipleuren oder bilateralen Bilaterien; und zwar zunächst zu den Würmern, aus denen
sich die vier typischen Stämme der Mollusken, Echinodermen,
Arthropoden und Vertebraten erst später hervorgebildet haben.
Da aber in der Keimesgeschichte aller dieser verschiedenen Thiere
die Gastrula entweder als reine palingenetische Archigastrula oder
als mehr oder weniger modificirte, auf die letztere aber zurück-
führbare, cenogenetische Gastrula nachzuweisen ist, so dürfen wir
nach dem biogenetischen Grundgesetze auf eine gemeinsame Ahnen-
form aller Metazoen schliessen, welche der Archigastrula im Wesentlichen gleich gebildet war; und das ist die Gastraea.

Da diese phylogenetische Hypothese den Kern unserer ganzen
Gastraea-Theorie bildet und da alle die anderen, hier vertretenen
allgemeinen Ansichten über Entwickelung der Thiere jene fundamentale Hypothese stützen und durch sie zugleich erklärt werden
sollen, so ist es nicht nöthig, an dieser Stelle nochmals die phylogenetische Bedeutung der ontogenetischen Gastrula-Form zu begründen und die Gastraea als wahre Urquelle der Metazoen-Bil-
dung, als wirklichen „Metazoarchus" nachzuweisen. Nur auf einige
der wichtigsten Punkte, auf deren richtiges Verständniss es vorzugsweise ankommt, möchte ich hier schliesslich wiederholt hin-
weisen und damit zugleich die erheblichsten, gegen die Gastraea-
Theorie erhobenen Einwendungen widerlegen.

In erster Linie ist es auch hier wieder vor Allem erforderlich, sich nicht durch die mannichfaltigen cenogenetischen Modificationen der Keimform beirren zu lassen, sondern die ursprüngliche palingenetische Keimform scharf und bestimmt in's Auge
zu fassen. Diese liegt uns ganz rein und unverfälscht in der einfachen Archigastrula vor, wie sie sich in identischer Form bei
den niedersten Angehörigen aller Typen findet: bei Gastrophysema
Fig. 119, 120; Olynthus Fig. 17; Actinia Fig. 21; Pelagia Fig. 22;
Sagitta Fig. 23; Argiope Fig. 25; Limnaeus Fig. 31; Uraster Fig.
33; Amphioxus Fig. 43, 44. Wenn wir uns vorstellen, dass wir
diesen verschiedenen Gastrula-Formen im Meere begegneten, ohne
ihre Herkunft zu kennen, so würden wir sie ganz gewiss als unbedeutende Modificationen einer einzigen Entwickelungsform betrachten; und wenn wir sie geschlechtsreif anträfen und also als selbstständige Thierarten zu beurtheilen hätten, so würden wir sie ganz
gewiss nur als leichte Varietäten einer einzigen „bona Species" oder
höchstens als nahe verwandte Species eines einzigen Genus betrachten. Jeder Anhänger der Entwickelungstheorie würde kein Bedenken tragen, sie als wenig divergirende Descendenten einer einzigen gemeinsamen Stammform zu betrachten. Und doch liegen
uns in diesen verschiedenen, so wenig von einander abweichenden
Archigastrula-Formen in Wahrheit Repräsentanten sämmtlicher
Metazoen-Typen vor: Zoophyten, Würmer, Mollusken, Echinodermen,
Arthropoden und Vertebraten. Das ist eine Thatsache von grösster Bedeutung!

In jedem dieser Thierstämme sind es nur noch einzelne uralte Formen der niederen Klassen, welche die palingenetische Archigastrula seit Millionen von Jahren rein bis auf den heutigen Tag
bewahrt haben. Bei der grossen Mehrzahl, und namentlich bei

allen höher entwickelten Metazoen ist an deren Stelle eine modificirte cenogenetische Gastrula-Form getreten. Da finden wir zunächst im engsten Anschluss an die erstere die Amphigastrula, deren Urdarmhöhle bald noch leer, bald schon mit Dotterzellen erfüllt ist (Fig. 18, 28, 48, 55, 100, 110). Die Amphigastrula geht ganz allmählich, indem der Nahrungsdotter mächtig anwächst und damit die Theilungsfähigkeit der Dottermasse erlahmt, in die Discogastrula über. Obgleich nun diese in ihrer extremen Ausbildung sich zu einer so abweichenden Keimform gestaltet, lässt sie sich dennoch stets durch Vermittelung einer Reihe von Zwischenformen auf die Amphigastrula zurückführen; und selbst in jenen extremen Fällen, wie sie uns die Cephalopoden, Teleostier und Vögel darbieten, ist diese Reduction durch die neuesten Beobachtungen möglich geworden (Fig. 37, 40, 49, 50, 54, 65, 66, 75, 76). Ebenso lässt sich auch auf der anderen Seite die Perigastrula gleichfalls auf die Archigastrula zurückführen, und die Schwierigkeit, welche gerade diese cenogenetische Gastrula-Form vorzugsweise der Gastraea-Theorie entgegen zu halten schien, existirt gegenwärtig nicht mehr (Vergl. Fig. 87—90).

Demgemäss können wir zunächst eine allgemeine Homologie der Gastrula bei sämmtlichen Metazoen behaupten, und diese Behauptung wird begründet theils durch den gleichen morphologischen Werth, den die beiden primären Keimblätter überall besitzen, theils durch den nunmehr gelieferten Nachweis, dass der ursprüngliche Bildungsmodus der Gastrula überall die Einstülpung oder Invagination der Blastula ist.

Wenn es uns nun so mit Hülfe der vergleichenden Ontogenie gelungen ist, alle die verschiedenen Gastrula-Modificationen, alle die verschiedenen Formen des „zweiblätterigen oder zweischichtigen Keimes" auf die eine gemeinsame Urform der Archigastrula zurückzuführen, so ist uns die einfachste phylogenetische Hypothese gestattet, welche diese bedeutungsvolle ontogenetische Thatsache mechanisch-causal zu deuten vermag. Diese einfachste hier mögliche Hypothese lässt sich in dem monophyletischen Satze zusammenfassen: Alle Metazoen stammen von einer einzigen gemeinsamen Stammform ab, welche im Wesentlichen der Archigastrula gleich gebildet war. Diese uralte, längst ausgestorbene Stammform, die schon während der laurentischen Periode gelebt haben muss und damals wahrscheinlich durch viele verschiedene Genera und Species vertreten war, ist unsere Gastraea. Die ganze hypothetische Gruppe von ausgestorbenen ältesten Metazoen, welche durch die

nächsten Descendenten der Gastraea gebildet wurde, habe ich als
Gastraeaden bezeichnet.

Diese ältesten Gastraeaden werden der heutigen Archigastrula
im Wesentlichen ganz gleich gebildet und wahrscheinlich nur darin
wesentlich verschieden gewesen sein, dass sie bereits sexuelle Differenzirung besassen. Vermuthlich werden sich bei ihnen einzelne
Zellen des Entoderms zu Eizellen, einzelne Zellen des Exoderms
zu Spermazellen umgebildet haben, wie es auch bei den niedersten
Zoophyten (Spongien, Hydroiden) noch heute der Fall ist. Gleich
den frei im Meere schwimmenden Formen der Archigastrula werden auch jene Gastraeaden sich mittelst Flimmerhaaren, Geisseln
oder Wimpern bewegt haben, welche als Fortsätze der Exoderm-
zellen sich entwickelten.

Ob noch heute echte, frei schwimmende Gastraeaden existiren, ist nicht bekannt, indessen durchaus nicht unwahrscheinlich.
Vielleicht sind manche, als Infusorien beschriebene Thierformen
nicht echte, einzellige Infusionsthiere, sondern Gastraeaden. Wohl
aber existiren noch heute einige festsitzende, höchst einfache
Zoophyten, welche ihrer ganzen Organisation nach als Gastraeaden
zu beurtheilen sind, die jedoch bisher im System einen ganz anderen Platz besassen. Das eine von diesen noch lebenden Gastraeaden ist das merkwürdige, von Bowerbank beschriebene Haliphysema[1]); eine andere nahe verwandte Form ist die von
Carter[2]) unter dem Namen Squamulina scopula zu den Polythalamien (!) gestellte interessante Thierform, die ich Gastrophysema nenne, und deren Ontogenie auf Taf. VIII abgebildet
ist. Beide Genera sind gegenwärtig noch durch mehrere Arten
vertreten. Ich werde die genaue Beschreibung dieser beiden
Gastraeaden der Gegenwart, *Haliphysema* und *Gastrophysema*, demnächst folgen lassen.

Wenn die Archigastrula, wie ich für sicher halte, die getreue
palingenetische Wiederholung der Gastraea ist, dann muss auch
die letztere ursprünglich eben so aus der Planaea (oder Blastaea)
entstanden sein, wie die erstere noch heute aus der Blastula (oder
Blastosphaera) entsteht. Die Gastraea muss dann durch Einstülpung (oder Invagination) aus der Planaea hervorgegangen
sein. In der That ist auch diese phylogenetische Hypothese eben-

1) Bowerbank, Monograph of the British Spongiadae. Vol. 1, p. 1.9; Pl.
XXX, Fig. 359; Vol. II, p. 76.
2) Carter, On two new Species of the Foraminiferous genus Squamulina.
Ann. Mag. nat. hist. 1870, Vol. V. p. 309. Pl. IV, Fig. 1—11.

so durch die nachweisbare Invagination der Archiblastula für die morphologische Auffassung sicher zu begründen, wie sie für die physiologische Betrachtung durch Erwägung der bezüglichen Causal-Verhältnisse durchaus wahrscheinlich wird. Denn wenn wir uns fragen, welche phylogenetischen Veränderungen die Entstehung der zweiblätterigen Gastraea aus der einblätterigen Planaea hervorriefen, so ist als die wichtigste *causa efficiens* derselben unzweifelhaft jene älteste Arbeitstheilung der Zellen hervorzuheben, welche die Differenzirung der beiden primären Keimblätter bewirkte, die Arbeitstheilung der Planaea-Zellen (oder „Blastoderm"-Zellen) in locomotive und nutritive Zellen. Die locomotiven Zellen der Planaeaden, welche vorzugsweise deren schwimmende Ortsbewegung besorgten, bildeten die animale Hemisphaere derselben, die zum Exoderm wurde; die nutritiven Zellen hingegen, welche vorzüglich der Nahrungsaufnahme und Assimilation sich hingaben, bildeten die vegetative Hemisphäre, die sich zum Entoderm gestaltete. Nun war es aber für die letzteren offenbar von grossem Vortheil, wenn sie nicht mehr eine convexe Oberfläche (wie bei der Planaea) zur Nahrungsaufnahme und Assimilation bildeten, sondern an deren Stelle eine concave Vertiefung an der Oberfläche der Flimmerkugel herstellten. Hier konnten Nahrungsmittel längere Zeit verweilen und besser assimilirt werden. Diese concave Vertiefung, welche die Invagination der Planaea einleitete, war der erste Anfang zur Bildung des Urdarms. Die Vervollständigung derselben war die einfache Wirkung der natürlichen Züchtung. Denn je tiefer die Einstülpung und je ausgedehnter damit die nutritive Epithelfläche wurde, desto besser war für die Ernährung der sich bildenden Gastraea gesorgt. Mit der vollständigen Einstülpung verschwand das Blastocoelom der Planaea und an dessen Stelle trat die Protogaster der Gastraea.

Gleiche einfache physiologische Reflexionen geben uns Aufschluss über die Causalverhältnisse der historischen Veränderungen, welche überhaupt die älteste Reihe der Metazoen-Ahnen vom Moner bis zur Gastraea durchlief (Anthropogenie XVI. Vortrag). Diese physiologischen Erwägungen über die Phylogenie der ältesten Functionen erläutern zugleich die mechanische Phylogenie der niedersten Thierformen, welche uns in den fünf ersten Keimungsstufen der Metazoen noch heute als ontogenetische Wiederholung jener fünf ältesten Ahnenstufen entgegen treten. Indem wir hier die ganze Mannichfaltigkeit der cenogenetischen Keimformen auf die ursprüngliche palingenetische Keimform zurückführen und diese phylogene-

tisch deuten, gelangen wir zu einem wahren Verständniss vom
ältesten Entwickelungsgang des Thierreichs, und dies Verständniss
gewinnen wir nur durch die Gastraea-Theorie.

Jena, den 18. August 1875.

Nachschrift.

Ueber die Eifurchung und Gastrulation der Spon-
gien erhalte ich so eben, nachdem vorstehende Arbeit bereits gedruckt ist, eine sehr interessante Mittheilung von FRANZ EILHARD
SCHULZE, welche in erfreulichster Weise die Uebereinstimmung der
Spongien mit den übrigen Metazoen bezüglich der wichtigsten
Keimungs-Vorgänge bestätigt[1]). Obwohl SCHULZE denselben Kalk-
schwamm (Sycandra raphanus), wie OSKAR SCHMIDT und METSCHNI-
KOFF untersucht hat, ist er doch zu ganz anderen Resultaten gekommen. Nach vollendeter Eifurchung entsteht eine echte Blastula, zusammengesetzt „aus 48 Zellen, welche zusammen in
einschichtiger Lage einen linsenförmigen Hohlkörper formiren.
Bei weiter fortschreitender Zellenvermehrung nimmt der Embryo
die Gestalt einer Hohlkugel an. Ferner tritt eine Differenzirung
ein zwischen acht keilförmigen, den späteren Entodermzellen,
und sämmtlichen unregelmässig polyedrischen, helleren, den Ekto-
derm-Zellen. An der nun zum Verlassen ihrer Entstehungsstätte
befähigten Larve ist die Furchungshöhle stark verkleinert,
während die Entodermzellen, stark aufgeblüht und mit groben
dunkeln Körnchen erfüllt, sich nach aussen vordrängen und etwa
die Hälfte der nun eiförmigen Larve ausmachen. Später tritt dann
wieder eine Abflachung des halbkugelig vorspringenden Entoderm-
lagers und bald darauf sogar eine Einstülpung desselben gegen
die convexe Ektodermkuppe ein, wobei die Furchungshöhle gänzlich schwindet und sich das Entodermzellenblatt unmittelbar an
die Innenfläche des Ektodermes anlegt. Durch Ausweitung der
so entstandenen doppelblätterigen hohlen Halbkugel und
Umgreifen des Ektodermzellenlagers am Oeffnungsrande entsteht
eine sackförmige, zweiblätterige Larve mit äusserer flimmernder
und innerer nicht flimmernder Zellenlage: eine Gastrula.“

1) FRANZ EILHARD SCHULZE, Ueber den Bau und die Entwickelung eines
Kalkschwammes, Sycandra raphanus (Tageblatt der 48. Versammlung deutscher
Naturforscher und Aerzte in Graz 1875. S. 101).

Die Eifurchung und Gastrulation der Sycandra raphanus verläuft nach dieser wichtigen, wörtlich wiedergegebenen Mittheilung also ganz in der typischen Form aller Metazoen, indem zunächst eine echte Blastula und durch deren Einstülpung oder Invagination eine echte Gastrula (und zwar eine Amphigastrula) entsteht. An der Genauigkeit dieser werthvollen und detaillirten Angaben zu zweifeln, liegt bei der bekannten Beobachtungs-Schärfe und histologischen Erfahrung von Franz Eilhard Schulze kein Grund vor. Daraus ergiebt sich aber bezüglich der früheren, damit nicht übereinstimmenden Angaben über die Spongien-Gastrula (welche oben, S. 455, 456 erwähnt wurden) in Kürze Folgendes: 1) Die Angaben von Metschnikoff sind (gleich so vielen anderen Behauptungen dieses oberflächlichen Beobachters) bezüglich der angeblichen Beobachtungen sowohl als der daraus gezogenen Schlüsse ganz falsch; sogar Exoderm und Entoderm sind darin verwechselt! 2) Die Mittheilungen von Oskar Schmidt sind, was die Beobachtungen betrifft, grösstentheils richtig, aber unvollständig; bezüglich der Deutungen grösstentheils unrichtig. 3) Meine eigenen Angaben über die Ontogenie der Kalkschwämme sind insofern unvollständig und unrichtig, als ich die Blastula und deren Invagination nicht erkannt, und statt deren zwischen Morula und Gastrula die Bildung einer Planula und Planogastrula angenommen hatte (Monographie der Kalkschwämme, Band I, S. 333). Dagegen sind sie richtig und werden vollkommen durch F. E. Schulze bestätigt in dem wichtigsten Punkte, darin nämlich, dass auch die Keimung der Schwämme mit der Bildung einer echten Gastrula und der beiden primären Keimblätter verläuft.

Dass diese Gastrula der Spongien durch Invagination einer echten Blastula entsteht, und nicht durch Delamination (wie ich irrig angenommen hatte) ist mir natürlich nur höchst erwünscht, weil dadurch die wesentliche Uebereinstimmung der Spongien mit den übrigen Metazoen hergestellt wird. Höchst wahrscheinlich wird auch in den wenigen anderen Fällen, in denen die Gastrula durch Blätterspaltung des Blastoderms entstehen sollte, sich schliesslich die Einstülpung der Blastula als ursprünglicher Entstehungs-Modus herausstellen.

Von welcher hohen principiellen Bedeutung die Beobachtungen von Franz Eilhard Schulze für die ganze Naturgeschichte der Spongien sind, brauche ich schliesslich wohl kaum besonders hervorzuheben. Ich hatte bei Ausarbeitung meiner Monographie der Kalkschwämme in erster Linie mich bestrebt zu zeigen, dass diese

Thiere, und die **Spongien** überhaupt, **keine Protozoen**, sondern **Metazoen** sind; dass ihre beiden Gewebsschichten den beiden primären Keimblättern der übrigen Metazoen homolog sind, und dass die Spongien durch die Bildung ihres Gastrocanal-Systems sich als echte **Zoophyten** (oder Coelenteraten) ausweisen. Oskar Schmidt hatte dagegen in seinem oben citirten Aufsatze: „Zur Orientirung über die Entwickelung der Spongien" sich zu zeigen bemüht, dass jene Auffassung falsch sei und dass somit auch alle die wichtigen, daran geknüpften allgemeinen Schlussfolgerungen hinfällig seien[1]). Die Mittheilungen von F. E. Schulze bestätigen nicht allein die Richtigkeit meiner Auffassung; sondern sie verstärken sie zugleich bedeutend dadurch, dass sie die typische Bildung der Gastrula durch **Einstülpung** der Blastula auch bei den niedersten Metazoen nachweisen, bei den **Spongien**.

Jena, den 4. October 1875.

[1) Oskar Schmidt (l. c. p. 130) sagt: „Ich habe diese Beobachtungen über den Bau der Flimmerlarven von Sycandra raphanus und glabra mit peinlicher Sorgfalt wiederholt. Ich kann nur behaupten, dass unsere beiden Arten **keine Gastrulae** bilden, und dass damit leider die vermeintliche durchgreifende Wichtigkeit der Gastrula für die Kalkspongien mit allen den so schönen theoretischen Folgerungen **nicht mehr existirt.**" Die Figuren 1, 2, 3 und 4. 5, 6, welche O. Schmidt (l. c.) auf Taf. VIII und IX mittheilt, sind wohl als **Amphiblastula** zu deuten. Die folgende Einstülpung derselben hat er offenbar nicht beobachtet, und ebenso nicht die daraus hervorgehende **Amphigastrula.**

Erklärung der Tafeln.

Taf. II.
Eifurchung und Gastrula verschiedener Wirbellosen (Copien).

[In allen Figuren ist das Entoderm durch rothe, das Exoderm durch blaue Farbe bezeichnet. Der Nahrungsdotter ist meistens roth schraffirt. *s* Furchungshöhle (Blastocoeloma). *a* Urdarmhöhle (Protogaster). *o* Urmund (Protostoma).]

Fig. 17. Archigastrula eines Kalkschwammes (Ascubmis armata). Copie nach HAECKEL, Monographie der Kalkschwämme, Taf. 13, Fig. 6.

Fig. 18. Amphigastrula eines Kalkschwammes (Sycyssa Huxleyi). Copie nach HAECKEL, Monographie der Kalkschwämme, Taf. 44, Fig. 15.

Fig. 19. Amphiblastula eines Kalkschwammes (Sycandra raphanus). Copie nach OSKAR SCHMIDT (Zeitschr. für wissensch. Zool. Vol. XXV, Suppl. Taf. IX. Fig. 5). Die Furchungshöhle ist in dieser Figur fälschlich mit *a* (statt mit *s*) bezeichnet. *o* muss wegfallen.

Fig. 20. Archiblastula einer Koralle (Actinia). Copie nach KOWALEVSKY (Russische Abhandlung über die Ontogenie der Coelenteraten. 1873. Taf. IV, Fig. 1).

Fig. 21. Archigastrula derselben Koralle (Ibid. Taf. IV, Fig. 2).

Fig. 22. Archigastrula einer Meduse (Pelagia). Copie nach KOWALEVSKY (Ibid. Taf. III, Fig. 2).

Fig. 23. Archigastrula eines Wurms (Sagitta). Copie nach KOWALEVSKY (Embryologische Studien an Würmern und Arthropoden, Petersburg 1871, Taf. I, Fig. 2).

Fig. 24. Amphiblastula eines Wurms (Euaxes). Copie nach KOWALEVSKY (Ibid. Taf. IV, Fig. 27).

Fig. 25. Archigastrula eines Brachiopoden (Argiope). Copie nach KOWALEVSKY (Russische Abhandlung über die Ontogenie der Brachiopoden. Moskau 1874. Taf. I, Fig. 3).

Fig. 26. Amphiblastula einer Muschel (Unio). Copie nach einer noch nicht publicirten Abhandlung von CARL RABL über die Ontogenie der Muscheln.

Fig. 27. Amphiblastula derselben Muschel in einem folgenden Stadium. Copie nach CARL RABL (Ibid.).

Fig. 28. Amphigastrula derselben Muschel. Copie nach CARL RABL (Ibid.). Links ist eine grosse Mesoderm-Zelle sichtbar.

Fig. 29. Archiblastula einer Schnecke (Limnaeus). Copie nach CARL RABL (die Ontogenie der Süsswasser-Pulmonaten. Jenaische Zeitschrift für Naturw. 1875. Vol. IX, Taf. VII, Fig. 9).

Fig. 30. Archiblastula invaginata derselben Schnecke. Copie nach CARL RABL (Ibid. Taf. VII, Fig. 10.

11

Fig. 31. Archigastrula derselben Schnecke. Copie nach CARL RABL (Ibid. Taf. VII, Fig. 11).

Fig. 32. Amphigastrula einer Schnecke (Purpura). Copie nach SELENKA (Keimblätter bei Purpura. Niederl. Arch. f. Zool. 1871. Heft II, Taf. XVII).

Fig. 33. Archigastrula eines Seesterns (Asteracanthion). Copie nach ALEX. AGASSIZ (Embryology of the Starfish. 1864. Taf. I, Fig. 27).

Fig. 34. Amphimorula eines Rhizocephalen (Sacculina). Copie nach ED. VAN BENEDEN (Recherches sur l'Embryogenie des Crustacées, 1870. Pl. I, Fig. 21).

Fig. 35. Discomorula einer Assel (Oniscus). Copie nach BOBRETZKY (Zur Embryologie des Oniscus murarius. Zeitschr. fur wissensch. Zool. Vol. XXIV, Taf. XXI, Fig. 3).

Fig. 36. Discoblastula desselben Oniscus. Copie nach BOBRETZKY (Ibid. Fig. 5).

Fig. 37. Discogastrula desselben Oniscus. Copie nach BOBRETZKY (Ibid. Fig. 7).

Fig. 38. Discogastrula eines Wasserkäfers (Hydrophilus). Copie nach KOWALEVSKY (Embryolog. Studien an Würmern und Arthropoden. Petersburg 1871, Taf. IX, Fig. 23).

Fig. 39. Archigastrula (?) eines Pteromalinen (Platygaster). Copie nach GANIN (Entwickel. der Insecten. Zeitschr. f. wiss. Zool. 1869. Bd. XIX, Taf. XXX).

Fig. 40. Discogastrula des Scorpions. Copie nach METSCHNIKOFF (Embryologie des Scorpions. Zeitschr. f. wiss. Zool. 1871, Taf. XIV, Fig. 9).

Taf. III.
Eifurchung und Gastrula verschiedener Wirbelthiere (Copien).

[In allen Figuren ist das Entoderm durch rothe, das Exoderm durch blaue Farbe bezeichnet. Der Nahrungsdotter ist meistens roth schraffirt. s Furchungshöhle (Blastocoeloma). a Urdarmhöhle (Protogaster). o Urmund (Protostoma).]

Fig. 41. Archiblastula des Amphioxus. Copie nach KOWALEVSKY (Entwickelungsgeschichte des Amphioxus. Mem. Petersb. Akad. 1867. Vol. XI, Tab. I, Fig. 9).

Fig. 42. Archiblastula invaginata des Amphioxus. Copie nach KOWALEVSKY (Ibid. Fig. 13).

Fig. 43. Archigastrula des Amphioxus im ersten Anfang. Copie nach KOWALEVSKY (Ibid. Fig. 14).

Fig. 44. Archigastrula des Amphioxus, vollständig ausgebildet. Copie nach KOWALEVSKY (Ibid. Fig. 16).

Fig. 45. Amphimorula des Petromyzon. Copie nach MAX SCHULTZE (Entwickelungsgeschichte von Petromyzon. Haarlem 1856. Tab. IV, Fig. 1).

Fig. 46. Amphiblastula des Petromyzon. Copie nach M. SCHULTZE (ibid. Taf. IV, Fig. 2).

Fig. 47. Amphigastrula des Petromyzon, in erster Anlage. Copie nach M. SCHULTZE (ibid. Taf. IV, Fig. 5).

Fig. 48. Amphigastrula des Petromyzon, vollständig entwickelt. Copie nach M. SCHULTZE (ibid. Taf. IV, Fig. 7).

Fig. 49. Discogastrula eines Haifisches (Mustelus). Copie nach BAL-
FOUR (Development of the Elasmobranch Fishes. Quarterly Journ. of
microsc. Sc. 1874. Vol. XIV, Pl. XIII, Fig. 1).

Fig. 50. Discogastrula eines Knochenfisches (Esox). Copie nach LERE-
BOULLET (Recherches d'Embryologie comparée sur le Developpement du
Brochet etc. 1853. Pl. I, Fig. 27.

Fig. 51. Amphimorula des Bombinator. Copie nach GOETTE (Entwickelungsgeschichte der Unke, 1875. Taf. II, Fig. 27).

Fig. 52. Amphiblastula des Bombinator. Copie nach GOETTE (ibid. Taf.
II, Fig. 28).

Fig. 53. Amphigastrula des Bombinator. Copie nach GOETTE (ibid. Taf.
II, Fig. 33).

Fig 54. Discogastrula des Hühnchens. Copie nach GOETTE (Die Bildung der Keimblätter im Hühnerei. Archiv für mikrosk. Anat. Vol. X,
1874, Taf. X, Fig. 4).

Taf. IV.

Discoidale Furchung und Discogastrula eines pelagischen Knochenfisches (Gadoiden, Motella?).

[Innerhalb der structurlosen Eihülle (c) ist ausser den (am animalen Pol befindlichen) Furchungszellen und dem daraus entstehenden Fischkeime nur der
Nahrungsdotter zu sehen, bestehend aus einer wasserhellen structurlosen Eiweisskugel und einer kleineren (am vegetativen Pol befindlichen) stark lichtbrechenden Oelkugel. Der homogene Nahrungsdotter, der keinerlei geformte
Bestandtheile enthält, ist mit gelber Farbe gedruckt. e Exoderm. i Entoderm.
w Keimwulst (Randwulst oder Properistom). c Chorion. h Embryo. s Furchungshöhle. Alle Figuren dieser Tafel sind 60 Mal vergrössert.]

Fig. 55. Zweite Furchungsstufe: Ei mit vier Furchungszellen.

Fig. 56. Dasselbe Ei (Obere Hälfte) im Meridianschnitt.

Fig. 57. Vierte Furchungsstufe: Ei mit 16 Furchungszellen.

Fig. 58. Dasselbe Ei (Obere Hälfte) im Meridianschnitt.

Fig. 59. Discomorula. Ei nach vollendeter Furchung. Die gleichartigen
Furchungskugeln bilden eine kreisrunde Keimscheibe (Discoblastus), eine
biconvexe Linse, welche in eine kleine Vertiefung am animalen Pol des
Nahrungsdotters eingesenkt ist.

Fig. 60. Dieselbe Discomorula im Meridianschnitt.

Fig. 61. Discoblastula. Die Keimscheibe hat sich peripherisch ausge-
dehnt, in der Mitte bedeutend verdünnt, am Rande rings umgekehrt verdickt (w Keimwulst oder Randwulst). Zwischen der abgehobenen Mitte
und dem Nahrungsdotter hat sich die Keimhöhle (s) gebildet.

Fig. 62. Dieselbe Discoblastula im Meridianschnitt.

Fig. 63. Discoblastula invaginata. Uebergang der Discoblastula in
die Discogastrula durch Einstülpung der ersteren. Der untere Theil des
verdickten Randwulstes schlägt sich nach innen um und wächst centripetal gegen die Mitte der Keimscheibe in die Keimhöhle hinein. Letztere wird enger.

Fig. 64. Dieselbe Discoblastula invaginata im Meridianschnitt.

Fig. 65. Discogastrula. Die Einstülpung der Discoblastula ist vollständig geworden, indem die vom Randwulste in die Keimhöhle hereingewachsene Zellenschicht („secundäre Keimschicht") das Centrum der letzteren erreicht hat und nunmehr als zusammenhängendes „Entoderm" den Boden der Keimhöhle bedeckt. Letztere verschwindet, indem das Entoderm sich an das Exoderm (die „primäre Keimschicht", welche die Decke der Furchungshöhle bildet) eng anlegt. Die Keimscheibe bedeckt als Gastrula wie eine Kappe den animalen Pol des Nahrungsdotters.

Fig. 66. Dieselbe Discogastrula im Meridianschnitt.

Fig. 67. Discogastrula mit der ersten Anlage des Axoblast. An einer Seite des verdickten Gastrula-Mundrandes (des „Properistoms") erscheint die erste Anlage der Axenplatte und des „Primitivstreifs" (Ansicht von der Rückenseite. Der optische Meridianschnitt geht durch die Lateral-Ebene (von rechts nach links).

Fig. 68. Dieselbe Discogastrula, um 90° gedreht, im optischen Längsschnitt (Meridianschnitt durch die Median-Ebene).

Fig. 69. Fischkeim, weiter entwickelt, mit deutlicher Trennung von Kopf und Rumpf, und Anlage der Augenblasen. Die Keimscheibe (Discogastrula) hat bereits ungefähr ¾ der Peripherie des kugeligen Nahrungsdotters umwachsen, so dass kaum ¼ des letzteren am vegetativen Pole aus dem Gastrula-Munde frei vorragt. Ansicht von der Rückenseite.

Fig. 70. Derselbe Fischkeim, um 90° gedreht, im Sagittalschnitt, von der linken Seite gesehen.

Fig. 71. Fischkeim, noch weiter entwickelt. Der aborale Körpertheil ist beträchtlich verlängert. Beiderseits der Chorda markiren sich die Metameren (Urwirbel-Segmente). Die Keimscheibe (Discogastrula) hat den Nahrungsdotter fast ganz umwachsen, so dass nur noch ein kleines Segment des letzteren am vegetativen Pole frei aus dem Gastrula-Munde vorragt.

Fig. 72. Derselbe Fischkeim, um 90° gedreht, im Sagittalschnitt von der linken Seite gesehen.

Taf. V.

Discogastrula desselben pelagischen Knochenfisches (Gadoiden, Motella?).

Fig. 73. Discomorula im Meridianschnitt. Stärkere Vergrösserung (200) des animalen Segments von Fig. 60.

Fig. 74. Discoblastula im Meridianschnitt. Stärkere Vergrösserung (200) des animalen Segments von Fig. 62 (linke Hälfte) und Fig. 64 (rechte Hälfte). Rechts beginnt die Einstülpung der Blastula, indem die grossen Zellen des Randwulstes oder Properistoms (w) centripetal gegen die Mitte der Keimhöhle (s) hineinwachsen (i).

Fig. 75. Discogastrula im Meridianschnitt. Stärkere Vergrösserung des animalen Segments von Fig. 66.

Fig. 76. Discogastrula, vom lebenden Fisch-Ei, nach kurzer Einwirkung einiger Tropfen höchst verdünnter Osmiumsäure. Stärkere Vergrösserung (200) von Fig. 65.

Fig. 77. Zehn Exoderm-Zellen derselben Discogastrula, in Chromsäure. Vergr. 600.

Fig. 78. Acht Entoderm-Zellen derselben Discogastrula, in Chromsäure. Vergr. 600.

Fig. 79. Drei Mesoderm-Zellen; amoeboide, mit dunkeln Pigmentkörnern versehene Wanderzellen des Darmfaserblattes, welche in dem Winkel des Umschlagsrandes zwischen Exoderm und Entoderm aus letzterem entstehen und nach verschiedenen Orten hinwandern. Vergr. 600.

Fig. 80. Der junge Knochenfisch (Gadoide, Motella?), welcher so eben die Eihüllen verlassen hat, von der linken Seite gesehen. *h* Hirn. *u* Auge. *g* Gehörbläschen. *z* Herz. *a* Darm. *d* Eiweisskugel des Nahrungsdotters. *f* Fettkugel des Nahrungsdotters. *y* After. *x* Chorda. *m* Seitenrumpfmuskeln.

Taf. VI.
Superficiale Furchung und Perigastrula eines Crustaceen (Peneus).

Fig. 81. Zweite Furchungsstufe: Ei mit vier Furchungszellen, von der Oberfläche gesehen. Durch zwei auf einander senkrechte Ringfurchen, eine aequatoriale und eine meridiane, werden im peripherischen Theil des Eies vier Zellen geschieden, während der centrale Nahrungsdotter ungetheilt bleibt.

Fig. 82. Dasselbe Ei im Meridianschnitt.

Fig. 83. Fünfte Furchungsstufe: Ei mit 32 Furchungszellen, von der Oberfläche gesehen.

Fig. 84. Dasselbe Ei im Meridianschnitt.

Fig. 85. Perimorula (und zugleich Periblastula), von der Oberfläche gesehen. Nach vollendeter Furchung bilden die sämmtlichen Furchungszellen an der Oberfläche des Eies eine einzige zusammenhangende Schicht von gleichartigen Zellen (Blastoderma), welche den inneren ungefurchten Nahrungsdotter umschliesst.

Fig. 86. Dieselbe Perimorula im Meridianschnitt.

Fig. 87. Perigastrula, von der Oberfläche gesehen; in der Mitte ist der Urmund (*o*) sichtbar, welcher in die Einstülpung des Urdarms führt.

Fig. 88. Dieselbe Perigastrula im Medianschnitt. *a* Urdarm. *o* Urmund. *e* Exoderm. *i* Entoderm. *m* Mesoderm.

Fig. 89. Nauplius-Stadium, von der Bauchfläche gesehen. *l* Oberlippe. I, II, III, die Anlagen der drei Beinpaare.

Fig. 90. Dasselbe Nauplius-Stadium, im Sagittalschnitt (von der linken Seite gesehen). *a* Urdarm. *o* Urmund. *m* Mesoderm-Zellen. *l* Oberlippe. *p* Einstülpung des Schlundes und Kaumagens. *e* Exoderm. *i* Entoderm.

Taf. VII.
Inaequale Furchung und Amphigastrula.

Fig. 91—102. Inaequale Furchung und Amphigastrula eines chaetopoden Anneliden (Fabricia).

Fig. 91. Amphimonerula. Nach der Befruchtung ist das Keimbläschen verschwunden und aus der Copulation von Spermazelle und Eizelle eine Cytode entstanden.

Fig. 92. Amphicytula, die erste Furchungskugel.

Fig. 93. Erste Furchungsstufe: Die Amphicytula ist in zwei Zellen getheilt, eine obere, kleinere und hellere animale Zelle (Mutterzelle des Exoderms) und eine untere, grössere und dunklere vegetative Zelle (Mutterzelle des Entoderms).

Fig. 94. Zweite Furchungsstufe: Die obere animale Zelle ist in zwei Zellen zerfallen; die untere vegetative Zelle ist ungetheilt.

Fig. 95. Dritte Furchungsstufe: Die obere animale Zelle ist durch zwei Meridianfurchen in vier Zellen zerfallen. Die untere vegetative Zelle ist ungetheilt.

Fig. 96. Spätere Furchungsstufe: Die obere animale Zelle ist in zahlreiche kleine helle Zellen, die untere vegetative Zelle ist in drei grosse dunkle Zellen (eine untere grössere und zwei obere kleinere) zerfallen.

Fig. 97. Amphimorula. Nach beendigtem inaequalen Furchungsprocesse findet sich oben am animalen Pole eine hemisphärische Masse von zahlreichen kleinen hellen Zellen (Exoderm), unten am vegetativen Pole eine dunkle Masse von wenigen (sechs?) grossen dunkeln Zellen (Entoderm).

Fig. 98. Amphiblastula im Meridianschnitt. Im Innern hat sich durch Flüssigkeits-Ansammlung eine Furchungshöhle (s) gebildet; in der oberen (animalen) Hälfte überwölbt von einer hemisphärischen Schicht kleiner heller Exoderm-Zellen, in der unteren (vegetativen) Hälfte geschlossen von wenigen grossen dunkeln Entoderm-Zellen.

Fig. 99. Amphiblastula in Einstülpung, resp. Umwachsung (invaginata-circumcreta). Die grossen dunkeln Entoderm-Zellen werden in die Furchungshöhle eingestülpt und eo ipso von der äusseren Schicht der kleinen hellen Exoderm-Zellen umwachsen. Optischer Meridianschnitt.

Fig. 100. Amphigastrula im optischen Meridianschnitt. Die Einstülpung (Entobole) oder Umwachsung (Epibole) der Amphiblastula ist vollendet, die Furchungshöhle verschwunden und die Urdarmhöhle (a) gebildet. o Urmund.

Fig. 101. Dieselbe Amphigastrula von der Fläche gesehen.

Fig. 102. Junge Wurmlarve mit einem Wimperreifen.

Fig. 103—110. Inaequale Furchung und Amphigastrula einer Schnecke (Trochus?).

Fig. 103. Zweite Furchungsstufe: Ei mit vier Furchungszellen.

Fig. 104. Dritte Furchungstufe: Ei mit 8 Furchungszellen (4 kleinen hellen animalen und 4 grossen dunklen vegetativen Zellen).

Fig. 105. Dasselbe Ei, im Profil.

Fig. 106. Vierte Furchungsstufe: Ei mit 12 Furchungszellen (8 kleinen hellen animalen und 4 grossen dunklen vegetativen Zellen).

Fig. 107. Dasselbe Ei, im Profil.

Fig. 108. Amphimorula im Meridianschnitt. Nach beendigter Furchung wird die obere animale Hemisphäre des Eies von 16 kleinen hellen, die untere vegetative Hemisphäre dagegen von 8 grossen dunkeln Zellen gebildet (4 obere grössere und 4 untere kleinere).

Fig. 109. Amphiblastula, im Meridiauschnitt. Die Decke der Furchungshöhle wird von 32 kleinen hellen, ihr Boden von 8 grossen dunkeln Zellen gebildet (4 obere kleine und 4 untere grössere).

Fig. 110. Amphigastrula, im Meridianschnitt. *a* Urdarm. *o* Urmund.
Das Exoderm (*e*) hat das Entoderm (*i*) völlig umwachsen. Die meisten
Zellen des letztern bilden die Darmwand. Einige grosse Zellen dessel-
ben sind als Nahrungsdotter übrig geblieben (*d*).

Taf. VIII.

Primordiale Furchung und Archigastrula von Gastrophysema.

Fig. 111. Archimonerula. Nach erfolgter Befruchtung ist das Keimbläschen verschwunden und aus der Copulation von Eizelle und Spermazelle eine Cytode entstanden.

Fig. 112. Archicytula. Die erste Furchungszelle.

Fig. 113. Erste Furchungsstufe: Die Cytula ist in zwei gleiche Furchungszellen zerfallen.

Fig. 114. Zweite Furchungsstufe: Aus der Cytula sind vier Furchungszellen entstanden.

Fig. 115. Archimorula (Maulbeerkeim).

Fig. 116. Archiblastula (die ursprüngliche Form der Blastosphära, Keimhautblase oder „Vesicula blastodermica") von der Fläche gesehen.

Fig. 117. Dieselbe Archiblastula im optischen Meridianschnitt.

Fig. 118. Archiblastula invaginata. Dieselbe Keimhautblase in der
Einstülpung begriffen.

Fig. 119. Archigastrula, von der Fläche gesehen.

Fig. 120. Dieselbe Archigastrula, im optischen Meridianschnitt; dies
ist die ursprüngliche, palingenetische Form der Gastrula.

III.

Die Physemarien
(Haliphysema und Gastrophysema),
Gastraeaden der Gegenwart.

Hierzu Tafel IX—XIV.

13. Bisherige Beobachtungen über Physemarien.

Wenn wir das natürliche System des Thierreichs im Lichte der Entwicklungs-Theorie betrachten und die morphologischen Verwandtschafts-Beziehungen der verschiedenen Formen phylogenetisch deuten, so ergibt sich als eines der interessantesten Resultate die Erscheinung, dass fast alle hervorragenden Entwicklungsformen der Vergangenheit noch in der Gegenwart durch einzelne uralte Ueberbleibsel vertreten sind. Wie uns die vergleichende Culturgeschichte in den verschiedenen Völker-Stämmen noch heute fast alle Entwicklungsstufen der menschlichen Cultur und der staatlichen Organisation vor Augen führt, so zeigt uns auch die vergleichende Zoologie in den verschiedenen Thierclassen noch heute fast alle Entwicklungsstufen des Zellenlebens und der thierischen Organisation neben einander. Die Moneren der Gegenwart berichten uns von den ersten Anfängen des organischen Lebens vor Millionen von Jahren. Die Amoeben von heute geben uns eine klare Vorstellung davon, wie der indifferente einzellige Organismus beschaffen war, der in der „Morgenröthe der Schöpfung" den Grundstein des Zellenlebens legte. Die niedersten Pflanzenthiere der Gegenwart, Spongien und Hydroiden, erzählen uns von der Gründung des Metazoen-Reiches. Die Ascidien und Amphioxus berichten uns, wie aus einem Zweige der Wirbellosen der grosse Stamm der Wirbelthiere entstand. Die Cyclostomen geben uns eine Ahnung von der Organisation der ältesten Schädelthiere; die Selachier zeigen uns, wie ungefähr die ältesten Gnathostomen beschaffen waren. Nicht minder berichten uns die heutigen Monotremen von der ältesten Geschichte der Säugethier-Classe und die Anthropoiden von den Anfängen der Anthropogenesis.

So hat jeder grosse Fortschritt in der Thier-Geschichte seine heute noch sichtbaren Spuren hinterlassen; und von jeder charakteristischen Hauptgruppe des Thierreichs leben noch heute einzelne uralte Epigonen, welche in zäher Vererbung die wich-

12*

tigsten Eigenthümlichkeiten ihrer längst ausgestorbenen Stammgruppe bis zur Gegenwart getreu übertragen haben. Das hervorragende Interesse, welches sich in dieser Beziehung z. B. an den
Amphioxus und die Ascidie, an die Selachier und die Anthropoiden knüpft, ist heutzutage so allgemein anerkannt, dass wir
hier Nichts weiter darüber zu sagen brauchen. Ein gleiches
Interesse aber möchten wir hier für einige kleine Thierformen in
Anspruch nehmen, welche zwar nicht neu sind, aber bisher wenig
bekannt und ganz irrthümlich gedeutet waren. Das sind die
Physemarien, eine kleine Gruppe von niedersten Pflanzenthieren, die der hypothetischen Stammform aller Metazoen, der
Gastraea, näher stehen, als alle anderen bis jetzt bekannten
Thiere. Bisher durften einerseits die niedersten Spongien,
und namentlich der von mir beschriebene *Olynthus* [1]), andererseits
die einfachsten Hydroiden, z. B. *Hydra*, als diejenigen Metazoen
gelten, welche sich von der gemeinsamen Wurzel der ganzen Gruppe
am wenigsten entfernt hatten. Noch näher aber dieser Wurzel,
ja in nächstem, ganz unmittelbarem Zusammenhang mit derselben
stehen unsere Physemarien: die Genera *Haliphysema* und *Gastrophysema*. Das erstere ist von seinem Entdecker Bowerbank als
eine Spongie [2]), das letztere von Carter als eine Foraminifere beschrieben worden. In der That sind beide Genera Gastraeaden,
einfache schlauchförmige Thiere, deren Körper zeitlebens nur aus
den beiden primären Keimblättern besteht.

Das Genus *Haliphysema* hat Bowerbank im ersten Bande seiner
„Monograph of the British Spongiadae" (1864) mit folgenden
Worten charakterisirt: „Sponge consisting of a hollow basal mass,
from which emanates a single cloacal fistula. Skeleton: Spicula
of the base disposed irregularly; spicula of the fistula disposed
principally in lines parallel to the long axis of the sponge, without
fasciculation." Im zweiten Bande derselben Monographie (1866)
gibt er die Beschreibung von zwei britischen Arten: 1. *Haliphysema
Tumanowiczii* und 2. *H. ramulosa*. Eine Abbildung der ersteren
findet sich auf Taf XXX des ersten Bandes (Fig. 359); eine Abbildung der letzteren auf Taf. XIII des III. Bandes (1874). Von

[1]) Haeckel, Monographie der Kalkschwämme, 1872, Bd. I, S. 76: „Die
Stammform der Kalkschwämme (Olynthus);" Taf. I, Fig. 1; Taf. 11, Fig. 6—9;
T. af13, Fig. 9.
[2]) Bowerbank, Monograph of the British Spongiadae, 1864—1874; Bd. I,
p. 179; Taf. XXX, Fig. 359. Bd. II, p. 76—80; Bd. III, Taf. XIII.

der ersteren Abbildung (Fig. 359) hat auch Oskar Schmidt eine Copie gegeben in seinem „zweiten Supplement der Spongien des adriatischen Meeres" (1866, p. 13; Fig. 13).

Haliphysema Tumanowiczii charakterisirt Bowerbank folgender-maassen (Vol. II, p. 76): „Sponge pyriform, pedicelled; base expanded, thick, turgid at the margin; pedicel gradually enlarging upwards, fistular, parietes very thin, surface smooth and even; distal extremity abundantly hispid. Oscula and pores inconspicuous. Dermal membrane thin and translucent. Skeleton membranous, with an incorporation of fragments of spicula of various sizes and forms, and of minute grains of sand." In der ausführlichen Beschreibung, welche Bowerbank dieser Diagnose folgen lässt, bezeichnet er *Haliphysema Tumanawiczii* als die kleinste britische Spongie. Sie wird kaum eine Linie hoch und sitzt auf den Stämmchen von kleinen Algen und Zoophyten. Die einfache Gestalt des gestielten birnförmigen Schlauchs variirt wenig; nur der Stiel ist bald länger, bald kürzer; bisweilen wird der birnförmige Körper fast kugelig; die planconvexe scheibenförmige Basis des Stiels ist in der Mitte oft nabelförmig eingezogen. Die Höhle der Basis geht durch den hohlen röhrenförmigen Stiel unmittelbar in die Körperhöhle über. Die Wand des hohlen Schlauchs ist überall sehr dünn und ohne Poren; sie besteht aus einer zarten durchsichtigen Membran, mit welcher Sandkörner, Spongien-Nadeln und andere fremde Körper verkittet sind. Merkwürdig ist, dass die Schwamm-Nadeln (wie auch bei den anderen Physemarien) eine regelmässige Lagerung haben. In der scheibenförmigen Basis finden sich fast immer nur Bruchstücke von Nadeln, unregelmässig durch einander gewebt; im cylindrischen Stiel sind die Spicula meistens parallel seiner Längsaxe gelagert; die birnförmige Distalhälfte endlich („the head of the sponge", wie Bowerbank sagt) ist reichlich mit Nadeln bewaffnet, die nach allen Richtungen ovalwärts abstehen (aber niemals rückwärts nach der aboralen Basis gerichtet). Trotz dieser constanten Lagerung der Spongien-Spicula unterliegt es keinem Zweifel, dass dieselben fremde Körper sind und dass *Haliphysema* selbst keine Spicula bildet; es geht das schon daraus hervor, dass die Nadeln verschiedenen Schwamm-Arten angehören und dass die geknöpften Nadeln mit ihrem stumpfen Ende bald oralwärts, bald aboralwärts vorragen; auch dreistrahlige Nadeln liegen einzeln dazwischen, und Sandkörner in wechselnder Menge. Ausdrücklich ist hervorzuheben, dass Bowerbank weder Poren noch

Oscula an dem vorgeblichen Schwamme entdecken konnte. Er sagt: „I have been unable even with a high microscopical power, to detect either oscula or pores. Nor have I succeeded in separating any portion of the dermal membrane from de sponge; but seen *in situ* it is evidently thin and translucent." (l. c. vol. II, p. 78). Im lebenden Zustande soll der dünnwandige Schlauch durchscheinend und bläulichweiss sein.

Wenig von *Haliphysema Tumanowiczii* verschieden scheint nach Bowerbank die zweite von ihm beschriebene Art, *H. ramulosum*, zu sein. (Vergl. unten Nr. 5.) Auch hier ist der rundliche Körper auf einem hohlen Stiele befestigt, ohne Poren, und in ähnlicher Weise wie dort mit einem Pseudoskelet von Spongien-Nadeln und anderen fremden Körpern ausgestattet. Jedoch ist der Stiel hier verästelt und mehrere Personen sind zu einem Stöckchen vereinigt. Es ist nur ein einziges Exemplar dieser Art bekannt, ein gabelspaltiges Stöckchen von 5 Mm. Durchmesser, welches aus 8 Personen zusammengesetzt ist. Die nähere Beschreibung folgt unten (im 14. Abschnitt).

Während Bowerbank die beiden, von ihm zuerst beschriebenen *Haliphysema*-Arten für Spongien hält, ist dagegen ein anderer englischer Spongiolog, H. J. Carter, der Ansicht, dass dieselben Foraminiferen seien (!). Zwar hat Carter jene beiden Arten gar nicht vor Augen gehabt, aber er glaubt einen damit identischen Organismus gefunden und sich von dessen Foraminiferen-Natur überzeugt zu haben. Nun ist aber dieser, von Carter sehr genau beschriebene und abgebildete Organismus weder eine Foraminifere, noch ist er mit *Haliphysema* identisch; vielmehr bildet er eine neue, mit letzterem nahe verwandte Gattung, der wir den Namen *Gastrophysema* beilegen wollen. Carter kam auf den sonderbaren Gedanken, dass derselbe zu dem Monothalamien-Genus *Squamulina* gehöre, und hat auch unter diesem Namen eine sehr genaue Beschreibung davon gegeben. [1] Nun ist aber das Rhizopoden-Genus *Squamulina* 1854 von Max Schultze in seinem Polythalamien-Werke mit folgender Diagnose aufgestellt worden: „Schale einer planconvexen, flachen Linse gleichend, mit der planen Seite festgeheftet, kalkig, eine einfache, ungetheilte Höhlung umschliessend; eine grössere Oeffnung auf der convexen Seite;

[1] Carter (On two new species of the foraminiferous Genus Squamulina, and one new species of Difflugia. Ann. and Mag. of nat. hist. May 1870, Vol. V, p. 309, Pl. IV, V).

feine Poren fehlen."[1]) Hiernach ist *Squamulina* ein k a l k -
s c h a l i g e s M o n o t h a l a m i u m; hingegen würde der merkwürdige Organismus, den CARTER als *Squamulina scopula* beschreibt,
und den wir *Gastrophysema scopula* nennen, ein n i c h t k a l k -
s c h a l i g e s P o l y t h a l a m i u m sein, wenn es überhaupt ein
Rhizopod wäre; und es bleibt geradezu unbegreiflich, wie CARTER
darauf verfiel, gerade die Gattung *Squamulina* dafür auszusuchen;
zumal auch die äussere Gestalt gänzlich verschieden ist.[2])

Squamulina scopula (l. c., p. 310; Pl. IV, Fig. 1–11) — unser
Gastrophysema scopula — bildet nach der Darstellung von CARTER
einen kolbenförmigen dünnwandigen Schlauch von einer Linie
Länge. Auf einer scheibenförmigen, planconvexen Basis erhebt
sich ein schlanker umgekehrt konischer Stiel, der ungefähr die
Hälfte der Körperlänge erreicht und durch eine seichte Einschnürung von der anderen birnförmig erweiterten Hälfte geschieden
ist. Die letztere zerfällt durch zwei seichte Einschnürungen wieder
in drei Abtheilungen, so dass also der ganze Schlauch eigentlich
aus fünf hintereinander liegenden und durch engere Thüren verbundenen Kammern besteht. Diese bezeichnet CARTER als 1. Fussscheibe *(pedestal)*; 2. Säulenstiel *(column)*; 3. Hals *(neck)*; 4. Körper
(body) und 5. Kopf *(head)*. Am Ende des letzteren öffnet sich der
hohle Schlauch durch eine kleine kreisrunde Mündung. Die
Höhlung der Fussscheibe ist unregelmässig in radiale Kammern
geschieden, indem mehrere Falten der Wand, gleich unvollständigen radialen Scheidewänden, gegen das Centrum vorspringen.

Die dünne Wand des schlauchförmigen Körpers soll aus einer
chitinartigen Grundsubstanz bestehen, welche mit Sandkörnchen,
Schwamm-Nadeln, Anneliden-Borsten und anderen fremden Körperchen verkittet ist. In der grösseren, aboralen Hälfte, in den
vier proximalen Abtheilungen, besteht dieses Pseudo-Skelet

---

[1]) MAX SCHULTZE, Ueber den Organismus der Polythalamien Leipzig 1854.

[2]) Ausser *Squamulina scopula* beschreibt CARTER noch eine zweite angebliche Art derselben Gattung unter dem Namen *Squamulina varians* (l. c.,
p. 321, Pl. V, Fig. 1–5). Auch dies ist keine wahre *Squamulina*, sondern
wahrscheinlich eine *Difflugia*; ihre halbkugelige einkammerige Schale ist aus
fremden Körpern gebildet. Hingegen ist wahrscheinlich die angebliche „neue
Art von *Difflugia*", welche CARTER in unmittelbarem Anschluss daran als
D. bipes beschreibt, keine *Difflugia*, sondern eine *Cyphoderia* oder verwandte
Gattung! Wie ausserordentlich willkührlich, unlogisch und kritiklos CARTER
in seinen Arbeiten verfährt, habe ich schon in meiner Monographie der Kalkschwämme gezeigt (Bd. I, S. 27–31).

grösstentheils aus kleinen farblosen Quarz-Körnchen, gemengt mit
kleinen Bruchstückchen von Spongien-Nadeln. Dagegen ist die
fünfte, distale Abtheilung, der „Kopf", mit einem dichten Busche
von längeren Schwammnadeln bewaffnet, welche nach allen Seiten,
oralwärts gerichtet, abstehen. CARTER vergleicht deshalb die ganze
Form mit einem kleinen Besen oder Borstenpinsel (*„scopula"*). Die
Spicula rühren von Spongien der verschiedensten Gruppen her,
Kalkschwämmen (*Sycandra*), Kieselschwämmen (*Pachymatisma*)
u. s. w. Die geknöpften Nadeln sind häufig mit dem stumpfen
Knopfende auswärts gekehrt.

Durch starken Druck (!) entleerte CARTER aus der Mündung
des Schlauches eine organische Masse, welche aus „halbdurch-
sichtiger gelblicher Sarcode" bestehen soll, enthaltend Körnchen,
Oelkugeln, Diatomeen, Fucus-Beeren und „reproductive cells."
Letztere sollen besonders in der unteren (proximalen) Hälfte sich
finden und werden beschrieben als „kugelige, durchsichtige, kernhaltige Kapseln, erfüllt mit einer homogenen, schleimigen, eiweiss-
artigen Substanz. Als Fundort der *„Squamulina scopula"* wird
angegeben: Beach at Budleigh-Salterton, Devonshire; Laminarien-
Zone; auf Wurzeln von Laminaria, Phyllophora etc.

In der breiten Erörterung, welche CARTER an diese Beschreibung
knüpft, erklärt er seine *Squamulina scopula* für identisch mit
BOWERBANK's *Haliphysema Tumanowiczii*, und macht Letzterem einen
herben Vorwurf daraus, dass er diese *„Foraminifere"* für eine
Spongie gehalten habe, „as mental operations are seldom so correct
as visual ones." (!) Wie wenig gerechtfertigt dieser Vorwurf ist,
geht daraus hervor, dass erstens beide Organismen offenbar verschiedene Gattungen sind, zweitens weder dieser noch jener eine
„Foraminifere" ist, und drittens beide Gastraeaden viel näher den
Spongien als den Foraminiferen stehen. Unbegreiflich ist es dagegen, wie CARTER dazu kommen konnte, dieselben kurzweg für
eine *Squamulina* zu erklären; obgleich MAX SCHULTZE dieses Genus
ganz klar als eine einkammerige Monothalamie mit compacter
Kalkschale von bestimmter Form bezeichnet.

Noch unbegreiflicher freilich, als diese Vereinigung von *Haliphysema* mit *Squamulina*, einer einfachen, kalkschaligen M o n o-
t h a l a m i e, muss es erscheinen, wenn CARTER dieselbe g l e i c h -
z e i t i g für eine nautiloide P o l y t h a l a m i e erklärt. Man wird
vermuthen, dass derselbe die fünf Kammern des Schlauches,
welche in einer Reihe hintereinander liegen, für Polythalamien-
Kammern hält und demnach die ganze Kammerreihe einer Nodo-

sarie oder Stichostegie vergleicht. Keineswegs! Vielmehr sollen
die unregelmässigen und variablen Ausbuchtungen der engen
Höhle in der Basalscheibe („pedestal"), welche durch rudimentäre
Scheidewände unvollständig getrennt sind, den Kammern einer
nautiloiden Polythalamie entsprechen; die enge Basalhöhle soll
die Centralkammer und der ganze gestielte Schlauch soll nur eine
Verlängerung dieser Centralkammer sein. Diese „comparative
morphology" (p. 319) von Carter ist so merkwürdig, dass ich den
betreffenden Hauptsatz hier wörtlich wiedergebe: „Now this radiated disk undoubtly has very much the appearence of the
radiated septa of an coral polype; but is has a still nearer affi-
nity to the septal divisions of a nautiloid foraminiferous test; and
when we compare the whole structure of the pedestal with the
latter, we cannot help seeing that the septal divisions are homo-
logous with the septa of a nautiloid foraminiferous test, and that
the central area corresponds with the initial or primary cell of a
nautiloid individual, which, on being prolonged upwards, in Squamulina scopula, developes a column at the expense of the spire." (!)
Eine Kritik dieser „comparative morphology" erscheint
überflüssig; zumal wenn gleich darauf diese monothalamie Polythalamie (die kein Rhizopode ist!) für nahe verwandt mit den
Myxomyceten *(Aethalium)* erklärt wird (l. c., p. 319); und
wenn unmittelbar darnach aus diesen „Homologien" gefolgert wird,
dass die Foraminiferen Uebergangsformen zwischen
Spongien und Corallen sind!! (p. 320). [1]

Was zunächst die angebliche Rhizopoden-Natur der
Squamulina scopula anbetrifft, so ist diese von Carter in keiner
Weise näher festgestellt. Denn dass er beim Druck auf die
Schläuche gelbliche halbdurchsichtige Sarcode und zahlreiche
Reproductions-Zellen entleerte, wird Niemand als Beweis
für jene Behauptung gelten lassen; so wenig als den Umstand,

---

[1] Die angeführten Ansichten Carter's über „Comparative Morphologie" der Thiere erscheinen in noch merkwürdigerem Lichte, wenn wir
a. a. O. von ihm erfahren, dass die nächsten Verwandten der Spongien
die Tunicaten und zwar die Ascidien sind! On the ultimate structure of
marine sponges. Ann. and mag. of nat. hist. 1870, Vol. VI, p. 335. (Wie die
Foraminiferen die niedersten Formen der Corallen, so sollen die Spongien die
„initiative forms" der Bryozoen und Tunicaten sein! Anderseits freilich hält
Carter die Schwamme wieder für „flagellated infusoria"! Ibid. 1871,
Vol. VIII, p. 1—27. Vergl. meine Monographie der Kalkschwämme, Bd. I,
S. 27—31.)

dass die herausgedrückte Masse unbestimmte Bewegungen zeigte.
Die charakteristischen Pseudopodien der Rhizopoden und ihre
Bewegungen hat Carter dagegen niemals zu sehen vermocht, obgleich er versichert, an vollkommen lebenden Exemplaren unter
den günstigsten Umständen darnach gesucht zu haben. Er sucht
das damit zu entschuldigen, dass man die Pseudopodien nur bei
starken Vergrösserungen erkennen könne und diese bei dem
grossen opaken Objecte nicht anwendbar seien. Das ist aber
nicht richtig. Bei Gromien und anderen grossen Rhizopoden lassen
sich die umfangreichen Pseudopodien-Netze schon bei schwacher
Vergrösserung und häufig sogar mit blossem Auge deutlich erkennen.

Die wahre Natur von Carter's *Squamulina scopula* wurde mir
klar, nachdem ich in Smyrna das nahe verwandte und nur spe-
cifisch verschiedene *Gastrophysema dithalamium* beobachtet hatte.
Aus der Anatomie und Ontogenie dieses merkwürdigen Organismus,
und aus der Vergleichung desselben mit dem schon früher von
mir in Norwegen beobachteten *Haliphysema* ergab sich, dass wir
es hier mit einer neuen Gruppe von niedersten Pflanzenthieren zu
thun haben, die in keine der heute bestehenden Thierclassen ohne
Zwang sich einreihen lassen. Die Physemarien, wie wir diese
Gruppe nennen wollen, sind weder echte Spongien, noch echte
Hydroid-Polypen; noch weniger oder vielmehr gar nicht sind sie mit
den Rhizopoden verwandt. Dagegen stehen sie der hypothetischen
Gastraea, der zweiblätterigen Stammform aller Metazoen, näher
als alle anderen uns bekannten Thiere, und können daher geradezu
als „Gastraeaden der Gegenwart" bezeichnet werden. Ich
will nun zunächst die genaue Beschreibung der verschiedenen
Arten geben, welche ich von den beiden Gattungen *Haliphysema*
und *Gastrophysema* beobachtet habe, und daran einige allgemeine
Betrachtungen über ihre Organisation, ihre Verwandtschafts-
Beziehungen und ihre Bedeutung für das Thier-System anknüpfen.

14. Das Genus Haliphysema.

Taf. IX—XI.

Ein Organismus, welcher mit dem *Haliphysema Tumanowiczii*
von Bowerbank sehr nahe verwandt und wahrscheinlich sogar identisch ist, wurde von mir zuerst im Jahre 1869 an der Küste von
Norwegen beobachtet, als ich auf der Insel Gis-Oe unweit Bergen

nach Kalkschwämmen suchte. Das kleine Wesen interessirte mich
sehr wegen der auffallenden Aehnlichkeit, welche es mit der einfachsten Form der Kalkschwämme, mit *Olynthus* darbot, und ich
glaubte zunächst in ihm eine einfachste Form der Sandschwämme
oder Psammospongien gefunden zu haben, welche sich zu der gewöhnlichen Form der letzteren, zu *Dysidea* ebenso verhielte, wie
Olynthus zu *Dyssycus*, wie die Asconen zu den Leuconen. Aber
vergeblich suchte ich an dem einfachen schlauchförmigen Körper
des vermuthlichen Sandschwammes nach Poren. Erst viel später,
als ich in Smyrna mit der Anatomie und Ontogenie des *Gastrophysema* bekannt wurde, ging mir das Verständniss seiner Organisation auf. Erst dadurch wurde ich in den Stand gesetzt,
dasjenige, was ich vier Jahre früher in Norwegen darüber er-
mittelt hatte, richtig zu deuten und zu Gunsten der Gastraea-
Theorie zu verwerthen. Ich verschob damals die Mittheilung
meiner Beobachtungen, weil ich die Hoffnung hegte, dieselben
bei einem wiederholten Aufenthalte an der Meeresküste und bei
genauerer Durchmusterung meiner Sammlung noch vervollständi-
gen zu können. Wenn auch nicht in dem gehofften Maasse, ist
das wenigstens theilweise jetzt der Fall gewesen. Als ich im
vorigen Jahre Corsica besuchte, gelang es mir, in der Bucht von
Ajaccio ein kleines *Haliphysema* aufzufinden, welches dem *H.
Tumanowiczii* der Nordsee sehr nahe steht und welches ich als
H. primordiale bezeichnen will (Taf. IX). Ferner fand ich eine
andere Art derselben Gattung *(H. echinoides)* aufsitzend auf dem
Fusse einer Tiefsee-Spongie aus dem zoologischen Museum in
Bergen, welche ich Herrn Dr. Koren verdanke. Diese Art ist
wahrscheinlich identisch mit der *Wyvillethomsonia Wallichii*, welche
1870 E. Perceval-Wright beschrieben hat. (Taf. X). Eine dritte,
sehr merkwürdige Art *(H. globigerina)* erhielt ich durch Herrn
Randropp von den Far-Öer. (Taf. XI). Nimmt man dazu die beiden
von Bowerbank beschriebenen Arten, so beläuft sich die Zahl der
Species in dieser Gattung bereits auf fünf. Vier davon kommen
auf den nördlichen Theil des atlantischen Oceans, eine auf das
Mittelmeer. Ich gebe hier nun zunächst die kurze Charakteristik
des Genus *Haliphysema* und seiner fünf Species und schliessen
daran die ausführliche Beschreibung der letzteren an.

Charakteristik des Genus Haliphysema: Körper
der Person einfach schlauchförmig, einaxig, ungegliedert; am
aboralen Pole der Axe durch einen Stiel am Meeresboden befestigt. Einfache Höhle des Schlauches (Magenhöhle) am oralen

Pole der Axe durch einen Mund geöffnet. Körperwand aus zwei
Schichten gebildet: innere Schicht ein einfaches Geissel-Epithel,
in dem einzelne Eizellen zerstreut liegen; äussere Schicht ein
kernhaltiges Syncytium, aus verschmolzenen Zellen gebildet,
welche eine Masse fremder Körper aufgenommen und so ein festes
Pseudo-Skelet gebildet haben. (Selten ist der Körper verästelt
und bildet kleine Stöckchen).

Uebersicht der Species von Haliphysema.

Stiel des einkam-merigen Körpers solid, keine Fortsetzung der Magenhöhle enthaltend.	Stiel einfach, kürzer als der spindelförmige Körper. Sand-Skelet unten aus Sandkörnchen, oben aus Schwammnadeln gebildet	1. *H. primordiale.*
	Stiel einfach, 2—3 mal länger als der kugelige Körper. Sand-Skelet grösstentheils aus Schwammnadeln und Lithasterisken gebildet	2. *H. echinoides.*
	Stiel einfach 4—6mal länger als der birnförmige Körper. Sand-Skelet grösstentheils aus Rhizopoden-Schalen, namentlich Globigerinen gebildet	3. *H. globigerina.*
Stiel des einkam-merigen Körpers hohl, eine Fortsetzung der Magenhöhle enthaltend.	Stiel einfach, ungefähr so lang als der keulenförmige Körper. Sand-Skelet unten aus Sandkörnchen, oben aus Schwammnadeln gebildet	4. *H. Tamanowiczii.*
	Stiel verästelt; Aeste 2—4mal länger als die kugeligen Körper. Sand-Skelet grösstentheils aus Fragmenten von Spongien - Nadeln gebildet. (Stock bildend)	5. *H. ramulosum.*

1. Haliphysema primordiale H.

Taf. IX.

Diagnose: Körper der Person spindelförmig, auf einem
kurzen, dicken Stiel befestigt. Stiel solid, cylindrisch, kaum
halb so lang als der Körper, Magenhöhle spindelförmig; Mundöffnung einfach. Die fremden Körper, welche das Exoderm incrustiren, bestehen in der unteren (aboralen) Hälfte vorzugsweise
aus Sandkörnchen, in der oberen (oralen) Hälfte vorzugsweise
aus Nadeln verschiedener Spongien, sowohl Kiesel- als Kalkschwämme; Nadeln oralwärts gerichtet.

Beschreibung: *Haliphysema primordiale* stellt in ausgebildetem Zustande einen spindelförmigen Schlauch dar, dessen äussere Gestalt wenig zu variiren scheint (Fig. 121, 122). Die Gesammtlänge beträgt 1,6—1,8, höchstens 2 Mm. Das obere, orale Ende ist fast ellipsoid, 0,5—0,6 Mm. dick; das untere, aborale Ende verdünnt sich in einen cylindrischen sehr kurzen Stiel von 0,2 Mm. Dicke. Dieser sitzt mit einer schmalen, scheibenförmigen, wenig verbreiterten Basis auf Algen auf, namentlich auf dem Thallus von *Zonaria pavonina*. Der Durchmesser der Basis beträgt $\frac{1}{10}$—$\frac{1}{9}$, höchstens $\frac{1}{8}$ der Körperlänge.

Die Aussenfläche des Körpers erscheint bei schwacher Vergrösserung in der aboralen Hälfte glatt, in der oralen Hälfte stachelig. Bei starker Vergrösserung ergibt sich, dass die Incrustation des Exoderms in dem aboralen, cylindrisch-konischen Theile grösstentheils aus Sandkörnchen besteht, hingegen in dem ellipsoiden oralen Theile aus Spongien-Nadeln. Die Sandkörnchen, welche das Skelet des ersteren bilden, erscheinen insofern mit Auswahl zusammengelesen, als sie von ziemlich gleichmässiger Grösse sind; die meisten haben 0,02—0,06 Mm. Dazwischen finden sich viele kleinere, aber nur sehr wenig grössere Steinchen. Mit den Sandkörnchen gemischt, finden sich kleine Fragmente von Spongien-Nadeln und von Echinodermen-Stacheln, hier und da auch Bruchstückchen von Mollusken-Schalen. In der Mitte des Körpers wird dieses Skelet-Material seltener und an seine Stelle treten die Spicula von Spongien, welche in dem oralen Körperdritttheile fast ausschliesslich die Bewaffnung bilden. Diese Schwammnadeln gehören sehr verschiedenen Gattungen und Arten von Spongien an. Ganz vorherrschend sind die einfachen, an beiden Enden zugespitzten Nadeln von Reniera; dazwischen finden sich aber auch häufig die stecknadelförmigen, am einen Ende spitzen, am andern Ende mit einem Knopfe versehenen Nadeln von Esperia; und zwar ist hier gewöhnlich das stumpfe oder geknöpfte Ende nach aussen gekehrt, das spitze Ende im Exoderm verborgen; seltener ist das Umgekehrte der Fall. Zwischen den ganzen, wohlerhaltenen Nadeln der Kieselschwämme finden sich verstümmelte und abgebrochene Nadeln, sowie Fragmente. Auch Spicula von Kalkschwämmen finden sich in geringer und wechselnder Zahl zwischen den Nadeln der Kieselschwämme, insbesondere die characteristischen Dreistrahler von *Ascetta blanca* und die schlanken, an ihrer lanzenförmigen Spitze leicht kenntlichen Stabnadeln von *Ascandra Lieberkühnii*: zwei Asconen die

in grosser Menge und Formen-Mannigfaltigkeit an der nämlichen
Localität sich finden. Bei letzterem Kalkschwamme ist stets die
einfache Spitze der langen defensiven Stabnadeln im Exoderm
verborgen, die Lanzenspitze frei nach aussen gekehrt. Hingegen
erscheinen dieselben Nadeln im Körper von *Haliphsema primordiale* ohne Wahl gelagert, bald die einfache Lanzenspitze aboral
im Exoderm versteckt, die Lanzenspitze oralwärts frei vorstehend,
bald umgekehrt. Im Uebrigen sind bei *H. primordiale*, ebenso
wie bei *H. Tumanowiczii*, die Nadeln sämmtlich mehr oder
weniger oralwärts gerichtet, die meisten parallel der Längsaxe
des Körpers oder wenig davon abweichend; bald sind sie so dicht
gedrängt; dass sie einen pinselartigen Busch oder Besen bilden,
bald stehen sie lockerer vertheilt (Fig. 121).

Ein Längsschnitt durch *Haliphysema primordiale* offenbart
sofort die charakteristische Organisation dieses einfachen Gastraeaden (Fig. 122). Der spindelförmige Körper enthält eine geräumige Höhle von gleicher Gestalt, deren dicke Wand aus zwei
völlig verschiedenen Schichten besteht. Diese beiden Schichten
sind die beiden primären Keimblätter: Exoderm und
Entoderm. Nur das Exoderm enthält die fremden Körperchen,
welche das stützende und schützende Skelet der schlauchförmigen
Person bilden. Das Entoderm hingegen besteht nur aus einer
einzigen Schicht von Geisselzellen, zwischen denen einzelne Eier
zerstreut liegen.

Das Exoderma oder Hautblatt, das äussere primaere
Keimblatt, zeigt bei genauerer Untersuchung folgende charakteristische Verhältnisse. (Fig. 122e, 123e, 126). Die fremden
Körper, welche das Skelet zusammensetzen und welche den grössten Theil der Körperwand einnehmen, sind verkittet durch eine
organische Substanz. Diese ist nicht etwa eine structurlose Ausscheidung der inneren Zellenschicht, sondern besteht aus Protoplasma mit eingestreuten Zellenkernen, bildet mithin ein Syncytium in demselben Sinne, in welchem ich dasselbe bei den
Kalkschwämmen beschrieben habe (Monogr. Bd. I. S. 160—170).
Soweit ich die Beschaffenheit desselben habe ergründen können,
stimmt es auch in chemischer und physikalischer Beziehung
wesentlich mit letzterem überein. Uebrigens ist die Untersuchung
nicht leicht, denn die Sandkörner, die Schwammnadeln und die
übrigen fremden Körper sind meist so dicht mit einander ver-
webt und verkittet, dass es nur schwer gelingt, die verbindende
Zwischensubstanz, die eigentliche Grundsubstanz des Exoderms, in

einiger Menge zu isoliren (Fig. 126). Wo dies möglich ist, da zeigt sich dasselbe als eine homogene oder feinkörnige Masse, in welche zahlreiche rundliche Zellenkerne eingestreut sind. Die Nuclei sind meistens länglich-rund, ellipsoid oder eiförmig, bisweilen fast stabförmig gestreckt, von 0,006—0,009 Mm. Durchmesser. Die Substanz der Kerne erscheint ziemlich hell oder feinkörnig. Ein Kernkörperchen ist meist sichtbar. Durch Einwirkung von verdünnter Essigsäure treten sie sehr scharf hervor. Nach längerer Einwirkung von Carmin färben sie sich hellroth, deutlicher als die Grundsubstanz, doch viel schwächer als die Kerne der Entodermzellen. Um jeden Kern herum findet sich ein Hof von sehr kleinen, fettglänzenden, dunkeln Körnchen. Häufig strahlt dieser Körnchenhof sternförmig aus.

Das Entoderma oder Darmblatt bietet bei H. *primordiale* folgende Verhältnisse dar (Fig. 122 i, 123 i, 125). Die gesammte Magenhöhle ist von einer einzigen Schicht von flimmernden Zellen ausgekleidet. Dieses Gastral-Epithelium besteht zum grössten Theile aus Geisselzellen (i), zwischen denen im aboralen und mittleren Theile der Darmhöhle amoeboide Eizellen zerstreut sind (o); am oralen Theile findet sich eine Zone von grösseren Geisselzellen, die eine unvollkommene Spirale bildet und als Strudel-Apparat zur Einführung von Wasser und Nahrung fungirt. (Fig. 124).

Die Geisselzellen (Fig. 124), welche den grössten Theil des Gastral-Epitheliums bilden, zeigen in Grösse, Form, Structur und physiologischem Verhalten die grösste Aehnlichkeit mit den Geisselzellen der Kalkschwämme, welche ich in deren Monographie ausführlich beschrieben und durch zahlreiche Abbildungen erläutert habe. (Bd. I, S. 132—144; Bd. III, Taf. 1, Fig. 8; Taf. 25, Fig. 5, 6; Taf. 41, Fig. 7 etc.). Wie bei den Calcispongien, so ist auch bei unseren Gastraeaden das Protoplasma der cylindrischen Geisselzellen deutlich in ein hyalines Exoplasma und ein granulöses Endoplasma geschieden. Das letztere enthält wechselnde Mengen von feinen fettglänzenden Körnchen und umschliesst den kugeligen Kern (von 0,002—0,004 Mm. Durchmesser). Das hyaline Exoplasma enthält keine Körnchen, und ist von sehr geringer Dicke. Nur an dem freien Theil der Zelle, welcher der Gastralfläche zugekehrt ist, erscheint dasselbe verdickt („Zellhals, Collum") und erhebt sich in Gestalt eines trichterförmigen Ringes („Zellkragen, Collare"). Innerhalb dieses Trichters erhebt sich die lange und sehr dünne fadenförmige Geissel, deren Basaltheil bis in das körnige Endoplasma hineinragt (Fig. 125). Ihre Schwingungen

sind ziemlich lebhaft. Die Länge der Geissel beträgt 0,03—0,04 Mm.,
Die Länge der Cylinderzellen 0,007—0,01 Mm., ihre Dicke 0,003 Mm.
Ihre Form ist wechselnd, cylindrisch-prismatisch oder gegen die
Basis konisch verdickt, bisweilen mehr glockenförmig. Wie bei
den Spongien, so können auch hier die Geisselzellen ihre Gestalt
verändern und isolirt amoeboide Bewegungen ausführen

Der Strudel-Apparat (Fig. 124), welcher die Mundöffnung
von *Haliphysema primordiale* auskleidet, und welcher die beständige
Einführung von Wasser und Nahrung vermittelt, ist vielleicht ein
charakteristischer Theil in der Organisation der Physemarien.
Er besteht aus einer Spirale von stärkeren Flimmerzellen, die
sich sowohl durch ihre Grösse, wie durch ihre sonstige Beschaffenheit von den übrigen Geisselzellen des Gastral-Epithels
auszeichnen. Die Untersuchung dieses Apparates ist sowohl bei
Haliphysema primordiale als bei *Gastrophysema dithalamium*, bei
welchen beiden Arten ich denselben allein deutlich erkannt habe,
äusserst schwierig und es werden sich vielleicht bei genauerer
Untersuchung an günstigeren Arten noch mancherlei Verhältnisse
ermitteln lassen, über die ich keine befriedigende Klarheit erlangen konnte. An Spiritus-Exemplaren, auch an gut conservirten, lässt sich gerade hierüber sehr wenig ermitteln. Soviel
ich bei *Haliphysema primordiale*, theils an Längschnitten der lebenden
Person, theils bei der zufälligen (selten gelingenden) Einsicht in
die Mundöffnung beobachten konnte, stellt der Strudel-Apparat
hier eine flache Spirale dar, welche viel Aehnlichkeit mit der
adoralen Peristom-Spirale von mancherlei ciliaten Infusorien,
namentlich Stentor und Vorticella, besitzt. Die Spirale beginnt
an einem Punkte der Mundöffnung und geht in flacher Windung
durch die innere Peripherie des kurzen Schlundrohres, wie wir
den verengerten Oraltheil der Gastralhöhle bezeichnen können.
Sie scheint nur eine vollständige Windung zu beschreiben und
verliert sich unten ohne scharfe Grenze zwischen den gewöhnlichen
Geisselzellen. Die grösseren Geisselzellen des Peristoms sind
2—3 Mal so dick, anderthalbmal bis doppelt so lang als die gewöhnlichen Geisselzellen und von mehr rundlicher Form. Ihre
Länge beträgt 0,012—0,016 Mm., ihre Dicke 0,005 Mm. Ihr Kern
ist ebenso gross oder nur wenig grösser als derjenige der Gastral-
zellen. Das Endoplasma ist dunklerkörnig und enthält einzelne
Oelkügelchen. Das Exoplasma ist dicker und geht in einen dicken
starken Hals über, aus dessen Rande sich nur ein niedriger Kragen

erhebt. In der Axe des trichterförmigen Kragenhohlraums steht eine sehr starke und lange Geissel von 0,01—0,02 Mm. Länge.

Die Eizellen von *Haliphysema primordiale* gleichen in Bezug auf Grösse, Beschaffenheit und Vertheilung im Gastralraum denjenigen von *Olynthus* (Monogr. der Kalkschwämme, Taf. 1, Fig. 1g, 7g, 10—12; Taf. 11, Fig. 6g, 7g etc.). Die Eier sind nackte, amoeboide Zellen und liegen einzeln zerstreut zwischen den Geisselzellen des Gastral-Epithels. Ihre Grösse beträgt im Durchmesser 0,04—0,06 Mm. Das Protoplasma ist in ein ganz hyalines Exoplasma und ein sehr körnerreiches Endoplasma gesondert. Ersteres schickt stumpfe amoeboide Fortsätze aus, durch deren active Ortsbewegungen die Eizelle im Stande ist, langsam umherzukriechen. In die dickeren Fortsätze tritt auch ein Theil des körnigen Endoplasma ein. Dieses ist sehr trübe, reich an feinen dunkelglänzenden Körnchen und grösseren Oel-Kügelchen. In der Mitte schimmert ein helles Keimbläschen durch. Wenn man dieses durch Zerdrücken isolirt, erscheint es als ein klares kugeliges Bläschen von 0,02—0,03 Mm. Durchmesser. Dasselbe enthält einen dunkeln, stark lichtbrechenden Keimfleck, in welchem oft ein kleiner Keimpunkt sichtbar ist (Fig. 122o, 123o).

Spermazellen war ich trotz vieler Bemühungen nicht im Stande nachzuweisen. Wenn sich dieselben im Exoderm entwickeln sollten, so würde der Nachweis sehr schwierig sein. Vielleicht habe ich aber die Zoospermien übersehen oder mit gastralen Geisselzellen verwechselt. Vielleicht ist auch diese Art getrennten Geschlechts. Die Entwicklung der Eier konnte ich nicht beobachten.

Die Lebenserscheinungen, welche ich an dem lebenden *Haliphysema primordiale* beobachtete, beschränken sich auf die Flimmerbewegungen der Geisselzellen und die amoeboiden Bewegungen der Eizellen. Am Exoderm vermochte ich weder im Ganzen, noch an einzelnen isolirten Stücken Bewegungen wahrzunehmen, ebenso wenig als an der ganzen Person. Jedoch schien die Mundöffnung zu verschiedenen Zeiten einen verschiedenen Durchmesser zu besitzen.

Die Farbe ist im Leben bräunlich, getrocknet weisslich.

Fundort: Mittelmeer. Auf Felsen der Bucht von Ajaccio (Corsica), meistens aufsitzend auf dem Thallus von Zonaria pavonia, in Gesellschaft von Ascetta blanca. Haeckel.

13

2. Haliphysema echinoides, H.

Diagnose: Körper der Person kugelig oder subsphärisch, auf einem dünnen und langen Stiel befestigt. Stiel cylindrisch, oben konisch verdickt, solid, 2—3 mal so lang, aber kaum $\frac{1}{6}$ so dick als der Durchmesser der Kugel. Magenhöhle rundlich oder subkonisch. Mundöffnung etwas trichterförmig erweitert. Die fremden Körper, welche das Exoderm incrustiren, bestehen an dem dünnen Stiel aus Sandkörnchen und longitudinal gelagerten Schwamm-Nadeln; an dem kugeligen Körper aus Nadeln verschiedener Spongien, welche allseitig abstehen, meistens radial in Beziehung auf die Mitte der Kugel.

Specielle Beschreibung: *Haliphysema echinoides* bildet kleine, kugelige, einem Distelkopf ähnliche Bläschen, die auf einem dünnen und langen soliden Stiele befestigt sind. Ich fand vier Exemplare derselben aufsitzend auf der Basis eines Tiefseeschwammes (einer *Stelletta*), welcher dem zoologischen Museum zu Bergen (Norwegen) gehörte und welche mir der Director desselben, Herr Dr. Koren, gütigst zur Untersuchung überliess. Das Gläschen, in welchem sich das Präparat vorfand, war ohne nähere Bezeichnung des Fundortes; jedoch rührte sein Inhalt nach Dr. Koren's mündlicher Mittheilung von einer nordatlantischen Tiefsee-Sondirung her. Der Durchmesser des kugeligen Köpfchens beträgt 0,8 Mm., den Stachelpanzer mitgerechnet 1,2—1,5 Mm.; die Länge des Stiels 1—2 Mm., die Dicke desselben 0,1—0,2 Mm.; die konische oder zwiebelförmige Basis, mit welcher der Stiel auf dem abgestorbenen Körper des Rindenschwammes befestigt ist, hat 0,6—0,8 Mm. Durchmesser.

Der eigentliche sphärische Körper dieses Haliphysema ist so stachelig wie ein Echinus oder ein Distelköpfchen und starrt von zahlreichen dünnen und einzelnen dickeren Nadeln, die nach allen Richtungen dicht gedrängt abstehen. (Fig. 127). Die genauere Untersuchung ergibt, dass dieser Stachelpanzer fast ausschliesslich durch die Spicula verschiedener Spongien gebildet wird, namentlich von Corticaten. Es finden sich darunter zahlreiche stärkere und feinere Ankernadeln, wie sie bei Geodia und Stelletta vorkommen; dazwischen sehr viele dünne einfache Nadeln. Die vierstrahligen Ankernadeln sind meistens so gelagert, dass der lange Hauptstrahl radial absteht und die drei Ankerzähne an seinem freien Ende trägt, doch können die letzteren auch umgekehrt im Exoderm eingekittet sein. In letzterem finden sich ausserdem noch sehr zahlreiche, kleinere und grössere, sternförmige Spicula von Tethya oder Stelletta und Kieselkugeln von Geodia oder Caminus. Diese letzteren sind auch in grosser Zahl in den soliden Stiel eingekittet, dessen Oberfläche mit einer Schicht von einfachen und ankerförmigen Nadeln gepanzert ist. Letztere sind unregelmässig longitudinal neben einander gelagert, die drei gekrümmten Ankerzähne bald nach oben, bald nach unten gerichtet. Unten breitet sich der solide Stiel in eine unregelmässige scheibenförmige Basis aus, welche zum grössten Theile aus dicht verkitteten Kieseltheilen von Corticaten, Tethya-Sternchen und Geodia-Kügelchen besteht (Fig. 127).

Ein Längsschnitt durch den Körper von *Haliphysema echinoides* (Fig. 128) zeigt uns eine ziemlich enge, rundliche, fast kegelförmige Darmhöhle, die von einer dicken, zweischichtigen Wand umschlossen ist. Die äussere Schicht ist das Exoderm, welches eine sehr feste mörtelartige Masse darstellt. Diese besteht aus einem kernreichen Syncytium, welches mit den fremden Körpern des Pseudo-Skelets sehr fest verkittet ist; sowohl mit den Basaltheilen der radial abstehenden Spongien-Nadeln, als auch mit sehr zahlreichen und dicht gedrängten Fragmenten von Spongien-Nadeln und Sandkörnchen, hauptsächlich aber Lithasterisken von Tethyen, Stelletten u. s. w. Alle diese Spongien-Skelettheile, zu denen sich auch noch Sandkörnchen, kleine Splitter von zerbrochenen Muschelschalen, Echinodermen-Stacheln u. s. w. gesellen, sind sehr dicht mit einander verkittet durch eine ausnehmend feste und zähe, fast knorpelartige Sarcode-Masse. Zahlreiche, in letztere eingestreute Zellenkerne beweisen, dass wir auch hier wieder ein Syncytium vor uns haben. Die Nuclei sind von unregelmässiger, länglichrunder Gestalt, 0,005—0,007 Mm. gross. Sie sind am zahlreichsten und am leichtesten zu finden an der glatten Innenfläche des Exoderms, während die unebene, äussere Oberfläche des letzteren fast bloss von den fremden Körpern eingenommen wird.

Im Grunde der Magenhöhle bildet das Exoderm in deren Axe einen zapfenartigen konischen Vorsprung (Fig. 128 c). Derselbe wird von einigen stärkern, als Fortsetzung des Stiels erscheinenden Spongien-Nadeln gestützt und scheint wesentlich als Träger der gleich zu erwähnenden Eizellen zu dienen. Wir wollen diesen Zapfen als Columella bezeichnen.

Das Entoderm befand sich an den vier, mir zu Gebote

13*

stehenden Spiritus-Exemplaren in einem so mittelmässigen Erhal-
tungszustande, dass ich wenig mehr als die Anwesenheit eines
einschichtigen Zellenlagers und im Grunde der Magenhöhle von
Eizellen constatiren konnte. Die Epithelzellen der Darmhöhle erschienen rundlich, polyedrisch, von 0,006—0,008 Mm. Durchmesser,
mit einem ungefähr halb so grossen Kern. Von dem Hals und
Halskragen der Geisselzellen, wie sie *H. primordiale* zeigte,
war nichts zu bemerken, eben so wenig von einer Geissel. Auch
die Spur einer adoralen Geisselspirale liess sich nicht auffinden.
Dagegen lag im Grunde der Magenhöhle ein unregelmässiger
Haufen von grossen, trübgranulirten, rundlichen Zellen, die man
ihres hellen bläschenförmigen Kernes halber wohl für Eizellen zu
halten berechtigt ist (Fig. 128 c, Fig. 131). Dieselben haben
0,08—0,12 Mm. Durchmesser, ihr Keimbläschen 0,02—0,04 Mm.
Sie schienen an der Columella des Exoderms anzuhaften.

Haliphysema echinoides besitzt sehr viel Aehnlichkeit mit dem
kleinen Tiefsee-Bewohner, den E. Perceval-Wright unter dem
Namen *Wyvillethomsonia Wallichii* als eine Zwerg-Spongie beschrieben und abgebildet hat. [1]) Der fragliche Organismus wurde
von Wallich im October 1860 in einer Tiefe von 1913 Faden
(= 11,478 Fuss) im atlantischen Ocean zwischen Neufundland und
Grönland gefischt (58°,23' N. Br.; 48°50' W. L.). Der kugelige
Körper hat 2 Mm. Durchmesser und sitzt auf einem 3 Mm. langen
Stiele auf; das Skelet besteht aus sehr verschieden geformten
Spongien-Nadeln, insbesondere aus dreizähnigen Ankernadeln, einfachen, an beiden Enden zugespitzten, meist etwas gekrümmten
Nadeln, und sehr zahlreichen Kieselsternchen. Die dreizähnigen
Anker haben theils drei einfache, theils gabelspaltige Zähne und
einen sehr langen, spitzen Stiel. Das sind Elemente, wie sie nur
bei den Rindenschwämmen oder Corticaten vorkommen. Allein
ihre Lagerung und Anordnung in der kleinen *Wyvillethomsonia*
ist ganz verschieden von derjenigen der Corticaten, wie auch
Perceval-Wright ganz richtig hervorhebt. Ausserdem fand derselbe
bei einem seiner drei Exemplare zwischen jenen Corticaten-Nadeln
sechsstrahlige Spicula, wie sie nur die ganz verschiedenen
Hexactinellen besitzen. Aus allen diesen Gründen möchte ich
glauben, dass *Wyvillethomsonia Wallichii* keine echte Spongie ist,
sondern ein *Haliphysema*, welches sich sein Skelet aus den Spicula

---

[1]) E. Perceval Wright, On a new genus and species of Sponge from
the deep-sea. Quarterly Journ. of micr. sc. 1870; Vol. X, p. 7; Pl. II.

verschiedener Spongien, vorzugsweise Corticaten, aufgebaut hat.
In der speciellen Zusammensetzung desselben, wie in der ge-
sammten Körperform und Grösse gleicht sie unserem *H. echinoides*
so sehr, dass mir ihre specifische Identität wahrscheinlich ist.
Eine Abweichung würde allerdings darin bestehen, dass sich der
Stiel bei *Wyvillethomsonia* durch die Axe der ganzen Magenhöhle
fortsetzt, wie eine lange Columella. Vielleicht bilden sich hier
die Eier. Eine kürzere Columella besitzt aber auch unser
Haliphysema. Von dem Geissel - Epithel des Entoderms sagt
Perceval-Wright, der nur conservirte Präparate untersuchen konnte,
nichts; ebenso von Poren nichts. Spätere Beobachter derselben
Art werden genau darauf zu achten haben.

Fundort: Tiefsee des Nord-Atlantischen Oceans; Wallich,
Koren.

3. Haliphysema globigerina, H.

Taf. XI.

Diagnose: Körper der Person birnförmig, auf einem sehr
dünnen und langen Stiel befestigt. Stiel solid, cylindrisch, oben
konisch verdickt und 4—6mal so lang, aber kaum $^1/_{10}$ so dick
als der Körper. Magenhöhle birnförmig. Mundöffnung einfach.
Die fremden Körper, welche das Exoderm incrustiren, bestehen aus
den Bestandtheilen des Tiefseeschlammes, in der Körperwand zum
grössten Theil aus Rhizopoden-Schalen, im Stiele meistens aus
Coccolithen und Coccosphaeren.

Specielle Beschreibung: *Haliphysema globigerina* zeichnet
sich vor den übrigen bis jetzt bekannten Physemarien dadurch
aus, dass die Bestandtheile des Skelets zum grössten Theile nicht
Schwammnadeln und Sandkörnchen, sondern Rhizopoden-Schalen
sind, vorzugsweise Globigerinen. Offenbar ist diese eigenthümliche Panzerbedeckung durch unmittelbare Anpassung an das
Baumaterial des Wohnortes, an den Globigerinen-Schlamm gebildet,
der die Tiefen des Oceans bedeckt. Ich erhielt diese merkwürdige Physemarie von Herrn Randnorr in Thorshavn (Far-Oer).
Das mit Weingeist gefüllte Gläschen, in welchem ich dieselben
fand, enthielt ausserdem mehrere Tiefsee-Spongien, aber keine
nähere Bezeichnung über Fundort und Tiefe. In derselben Sammlung befanden sich auch die Tiefgrundproben aus dem nordatlantischen Ocean, welche ich meiner Untersuchung von Bathybius zu

Grunde gelegt habe. [1]) Die Bestandtheile dieses Globigerinen-Schlammes sind ganz dieselben, welche das Pseudo-Skelet unsers Haliphysema zeigt, und daher erscheint die Vermuthung gerecht-fertigt, dass das letztere in denselben grossen Tiefen lebte.

Der Körper zeigte bei allen drei mir vorliegenden Exemplaren ziemlich dieselbe birnförmige Gestalt und auch dieselben Grössen-Verhältnisse. Die Birnform ist sehr regelmässig. Die Länge beträgt 1—1,3 Mm., die Dicke 0,8 - 1 Mm. Der schlanke, S-förmig gebogene Stiel ist 2—4 Mm. lang, 0,1—0,12 Mm. dick. Unten war der Stiel bei allen drei Exemplaren abgebrochen, so dass er möglicherweise noch eine bedeutendere Länge er-reicht. Worauf die Thierchen befestigt waren, liess sich aus diesem Grunde nicht ermitteln.

Das Exoderm besteht aus einer sehr zähen und festen, kernhaltigen Sarcode, welche mit den bekannten Bestandtheilen des Bathybius-Schlammes zu einem harten Mörtel verkittet ist. Die Hauptbestandtheile sind Rhizopoden-Schalen und unter diesen vor allen Globigerinen, dickschalige (K) und dünnschalige (G) ungefähr in gleichen Verhältnissen. Dazwischen finden sich einzelne Rotalien, Polystomellen, Textularien (T) und andere kalkschalige Polythalamien; ausserdem auch einzelne Radiolarien: Haliomma (H), Euchitonia (E), Trematodiscus (D) u. s. w. Zwischen den ganzen Schalen liegen allenthalben Fragmente von zerbrochenen Schalen, ferner Coccolithen und Coccosphaeren, kleine Sandkörnchen und Fragmente von Spongien-Nadeln, letztere in sehr geringer Quantität. Die flacheren Schalen sind sämmtlich in Tangential-Ebenen gelagert. In dem verkittenden Sarcode-Mörtel zwischen den Schalen sind nur hier und da einzelne Zellenkerne wahrzu-nehmen und diese sind nicht leicht aufzufinden. Dagegen liegt unter dem Pseudoskelet und nicht scharf von ihm zu trennen, eine dünne Sarcode-Schicht, welche reich an Zellenkernen ist und nur wenige fremde Körper, meist kleinste Fragmente und Cocco-lithen enthält. Die innere Oberfläche dieses Syncytium, auf welcher das Entoderm aufsitzt, ist ganz glatt und unmittelbar unter derselben erscheinen die Nuclei in einer sehr regelmässigen

---

[1]) HAECKEL, Bathybius und das freie Protoplasma der Meeres-tiefen. Studien über Moneren und andere Protisten, p. 86. Das von H. RANDKOPF erhaltene Gläschen mit Globigerinen-Schlamm trug die Auf-schrift: „Dredged of Professor Thomson und Dr. Carpenter with the steamer „Porcupine" on 2435 Fathoms, 22. Juli 1869. Lat. 47°38"; Long. 12°4".

Schicht, in gleichen Abständen vertheilt. Die Kerne sind länglich rund, 0,002—0,004 Mm. gross, meistens von einem kleinen Körnchen-hofe umgeben. (Fig. 134.)

Der lange dünne Stiel des Körpers ist sehr fest und zugleich sehr elastisch. Auf einem Querschnitt (Fig. 136) zeigt sich, dass derselbe solid ist und dass seine centrale Axensubstanz verschieden von der peripherischen Rindensubstanz und ziemlich scharf von dieser getrennt ist. Die Axensubstanz besteht fast blos aus Pro-toplasma, mit sehr zahlreichen Kernen, welche in regelmässigen Abständen und parallel der Längsaxe gelagert sind (Fig. 136n). Die Rindensubstanz hingegen besteht vorzugsweise aus Cocco-lithen (Discolithen und Cyatholithen).[1] Die Menge des Proto-plasma, welches dieselben verbindet, ist sehr gering und ebenso die Zahl der Kerne, die dazwischen zertreut liegen.

Ein Längsschnitt durch den Körper (Fig. 133) zeigt eine geräumige Magenhöhle von birnförmiger oder fast kugeliger Ge-stalt und 0,8 Mm. Durchmesser. Oben öffnet sich dieselbe durch einen kreisrunden Mund von 0,15 Mm. Durchmesser. Diese Mund-öffnung ist nabelförmig eingezogen. Auf einem gut gelungenen Längsschnitt durch die Mitte derselben zeigt sich, dass die Wand der Magenhöhle hier eine förmliche Einstülpung, eine Art Schlund bildet. Diesem gegenüber erhebt sich im Grunde der Magenhöhle ein kurzer konischer Zapfen, eine Columella, ähnlich wie bei *H. echinoides* (Fig. 133 e, 135 c).

Das Verhalten des Entoderms liess sich leider an den wenigen Spiritusexemplaren nicht genau erkennen. Nur die An-wesenheit einer einfachen Epithelschicht liess sich constatiren (Fig. 133 i). Dieses Gastral-Epithelium bestand aus einer einzigen Schicht polyedrischer, kernhaltiger Zellen von 0,004—0,006 Mm. Durchmesser und schien die ganze Innenfläche der Magenhöhle gleichmässig zu überziehen (Fig. 134 i). An dem konischen Zapfen im Grunde der Magenhöhle waren diese Zellen etwas grösser, viel-leicht Mutterzellen von Eiern? (Fig. 135 o). Ob sich das Entoderm-Epithel auch noch auf die schlundartige Einstülpung fortsetzte, liess sich nicht entscheiden.

Fundort: Tiefsee des Nord-Atlantischen Oceans. RANDROPP.

---

[1] Ueber Coccolithen (Discolithen und Cyatholithen) und Coccosphaeren, vergl. den citirten Aufsatz über Bathybius (S. 180 Anmerkung).

3. Haliphysema Tumanowiczii, Bowerbank.

(Bowerbank, Monograph of the British Spongiade Vol. I, p. 179, Taf. XXX,
Fig. 359; Vol. II, p. 76).

Diagnose: Körper der Person keulenförmig oder eiförmig,
auf einem kurzen, dicken Stiel befestigt. Stiel hohl, cylindrisch,
ungefähr so lang als der Körper und halb so dick, unten mit
scheibenförmig verbreiterter hohler Basis aufsitzend. Magenhöhle
keulenförmig, unten bis in die Basis fortgesetzt. Mundöffnung
einfach. Die fremden Körper, welche das Exoderm incrustiren,
bestehen zum grössten Theile aus Spongien-Nadeln und deren
Fragmenten; dazwischen finden sich, namentlich im Stiel, zahlreiche Sandkörnchen.

Specielle Beschreibung: *Haliphysema Tumanowiczii* ist
das erste Physemarium, von dem eine Beschreibung und Abbildung
gegeben wurde. Es geschah dies vor zwölf Jahren (1864) durch
Bowerbank (l. c.). Abgesehen davon, dass derselbe das Entoderm
nicht erwähnt, welches die Innenfläche der Magenhöhle auskleidet,
ist seine Beschreibung sehr genau; auch die Abbildung, von der
Oskar Schmidt im zweiten Supplemente zu seinen adriatischen
Spongien (Fig. 13) eine Copie gegeben hat, ist recht naturgetreu
(Vergl. oben S. 173).

Bowerbank erhielt das *Haliphysema Tumanowiczii*, das er zu
Ehren seines Entdeckers benannte, zuerst durch diesen vom Diamant-
Grund bei Hastings, später auch noch von mehreren anderen Stellen
der britischen Küste. Ich selbst beobachtete diese Art während
meines Aufenthaltes an der norwegischen Küste (1869), auf der
Insel Gis-Oe, in der Nähe von Bergen. Das kleine Physemarium
sass daselbst in einzelnen Exemplaren auf den Wurzeln von
Laminarien, die ich mit dem Schleppnetz aus einer Tiefe von ungefähr 60—80 Fuss heraufgeholt hatte. In Grösse, Form und
Skeletbildung stimmten diese norwegischen Exemplare so sehr
mit den von Bowerbank beschriebenen britischen überein, dass ich
der genauen Darstellung des letzteren hier nur Wenig hinzuzufügen habe.

Der eigentliche Körper ist oval oder birnförmig, 1—1,2 Mm. lang
und halb so dick. Ebenso lang, aber nur ein Viertel so dick ist der
hohle cylindrische Stiel, der sich unten in eine scheibenförmige convexe Basis ausbreitet. Letztere ist an den norwegischen Exemplaren
kleiner als an den britischen. Durchschnitte durch den kleinen

Schlauch zeigen eine geräumige Höhle, die sich oben durch eine kreisrunde einfache Mündung öffnet, und deren dünne Wand deutlich aus zwei verschiedenen Schichten besteht. Die innere Schicht, das Entoderm, ist ein einfaches Geissel-Epithel; die Geissel-zellen desselben schienen mir damals sehr ähnlich denjenigen der Kalkschwämme zu sein; eine genauere Untersuchung derselben habe ich nicht angestellt. Die äussere Schicht, das Exoderm, ist ein kernhaltiges Syncytium, gebildet aus verschmolzenen Zellen, welche eine Masse fremder Körper aufgenommen und zu einem Pseudo-Skelet verkittet haben. Die meisten dieser fremden Körper sind in der unteren Körperhälfte Sandkörnchen und Fragmente von Schwammnadeln; in der oberen Hälfte längere Spongien-Spicula (theils einfache spitzige, theils geknöpfte), welche oralwärts gerichtet abstehen. Hierin stimmten die norwegischen Exemplare ganz mit Bowerbank's Darstellung überein. Eine genauere Untersuchung unterliess ich damals, weil ich eine kleine Psammopongie mit zufällig geschlossenen Poren vor mir zu haben glaubte.

Fundort: Nord-Atlantischer Ocean: Britische Küsten: „Diamonde ground of Hastings, Templewicz; Berwick Bay, Johnston; Callercoats (?) Alder." Norwegische Küste: Gis-Oe bei Bergen, Haeckel.

5. Haliphysema ramulosum, Bowerbank.

(Bowerbank, Monograph of the British Spongiadae, Vol. II, p. 79; Vol. III, Pl. XIII, Fig. 1.).

Diagnose: Stockbildend. Stöckchen gabelspaltig verzweigt. Gabeläste (oder Personen des Stockes) cylindrisch, am Ende kolbenförmig oder fast kugelig angeschwollen. Die dünne Körperwand umschliesst eine geräumige Darmhöhle; diese öffnet sich am Ende jedes Astes durch einen Mund. Die fremden Körper, welche das Exoderm incrustiren, bestehen zum grössten Theile aus Fragmenten von Spongien-Nadeln, welche parallel der Längsaxe der Aeste gelagert sind. Von den angeschwollenen Enden stehen längere Spongien-Nadeln divergirend ab.

Specielle Beschreibung: *Haliphysema ramulosum*, die zweite von Bowerbank beschriebene Art, wird von ihm mit folgender Diagnose bezeichnet: „Sponge pedicelled, ramose; branching dichotomously; branches cylindrical, smooth and even; distal termination subglobose, hispid: Oscula and pores inconspicuous. Dermal membrane thin and translucent. Skeleton membranous, with an incorporation of spicula of various sizes and shapes, and of minute grains of sand." Von dieser Art ist nur ein Exemplar bekannt, welches Norman bei Guernsey auf einem Skeletbruchstück von Gorgonia aufsitzend fand. Dasselbe ist zwei Linien hoch und ebenso breit und zeigt acht cylindrische Gabeläste, die am Ende kolbig, fast kugelig angeschwollen sind. Die Röhren-Wände sind sehr dünn und bestehen aus organischer Substanz, welche mit feinen Sandkörnchen, Bruchstücken von kleinen Schwamm-Nadeln und anderen fremden Körpern verkittet ist. In der Auswahl und Einverleibung des fremden Skelet-Materials zeigt sich eine sehr bemerkenswerthe Methode. Die Sandkörnchen sind alle innerhalb einer gewissen Grössen-Stufe ausgesucht und alle grösseren sind verschmäht. Ebenso sind auch die Spiculafragmente alle so kurz gewählt, dass sie sich leicht neben einander symmetrisch ordneten, in einer Ebene und parallel der Längsaxe. Nur für die Bewaffnung des Endkolbens sind grössere und besser erhaltene Spicula verwendet. Auch hier, wie bei *H. Tumanowiczä*, gehören die Spicula verschiedenen Spongien-Arten an, und auch hier sind die allseitig abstehenden geknöpften Spicula bald mit dem stumpfen Knopf nach dem aboralen (proximalen), bald nach dem oralen (distalen) Ende gekehrt. Daraus allein schon geht deutlich hervor, dass auch hier die sämmtlichen Skelettheile fremde Körper und keine Producte des angeblichen Schwammes sind. Bowerbank wirft daher schliesslich die Frage auf, ob nicht *Haliphysema* richtiger zu den Sandschwämmen oder Psammospongien (Hornschwämmen mit Sand-Skelet, *Dysidea* etc.), als zu den eigentlichen Kieselschwämmen zu stellen sei, eine Frage, welche (die Spongien-Natur dieses Organismus angenommen) bejaht werden müsste. Aber auch bei *H. ramulosum*, wie bei *H. Tumanowiczä*, fand der englische Beobachter weder Oscula noch Poren, und doch ist der Besitz von Poren für den Begriff der „Porifera" unerlässlich.

Fundort: Britische Küste: Guernsey, Norman.

15. Das Genus Gastrophysema.

Taf. XII—XIV.

Die neue Gattung *Gastrophysema* gründe ich für solche Physemarien, deren schlauchförmiger Körper nicht einfach und einkammerig, wie bei *Haliphysema*, sondern durch eine oder mehrere, ringförmige Einschnürungen in zwei oder mehrere hinter einander gelegene Kammern abgetheilt ist. Bis jetzt erscheint dieses Genus nur durch zwei Species vertreten. Die eine Art *(G. dithalamium)* ist zweikammerig und lebt im Mittelmeer. Bau und Entwickelung derselben bis zur Gastrula-Bildung konnte ich in Smyrna eingehend untersuchen. Die andere Art *(G. scopula)* ist fünfkammerig und lebt an den britischen Küsten. Das ist derselbe Organismus, welchen CARTER unter dem Namen *Squamulina scopula* beschrieben und zu den Foraminiferen gestellt hat. CARTER's ausführliche Darstellung ist sehr detaillirt bezüglich der äusseren Form-Verhältnisse. Dagegen sagt er nichts von dem zweischichtigen Bau des schlauchförmigen Körpers und von dem charakteristischen Geissel-Epithel der Magenhöhle. Es bleibt also immerhin möglich, dass der von ihm beobachtete Organismus in eine andere Thiergruppe gehört. Aber die auffallende Aehnlichkeit mit unserem *G. dithalamium* in der gesammten Gestalt und Grösse, der Kammerbildung und Skeletbildung lässt es wohl gerechtfertigt erscheinen, wenn ich auch *G. scopula* einstweilen in dieser Gattung aufführe.

Charakteristik des Genus Gastrophysema: Körper der Person einfach schlauchförmig, einaxig, gegliedert, am aboralen Pole der Axe durch einen Stiel am Meeresboden befestigt. Mehrere (2—5) Glieder von verschiedener Grösse und Form liegen hintereinander, durch quere Einschnürungen unvollständig getrennt. Höhle des Schlauches (Magenhöhle) dem entsprechend in mehrere (2—5) communicirende Kammern getheilt; die letzte Kammer am oralen Pole der Axe durch einen Mund geöffnet. Körperwand aus zwei Schichten gebildet: innere Schicht ein einfaches Geissel-Epithel, im aboralen Theile Eizellen bildend; äussere Schicht ein kernhaltiges Syncytium, aus verschmolzenen Zellen gebildet, welche eine Masse fremder Körper aufgenommen und so ein festes Pseudo-Skelet gebildet haben.

Uebersicht der Species von Gastrophysema.

Körper der Person keulenförmig, zweikammerig; die aborale Kammer kugelig, auf einem kurzen Stiel befestigt; die orale Kammer eiförmig, um ein Drittel grösser, mit einer trichterförmigen Mundöffnung. . . . . 1. *G. dithalamium.*

Körper der Person keulenförmig, fünfkammerig; die unterste Kammer eine convexe Fussscheibe; die folgenden von der zweiten bis vierten an Grösse zunehmend; die fünfte viel grösser als die vorhergehenden, mit einer einfachen Mundöffnung . . . . 2. *G. scopula.*

1. Gastrophysema dithalamium H.

Taf. XII—XIV.

Diagnose: Körper der Person im Ganzen länglich keulenförmig, durch eine mittlere Einschnürung in zwei über einander
liegende Kammern eingetheilt, auf einem kurzen cylindrischen
Stiel befestigt, der mit scheibenartig verbreiterter Basis aufsitzt.
Am entgegengesetzten (oberen) Ende eine einfache kreisrunde
Mundöffnung. Die obere (distale oder orale) Kammer ellipsoid
oder eiförmig, um ein Drittel in jeder Dimension grösser als die
untere (proximale oder aborale) kugelige Kammer. Stiel und
Fussscheibe solid. Die Höhlen beider Kammern hängen durch
einen engen Hals (Sipho) zusammen. In der aboralen Kammer
entwickeln sich die Eier (Bruthöhle). In der oralen Kammer
(Magenhöhle) findet sich nahe der Mundöffnung eine Geissel-
Spirale. Die fremden Körper, welche das Exoderm incrustiren,
bestehen in der unteren Hälfte zum grössten Theile aus Sandkörnchen und Bruchstücken von Schwammnadeln, in der oberen
Hälfte (in der Wand der zweiten, grösseren Kammer) aus längeren
Spicula von verschiedenen Spongien-Arten. Diese sind allseitig
abstehend, mit den Spitzen oralwärts gerichtet.

Specielle Beschreibung: *Gastrophysema dithalamium*
stellt in ausgebildetem Zustande einen länglichen kolbenförmigen
Schlauch von bräunlichgrauer Farbe und von 2—3 Mm. Länge
dar, welcher durch eine mittlere Einschnürung in zwei Hälften
von nahezu gleicher Länge getheilt ist. (Fig. 137). Die obere
Hälfte besteht aus einem eiförmigen oder ellipsoiden, stacheligen
Schlauche, der dicht mit abstehenden Schwammnadeln bewaffnet
ist. Die untere Hälfte besteht aus einem kleineren kugeligen
Bläschen, das durch einen kurzen konischen Stiel auf einer
scheibenförmig verbreiterten Fussscheibe aufsitzt. Mittelst der
letzteren ist der schlauchförmige Körper auf verschiedenen Gegenständen des Meeresbodens befestigt, namentlich auf alten abgestorbenen Stöcken von *Cladocora caespitosa*, welche in grosser
Menge den Boden des Hafens von Smyrna bedecken[1]).

---

[1]) Ich erhielt dieselben beim Dredgen in dem mittleren Theile des Hafen-
beckens von Smyrna, wobei ich mich der Dampfbarkasse der k. k. öster-
reichischen Corvette „Zrinyi" mit grossem Vortheile bedienen konnte. Ich
benutze diese Gelegenheit, um dem Commandanten der letzteren, Herrn Cor-

Vielleicht ist unser *Gastrophysema* an diesem Orte nicht selten. Trotzdem gelingt es nur schwer dasselbe zu entdecken, da eine Masse von Spongien, Hydroiden, Bryozoen u. s. w., gemengt mit Algen, in buntestem Gewirr den schlammigen Boden überwuchern. Nur durch einen glücklichen Zufall wurde ich auf eine kleine Gruppe von drei Gastrophysemen aufmerksam, welche zwischen den basalen Aesten eines alten abgestorbenen Cladocora-Stockes versteckt sassen, der mit Bryozoen und Spongien bedeckt war. Bei anhaltendem Suchen fand ich noch einige andere Exemplare theils auf Cladocora-Resten, theils auf Muschel-Fragmenten und Steinen, die mit *Phallusia mammillata* besetzt waren. Glücklicherweise waren die meisten Exemplare geschlechtsreif und enthielten Eier auf verschiedenen Stufen der Entwickelung, bis zur Gastrulabildung.

Die Länge des vollkommen entwickelten *Gastrophysema dithalamium* beträgt 2—2, 5, höchstens gegen 3 Mm. (Fig. 137, 140). Davon kommt ungefähr die Hälfte auf die obere (orale) eiförmige Kammer, deren grösste Dicke 0,7 Mm. erreicht. Die untere (aborale) kugelige Kammer hat nur 0,5—0,6 Mm., die ringförmige Einschnürung zwischen beiden 0,3 Mm. Durchmesser. Die Dicke des Stiels beträgt in der Mitte seiner Länge (wo er gewöhnlich am dünnsten ist) 0,1 Mm. Der Durchmesser der flach kegelförmigen, massiven Fussscheibe kommt ungefähr demjenigen der unteren Kammer gleich.

Die Gestalt scheint bei *Gastrophysema dithalamium* ebenso wie bei *G. scopula* wenig zu vaiiren. Wie Carter bei letzterem constant fünf hinter einander liegende Kammern beobachtete und wie diese immer nahezu dieselben Form- und Grössen-Verhältnisse

vetten-Capitain Lang, meinen aufrichtigen Dank für die Liberalität auszusprechen, mit welcher derselbe mir den Gebrauch der Dampfbarkasse behufs der Schleppnetzfischerei in der Bai von Smyrna gestattete. Nicht minder bin ich meinem hochverehrten Freunde, Herrn Ritter Dr. Carl von Schaezen, dem verdienstvollen wissenschaftlichen Leiter der Novara-Expedition (damals k. k. Oesterr. General-Consul in Smyrna, jetzt in London) zum herzlichsten Danke für die zuvorkommende und mir höchst werthvolle Unterstützung verpflichtet, durch welche er meine zoologischen Untersuchungen während meines Aufenthalts in Smyrna förderte. Nur seiner lebendigen Theilnahme an denselben, seiner liebenswürdigen Gastfreundschaft und seiner Bekanntschaft mit den dortigen Verhältnissen verdanke ich es, dass es mir möglich war, eine Uebersicht der dortigen Verhältnisse zu gewinnen, die Fauna des Hafens kennen zu lernen und die vorliegenden Beobachtungen über Bau und Entwicklung von Gastrophysema anzustellen.

darboten, so zeigten auch alle Personen unseres G. *dithalamium*, die ich in Smyrna beobachtete, nur geringe Abweichungen in der Grösse und Form ihres zweikammerigen Körpers.

Die A u s s e n f l ä c h e des Körpers ist allenthalben mit fremden Körpern bedeckt, die jedoch nicht etwa, gleich Sabella-Röhren, durch einen ausgeschiedenen und erhärteten Schleim verkittet, sondern wirklich in das Syncytium des Exoderms aufgenommen sind (wie bei den Sandschwämmen oder Psammospongien). Bei schwacher Vergrösserung erscheint die untere (aborale) Hälfte von aussen ziemlich glatt, dagegen die obere (orale) Hälfte stachelig, wie ein Distelköpfchen. Bei starker Vergrösserung zeigt sich, dass das Pseudo-Skelet des Exoderms im ersteren Theile gröstentheils aus Sandkörnchen und Fragmenten verschiedener Spongien-Nadeln zusammengesetzt ist, die regellos mit einander gemengt und verkittet sind. Dagegen besteht das Skelet der oralen Körperhälfte zum grössten Theile aus längeren Spicula verschiedener Spongien-Arten. Dieselben stehen allseitig ab und divergiren oralwärts gerichtet. Die Spicula sind theils vollständig, theils zerbrochen. Neben ganz einfachen, umspitzigen Nadeln finden sich zahlreiche geknöpfte Spicula und eine geringere Zahl von dreizähnigen Ankernadeln. Die letzteren sind meist so gelagert, das die drei Anker-zähne auswärts gerichtet sind, die Spitze des Hauptstrahls im Exoderm befestigt (Fig. 137). Auch bei den geknöpften Nadeln ist wenigstens das stumpfe Ende auswärts, das spitze einwärts gekehrt. Dazwischen finden sich aber auch einzelne Spicula in umgekehrter Lagerung, ferner Fragmente von anders geformten Nadeln, welche ganz verschiedenen Arten angehören, und endlich feinste Sandkörnchen. Hieraus ergibt sich mit Sicherheit, dass die Spicula keine Producte des Organismus selbst, sondern fremde Körper sind, welche derselbe aus seiner nächsten Umgebung, aus dem Schlamme des Meeresbodens aufgenommen hat. In der That zeigten die Schlamm-Reste, welche in den Ritzen und Löchern der alten Cladocora-Stöcke sich fanden, die gleiche Zusammensetzung, wie das Skelet der Gastrophysemen, die auf ihnen befestigt waren.

Ein L ä n g s s c h n i t t durch *Gastrophysema dithalamium* öffnet uns einen befriedigenden Einblick in die interessante Organisation dieses merkwürdigen Gastraeaden (Fig. 140, 141). Wir sehen, dass beide Kammern eine geräumige Höhle enthalten und durch eine enge Thüre, einen „Sipho", mit einander communiciren (y). Die Höhle der aboralen Kammer (b) ist blind geschlossen. Die

Höhle der oralen Kammer (v) öffnet sich oben durch eine Mündung (m). Die Dicke der Wand ist in der vorderen und hinteren Kammer fast gleich, 0,08—0,1 Mm. Nur in der Umgebung der Mundöffnung ist die Wand verdünnt. Ueberall besteht die Wand der Höhle deutlich aus zwei scharf getrennten Schichten: den beiden primären Keimblättern. Das Entoderm bildet ein einfaches Geissel-Epithel und entwickelt zugleich in der aboralen Kammer die Eier. Das Exoderm besteht aus einem Syncytium von verschmolzenen Zellen, welche die fremden Körper aufgenommen haben. Der solide Stiel und die Fussscheibe, die keine Fortsetzung der gastralen Höhlung enthalten, sind blos vom Exoderm und von fremden Skelettheilen gebildet.

Das Exoderma oder Hautblatt (e) lässt bei genauerer Untersuchung ganz ähnliche Verhältnisse erkennen, wie wir sie bei *Haliphysema primordiale* geschildert haben. Auch hier überzeugt man sich bald bei passender Behandlung, dass die ganze Dermalschicht der Körperwand von einem wahren Syncytium gebildet wird, welches aus völlig verschmolzenen Zellen zusammengesetzt ist, und in welches die fremden Körper eingebettet sind. Das beweisen deutlich die überall zerstreuten Zellkerne, welche nach Färbung mit Carmin, besonders wenn vorher verdünnte Osmiumsäure kurze Zeit eingewirkt hatte, sehr deutlich hervortreten (Fig. 138n, 139n, 141n, 148n). Die Kerne sind theils kugelig, theils länglich rund, ellipsoid oder eiförmig, von 0,004—0,007 Mm. Durchmesser. Auch hier ist häufig jeder Kern von einem rundlichen oder sternförmig ausstrahlenden Körnchenhofe umgeben (Fig. 148n). Doch ist dieser Hof niemals scharf gegen das internucleare Gewebe abgegrenzt und daher scheint es nicht gestattet, den ersteren als eigentlichen Zellenleib, das letztere als Intercellular-Substanz aufzufassen.

Die Grundsubstanz des Syncytium erscheint hyalin oder feinkörnig, hier und da schwach faserig differenzirt. Sehr bemerkenswerth ist, dass diese fibrilläre Differenzirung an zwei Stellen zu einem wirklichen Zerfall derselben in parallele Fibrillen zu führen scheint, die wahrscheinlich nach Art von Muskelfibrillen wirksam sind. Es zeigt sich nämlich erstens an der Pforte zwischen beiden Kammern (Fig. 140y, 141g) und zweitens an dem Rande der Mundöffnung (m) eine schwache ringförmige Verdickung des Exoderm Syncytiums; und wenn es gelingt, sich diese von der inneren Fläche der Gastralhöhle her zur Anschauung zu bringen, so bemerkt man bei starker Vergrösserung eine Anzahl von sehr

feinen parallelen Ringstreifen, denen die gestreckten Kerne parallel gelagert sind (Fig. 148). Wahrscheinlich dienen dieselben
zur Verengerung und vielleicht selbst zum zeitweiligen Verschluss
der Oeffnungen, welche sie umgeben. Wäre diese Vermuthung
richtig, so würde Gastrophysema sein Osculum in ähnlicher Weise
durch eine Mundhaut (oder Oscular-Membran) verschliessen können,
wie ich dies von den Kalkschwämmen beschrieben habe (Monogr.
Bd. I, S. 266). In ähnlicher Weise wird vielleicht auch der Hohlraum der oberen Kammer (der eigentlichen Magenhöhle, v) von
demjenigen der unteren Kammer (der Bruthöhle, b) durch eine
Sphincter-ähnliche Ringmembran zeitweilig ganz oder theilweise
abgeschlossen werden können.

Das Entoderma oder Darmblatt bietet bei *Gastrophysema*
ähnliche, jedoch verwickeltere Verhältnisse dar, als wir bei
Haliphysema gefunden haben. Allerdings ist auch dort wie hier
die ganze gastrale Höhlung des Schlauches von einem zusammenhängenden einschichtigen Geissel-Epithel ausgekleidet. Während
aber dieses Epithelium bei *Haliphysema* in der ganzen Magenhöhle ein einfaches Lager von gleichartigen Geisselzellen bildet,
nur durch die eingestreuten Eizellen unterbrochen und oben an
der Mundöffnung durch die adorale Wimperspirale begrenzt, zeigt
das einschichtige Gastral-Epithelium von *Gastrophysema dithalamium*
in beiden Abtheilungen des Körpers eine verschiedene Beschaffenheit. In der grösseren oralen Kammer liegen zwischen den Geisselzellen einzelne Drüsenzellen (d) zerstreut und eine sehr entwickelte
Geisselspirale von mehreren Windungen (a) tritt stark hervor. In
der kleineren aboralen Kammer hingegen bilden sich ausschliesslich die Eier und entwickeln sich die befruchteten Eier zu Gastrula-
Embryonen. Sie kann daher als Geschlechtskammer, Bruthöhle
oder Uterus, bezeichnet werden (b). Die orale Kammer allein
scheint hier als ernährende Darmhöhle zu fungiren und kann
demnach auch in engerem Sinne als Magenhöhle unterschieden
werden (v).

Wir treffen also, wenn wir die einfacheren Verhältnisse von
Haliphysema vergleichen, einen interessanten Fortschritt in der
Gastraeaden-Organisation. Bei Haliphysema ist die einfache Ur-
darmhöhle gleichzeitig ernährende Magenhöhle und eierbildende
Geschlechtshöhle, wie bei den einfachsten Spongien. Bei unserem
zweikammerigen Gastrophysema hingegen sind die beiden funda-
mentalen Functionen des vegetativen Lebens, Ernährung und
Fortpflanzung, bereits gesondert; die erstere ist auf die orale,

die letztere auf die aborale Kammer beschränkt. Ausserdem aber finden wir auch noch weitere Differenzirungen im Epithelium, indem in der Magenhöhle zwischen den flimmernden Geisselzellen einzelne nicht flimmernde Drüsenzellen zerstreut sind und auch die adorale Geisselspirale eigenthümlich entwickelt ist. Das genauere Verhalten dieser verschiedenen Entoderm-Formationen ist folgendes:

Das Geissel-Epithelium der Magenhöhle (Fig. 138 f, Fig. 145 f, 147 f) bildet ein einschichtiges Lager von cylindrisch-konischen Geisselzellen, welche nicht wesentlich von denjenigen des *Haliphysema primordiale* verschieden sind. Nur erscheint der Leib der Geisselzellen selbst etwas kleiner, hingegen der Hals und Kragen derselben etwas grösser und die Geissel länger als bei Haliphysema. Der Kern der Geisselzellen ist von derselben Grösse und Form. Hals und Kragen zeigen je nach den Contractions-Zuständen sehr verschiedene Formen (Fig. 138).

Regelmässig zerstreut zwischen den Geisselzellen finden sich im grössten Theile der Magenhöhle einzelne grössere, nicht flimmernde Zellen, welche wahrscheinlich als einzellige Drüsen zu betrachten sind (Fig. 138 d, 140 d, 145 d, 147 d). Es sind das birnförmige oder flaschenförmige Zellen, welche ungefähr doppelt so gross als die Geisselzellen und durch ein dunkel pigmentirtes Protoplasma ausgezeichnet sind. Sie fallen daher schon bei schwacher Vergrösserung als dunkle Punkte auf der helleren Gastralfläche in die Augen (Fig. 140 d). Auf Querschnitten durch die Magenwand (Fig. 145d) zeigt sich, dass diese birnförmigen Zellen nicht flach auf der Innenseite des Exoderm aufsitzen, wie die benachbarten Geisselzellen, sondern tiefer als diese, ein wenig in das stützende Gewebe des Exoderm eingesenkt, so dass etwa zwei Drittel ihres Körpers vom Syncytium umschlossen sind (Fig. 138 d, 139 d). Der verdünnte flaschenförmige Hals der Zellen dagegen liegt zwischen den Geisselzellen und ragt bisweilen etwas über deren Epithelfläche vor. Das Protoplasma dieser flimmerlosen Zellen ist sehr trübe und enthält eine Menge dunkler, brauner oder schwärzlicher, rundlicher Pigmentkörner und ausserdem stark lichtbrechende Fettkügelchen. Bisweilen scheint das Protoplasma etwas aus dem Flaschenhals vorzutreten. Das hyaline Exoplasma erscheint als eine besondere Hautschicht der Zelle differenzirt oder bildet vielleicht wirklich eine Zellenmembran. Der Kern ist gewöhnlich nicht sichtbar, ganz durch die dunkle Umhüllung der Fettkörnchen und Pigmentkörnchen verdeckt. Wenn es aber bei starkem Drucke auf die

14

isolirten Zellen gelingt sie zu zerdrücken, so tritt der Nucleus
deutlich vor, als ein helles Kügelchen von 0,005 Mm. Durchmesser,
mit einem dunklen Nucleolus (Fig. 147). Ich glaube demnach nicht
irre zu gehen, wenn ich diesen pigmentirten birnförmigen Zellen
eine secretorische Function zuschreibe und sie als einzellige
Drüsen auffasse.

Der adorale Strudel-Apparat von *Gastrophysema* ist viel
stärker als derjenige von *Haliphysema* entwickelt. Während bei
letzterem die stärkeren Geisselzellen, die denselben zusammensetzen, nur eine fast ringförmige Spirale bilden, finden wir bei
letzterem ein förmliches Schrauben-Gewinde, welches zwei bis
drei, vielleicht vier und mehr Windungen innerhalb der Schlundhöhle beschreibt (Fig. 144). Als Schlundhöhle können wir den
engeren, trichterförmigen Eingangstheil der Magenhöhle, unmittelbar unter der Mundöffnung bezeichnen. Die letztere ist
ein kreisrundes Loch von 0,1?—0,3 Mm. Durchmesser. Der oberste
Theil der Körperwand, welcher den Rand der Mundhöhle bildet,
ist stark verdünnt, der Rand selbst zugeschärft und zugleich etwas
nach aussen gekehrt und ausgeschweift, ähnlich dem Rande einer
Urne oder Vase (Fig. 141 m). Die Schwammnadeln, welche denselben unmittelbar umgeben, sind derartig divergirend gestellt,
dass sie zusammen einen trichterförmigen oder konischen Kranz
bilden, in dessen Tiefe (im Halse des Trichters) die Mundöffnung
liegt (Fig. 140 m). An einer Stelle ist der Rand der letzteren
etwas erhöht und hier beginnt die rechts gewundene Geisselspirale, welche in der Schlundhöhle 3—4 Windungen macht.
Dieselbe besteht aus einer einfachen Reihe von colossalen
Geisselzellen, deren Körper 2—3 mal so gross als derjenige
der gastralen Geisselzellen ist, nämlich 0,02—0,03 Mm. lang und
bis 0,01 Mm. dick. Das Protoplasma enthält dunkle, sehr feine
Pigmentkörner, wodurch der Gang der Spirale sehr deutlich her-
vortritt. Auch die Form dieser Geisselzellen ist sehr eigenthümlich (Fig. 139 f). Auf dem eigentlichen glockenförmigen Zellenleibe
erhebt sich ein 3—4mal so langer, schlanker Hals von cylindrischer
Form, blos aus hyalinem Exoplasma gebildet. Auf dem freien
Ende des biegsamen Halses sitzt ein glockenförmiger Kragen,
ein tieferer oder flacherer Trichter, aus dessen Grunde sich die
sehr lange und starke Geissel erhebt. Durch die Schwingungen
dieser mächtigen Geisseln wird ein kräftiger Strudel im Wasser
erzeugt, der Nahrung in die Magenhöhle einführt. Wenn man
fein zerriebenes Carmin oder Indigo dem Wasser zusetzt, über-

zeugt man sich, mit welcher Gewalt der spirale Strudel durch die Mundöffnung eindringt.

Die gastralen Geisselzellen, welche unmittelbar unter der adoralen Flimmerspirale sitzen, sind ebenfalls pigmentirt, wodurch der Gang der Spicula sehr auffällig vortritt. Die unteren Zellen der letzteren (in der dritten oder vierten Windung) werden allmählich kleiner und gehen ohne scharfe Grenze in die gewöhnlichen Geisselzellen über.

Das Epithelium der Bruthöhle oder der aboralen Sexual-Kammer (b) ist von demjenigen der Magenhöhle nicht wesentlich verschieden (Fig. 146). Jedoch fehlen die grossen, nicht flimmernden Drüsenzellen, und zwischen den Geisselzellen liegen überall Eizellen auf verschiedenen Stufen der Ausbildung zerstreut. Die reifen Eizellen (Fig. 14 o) sind nackte, kugelige oder sphäroidale Zellen von 0,04—0,05 Mm. Durchmesser. Dieselben gleichen vollkommen den amoeboiden Eizellen des *Haliphysema* und der Kalkschwämme und sind gleich den letzteren im Stande, amoebenartige Bewegungen auszuführen. Das Protoplasma besteht aus einer dicken hyalinen Rindenschicht (Exoplasma) und einer trübkörnigen Dottermasse oder Marksubstanz (Endoplasma). Das Exoplasma junger Eizellen streckt langsam sich bewegende fingerförmige Fortsätze von veränderlicher Gestalt und Grösse aus (Fig. 143). Der Kern der reifen Eizelle ist ein helles kugeliges Keimbläschen von 0,015—0,02 Mm. Durchmesser (Fig. 143). In demselben tritt der grosse Nucleolus als ein dunkler, stark glänzender Keimfleck von 0,001 Mm. deutlich hervor, und in diesem ist ein feiner Keimpunkt sichtbar.

Spermazellen habe ich nur an einem einzigen Exemplar von *Gastrophysema dithalamium* beobachtet, und zwar an einer Person, welche gleichzeitig reife Eier besass. Als ich dasselbe zerzupfte, zeigten sich zwischen den Eiern einzelne Haufen von feinen, lebhaft beweglichen Samenfäden (Fig. 142). Dieselben besassen einen äusserst feinen Geisselfaden („Schwanz") von 0,04 Mm. Länge, der erst bei sehr starker Vergrösserung (über 800) sichtbar wurde. Der Kopf dieser feinen Geisselzellen war spindelförmig, 0,0012 Mm. lang. Ob diese Zoospermien in die betreffende weibliche Person eingedrungen waren und von einer anderen Person herrührten, oder ob sie im Körper der ersteren selbst gebildet waren, vermochte ich nicht zu ermitteln. Alle Versuche, jüngere Entwicklungszustände derselben aufzufinden, oder ihren Ursprung in einem der beiden Keimblätter nachzu-

14*

weisen, waren vergeblich. Möglicherweise entstehen die Zoospermien im Exoderm. Die Eizellen sind offenbar umgewandelte Epithelzellen des Entoderms.

Die meisten Personen von *Gastrophysema dithalamium*, welche ich in Smyrna zu beobachten Gelegenheit hatte, enthielten reife oder befruchtete Eier auf verschiedenen Stufen der Entwicklung, bis zur vollständigen Ausbildung der Gastrula (Fig. 111—120). Die aborale Kammer war in einigen von diesen trächtigen Personen dicht angefüllt mit gefurchten Eiern und Blastula-Keimen, während andere nur einzelne Gastrulae enthielten (Fig. 140, 141). Es gelang mir, eine vollständige Reihe der Keimformen herzustellen, von dem befruchteten Ei bis zur Gastrula. Das Ei enthält keinen Nahrungsdotter und die Form der Eifurchung ist die primordiale. Ich habe dieselbe in dem Abschnitt, welcher „die vier Hauptformen der Eifurchung und Gastrulabildung" behandelt, bereits ausführlich beschrieben. (Vergl. oben S. 79—83.)

Das befruchtete Ei (Fig. 111) erschien als eine homogene, trübe Protoplasma-Kugel von 0,05 Mm. Durchmesser, in welcher zahlreiche sehr feine Fettkörnchen gleichmässig vertheilt waren. In dieser *Archimonerula* war weder von einem Kern, noch von den eingedrungenen Zoospermien irgend eine Spur mehr zu erkennen. Das „Keimbläschen" schien völlig verschwunden zu sein. Immerhin ist es möglich, dass ich einen noch vorhandenen Rest desselben, vielleicht den Keimfleck, übersehen habe, zumal ich meine Aufmerksamkeit damals nicht speciell auf diesen Punkt richtete.

Im nächstfolgenden Stadium zeigt sich in der Dotterkugel wieder ein neu gebildeter Kern (Fig. 112). Derselbe ist kugelig, ziemlich hell, hat 0,016 Mm. Durchmesser und schliesst ein grosses Kernkörperchen von 0,003 Mm. ein. An dieser *Archicytula* liess sich deutlich eine feine radiäre Streifung wahrnehmen, indem die dunkleren Körnchen strahlig gegen den im Mittelpunkt der Zelle gelegenen Kern gerichtet waren.

Die Eifurchung selbst verläuft durchaus regelmässig, nach dem Typus der ursprünglichen oder primordialen Theilung. Durch fortgesetzten regelmässigen Zerfall jeder Furchungszelle in zwei Hälften entstehen zuerst zwei, darauf 4, 8, 16, 32, 64 Furchungszellen (Fig. 113—115). Ich habe die Einzelheiten des Furchungsprocesses und namentlich das Verhalten der Kerne nicht näher untersucht. Das Resultat desselben ist die Bildung eines regulären Maulbeerkeims, einen soliden kugeligen Archimorula, die aus 64 Zellen besteht (Fig. 115).

Indem sich im Innern der Archimorula Flüssigkeit ansammelt und sämmtliche Zellen an die Peripherie treten, entsteht eine Hohlkugel von 0,08 Mm. Durchmesser, deren Wand aus einer einzigen Schicht von gleichartigen Zellen besteht, die Archiblastula (Fig. 116, 117). Die „Blastoderm-Zellen" welche diese zusammensetzen, erscheinen durch gegenseitigen Druck regelmässig abgeplattet, meist sechsseitig-prismatisch (Fig. 116). Jede dieser Zellen streckt einen geisselförmigen schwingenden Fortsatz aus (Fig. 117). Das Blastoderm gestaltet sich so zu einem Geissel-Epithel, und durch die Vibrationen desselben bewegt sich die Blastula langsam rotirend in der Gastralhöhle umher.

Nun erfolgt die typische Einstülpung oder Invagination der Blastula, durch welche sich letztere zur Gastrula, und zwar zur Archigastrula gestaltet. Indem an einer Stelle das Blastoderm grubenförmig eingestülpt wird (Fig. 118) und indem der innere eingestülpte Theil desselben sich dem äusseren nicht eingestülpten Theil bis zur Berührung nähert, verschwindet die Furchungshöhle (*Blastocoeloma*, Fig. 117). An ihre Stelle tritt die fertige Urdarmhöhle (Fig. 120). Die Einstülpungsöffnung wird zum Urmund. Die Gastrula von Gastrophysema ist eiförmig, 0,08—0,1 Mm. lang, 0,06—0,07 Mm. dick. Die Exoderm-Zellen der Gastrula sind cylindrische Geisselzellen von 0,018 Mm. Länge und 0,006 Mm. Dicke, mit ovalem Kern und einem dicken hyalinen Saum, durch dessen Mitte die Geissel durchtritt (Fig. 150e) Die Entoderm-Zellen der Gastrula sind rundliche polyedrische oder fast kugelige Zellen von 0,01 Mm. Durchmesser, mit einem kugeligen Kern von 0,003 Mm. Ihr Protoplasma ist viel dunkler und grobkörniger als dasjenige der Exoderm-Zellen und enthält zahlreiche fettglänzende Körner (Fig. 150i).

Die weitere Entwicklung von *Gastrophysema dithalamium* konnte ich leider nicht verfolgen. Wahrscheinlich wird dieselbe folgenden Gang einschlagen: die Gastrula verlässt die Magenhöhle der Mutter durch die Mundöffnung, schwärmt eine Zeitlang im Meere umher und setzt sich dann mit dem aboralen Pole fest. Die Exoderm-Zellen verlieren ihre Geisseln, verschmelzen mit einander zum Syncytium und nehmen aus dem benachbarten Meeresschlamm die fremden Körper auf, aus denen sie das Skelet zusammensetzen. Die rundlichen Entoderm-Zellen verwandeln sich in cylindrische Geisselzellen. Das jugendliche Gastrophysema wird

in diesem Stadium einem Haliphysema gleichen. Später erst wird sich die mittlere Einschnürung bilden, durch welche die Urdarmhöhle in zwei verschiedene Kammern zerfällt. In der oralen Magenkammer wird sich die starke Geisselspirale ausbilden, sowie die einzelligen Drüsen. In der aboralen Brutkammer werden sich einzelne Zellen zu Eizellen, andere zu Spermazellen umbilden.

Ueber die Lebenserscheinungen von *Gastrophysema dithalamium* wird weiter unten (im folgenden Abschnitt) berichtet werden.

Fundort: Mittelmeer, Smyrna. HAECKEL.

2. Gastrophysema scopula, H.

(*Squamulina scopula*, CARTER; Annals and Mag. of nat. hist. 1870, Vol. V, p. 309, Pl. IV.)

Diagnose: Körper der Person im Ganzen länglich keulenförmig, durch vier quere Einschnürungen in fünf verschiedene Kammern getheilt. Die erste Kammer eine planconvexe Fussscheibe („pedestal"), die zweite Kammer eine schlanke cylindrische oder umgekehrt konische Säule („column"), die dritte Kammer fast kugelig, eng („body"), die vierte Kammer erweitert, fast cylindrisch („neck"), die fünfte Kammer 2—3 mal so gross als die vorhergehenden, eiförmig oder länglichrund („head"). Am oberen Ende der fünften Kammer eine einfache kreisrunde Mundöffnung. Alle fünf Kammern sind hohl, mit einander communicirend. Die Höhle der ersten Kammer (der Fusscheibe) durch mehrere unvollständige Scheidewände mehrfach ausgebuchtet. Die fremden Körper, welche das Exoderm incrustiren, bestehen zum grössten Theile aus Sandkörnchen und kleinen Fragmenten von Schwammnadeln; in der fünften, letzten und grössten Kammer dagegen aus längeren Spicula von verschiedenen Spongien-Arten. Diese sind allseitig abstehend, mit den Spitzen oralwärts gerichtet.

Specielle Beschreibung: Vergl. CARTER, l. c., p. 309 bis 320; sowie oben, p. 176—178.

Fundort: Britische Küste: Beach at Budleigh-Salterton, Devonshire; Laminarien-Zone. CARTER.

16. Organisation und Lebenserscheinungen der Physemarien.

Aus der vorstehenden Beschreibung der beiden Genera *Haliphysema* und *Gastrophysema*, und namentlich der beiden von mir lebend beobachteten Arten, ergibt sich mit voller Klarheit, dass wir es hier mit Angehörigen einer eigenthümlichen Thiergruppe zu thun haben, die weder zu den echten Spongien gerechnet werden kann, wie Bowerbank will, noch zu den Rhizopoden, wie Carter behauptet. Immerhin stehen sie den ersteren weit näher als den letzteren, zu denen sie gar keine directen Beziehungen besitzen.

Die allgemeine Charakteristik der Physemarien-Gruppe, auf die vorstehenden Beobachtungen gestützt, würde folgendermassen lauten:

Der Körper des entwickelten Thieres bildet eine einfache schlauchförmige Person, deren eines (aborales) Ende am Meeresboden auf verschiedenen Gegenständen festgewachsen ist, während am anderen Ende sich die Mundöffnung befindet. Die Grundform der Person ist einaxig. Bisweilen treibt sie durch laterale Knospung Sprossen und bildet so kleine Stöckchen. Die innere Darmhöhle ist entweder einfach *(Haliphysema)* oder durch quere ringförmige Einschnürungen in zwei oder mehrere zusammenhängende Kammern getheilt *(Gastrophysema)*. Die Wand des schlauchförmigen Körpers, die gleichzeitig Leibeswand und Darmwand ist, besteht blos aus zwei verschiedenen Schichten. Die innere Schicht, das Darmblatt oder Entoderma, bildet ein einfaches Geissel-Epithel, das nach dem Munde hin in ein Geissel-Peristom, eine Spirale von stärkeren Geisselzellen übergeht. Die äussere Schicht, das Darmblatt oder Exoderma, besteht aus verschmolzenen Zellen, welche ein Syncytium zusammensetzen; durch Aufnahme fremder Körper, insbesondere Sandkörnchen und Schwammnadeln, gestaltet sich dasselbe zu einem festen Hautskelet. Die Fortpflanzung geschieht durch befruchtete Eier. Die amoeboiden nackten Eizellen (und die stecknadelförmigen Spermazellen?) entwickeln sich aus einzelnen Geisselzellen des Entoderms. Wenn der Schlauch durch Einschnürungen in Kammern getheilt ist *(Gastrophysema)*, tritt Arbeitstheilung derselben ein, indem die einen die Ernährung, die andern die Fortpflanzung vermitteln.

208   Die Physemarien.

Wenn wir die wichtigsten Eigenschaften der Organisation, in welchen alle bisher beobachteten Physemarien übereinstimmen, ihrer morphologischen Bedeutung entsprechend würdigen wollen, so würden folgende Punkte besonders hervorzuheben sein. Die Individualität der Physemarien ist die einfache, einaxige oder monaxonie Person, ohne Antimeren, wie ich sie in der Monographie der Kalkschwämme definirt habe (Bd. I, S. 101). Im engeren Sinne ist diese Person ungegliedert, ohne Metameren. Im weiteren Sinne könnte man die Kammerbildung von *Gastrophysema* als Metamerenbildung betrachten; dadurch unterscheidet sich dieses gegliederte Genus wesentlich von dem ganz einfachen und ungegliederten *Haliphysema*. Doch hat die Metamerenbildung bei ersterem eine andere Bedeutung, als bei anderen gegliederten Thieren. Die Grundform der Person ist die ungleichpolige Einaxige (*Monaxonia diplopola*), dieselbe, welche auch bei den meisten Personen der Spongien sich findet. (Monogr. der Kalkschwämme, Bd. I, S. 129). Stockbildung ist bisher nur bei einer nicht näher untersuchten Art beobachtet, bei *Haliphysema ramulosum*, dessen Physemariennatur noch zweifelhaft ist.

Die Organologie von *Haliphysema* ist vor Allem interessant, weil hier der ganze Thierkörper in vollkommen entwickeltem Zustande eigentlich nur ein einziges Organ bildet, einen Urdarm mit Urmund; bei *Gastrophysema* hingegen sind bereits zwei verschiedene Organe differenzirt, indem die orale Kammer des Urdarms nur als digestive Magenhöhle, die aborale Kammer nur als sexuelle Bruthöhle fungirt. Die Darmwand aber, die zugleich Leibeswand ist, besteht in beiden Gattungen einzig und allein aus den beiden primären Keimblättern: Exoderma und Entoderma. In Betreff des letzteren kann gar kein Zweifel entstehen, da bei allen hier beschriebenen Arten (welche ich selbst untersuchen konnte) ein einfaches einschichtiges Epithelium die gesammte Gastralfläche auskleidet. Dagegen könnte in Betreff des skeletbildenden Exoderms ein Zweifel auftauchen, ob dasselbe nicht eigentlich als Mesoderm zu betrachten und vielleicht auf der äusseren Oberfläche mit einem einfachen Epithelium, einem Exoderm im engeren Sinne, bedeckt sei. Die genaueste Untersuchung der beiden Physemarien, welche ich lebend beobachtete, ergab aber in dieser Beziehung durchaus negative Resultate. Weder bei *Haliphysema primordiale*, noch bei *Gastrophysema dithalamium* war ich im Stande eine Spur eines äusseren Epitheliums nachzuweisen. Sowohl auf Schnitten durch den lebenden Organismus, als auf Schnitten durch erhärtete Alkohol-Präparate, welche mit verdünnter Osmium-Säure und Carmin behandelt waren, zeigte das Exoderm in seiner ganzen Dicke wesentlich dieselbe Beschaffenheit, ein Syncytium mit eingestreuten Zellenkernen, zwischen welche überall die fremden Körper des Pseudo-Skelets eingekittet waren. An der inneren, dem Entoderm zugekehrten Fläche lagen die Kerne des Syncytiums ziemlich regelmässig geordnet, während dieselben nach der äusseren Fläche hin mehr ungeordnet und zerstreut zwischen den dichtgedrängten Skelet-Theilen erschienen. Dasselbe Resultat ergab die Untersuchung der Spiritus-Exemplare von *Haliphysema echinoides* und *H. globigerina*, so dass ich alle diese Physemarien für echte zweiblätterige Thiere halten muss, für Zoophyten, deren Körper zeitlebens blos aus Darmblatt und Hautblatt besteht.

Eine organologische Vergleichung der beiden Genera *Haliphysema* und *Gastrophysema* lässt das erstere in jeder Beziehung als das primitivere, ältere und niedere erscheinen, aus welchem das letztere durch Arbeitstheilung der Organe und Gewebe hervorgegangen ist. Während bei ersterem die Eizellen regellos und vereinzelt zwischen den Geisselzellen des Entoderms zerstreut liegen, finden wir sie bei letzterem auf die aborale Bruthöhle beschränkt; die orale Magenhöhle ist hier durch die eigenthümlichen einzelligen Drüsen ausgezeichnet. Die Sonderung der verdauenden Magenhöhle und der eierbildenden Bruthöhle muss als eine erste Arbeitstheilung des Urdarms aufgefasst werden. Diese wird schon eingeleitet durch die Beschränkung der eibildenden Zellen auf die Columella im Grunde der Magenhöhle, welche wir bei *H. echinoides* und wahrscheinlich auch bei *H. globigerina* finden. Ferner zeigt sich die adorale Geisselspirale, welche bei *Haliphysema primordiale* kaum angedeutet ist, bei *Gastrophysema dithalamium* zu einem mächtigen, sehr eigenthümlichen Strudel-Apparat entwickelt. Da ich bei den Spiritus-Exemplaren der übrigen Arten, die ich untersuchte, nichts davon auffinden konnte, bleibt noch weiterhin zu ermitteln, wie weit diese adorale Geissel-Spirale überhaupt in der Physemarien-Gruppe verbreitet und ob sie als allgemeiner Charakter derselben zu betrachten ist.

Die Histologie der Physemarien, soweit ich dieselbe an *Haliphysema primordiale* und an *Gastrophysema dithalamium* genauer verfolgen konnte, ergibt eine auffallende Uebereinstimmung mit den Spongien. Insbesondere ist der charakteristische Bau der Geisselzellen des Entoderms mit ihrem langen Halse und ihrem

trichterförmigen Geisselkragen ganz derselbe, wie ich ihn bei den
Kalkschwämmen eingehend beschrieben habe (Monographie, Bd. I,
S. 132—144). Ganz ebenso wie hier verhalten sich auch dort
die nackten amoeboiden Eizellen. Auch das Exoderm der Physemarien scheint mir mit demjenigen der Psammospongien (*Dysidea*)
wesentlich übereinzustimmen. Diejenigen Histologen, welche das
Exoderm der letzteren als eine Bindegewebs-Formation auffassen,
werden auch bei ersteren dazu berechtigt sein. Allein ich bekenne, dass ich mich auch jetzt noch zu dieser Auffassung nicht
entschliessen kann. So wenig bei den Psammospongien, wie bei
den Physemarien, war ich im Stande, trotz besonders genauen
Suchens, eine Spur von einer oberflächlichen Epithelial-Bedeckung
aufzufinden. Uebrigens erscheint ja auch der Tunicaten-Mantel
als eine Gewebsformation, welche histographisch als Bindegewebe
imponirt und doch nicht genetisch als Mesoderm aufzufassen ist.

Die Lebenserscheinungen der Physemarien erfordern
noch eine viel genauere Untersuchung. Die wenigen und unvollkommenen Beobachtungen, welche ich darüber anstellen konnte,
deuten darauf hin, dass ihre Physiologie im Grossen und Ganzen
denselben Charakter trägt, wie diejenige der Spongien. Wie
bei den letzteren, so ist auch bei den Physemarien die wichtigste
physiologische Erscheinung die Wasserströmung, welche
durch die Geisselzellen des Entoderms hervorgerufen wird. Auf
diesem Wasserstrome, der ebenso wohl frisches, sauerstoffhaltiges
Wasser, wie die in demselben enthaltenen Nahrungsbestandtheile
dem Körper zuführt, beruht die Ernährung und der Stoff-
wechsel dieser kleinen Organismen. Während aber bei den po-
rösen Spongien das Wasser allenthalben durch die Poren der
äusseren Hautfläche in die inneren Höhlungen aufgenommen wird
und durch das Osculum wieder austritt, dient bei den Physemarien,
gleich wie bei den Hydroiden, die Mundöffnung ebenso wohl zur
Aufnahme, wie zur Abgabe des Wasserstroms, und die adorale
Geissel-Spirale erscheint in dieser Beziehung als eine sehr wichtige
und charakteristische Einrichtung. Die physiologische Bedeutung derselben ist ganz gleich derjenigen, welche die bekannten Peristom-Spiralen der ciliaten Infusorien, Stentor, Vorticella u. s. w. besitzen. Ihre morphologische Bedeutung aber
ist natürlich ganz verschieden. Denn die Wimperspirale der
letzteren ist ein Theil eines einzelligen Organismus. Hingegen
die Geissel-Spirale der Physemarien besteht aus einer Reihe von
grossen und ausnehmend starken Geisselzellen. Mit welcher Kraft

dieselben einen trichterförmigen Wasserstrudel erzeugen, davon überzeugt man sich bei *Gastrophysema* leicht durch den Zusatz von fein pulverisirten Farbstoffen. Diese stürzen mit grosser Geschwindigkeit in die Mundöffnung auf einer Seite hinein, während gleichzeitig auf der anderen Seite derselben das Wasser mit gleicher Kraft wieder entfernt wird. Bei der Undurchsichtigkeit des Körpers war es mir nicht möglich, die Verhältnisse der Wasserströmung im Innern der Magenhöhle näher zu verfolgen; doch ist es sehr wahrscheinlich, dass ähnlich wie bei dem spiraligen Doppelstrudel einer Stromschnelle, eine absteigende und eine aufsteigende Spiralströmung unmittelbar neben einander in den peripherischen Theilen der Magenhöhle existiren, während in der Axe derselben verhältnissmässige Ruhe oder vielmehr eine axiale Rotation herrscht. Eine so mächtige und ausgezeichnete Geissel-Spirale von mehreren Windungen, wie bei *Gastrophysema dithalamium*, habe ich bei den übrigen Physemarien nicht gefunden und es ist möglich, dass hier die Anordnung der Geisselbewegung am Peristom genügt, um den ernährenden Wasserstrudel einzuführen. Bei *Haliphysema primordiale* scheint der letztere theils durch die bedeutendere Grösse und Stärke der adoralen Geisselzellen, theils durch ihre Anordnung in einer unvollkommenen flachen Spiralwindung bewirkt zu werden.

Einen ähnlichen spiralen Wasserstrudel, wie er durch die Geisselspirale in die Mundöffnung eingeführt wird, erzeugt im Kleinen jede einzelne Geisselzelle innerhalb des trichterförmigen Kragens, der sich vom Halse der Geisselzelle erhebt. Auch hierin gleichen die Physemarien ganz den Kalkschwämmen, und die merkwürdigen Bewegungs-Erscheinungen der Geisselzellen, die ich von den letzteren beschrieben habe (l. c., Bd. I, S. 373), finden sich ganz ebenso auch bei den ersteren wieder. Hier wie dort dringen feinste Körnchen von Carmin und Indigo, die dem Wasserstrom beigemengt sind, in kürzester Zeit in den Leib der Geisselzellen ein und sammeln sich rings um deren Kern an.

In der Magenhöhle der meisten von mir untersuchten Physemarien fanden sich Diatomeen, Polythalamien und verschiedene fremde Körper, welche als Bestandtheile des benachbarten Seegrund-Schlammes zu betrachten sind. In wie weit dieselben zur Ernährung dienten oder zufällig – vielleicht erst theilweise post mortem – in die Magenhöhle gelangt waren, liess sich nicht ermitteln.

Ebenso liess sich nichts über die Bedeutung des Secretes

ermitteln, welches die einzelligen Drüsen in der Magenhöhle von
Gastrophysema dithalamium liefern. Wahrscheinlich wird dasselbe
die Ernährung in irgend einer Weise unterstützen, vielleicht ähnlich dem Secrete der Nesselzellen tödtlich auf die kleinen Organismen wirken, welche durch den Wasserstrudel in die Magenhöhle
eingeführt sind.

Die **Fortpflanzung** der Physemarien scheint in der Regel
die geschlechtliche zu sein und durch nackte Eizellen zu geschehen,
welche vermuthlich immer schon in der Magenhöhle selbst be-
fruchtet werden. Doch habe ich, wie oben bemerkt, nur ein einziges Mal Spermazellen angetroffen, und zwar beim Zergliedern
einer Person von *Gastrophysema dithalamium*, welche gleichzeitig
reife Eier in der Bruthöhle enthielt.

Bewegungs-Erscheinungen des ganzen Körpers habe
ich nur bei *Gastrophysema dithalamium* beobachtet, und zwar
erstens eine abwechselnde Verengerung und Erweiterung der
Mundöffnung, und zweitens eine Zusammenziehung und Verkürzung des ganzen schlauchförmigen Körpers. Beide Bewegungen
geschahen sehr langsam und waren nicht direct, sondern nur an
den veränderten Dimensionen der betreffenden Körpertheile zu
verschiedenen Zeiten wahrzunehmen. Der Durchmesser der Mundöffnung variirte bei einer und derselben Person zu verschiedenen
Zeiten um das Doppelte. Im erweiterten Zustande erschien der
verdünnte Rand der trichterförmigen Mundöffnung mehr flach aus-
gebreitet (Fig. 141). Die Contraction des ganzen Körpers der
Person bewirkte eine Verkürzung desselben um ungefähr $\frac{1}{6}$ oder
$\frac{1}{5}$, höchstens $\frac{1}{4}$ der Längsaxe. Ausserdem schien es mir, dass
auch die abstehenden Spongien-Nadeln des Skelets an einer und
derselben Person bald mehr allseitig abstanden, bald mehr oralwärts gerichtet waren. Alle diese Bewegungen, die noch genauer
zu untersuchen sind, werden jedenfalls durch Contractionen des
Exoderms bewirkt. Vielleicht kann dadurch auch ein zeitweiliger
Verschluss der Mundöffnung, sowie ein Abschluss der beiden
Kammern von *Gastrophysema dithalamium* herbeigeführt werden.

Ob **Empfindungen** die Personen der Physemarien in
höherem Maasse beseelen, als dies bei den nächstverwandten
Spongien der Fall ist, erscheint sehr zweifelhaft. Hier wie dort
scheint das Empfindungs-Vermögen auf einer sehr niederen Stufe
stehen zu bleiben. Mechanische und chemische Reizung der lebenden
Personen vermochte nicht unmittelbar Bewegungen derselben her-
vorzurufen; vielmehr erschienen sie so unempfindlich, wie die

meisten Schwämme. Dagegen ist eine psychische Thätigkeit anderer Art in den Physemarien offenbar sehr ausgebildet. Diese äussert sich in der sorgfältigen Auswahl der Skeletbestandtheile. In ähnlicher Weise, wie die verschiedenen Species der Phryganiden-Larven und Röhrenwürmer ihre schützenden Röhren aus ganz verschiedenen zusammengelesenen Körpern aufbauen, einige aus Sandkörnchen, andere aus Diatomeen-Schalen, noch andere aus kleinen Mollusken-Schalen, oder aus Pflanzen-Theilen u. s. w. — in ähnlicher Weise sehen wir auch die verschiedenen Arten unserer Physemarien ihr Pseudo-Skelet aus ganz verschiedenen fremden Körpern zusammenlesen. Ja sogar die verschiedenen Theile der Person, aboraler und oraler Körpertheil, werden mit verschiedenem Bau-Material ausgestattet. Bei *Haliphysema primordiale, H. Tumanowiczii, Gastrophysema dithalamium* und *G. scopula* wird die aborale Hälfte des Körpers zum grössten Theile mit kleinen Sandkörnchen und Spicula-Fragmenten gepanzert, hingegen die orale Hälfte mit langen Spongien-Nadeln, die als defensive Waffen oralwärts gerichtet abstehen. Bei *Haliphysema echinoides* und *H. ramulosum* sind es fast ausschliesslich die Spicula und Lithasterisken verschiedenen Spongien, sowie die Fragmente solcher Spicula, die das ganze Skelet zusammensetzen. Bei *Haliphysema globigerina* endlich sind es nur gewisse Bestandtheile des Tiefseeschlammes, aus denen der ganze Panzer zusammengeklebt wird. Der Stiel dieser Art besteht grösstentheils aus einem dichten Mörtel von Coccolithen; die Wand der Magenhöhle hingegen fast ausschliesslich aus kalkigen und kieseligen Rhizopoden-Schalen, Polythalamien und Radiolarien, ganz vorwiegend Globigerinen.

Schon Bowerbank, der uns vor 12 Jahren die ersten Beobachtungen über Physemarien gab, machte mit Recht darauf aufmerksam, mit welcher Sorgfalt die Skelettheile ausgelesen und angeordnet sind, so dass er dieselben geradezu für Producte des Thieres selbst hielt. Später hob Carter richtig hervor, dass nicht allein die Auswahl der Skelettheile hinsichtlich ihrer physikalischen Beschaffenheit und Form, sondern auch hinsichtlich ihrer Grösse eine höchst sorgfältige sei. Ich kann die Angaben der beiden britischen Beobachter in dieser Beziehung nur bestätigen. Obwohl natürlich die Anpassung an die Bedingungen des Wohnortes zunächst die Wahl des Skelet-Materials bedingt, so erfolgt doch die Zusammensetzung des letzteren offenbar mit einer sorgfältigen Auswahl unter den vorhandenen Bestandtheilen.

17. Phylogenetische Bedeutung der Physemarien.

Der morphologische Charakter und die damit verknüpfte
phylogenetische Bedeutung der Physemarien liegt offenbar vorzugsweise darin, dass diese kleinen Thierchen in vollkommen entwickeltem und geschlechtsreifem Zustande sich weniger von der
Gastrula, der gemeinsamen Keimform aller Metazoen, entfernen,
als es bei allen anderen bisher bekannten Thieren der Fall ist.
Nach dem biogenetischen Grundgesetze ergibt sich daraus unmittelbar der Schluss, dass sie auch der gemeinsamen Stammform aller Metazoen, der hypothetischen Gastraea, näher stehen,
als alle anderen bekannten Metazoen. Diese Beziehung halte ich
für so innig, dass ich nicht anstehe, die Physemarien geradezu
mit der hypothetischen Gastraea in einer Klasse zu vereinigen
und als lebende, wenig veränderte Epigonen jener längst ausgestorbenen uralten Stammform zu erklären, als „Gastraeaden
der Gegenwart".

Die hypothetische Klasse der Gastracaden hatte ich früher
(1872) für das Genus *Gastraea* selbst und für diejenigen ältesten
und einfachsten Metazoen-Formen gegründet, welche als nächstverwandte und wenig veränderte Descendenten jener Gastraea zu
betrachten seien. Unsere Physemarien entsprechen diesem Begriffe vollständig. Denn auch bei den Physemarien, wie bei der
hypothetischen Gastraea selbst, besteht der Körper zeitlebens
einzig und allein aus den beiden primaeren Keimblättern,
welche sich noch nicht in secundäre Keimblätter
gespalten haben.

Die wesentlichsten Unterschiede, welche unsere Physemarien
gegenüber der Gastraea darbieten, bestehen erstens darin, dass
die ersteren festsitzend sind, während die letzteren freischwimmend
gedacht werden müssen; und zweitens darin, dass die ursprüngliche Gastraea sicher nicht das eigenthümliche Skelet von fremden
Körpern besass, welches die Physemarien auszeichnet. Letztere
werden daher im System der Gastraeaden-Klasse eine besondere
Familie oder Ordnung zu bilden haben, welche der Familie oder
Ordnung der ursprünglichen, frei schwimmenden (theils skeletlosen,
theils schalenbildenden) Gastracaden gegenüber steht. Diese
letzteren wollen wir im Folgenden kurz als Gastremarien
bezeichnen (*Gastraea* ganz nackt, *Gastrema* mit Schale).

Schon früher, als ich „die phylogenetische Bedeutung der fünf ersten ontogenetischen Entwickelungsstufen" des Thierkörpers erörterte (im 12. Abschnitt), habe ich zu zeigen gesucht, dass wir aus der bedeutungsvollen ursprünglichen Keimform der *Archigastrula* nach dem biogenetischen Grundgesetze unmittelbar auf die einstmalige Beschaffenheit der unbekannten ausgestorbenen *Gastraea*-Stammform schliessen können. „Diese ältesten Gastraeaden werden der heutigen Archigastrula im Wesentlichen ganz gleich gebildet und wahrscheinlich nur darin wesentlich verschieden gewesen sein, dass sie bereits sexuelle Differenzirung besassen. Vermuthlich werden sich bei ihnen einzelne Zellen des Entoderms zu Eizellen, einzelne Zellen des Exoderms zu Spermazellen umgebildet haben, wie es auch bei den niedersten Zoophyten (Spongien, Hydroiden) noch heute der Fall ist. Gleich den frei im Meere schwimmenden Formen der Archigastrula werden auch jene Gastraeaden sich mittelst Flimmerhaaren, Geisseln oder Wimpern bewegt haben, welche als Fortsätze der Exoderm-Zellen sich entwickelten." Die Berechtigung dieser phylogenetischen Hypothese liegt für Jeden, der das biogenetische Grundgesetz überhaupt anerkennt, wohl klar vor Augen. Denn wenn irgend eine Thatsache in der vergleichenden Ontogenie der Metazoen eine weitreichende phylogenetische Bedeutung besitzt, so ist es sicher die feststehende Thatsache, dass bei Thieren der verschiedensten Stämme und Klassen (und zwar gerade bei den niedersten und ältesten Formen!) der Körper der Person sich aus derselben einfachen Keimform der A r c h i g a s t r u l a entwickelt. Alle die mannigfaltigen Keimformen, die in den verschiedenen Thierklassen als Modificationen der Amphigastrula, Discogastrula und Perigastrula auftreten, konnten wir als secundaere, c e n o g e n e t i s c h e Keimformen erklären, welche durch verschiedene embryonale Anpassungen aus jener primaeren, p a l i n g e n e t i s c h e n Keimform der Archigastrula im Laufe der Zeit entstanden waren. Diese primordiale Archigastrula aber zeigte uns überall denselben einfachen Bau: Ein einaxiger Schlauch, dessen Höhle („Urdarmhöhle") sich an einem Ende der Axe durch eine Mündung öffnet („Urmund"), und dessen Wand einzig und allein aus den beiden primaeren Keimblättern besteht: Hautblatt und Darmblatt. Dieselbe Organisation würden auch die Gastraearien besessen haben, die Gastraea und ihre nächsten Descendenten. Nur darin werden dieselben höchst wahrscheinlich von der heutigen Keimform der Archigastrula verschieden gewesen sein, dass sie geschlechtsreif wurden.

Einzelne Zellen ihrer primaeren Keimblätter werden sich zu Eizellen, andere zu Spermazellen entwickelt haben; und aus den
befruchteten Eiern wird durch primordiale Eifurchung eine Archiblastula, aus dieser durch Invagination eine Archigastrula entstanden sein. Durch Bildung von Geschlechts-Zellen wurde diese
wieder zur Gastraea.

Wenn somit die freischwimmenden Gastremarien in dieser Form die directe Hauptlinie an der Wurzel des Metazoen-
Stammbaums bilden, so dürfen wir die Physemarien als eine
untergeordnete Nebenlinie betrachten, welche aus der ersteren
durch Anpassung an festsitzende Lebensweise hervorgegangen ist. Die Archigastrula gibt die freischwimmende
ursprüngliche Lebensweise auf und setzt sich mit dem aboralen
Körperpole fest. Um der festsitzenden schlauchförmigen Person
reichlichere Nahrung zuzuführen, entwickeln sich die Geisselzellen des Entoderms in der Umgebung der Mundöffnung zu
stärkeren, kräftigeren Strudel-Organen und bilden so die eigenthümliche adorale Geisselspirale. Hingegen geben die Geisselzellen des Exoderms ihre locomotorische, nunmehr überflüssig gewordene Geisselbewegung auf und verschmelzen miteinander
zur Bildung eines Syncytiums, welches durch Aufnahme fremder
Körper sich zu einem stützenden und schützenden Hautskelet
entwickelt.

Die hohe phylogenetische Bedeutung, welche demgemäss
unsere Physemarien als die nächsten Verwandten der Gastraea
besitzen, wird auch einen entsprechenden Ausdruck durch ihre
Stellung im „Natürlichen System" des Thierreichs finden müssen.
Unzweifelhaft finden sie ihren natürlichen Platz nur im Stamme
der Pflanzenthiere oder Zoophyten; und innerhalb dieses Stammes
repräsentiren sie die tiefste und älteste Bildungsstufe. Dadurch
treten sie aber in die engste Berührung und in die nächsten Ver-
wandtschaftsbeziehungen zu denjenigen Zoophyten oder Coelenteraten, welche wir bisher als die einfachsten und niedersten
Formen dieses Stammes zu betrachten gewohnt waren. Einerseits treten uns da die einfachsten Spongien, anderseits die niedersten Hydroiden entgegen.

Unter den Spongien müssen wir vor allen anderen die
Asconen in Betracht ziehen, jene einfachsten Formen der Calci-
spongien, die bisher überhaupt den primitivsten Typus der Spongien-
Klasse darstellen. Unter den Asconen aber muss wieder der ganz

einfache Olynthus als der wahre Prototypus gelten, wie ich
in meiner Monographie der Kalkschwämme hinreichend dargethan
zu haben glaube.[1]) In der That ist eine echte Spongie von ein-
facherer Organisation als der Olynthus nicht denkbar, — abgesehen von dem unwesentlichen Umstand, dass derselbe in seinem
Exoderm ein Skelet von Kalknadeln bildet, während die hypothetische Stammform der Schwämme — unsere Archispongia [2]) —
als skeletlos anzunehmen ist. Letztere würde sich zu den skeletlosen Schleimschwämmen oder Myxospongien *(Halisarca)* ganz
ebenso verhalten, wie *Olynthus* zu den Leuconen. Wenn wir
durch Behandlung mit Säuren die Kalknadeln des Olynthus auf-
lösen, so bleibt die hypothetische Archispongia übrig: ein einfacher, schlauchförmiger, einaxiger Körper, der am aboralen Pole
der Axe festgewachsen ist, und dessen einfache Darmhöhle sich
am entgegengesetzten oralen Pole durch eine einfache Mündung
öffnet; die Wand des Schlauches besteht aus den beiden primären
Keimblättern: einem flimmernden Entoderm und einem flimmerlosen Exoderm; überall ist die Wand von vergänglichen Poren-
canälen durchbrochen, durch welche ernährende Wasserströme
in die Darmhöhle eintreten, um dann durch die Mundöffnung aus-
zutreten.

Vergleichen wir mit dieser einfachsten Spongienform unser
Haliphysema, so bleibt nur ein einziger wesentlicher Unterschied
zwischen beiden übrig: die Anwesenheit der Hautporen bei
ersterer, ihre Abwesenheit bei letzterem. Nun sind freilich die
Poren des Spongien-Körpers vergängliche Canäle, und wenn dieselben zeitweise geschlossen sind, so besteht eigentlich (— vom
Skelet abgesehen —) gar keine weitere Differenz in der Organisation von *Archispongia* (oder *Olynthus*) und *Haliphysema* [3]). Anderseits aber ist der Besitz der Poren für den Begriff des „Poriferen"-
Körpers so wesentlich und diese Porencanäle bilden so sehr gerade den eigenthümlichsten Charakter der Spongien — besitzen

---

[1]) Ueber *Olynthus*, die „Stammform der Kalkschwämme", vergl. Bd. 1,
S. 76; Taf. 1, Fig. 1; Taf. 11, Fig. 6—9; Taf. 13, Fig. 1.

[2]) Ueber Archispongia, die hypothetische Stammform der Spongien,
vergl. meine Monogr. der Kalkschwämme, Bd. 1, S. 454, 465; Taf. 11,
Fig. 6—9.

[3]) Vergl. die Abbildung, welche ich l. c., Taf. 11, Fig. 6 von dem ent-
kalkten *Olynthus fragilis* mit geschlossenen Poren gegeben habe. Dasselbe
Bild gibt ein *Haliphysema*, aus welchem die fremden Körper des Skelets
entfernt sind.

cine so hohe morphologische und physiologische Bedeutung für
deren Organisation, — dass wir logischer Weise die Physemarien
nicht in die Klasse der echten Poriferen aufnehmen können.

Allerdings glaubte ich anfänglich lange Zeit, dass Haliphysema nur ein einfacher Sandschwamm, eine Psammospongie
mit zufällig geschlossenen Poren sei, und dass sie sich zu der
gewöhnlichen Form dieser Gruppe *(Dysidea)* gerade ebenso ver-
halte, wie *Olynthus* zu den Leuconen *(Dyssycus)*, oder *Archispongia*
zu *Halisarca*. Nachdem ich jedoch später die Peristom-Spirale bei
Haliphysema entdeckt hatte und mit der Organisation von *Gastrophysema* genauer bekannt geworden war, kam ich allmählich zu
der Ueberzeugung, dass beide Physemarien wegen des absoluten
Porenmangels und wegen der eigenthümlichen Peristom-Spirale
von den echten Poriferen ganz zu trennen seien.

Immerhin bleibt die bedeutungsvolle Uebereinstimmung merkwürdig, welche zwischen jenen einfachsten Poriferen und unseren
Physemarien nicht allein bezüglich der Gesammtbildung, sondern
auch im Detail der Organisation besteht. In beiden Fällen verhalten sich die primaeren Keimblätter nicht allein in organologischer, sondern auch in histologischer Beziehung höchst ähnlich. In beiden Gruppen bildet das Entoderma ein einfaches
Geissel-Epithel, und der charakteristische Bau der Geisselzellen
mit ihrem schlanken Hals und ihrem trichterförmigen Kragen ist
bei *Haliphysema* und bei *Gastrophysema* ganz ebenso, wie ich ihn
früher bei den Kalkschwämmen beschrieben habe. Auch sind
dort ebenso wie hier sämmtliche Zellen des Exoderms zu einem
Syncytium verschmolzen; und wie dieses bei den Calcispongien
ein Skelet aus Kalknadeln bildet, so nimmt es bei den Physemarien eine Masse von fremden Körpern auf und verarbeitet diese
zu einem Pseudo-Skelet, gleich *Dysidea*.

Fast ebenso innig und ebenso bedeutungsvoll, als die Verwandtschafts-Beziehungen der Physemarien zu den Poriferen, gestalten sich anderseits diejenigen zu den H y d r o i d e n. Auch
hier sind es die niedersten und einfachsten Vertreter der Hydromedusen-Klasse, welche den unmittelbaren Anschluss vermitteln.
Als bekannteste Form tritt uns hier der Prototyp der Klasse,
H y d r a entgegen, und sodann diejenigen Hydroiden, welche sich
von der einfachen, typischen Hydra-Organisation am Wenigsten
entfernen. Allerdings würde eine noch grössere Aehnlichkeit als
die armtragende Hydra, die armlose *Protohydra* von Greeff dar-

bieten.[1]) Allein wir sind genöthigt, diese angebliche „Stammform der Coelenteraten" so lange für eine jugendliche Entwickelungsform, für eine Larve oder Amme einer anderen Hydro-
medusen-Form zu halten, als weder Geschlechts-Organe bei derselben nachgewiesen, noch ihre Entwicklung vollständig bekannt
ist. Wenn Greeff annimmt, dass die von ihm beobachtete „Quer-
theilung" seiner Protohydra der einzige Fortpflanzungs-Modus
derselben sei, so ist diese Annahme sicher nicht berechtigt; denn
auch vorausgesetzt die Richtigkeit seiner Beobachtung und seiner
Deutung, kennen wir bis jetzt keine einzige Art des Zoophyten-
oder Coelenteraten-Stammes, die sich ausschliesslich auf
ungeschlechtlichem Wege fortpflanzte. [2]) Vielmehr ist hier die
sexuelle Differenzirung ganz allgemein vorhanden, und wenn wir
sehen, dass die niedersten Schwämme und die niedersten Acalephen
in derselben einfachsten Form ihre Geschlechtsproducte bilden,
wie unsere Physemarien, so liegt darin gerade ein besonderer
Hinweis auf deren Bedeutung. In allen Fällen sind es einzelne
Zellen der primaeren Keimblätter, entweder des Entoderms oder
des Exoderms, welche sich zu Sexual-Zellen umbilden; und wir
halten es sogar für wahrscheinlich, dass auch bei unseren
Physemarien das Verhältniss dasselbe ist, welches E. van Beneden
und G. v. Koch bei verschiedenen Hydroiden beobachtet haben;
dass sich auch hier die männlichen Spermazellen aus dem Exoderm, die weiblichen Eizellen aus dem Entoderm hervorbilden.

Bei der Vergleichung der Physemarien mit Hydra und den
einfachsten Hydroidpolypen können wir von den Tentakeln der
letzteren zunächst absehen. Denn wenn wir die problematische
Protohydra auch ganz aus dem Spiele lassen, so sind doch aus
anderen Gründen die physiologisch so wichtigen Tentakeln der
Hydroiden als Organe von untergeordneter morphologischer Bedeutung anzusehen. Sie fehlen vielen Personen der Siphonophoren-
Stöcke und entwickeln sich bei den jungen Thieren meistens erst,
nachdem der wichtigste Theil des Körpers, der Magenschlauch

---

[1]) R. Greeff, *Protohyrap Leuckartii*, eine marine Stammform der Coelenteraten. Zeitschr. für wissensch. Zool. 1870, Bd. XX, S. 37, Taf. IV, V.

[2]) Die Gründe, weshalb *Protohydra* vorläufig nicht als „Stammform der
Coelenteraten" betrachtet werden kann, habe ich in der Monographie der
Kalkschwämme entwickelt (Bd. I, S. 459, Anm.). Wenn bewiesen würde, dass
Protohydra in dem von Greeff beobachteten Zustande geschlechtsreif würde
und sich durch Eier fortpflanze, so würde Greeff's Annahme gerechtfertigt
sein.

mit Mundöffnung, bereits gebildet ist. Wenn wir also den Besitz
der Tentakeln als nicht wesentlich betrachten, so bleibt zwischen
den Hydroiden und den Physemarien wiederum nur ein einziger
wesentlicher Unterschied übrig, der Besitz der Nesselkapseln bei
den ersteren, ihr Mangel bei den letzteren. Die Nessel-Organe
sind es, welche die porenlosen Acalephen vor den porenführenden
Schwämmen am meisten auszeichnen. Da alle Zoophyten, die
wir in der Hauptklasse der Acalephen zusammenfassen: alle
Hydromedusen, Ctenophoren, Korallen constant Nesselzellen besitzen, und da diese ebenso constant allen Spongien fehlen, so
haben wir bei der Gegenüberstellung dieser beiden Hauptgruppen
von Zoophyten darauf das grösste Gewicht gelegt.[1]) Die Physemarien verhalten sich in dieser Beziehung gleich den Poriferen.
Dagegen stimmen sie wiederum in dem Porenmangel mit den
Hydroiden überein. Mit diesen theilen sie auch den Mechanismus
der Ernährung und unterscheiden sich dadurch wesentlich von
den Poriferen. Der mit Nährstoffen beladene Wasserstrom tritt
durch die Mundöffnung ein, während er bei den Poriferen durch
die Hautporen eintritt und der Mund nur als After oder „Kloaken-
Oeffnung" fungirt. Das einfache Geissel-Epithel des Entoderms,
welches die Physemarien mit den Poriferen theilen, besitzen in
ganz ähnlicher Form auch viele Hydroiden. Dagegen sind freilich
die Physemarien in Beziehung auf die histologische Differenzirung
des Exoderms sehr verschieden von den Hydroiden und stimmen
vielmehr mit den Spongien überein.

Aus dieser Vergleichung ergiebt sich, das die Physemarien
zwischen den einfachsten Formen der Poriferen einerseits und
den einfachsten Formen der Hydroiden anderseits in der Mitte
stehen und dass sie weder mit jenen noch mit diesen im Systeme
vereinigt werden können, ohne die bestehenden festen Grenzen
jener beiden Klassen zu durchbrechen. Es bleibt daher Nichts
übrig, als eine besondere Klasse für dieselben zu gründen, und
diese Klasse kann keine andere sein, als diejenige der Gastracaden, die wir als eine hypothetische Gruppe auf Grund
der Gastraea-Theorie schon seit Jahren angenommen haben.
Innerhalb dieser Klasse werden als zwei verschiedene Ordnungen
oder Familien zu unterscheiden sein: 1) die freischwimmenden
und vielleicht schon ausgestorbenen Gastremarien (*Gastraea*,

---

[1]) „Die Spongien und die Acalephen". Monogr. der Kalkschwämme,
Bd. I, S. 458—460.

Gastrema[1]) — wesentlich gleich einer geschlechtsreifen *Archigastrula* — und 2) die festsitzenden und skeletbackenden **P h y s e m a r i e n** (*Haliphysema, Gastrophysema*).

Wenn man die nessellosen Spongien und die nesselnden Acalephen als zwei Hauptklassen der Pflanzenthiere beibehalten will, so wird man die Gastraeaden zu den ersteren stellen müssen; und diese Anordnung wird sich um so mehr empfehlen, als doch die Physemarien im Ganzen näher noch den Spongien als den Hydroiden verwandt erscheinen. Man wird dann aber unter den **S p o n g i e n** zwei verschiedene Klassen unterscheiden müssen: I. Die **G a s t r a e a d e n**, ohne Hautporen (mit adoraler Wimperspirale?); und II. die **P o r i f e r e n**, mit Hautporen (ohne adorale Wimperspirale). Das System der Zoophyten würde demnach folgende Form annehmen:

Erste Hauptklasse: **S p o n g i a e.** Klassen: 1. Gastraeada, 2. Porifera.

Zweite Hauptklasse: **A c a l e p h a e.** Klassen: 1. Hydromedusae, 2. Ctenophora, 3. Calycozoa, 4. Coralla.

Die Klasse der **G a s t r a e a d e n** würde durch folgende **C h a r a k t e r i s t i k** zu bezeichnen sein:

C h a r a k t e r   d e r   G a s t r a e a d e n : Einfache, schlauchförmige Thiere ohne Anhänge, deren dünne Körperwand zeitlebens aus den beiden primaeren Keimblättern besteht, und deren einfache Darmhöhle sich durch einen Urmund öffnet. Fortpflanzung durch befruchtete Eier.

E r s t e   O r d n u n g : G a s t r e m a r i a. (Hypothetische Stammgruppe der Metozoen). Körper freibeweglich, umherschwimmend mittelst der Flimmerhaare des Exoderms.

G e n e r a : *Gastraea* (nackt). *Gastrema* (beschaalt).

Z w e i t e   O r d n u n g : P h y s e m a r i a. Körper am aboralen Pole festgewachsen. Exoderm nicht flimmernd, durch Verschmelzung der Zellen ein Syncytium darstellend, welches durch Aufnahme von fremden Körpern ein Sand-Skelet bildet.

G e n e r a : *Haliphysema* (einkammerig). *Gastrophysema* (mehrkammerig).

---

[1]) Unter *Gastraea* wollen wir die nackten, vollkommen der *Archigastrula* gleichen Gastremarien verstehen; unter *Gastrema* dagegen diejenigen, welche sich eine schützende Hülle oder Schale bildeten. Dass letztere neben ersteren in der laurentischen Periode existirten, ist aus vielen Gründen wahrscheinlich.

Erklärung der Tafeln.

Taf. IX.

Haliphysema primordiale.

Fig. 121. Eine entwickelte Person, festsitzend auf einer Laminarien-Wurzel. Aeussere Ansicht. Vergrösserung 80.

Fig. 122. Längsschnitt durch dieselbe Person. Die spindelförmige Magenhöhle (c) öffnet sich oben durch den Mund (m). e Exoderm i Entoderm. o Eizellen. s Spicula. l Steinchen. Vergr. 80.

Fig. 123. Querschnitt durch die Mitte derselben Person. Buchstaben wie in Fig. 122. Die Eizellen (o) liegen zerstreut zwischen den Geisselzellen des Entoderms (i). Vergr. 80.

Fig. 124. Die adorale Geisselspirale in der Richtung von der Mundöffnung aus gesehen. Schematisch. Vergr. 250.

Fig. 125. Ein Stückchen Entoderm, mit fünf Geisselzellen, im Profil. Vergr. 800.

Fig. 126. Ein Stückchen Exoderm, von der Fläche gesehen. u Zellenkerne. p Syncytium. l Kieselsteinchen. s Spicula. Vergr. 800.

Taf. X.

Haliphysema echinoides.

Fig. 127. Eine entwickelte Person, mit Spicula von Corticaten-Spongien bewaffnet; in der kugeligen Magenwand viele dreizähnige Ankernadeln; im Stiel und in der konischen Fussscheibe des Stiels viele Lithasterisken von Tethyen etc. Vergr. 80.

Fig. 128. Längsschnitt durch den Körper derselben Person. Im Grunde der kugeligen Magenhöhle (r) sitzt ein Zapfen (Columella, c), der mit einem Haufen von Eizellen (o) bedeckt ist. m Mundöffnung. e Exoderm. i Entoderm. Vergr. 80.

Fig. 129. Ein Stückchen Exoderm. u Zellenkerne. p Protoplasma des Syncytium. Vergr. 600.

Fig. 130. Ein Stückchen Entoderm, einfache Epithelschicht, von der Fläche gesehen. Vergr. 600.

Fig. 131. Zwei Eizellen aus dem Grunde der Magenhöhle. Im körnchenreichen Protoplasma ein helles Keimbläschen mit Keimfleck. Vergr. 400.

Taf. XI.

Haliphysema globigerina.

Fig. 132. Eine entwickelte Person, mit birnförmigem Körper und einem sehr langen, runden, in der Figur kurz abgebrochenen Stiele. Das Pseudo-Skelet des Exoderms besteht zum grossten Theile aus Rhizopoden-Schalen, ganz überwiegend Globigerina; eine dünnschaligere Form (G) und eine dickschaligere (K), Orbulina (O), ferner einzelne Rotalien und Textilarien (T); dazwischen auch einzelne Radiolarien: Euchitonia (E), Haliomma (H), Trematodiscus (D) u. s. w. Vergr. 100.

Fig. 133. Längsschnitt durch dieselbe Person. Die birnförmige Magenhöhle (r) öffnet sich oben durch eine nabelförmig eingezogene Mündung (m). c Exoderm. i Entoderm. c Säulchen (columella). o Eizellen. Vergr. 40.

Fig. 134. Ein Stückchen des vorigen Längsschnittes, stärker vergrössert. i Entoderm. c Exoderm. u Kerne desselben. O Eine Orbulina. H, K Globigerinen. Vergr. 600.

Fig. 135. Längsschnitt durch die Columella (c). Der Entoderm-Ueberzug derselben besteht aus grösseren Zellen, wahrscheinlich jungen Eizellen (o). Im Exoderm-Protoplasma viele Kerne (u). Vergr. 400.

Fig. 136. Querschnitt durch den runden Stiel. In der Mitte die aus Protoplasma bestehende Axe des Stiels (p), welche keine fremden Körper, dagegen zahlreiche longitudinal gelagerte Zellenkerne enthält (u); in der Peripherie Coccolithen, Coccosphaeren und andere fremde Körper (c). Vergr. 400.

Taf. XII.

Gastrophysema dithalamium.

Fig. 137. Eine entwickelte Person, aufsitzend auf einem abgestorbenen Stock von Cladocora. Der Körper ist im unteren Theile mit Sandkörnchen und Nadelfragmenten, im oberen Theile mit abstehenden Spicula verschiedener Spongien bewaffnet. Vergr. 80.

Fig. 138. Ein Stückchen eines Durchschnittes durch die Wand der Magenhöhle im unteren Theile. f Geisselzellen des Darm-Epithels. d Drüsenzelle desselben. u Zellenkerne des Exoderms. p Protoplasma. Die fremden Körper des Pseudo-Skelets sind aus dem Syncytium entfernt. Vergr. 1500.

Fig. 139. Ein Stückchen eines Durchschnittes durch die Wand der Magenhöhle im oberen Theile, wo die adorale Geisselspirale liegt. u Geisselzellen der letzteren, mit sehr verlängertem Halse. d Drüsenzelle. u Zellenkerne des Exoderms. p Protoplasma desselben. Vergr. 1500.

Taf. XIII.

Gastrophysema dithalamium.

Fig. 140. Eine entwickelte geschlechtsreife Person mit Eiern, mit verengertem Mundtrichter, im Längsschnitt. i Geissel-Epithel (Entoderm). r Magenhöhle. b Bruthöhle. y Enge Einschnürung zwischen beiden.

d Drüsenzellen des Magens. *a* adorale Geisselspirale. *m* Mundöffnung·
o Eizellen. *e* Exoderm, mit fremden Körpern (*s*) beladen (in der untern
Hälfte grösstentheils Sandkörnchen, in der oberen Spicula von Spongien).
u Kerne des Syncytium. Vergr. 80.

Fig. 141. Eine entwickelte trächtige Person mit erweitertem Mundtrichter,
zahlreiche ausgebildete Gastrulae (*g*) enthaltend; die Geschlechtshöhle
(*b*) ist fast ganz von ihnen erfüllt; einzelne sind auch in die Magenhöhle (*v*) übergetreten. Buchstaben wie in voriger Figur. Vergr. 80.

Fig. 142. Vier Spermazellen, beim Zerzupfen einer eierhaltigen Person in
Menge isolirt. Vergr. 1200.

Fig. 143. Eine unreife Eizelle, in drei verschiedenen Zuständen der amoeboiden Bewegung. Vergr. 600.

Taf. XIV.

Gastrophysema dithalamium.

Fig. 144. Längsschnitt durch die Magenhöhle (*v*), um die adorale Geissel-
Spirale zu zeigen (*a*). Schematisch. *a* die Spirale. *m* Mund. *e* Exoderm. *i* Entoderm. Vergr. 80.

Fig. 145. Hälfte eines Querschnitts durch den oberen Theil der Magenhöhle (*v*). *f* Geisselzellen des Entoderms. *d* Drüsenzellen. *a* Colossale
Geisselzellen der Spirale. *u* Zellkerne des Exoderms. *p* Protoplasma
desselben. *s* fremde Körper. Vergr. 200.

Fig. 146. Hälfte eines Querschnitts durch die Geschlechtshöhle (*b*). *f* Geisselzellen des Entoderms. *o* Eizellen. *u* Kerne des Exoderms (*e*). *p* Protoplasma. *s* fremde Körper. Vergr. 200.

Fig. 147. Ein Stückchen Entoderm aus dem adoralen (oberen) Theile der
Magenhöhle. *f* Geisselzellen. *d* Drüsenzelle. *a* drei grosse Geisselzellen der Spirale. Von der Fläche gesehen. Vergr. 1200.

Fig. 148. Ein Stückchen Exoderm, von der innersten Schicht desselben, an
der Einschnürungsstelle zwischen beiden Kammern. Die Grundsubstanz
des Syncytium (*p*) erscheint faserig differenzirt, die Kerne (*u*) den
Fasern parallel gelagert. Vergr. 1200.

Fig. 149. Zwei Blastoderm-Zellen der Blastula (vergl. Fig. 118). Vergr. 1500.

Fig. 150. Durchschnitt durch die Wand der Gastrula. *e* Vier Exoderm-
Zellen. *i* Zwei Entoderm-Zellen der Gastrula (Fig. 119, 120). Vergr. 1500.

Jena, den 18. August 1876.

Nachträge zur Gastraea-Theorie.

18. Histologische Bedeutung der Gastraea-Theorie.

Der erfreuliche Aufschwung und die wachsende Theilnahme weiter Kreise, welche das Studium der Entwicklungsgeschichte im letzten Decennium gewonnen hat, ist auch unserer Gastraea-Theorie unmittelbar zu Gute gekommen. Zahlreiche vortreffliche Arbeiten aus der neuesten Zeit, unter denen ich hier nur diejenigen von E. Ray-Lankester, F. M. Balfour, Eduard van Beneden, A. Kowallwsky, A. Rauber und Carl Rabl hervorheben will, haben nicht nur unsere Kenntnisse in der Ontogenie der verschiedenen Metazoen ausserordentlich erweitert, sondern auch das causale Verständniss von deren phylogenetischer Bedeutung mächtig gefördert. Die meisten und zuverlässigsten von diesen neueren Arbeiten haben die Gastraea-Theorie mit ihren wichtigsten Folgerungen bestätigt und weiter ausgeführt. Die empirische Grundlage unserer Theorie ist dadurch viel breiter und fester geworden, als ich vor vier Jahren bei ihrer ersten Publication hoffen konnte, und die wichtigsten Einwürfe, die damals dagegen erhoben wurden, können jetzt als beseitigt gelten.

Aus diesem Grunde erscheint es auch überflüssig, auf die heftigen Angriffe zu antworten, welche sofort von Carl Claus, Carl Semper, W. Salensky, Alexander Agassiz u. A. gegen die Gastraea-Theorie und ihre Consequenzen gerichtet wurden. Ich hatte anfangs die Absicht, am Schlusse dieser Studien zur Gastraea-Theorie wenigstens diejenigen von jenen Einwendungen zu widerlegen, welche am besten thatsächlich begründet erschienen. Indessen haben die neueren Fortschritte in der vergleichenden Ontogenie selbst diese Widerlegung thatsächlich übernommen. Auf einige der stärksten Angriffe, namentlich diejenigen von Wilhelm His und Alexander Götte, habe ich in meiner Schrift über „Ziele und Wege der heutigen Entwicklungsgeschichte" (1875) geantwortet. Viele Einwendungen gegen die Gastraea-Theorie erinnern lebhaft an die Einwände, welche seiner Zeit gegen die

Zellen-Theorie erhoben wurden. Als Schleiden 1838 die Zellen-Theorie für das Pflanzenreich begründete und Schwann sie unmittelbar darauf für das Thierreich durchführte, da meinten viele, und unter diesen sehr angesehene Naturforscher, diese Theorie sei weder neu noch wichtig. Denn „Zellen" habe man längst gekannt, dass alle Gewebe bloss aus Zellen zusammengesetzt seien, sei nicht bewiesen, ausserdem gebe es auch andere Elementartheile, und der Zellen-Begriff sei nicht auf die Bestandtheile aller Gewebe anwendbar. Geradeso erheben die Gegner der Gastraea-Theorie den Einwurf, die Keimformen vom Bau der Gastrula seien schon vorher bekannt gewesen, dass alle Metazoen sich aus Gastrula-Keimen entwickeln, sei nicht bewiesen, ausserdem gebe es auch noch andere Keimformen und der Gastrula-Begriff sei nicht auf die Embryonen aller Metazoen anwendbar. Diese Einwürfe werden aber das feste Fundament der Gastraea-Theorie so wenig erschüttern, als jene gleichen Angriffe vor 38 Jahren die Zellen-Theorie widerlegt haben. Wie wir durch die letztere die einheitliche Auffassung vom elementaren Bau aller Organismen gewonnen und durch den Zellen-Begriff die Zelle als das „Individuum erster Ordnung" erkannt haben, so gelangen wir durch die erstere zu einer einheitlichen Auffassung vom histologischen und organologischen Bau aller Metazoen und erkennen in der Gastraea das „Individuum dritter Ordnung", die Person; in ihren beiden primären Keimblättern die Individuen zweiter Ordnung, die „Idorgane", aus denen sich die Organisation sämmtlicher Metazoen entwickelt hat. Die Einfachheit und Einheit der Auffassung, die Feststellung klarer morphologischer Elementar-Begriffe und die damit verknüpfte phylogenetische Erkenntniss verleihen der Gastraea-Theorie ihren Anspruch auf Geltung so lange, bis sie durch eine bessere morphologische Theorie ersetzt sein wird.

Statt also hier auf die vielfachen Angriffe meiner Gegner zu antworten, halte ich es für zweckmässiger, in diesen „Nachträgen zur Gastraea-Theorie" noch einige Folgerungen derselben zu erläutern, die früher nicht die gehörige Betonung gefunden haben und zugleich mit Hülfe wichtiger Beobachtungen aus neuester Zeit einige früher offen gebliebene Lücken auszufüllen. Zunächst scheint es da zweckmässig, einige Bemerkungen über die histologische Bedeutung der Gastraea-Theorie vorauszuschicken.

Vor allen dürfte für die generelle Histologie der Grundsatz zu betonen sein, dass mit der Gastrulation und der Keimblätter-

bildung überhaupt erst die Bildung eigentlicher Gewebe im
Thierkörper beginnt. Daher besitzen nur die Metazoen wahre
Gewebe, nicht die Protozoen. Zwar wird auch heute noch vielfach bei den Protozoen von Geweben gesprochen; und den Infusorien werden sogar höhere Gewebs-Differenzirungen zuge-
schrieben. Im Interesse klarer und logischer Ordnung der Begriffe
sollte dies aber niemals geschehen. Denn unter Geweben verstehen wir solche Gruppirungen bestimmter Zellenarten, welche
eine bestimmte morphologische und physiologische Bedeutung für
den vielzelligen Thier-Organismus besitzen. Da nun die grosse
Mehrzahl der Protozoen einzellig ist, kann bei ihnen überhaupt
nicht von Geweben in strengerem Sinne die Rede sein. Aber
auch bei den vielzelligen Protozoen treffen wir die constituirenden
Zellen niemals in der Weise zu bestimmten morphologischen Einheiten verbunden, wie sie die Keimblätter der Metazoen und die
daraus abgeleiteten Gewebe vorstellen.

Die beiden primären Keimblätter der Gastrula sind also die
ersten und ältesten differenten Gewebe des Thierkörpers. Wollte
man noch einen Schritt weiter zurückgehen, so könnte man das
Blastoderma, die Keimhaut der Blastula, als das alleräteste
Gewebe bezeichnen. In der That kann diese einfache Zellenschicht, welche die Wand einer einfachen Hohlkugel bildet, ebenso
gut auf den Charakter eines echten, einfachen Gewebes Anspruch
machen, wie die beiden primären Keimblätter, welche aus dem
Blastoderm durch Invagination der Blastula hervorgehen. Das
Entoderma ist ja eigentlich nur der eingestülpte, und das
Exoderma der nicht eingestülpte Theil des Blastoderma.

Vergleichen wir nun diese ältesten Gewebs-Formationen des
Metazoen-Organismus mit den Geweben des vollkommen entwickelten Thierkörpers, so kann es keinen Augenblick zweifelhaft
sein, dass dieselben sowohl in morphologischer als in physiologischer Beziehung den Charakter eines einfachen echten Epitheliums besitzen. Sowohl das ursprüngliche, ganz einfache
Blastoderma, als die beiden daraus durch Invagination entstehenden primären Keimblätter, Exoderma und Entoderma,
sind echte Epithelien. Die einfache Zellenschicht des
Exoderms ist ein primitives Dermal-Epithelium, eine einfachste „Hautdecke"; die ebenso einfache Zellenschicht des Entoderms ist ein primitives Gastral-Epithelium, eine einfachste
„Darmdecke".

Mit Bezug auf die Planaea und die Gastraea, jene

ältesten hypothetischen Stammformen, welche den heutigen Keimformen der Archiblastula und Archigastrula wesentlich
gleich gewesen sein müssen, dürfen wir fernerhin die Vermuthung
aufstellen, dass jene allerältesten, zuerst entstandenen Epithelien
— sowohl das Blastoderma, als das Exoderma und Entoderma —
Flimmer-Epithelien waren; und wenn wir den wichtigen
Zeugnissen trauen dürfen, welche uns die histologische Beschaffenheit des Entoderms bei den heute noch lebenden Gastracaden,
Spongien und Hydroiden liefert, so waren jene ersten Flimmer-
Epithelien einschichtige Geissel-Epithelien, gebildet
aus einer einfachen Lage von gleichartigen Geisselzellen, deren
jede mit einem einzigen langen, schwingenden Geisselfaden aus-
gerüstet war (Fig. 117, 118, 120).

Wenn wir zunächst bloss die Archiblastula (Fig. 20, 29,
116, 117) und die Archigastrula (Fig. 23, 31, 44, 120) berücksichtigen, welche bei Thieren der verschiedensten Gruppen
überall dieselbe einfache Beschaffenheit darbieten, so bedürfen die
obigen Sätze keines weiteren Beweises. Denn bei allen palingenetischen Thieren, bei allen Thieren, welche noch heute
primordiale Eifurchung besitzen — von Gastrophysema und Olynthus bis zur Ascidie und zum Amphioxus hinauf — sind ja
überall sowohl das Blastoderma der Blastula, als das Exoderma
und Entoderma der Gastrula, ganz einfache, einschichtige Epithelien.

Hingegen erscheint jene Auffassung nicht gerechtfertigt bei
den meisten cenogenetischen Thieren, welche nicht die primordiale Eifurchung besitzen, sondern eine der drei anderen
Furchungsformen (inaequale, discoidale oder superficiale). Hier
tritt erstens der Epithel-Charakter der beiden primären Keimblätter oft nicht so klar und unzweideutig hervor, als bei jenen
archiblastischen Thieren; und zweitens erscheinen schon die ersten
Anlagen derselben oft nicht einschichtig, sondern mehrschichtig.
Zwar wird sich der Epithel-Charakter des Exoderms in keinem
Falle verleugnen lassen. Aber das Entoderm wird sehr oft diesen
Charakter auf den ersten Blick vermissen lassen, insbesondere
dann, wenn ein mächtiger Nahrungsdotter entwickelt und die Urdarmhöhle damit ausgefüllt ist. Hier müssen wir dann stets die
secundäre Natur dieser cenogenetischen Bildung im Auge
behalten und uns erinnern, dass wir im Stande waren, sie auf
jene primären palingenetischen Verhältnisse zurückzuführen. In allen Fällen sind die ersteren aus den letzteren erst

später, in Folge embryonaler Anpassungen, hervorgegangen. So
sind die mannichfach verschiedenen, oft mehrschichtigen und nicht
flimmernden Keimblätter der Fische, Amphibien und Amnioten
alle ursprünglich aus den einschichtigen Flimmer-Epithelien entstanden, welche die beiden primären Keimblätter der Acranier
bilden (Amphioxus). Wir sind daher in allen Fällen zu der Annahme berechtigt, dass die mehrschichtigen Keimblätter erst secundär aus einschichtigen entstanden sind, dass die nicht flimmernden Keimblätter ursprünglich aus einem Flimmer-Epithel
hervorgegangen sind, und dass das Entoderm stets eben so gut
ein echtes Epithelium ist, wie das Exoderm. Unser Magen-Epithel
bleibt ein echtes Epithel, gleichviel ob unsere Magenhöhle mit
Speise erfüllt ist oder nicht; und ebenso bleibt das Entoderm der
Gastrula überall ein Epithel, gleichviel ob ihre Urdarmhöhle von
einem Nahrungsdotter ausgefüllt ist oder nicht.

Der histologische Nachweis, dass die beiden primären Keimblätter überall echte Epithelien sind, gestattet uns nun unmittelbar
folgenden bedeutungsvollen Schluss: Das Epithelium allein
ist das primäre Gewebe, ist das ursprüngliche und älteste
Gewebe des Thierkörpers und bildete anfänglich den Metazoen-
Organismus für sich allein. Alle anderen Gewebe sind secundäre Gewebe, sind erst nachträglich aus jenem ersteren
hervorgegangen, sind Descendenten des Epithelium. Wie wichtig
und folgenreich dieser Schluss ist, leuchtet ein, sobald wir an
die langwierigen und noch heute nicht beendigten Streitigkeiten
über die Beziehungen der Epithelien zu anderen Geweben denken.
Wie viele Seiten der histologischen Literatur sind mit den leb-
haftesten Streitigkeiten darüber angefüllt, ob Nerven, Muskeln,
Bindegewebe, Blut u. s. w. mit echten Epithelien in Continuität
stehen können oder nicht! Und wie leer, wie müssig erscheinen
alle diese endlosen Controversen angesichts der einfachen Thatsache, dass alle diese Gewebe ursprünglich aus Epithelien hervorgegangen sind. Blut- und Binde-Gewebe ebensowohl
als Nerven- und Muskel-Gewebe sind ursprünglich
stets aus Epithelial-Gewebe entstanden.

Durch diese einfache histogenetische Reflexion, durch die
Erwägung, dass die beiden primären Keimblätter echte Epithelien
sind, und dass alle Gewebe des Metazoen-Körpers einzig und
allein aus diesen entstanden sind, werden eine Menge von histologischen Controversen gegenstandslos, mit denen eine Masse von
Papier und Zeit nutzlos vergeudet worden ist. Vor allen gilt das

von der vielbesprochenen Parablasten-Theorie von His,
welche trotz ihrer Absurdität auch heute noch zahlreiche An-
hänger besitzt. Der Kern dieser Theorie gipfelt bekanntlich in
dem Satze, dass der Thierkeim aus zwei gänzlich verschiedenen
Bestandtheilen zusammengesetzt sei, aus dem Hauptkeim und
Nebenkeim. Der Hauptkeim oder Archiblast allein soll
von den beiden primären Keimblättern abstammen und Nerven-
Gewebe, Muskel-Gewebe, Epithelial- und Drüsen-Gewebe liefern.
Hingegen sollen das Binde-Gewebe (nebst Knorpel- und Knochen-
Gewebe), die Blutzellen und die sogenannten Endothelien [1] (die
Gefäss-Epithelien) abstammen von dem Nebenkeim oder Parablast, d. h. von Bindegewebszellen des mütterlichen Körpers,
welche in den „weissen Dotter" des Eies eingewandert sind, und
welche also gar nichts mit den primären Keimblättern zu thun
haben. Die Aufstellung dieser ganz verkehrten, aber vielbewun-
derten Parablasten-Theorie [2], die den einfachsten physiologischen
und morphologischen Principien Hohn spricht, lässt sich nur durch
die tiefe Unkenntniss der vergleichenden Anatomie und Ontogenie entschuldigen, durch welche His sich auszeichnet. Denn
alle palingenetischen Thiere besitzen gar keinen Nahrungsdotter,
keine Spur von „weissem Dotter"; ihr Keim besteht einzig und
allein aus den primären Keimblättern, also aus zwei einfachen Epithe-
lial-Schichten; — und doch bilden diese Thiere ebenso gut Binde-
Gewebe, Blut und „Endothelien", als die cenogenetischen Thiere,
bei denen letztere „ganz anderen Ursprungs" sein sollen. Durch
diese unleugbare Thatsache allein schon wird die ganze Parablasten-
Theorie widerlegt. Blut, Endothelien und Binde-Gewebe entwickeln
sich ursprünglich ebenso aus Epithelien, wie Nerven-, Muskel-
und Drüsen-Gewebe. Alle Zellen der verschiedensten
Gewebe sind direct oder indirect Abkömmlinge von
Epithelial-Zellen. [3]

---

[1] Der von His eingeführte und jetzt vielfach gebrauchte Ausdruck *Endo-
thelium* bedeutet wörtlich: „Innerhalb der Brustwarze".

[2] Kölliker (Entwicklungsgeschichte, II. Aufl. 1876, p. 26) meint, dass
„die von His in geistreicher Weise ausführlich beleuchtete Parablasten-
Theorie viel Bestechendes hat," und „bedauert, dieselbe nicht unterstützen
zu können."

[3] Trotzdem His gegenwärtig mit der Archigastrula des Amphioxus
bekannt ist, welche für sich allein schon die ganze Parablasten-Theorie widerlegt, hält er doch unbeirrt an letzterer fest. Vergl. meine Anthropogenie
(III. Aufl., S. 657) und „Ziele und Wege der heutigen Entwicklungsgeschichte"
(1875, S. 32).

19. Primäre und secundäre Keimblätter.
Exoderm, Mesoderm und Entoderm.

Die Unterscheidung der primären und secundären Keimblätter, auf welche ich bereits in der Monographie der Kalkschwämme (1872) das grösste Gewicht gelegt habe, scheint mir nicht allein für das Verständniss der Gastraea-Theorie, sondern auch für die richtige Auffassung der wichtigsten Keimungs-Vorgänge überhaupt von solcher Bedeutung zu sein, dass ich nicht umhin kann, hier nochmals darauf zurückzukommen. Besondere Veranlassung dazu bieten die vielfachen Streitigkeiten über Ursprung und Bedeutung des Mittelblattes oder Mesoderma, welche bis in die neueste Zeit mit zunehmender Verwirrung der Begriffe und Steigerung der Widersprüche fortgedauert haben. In der That überzeugt uns ein Blick auf die umfangreiche embryologische Literatur der letzten Jahre, dass das Mesoderm-Problem ebenso zu den dunkelsten und schwierigsten, wie anderseits zu den wichtigsten und einflussreichsten Fragen der Keimblätter-Theorie gehört.

Die Mehrzahl der heutigen Embryologen begnügt sich in dieser Beziehung gegenwärtig mit folgender Auffassung: Nachdem Exoderm und Entoderm ausgebildet sind, entsteht zwischen diesen beiden Keimblättern ein drittes, das Mesoderm, und nunmehr besteht der Keim aus drei übereinander liegenden Blättern: Exoderm, Mesoderm und Entoderm (oder: Epiblast, Mesoblast und Hypoblast). Schon dieser Satz, welcher fast überall ohne Bedenken wiederholt wird, enthält einen logischen Fehler, der sich zu einer Quelle verhängnissvoller Irrthümer gestaltet. Er verstösst nämlich gegen die wichtige Thatsache, dass das Mesoderm in allen Fällen ein secundäres Product der primären Keimblätter ist, entweder beider, oder eines von beiden. Wenn das aber wirklich der Fall ist — und die vergleichende Ontogenie hat jetzt diese fundamentale Thatsache unumstösslich festgestellt! — dann ist das Mittelblatt ein Theil von einem der beiden primären Keimblätter oder von beiden. Da nun der Theil nie gleich dem Ganzen sein kann, so hört mit der Bildung des Mesoderms wenigstens eines der beiden primären Keimblätter — oder beide zugleich — auf, als solche zu existiren; eines oder beide sind dadurch in mehrere secundäre Keimblätter zerfallen oder gespalten.

16

Der Einfachheit halber wollen wir die primären und secundären Keimblätter mit folgenden Buchstaben bezeichnen: E = Exoderma (äusseres primäres Blatt); J = Entoderma (inneres primäres Blatt); s = Hautsinnesblatt (Sinnesblatt); f = Hautfaserblatt (Fleischblatt); g = Darmfaserblatt (Gefässblatt); d = Darmdrüsenblatt (Drüsenblatt); m = Mesoderma (Mittelblatt oder Faserblatt). Das Mesoderm wird allgemein als die Summe von Hautfaserblatt und Darmfaserblatt aufgefasst, gleichviel auf welche Weise diese aus den primären Keimblättern entstanden sind; also m = f + g. Demnach gelten allgemein folgende Gleichungen:

$$1)\ E + J = s + f + g + d$$
$$\text{oder } E + J = s + m + d$$
$$2)\ E = s + m + d - J$$
$$\text{oder } J = s + m + d - E$$
$$3)\ m = E + J - (s + d)$$
$$\text{oder } m = (E - s) + (J - d)$$

Alle verschiedenen Ansichten, welche über die Bedeutung und Entstehung des Mesoderms und überhaupt der secundären Keimblätter geltend gemacht werden könnten, lassen sich demnach auf folgende drei Möglichkeiten reduciren:

1) $J = m + d$, dann ist $E = s$;

2) $E = m + s$, dann ist $J = d$;

3) $E = s + f$ (oder $= s + m - g$) und entsprechend $J = g + d$ (oder $= m - f + d$); dann ist $m = J - d + E - s$. Fassen wir nun diese drei möglichen Fälle noch etwas näher in's Auge, ganz abgesehen davon, dass der letzte derjenige ist, der in organologischer Hinsicht der verständlichste und daher in phylogenetischer Beziehung der wahrscheinlichste ist.

1. Das ganze Mesoderm entsteht aus dem Entoderm und spaltet sich erst später in Darmfaserblatt und Hautfaserblatt. Dann ist $J = m + d$ und folgerichtig $E = s$. Das Exoderm liefert bloss das Hautsinnesblatt, das Entoderm alle übrigen drei secundären Blätter. Diese Ansicht wird augenblicklich von der grossen Mehrzahl der Embryologen für die richtige gehalten. Remak hat dieselbe zuerst für die Wirbelthiere aufgestellt, und die meisten neueren Beobachter glauben dasselbe Verhältniss bei den verschiedensten Wirbellosen gefunden zu haben. Wenn dieses Verhältniss stattfindet, so hört mit der Bildung des Mesoderm die Existenz des Entoderms auf; denn J wäre dann = m + d und folglich m = J — d. Der dreiblätterige Keim

besteht demnach aus folgenden Theilen: 1. Exoderm (= Hautsinnesblatt); 2. Mesoderm oder Faserblatt (= Hautfaserblatt und Darmfaserblatt); 3. Darmdrüsenblatt.

2. Das ganze Mesoderm entsteht aus dem Exoderm und spaltet sich erst später in Hautfaserblatt und Darmfaserblatt. Dann ist $E = s + m$ und folgerichtig $J = d$. Das Entoderm liefert blos das Darmdrüsenblatt, das Exoderm alle übrigen drei secundären Blätter. Diese Ansicht wird für eine Anzahl von sehr verschiedenen Wirbellosen auch noch in neuester Zeit von namhaften Beobachtern vertreten und kürzlich hat sie Kölliker auch für die Wirbelthiere mit aller Bestimmtheit geltend gemacht. [1] Wenn dieses Verhältniss stattfindet, so hört mit der Bildung des Mesoderms die Existenz des Exoderms auf; denn E ist dann $= s + m$, und folglich $m = E - s$. Der dreiblätterige Keim besteht demnach aus folgenden Schichten: 1. Hautsinnesblatt; 2. Mesoderm oder Faserblatt (= Hautfaserblatt und Darmfaserblatt); 3. Entoderm (= Darmdrüsenblatt).

3. Das Mesoderm entsteht theils aus dem Exoderm, theils aus dem Entoderm; das Hautfaserblatt stammt vom äusseren, das Darmfaserblatt hingegen vom inneren primären Keimblatte. Dann ist $E = s + f$ und $J = g + d$ oder, da $m = f + g$ ist, so ist auch $E = s + m - g$ und $J = d + m - f$. Das Exoderm zerfällt in Hautsinnesblatt und Hautfaserblatt; ebenso spaltet sich das Entoderm in Darmfaserblatt und Darmdrüsenblatt. Diese Ansicht ist bekanntlich zuerst von Baer aufgestellt und mit dem grössten Erfolge für die Erklärung der Organogenese durchgeführt worden. Viele ausgezeichnete Beobachter haben dieselben Verhältnisse sowohl bei Wirbelthieren als bei Wirbellosen wiedergefunden. Nach meiner eigenen Anschauung ist diese Auffassung unter allen drei möglichen Fällen diejenige, welche die Entstehung und weitere Verwerthung der secundären Keimblätter phylogenetisch am einfachsten erklärt, und ich habe sie daher in der Anthropogenie zur Grundlage der ganzen Darstellung gewählt. [2] Nach dieser Auffassung ist das Mesoderm keine ursprünglich einheitliche Keimschicht, sondern eine secundäre Ver

---

[1] Kölliker, Entwickelungsgeschichte des Menschen und der höheren Thiere, II. Aufl. 1876, p. 96. „Das ganze Mesoderma stammt vom Exoderm. Das mittlere Keimblatt ist ganz und gar ein Erzeugniss des äusseren Keimblattes."

[2] Vergl. Anthropogenie, Grundzüge der menschlichen Keimes- und Stammes-Geschichte. III. Aufl. 1877, S. 189, 236.

bindung von zwei ursprünglich getrennten Schichten: $m = f + g$;
und da $f = E - s$, und ebenso $g = J - d$ ist, so können
wir auch sagen: $m = E - s + J - d$ oder $m = E + J -$
$(s + d)$. Mit der Bildung des Mesoderm (durch secundäre Verbindung von Hautfaserblatt und Darmfaserblatt) hört hier die
Existenz beider primären Keimblätter auf; und der dreiblätterige Keim besteht demnach aus folgenden Schichten:
1. Hautsinnesblatt; 2. Mesoderm ($=$ Hautfaserblatt und Darmfaserblatt); 3. Darmdrüsenblatt.

Aus diesen einfachen Erwägungen ergibt sich klar, dass in
allen drei möglichen Fällen wenigstens eins der beiden primären
Keimblätter (— im dritten Fall beide! —) mit der Ausbildung des
Mesoderms als geschlossene morphologische Einheit zu existiren
aufhört. Es ist daher vollkommen unlogisch und kann nur Verwirrung stiften, wenn man noch immer den dreiblätterigen Keim
beschreibt als bestehend aus: Exoderm, Mesoderm, Entoderm.
Freilich ist diese allgemein beliebte Methode der Darstellung die
bequemste. Denn sie lässt die schwierige Frage vom Ursprung
des Mesoderm im Dunkeln und verschweigt damit die unvereinbaren Widersprüche, welche in dieser Beziehung zwischen den
angesehensten Beobachtern existiren. Damit wird aber der Weg
zur weiteren Aufklärung dieser ebenso wichtigen als dunkeln
Frage nicht geebnet, sondern abgeschnitten.

Die vorstehenden Erwägungen sind rein logischer Natur und
sollen nur die Ueberzeugung verbreiten, wie unlogisch fast allgemein in einem der wichtigsten Punkte der Keimblätter-Lehre
verfahren wird. Man darf hier nicht etwa entgegnen, das sei
gleichgültig, weil das Mesoderm bei verschiedenen Thieren einen
ganz verschiedenen Ursprung und demnach keine bestimmte
morphologische Bedeutung habe. Ich kann darauf erwidern,
dass die angeführten Unklarheiten und Widersprüche noch heute
bei einem und demselben Objecte bestehen, und zwar bei
demjenigen, welches am längsten und meisten untersucht ist.
Unzweifelhaft ist das Hühner-Ei dasjenige Object, welches
von jeher weit mehr Zeit und Mühe, Arbeitskraft und Papier ab-
sorbirt hat, als alle anderen Thier-Eier. Am Hühner-Ei stellte
Aristoteles die ältesten embryologischen Untersuchungen an; vom
bebrüteten Hühnchen gab Fabricius ab Aquapendente 1600 die ersten
embryologischen Beschreibungen und Abbildungen; auf die Untersuchung des Hühner-Eies gründete Caspar Friedrich Wolff 1759
die grundlegende Theorie der Epigenesis; am Hühner-Ei entdeckte

Pander zuerst 1817 die beiden primären Keimblätter, und an derselben Keimscheibe des Hühnchens unterschied Baer zuerst 1828 die vier secundären Keimblätter; am Hühner-Ei stellte Remak 1852 die histogenetische Bedeutung der Keimblätter fest — am Hühner-Ei entwickelte His 1868 seine monströsen „mechanischen" Keimungs-Theorien (die Briefcouvert-Theorie, die Gummischlauch-Theorie, die Höllenlappen-Theorie u. s. w.); vom Hühner-Ei endlich sind in neuester Zeit die glänzenden „Schnitt-Serien" angefertigt worden, welche als „Thatsachen sprechen" sollen, und welche von den meisten Embryologen deshalb so hochgeschätzt sind, weil sie glauben, dass alles vergleichende Nachdenken und Urtheilen durch diese „exacten Präparate" überflüssig wird.

Und was sagen uns denn nun alle diese zahllosen Beobachtungen und Untersuchungen des Hühner-Eies, alle diese Schnitt-Serien und Tinctions-Präparate, was sagen uns alle diese „sprechenden Thatsachen" über jene wichtigsten Grundfragen der Keimblätter-Lehre? Nicht allein über die dunkle Entstehung des Mesoderms und der secundären Keimblätter, sondern sogar über die einfache und klare Entstehung der beiden primären Keimblätter — also über die ersten Grundfragen — gehen die Ansichten der verschiedenen Beobachter noch heute so weit auseinander als möglich; ja, neben den aufgeführten möglichen Ansichten sind auch noch eine Anzahl unmöglicher Hypothesen von His und Anderen aufgestellt worden.[1]) Wenn wir von den beiden primären Keimblättern hier ganz absehen, deren Entstehung durch Invagination des Blastoderms auch beim Hühnchen (durch Rauber und Götte) jetzt sicher nachgewiesen ist, so treffen wir bezüglich der Mesoderm-Bildung des Hühnchens folgende vier Hauptgruppen von Ansichten: 1. Das Exoderm spaltet sich in Hautsinnesblatt und Hautfaserblatt; das Entoderm zerfällt in Darmfaserblatt und Darmdrüsenblatt (Baer, 1828); demnach entsteht das *Mesoderm* secundär durch (axiale) Verwachsung der beiden Faserblätter; 2. Das ganze Mesoderm stammt vom *Entoderm* (Remak), 3. Das ganze Mesoderm stammt vom *Exoderm* (Kölliker); 4. Ein Theil des Mesoderms stammt von den primären Keimblättern (*Archiblast*: Nerven- und

---

[1]) Viele Hühner-Embryologen lassen bekanntlich die Zellen, welche das Mesoderm bilden, „von aussen" zwischen die beiden primären Keimblätter einwandern. Woher diese heimathlosen Auswanderer kommen, wird aber leider meistens nicht gesagt.

Muskelgewebe); ein anderer Theil desselben stammt direct von
fremden Zellen, die „von aussen" (aus dem mütterlichen Körper)
eingewandert sind (*Parablast*: Blut, Endothel, Bindegewebe; His).
Von dieser vierten Ansicht, der Parablasten-Theorie von His, die
wir nur ihrer Curiosität halber aufführen, können wir hier ganz
absehen, denn sie wird durch die Thatsachen der vergleichenden
Ontogenie auf das bestimmteste widerlegt. (S. oben, p. 332). Dagegen bleibt immer noch die Frage offen, welche von den drei
übrigen Ansichten wirklich wahr ist. Eine von allen dreien
kann beim Hühner-Ei nur wahr sein [1]), und jede der drei Hypothesen wird noch heute durch eine Anzahl hervorragender Beobachter vertreten, die, gestützt auf ihre „exacten" Untersuchungen,
mit grösster Bestimmtheit behaupten, das ihre Auffassung die
richtige, alle übrigen aber falsch seien!

Soviel geht denn doch wohl aus dieser komischen Sachlage
mit voller Klarheit hervor, dass 1. alle jene „sprechenden Thatsachen" [2]) keine objectiven Thatsachen, sondern subjective, einseitige Urtheile über unvollkommene (und nichts weniger als
exacte) Beobachtungen sind; und 2. dass solche und ähnliche
schwierige Probleme niemals auf dem Wege der genauesten Untersuchung eines einzigen Organismus, sondern stets nur durch vergleichende Ontogenie gelöst werden können. Und diese vergleichende Ontogenie, zu welcher unsere Gastraea-Theorie den

---

[1]) METCHNIKOFF und ähnliche Embryologen werden bei dieser Sachlage
zwar der Ansicht sein, dass das Mesoderm bei einigen Hühnern aus dem
Exoderm, bei anderen aus dem Entoderm, und bisweilen auch aus beiden
zugleich hervorgehe. Indessen erscheint mir diese Ansicht, für welche
METSCHNIKOFF's embryologische Ansichten viele Parallelen bieten, keiner Erörterung bedürftig.

[2]) KÖLLIKER sagt in der kürzlich erschienenen II. Aufl. seiner Entwicklungsgeschichte (p. 382): „HAECKEL ist der Ansicht, dass für diese Geschöpfe
(die Vögel) durch GÖTTE und RAUBER als Embryonalform eine *Discogastrula*,
entstanden durch Invagination einer *Discoblastula*, erwiesen sei, und dass
durch die Untersuchungen dieser beiden Forscher alle entgegenstehenden Angaben
anderer Beobachter im Sinne der Gastraea-Theorie erledigt seien! Wie man
aus Früherem weiss, bin ich durch meine Untersuchungen zu ganz anderen
Ergebnissen gekommen als GÖTTE und RAUBER, und wird es daher wohl für
einmal das Zweckmässigste sein, nur die Thatsachen sprechen und
die Gastraea-Theorie ganz ausser dem Spiele zu lassen." Darf
nicht dasselbe jeder andere „exacte" Beobachter (z. B. GÖTTE oder RAUBER) mit
gleichem Rechte von KÖLLIKER's subjectiven Ansichten sagen, welche dieser
für „sprechende Thatsachen" hält?

Weg ebnen soll, lehrt uns zunächst wenigsten die Fragen richtig stellen, wenn auch deren Lösung noch in weiter Ferne liegt.

Für die richtige Stellung und Beantwortung dieser Fragen liefert uns die Gastraea-Theorie zunächst folgende wichtige Voraussetzungen als feste Grundlagen: 1) der Körper der Metazoen entwickelt sich überall ursprünglich aus zwei primären Keimblättern; 2) Das Mesoderm entsteht immer erst secundär, entweder aus einem jener beiden primären Keimblätter oder aus beiden zugleich. Die Fragen, welche die Beobachter demnächst also zu beantworten haben, sind folgende: 1) Aus welchem der beiden primären Keimblätter entsteht das Mesoderm, und wie verhalten sich die ersteren überhaupt bei der Bildung der secundären Keimblätter? 2) Ist das Mesoderm stets aus Hautfaserblatt und Darmfaserblatt zusammengesetzt? 3) Welche Uebereinstimmung oder Verschiedenheit bieten in dieser Beziehung die verschiedenen Thierklassen? 4) Sind demnach auch die vier secundären Keimblätter der verschiedenen Thierstämme homolog, und wie weit geht diese allgemeine Homologie? (Vergl. die provisorische Tabelle II, S. 53). Einige wichtige, diese Frage betreffenden Momente sind in neuester Zeit von Carl Rabl in seinen ausgezeichneten Untersuchungen über die Ontogenie der Mollusken [1] insbesondere über *Unio* [2] klar hervorgehoben worden. Rabl macht namentlich auf zwei sehr wichtige Erscheinungen bei der ersten Entstehung des Mesoderms aufmerksam, welche sämmtlichen Bilaterien — allen Metazoen mit Ausschluss der Zoophyten -- gemeinsam zu sein scheinen: 1) Das erste Auftreten der ersten Mesoderm-Zellen in der Umgebung des Properistoms, und 2) die dipleure oder bilateral-symmetrische erste Anlage des Mesoderms. Bei allen Bilaterien erscheinen die ersten selbständigen Mesoderm-Zellen zwischen den beiden primären Keimblättern in der unmittelbaren Umgebung des Properistoms oder Urmundrandes, also in der Peripherie des Rusconi'schen Afters oder des Gastrula-Mundes, an der kritischen Stelle, wo das Exoderm in das Entoderm unmittelbar übergeht. Gerade deshalb lässt sich auch so schwer entscheiden, ob sie von ersterem oder von letzterem oder von beiden zugleich abstammen. Ferner tritt bei

---

[1] Carl Rabl, Die Ontogenie der Süsswasser-Pulmonaten. Jenaische Zeitschr. 1875, Bd. IX, S. 202, 236, Taf. VIII, Fig. 12, 13 m.

[2] Carl Rabl, Entwickelungsgeschichte der Malermuschel. Eine Anwendung der Keimblätter-Theorie auf die Lamellibranchiaten. Jenaische Zeitschr. 1876, Bd. X, S. 350—360, Taf. XI, Fig. 24—32.

allen Bilaterien die erste Anlage des Mesoderms nicht als vollständig zusammenhängende Schicht, sondern dipleurisch auf, in
zwei getrennten seitlichen Parthien, welche die erste Andeutung
von der bilateralen Symmetrie des Bilaterien-Körpers geben. Bei
Unio besitzen schon die beiden ersten Mesoderm-Zellen
diese charakteristische seitlich-symmetrische Lage in Bezug auf
die Körper-Axen des Embryo (RABL, l. c. p. 350). Durch zahlreiche unabhängige Beobachtungen aus neuester Zeit über die
erste Mesoderm-Anlage sehr verschiedener Bilaterien wird dieses
wichtige Verhältniss bestätigt.

Durch diese, von RABL zusammengestellten Thatsachen der
vergleichenden Ontogenie wird es sehr wahrscheinlich, dass das
Mesoderm bei sämmtlichen Bilaterien (-- Würmer, Echinodermen,
Mollusken, Arthropoden, Vertebraten --) homolog ist (wirklich
homophyletisch); dagegen nicht homolog (-- oder vielmehr homomorph --) bei den Bilaterien und den Zoophyten (oder Coelenteraten). Ueberhaupt ist noch sehr fraglich, ob das Mesoderm
der letzteren nicht bloss Hautfaserblatt ist, und ein eigentliches
Darmfaserblatt ganz fehlt (oder umgekehrt?). Bei vielen Bilaterien
scheint das Darmfaserblatt sich erst viel später aus dem Entoderm
zu entwickeln, nachdem das Hautfaserblatt längst (aus dem Exoderm) gebildet ist. Diese und andere Fragen über das Mesoderm
lassen sich nur dann richtig beantworten, wenn man vor Allem
sein Verhältniss zu den beiden primären Keimblättern klar gestellt hat.

20. Protozoen und Metazoen.

Unter den verschiedenen Folgerungen, welche sich aus der
Gastraea-Theorie für die systematische Zoologie ergeben, hat sich
wenigstens eine rasch Bahn gebrochen. Das ist die scharfe
Scheidung des ganzen Thierreichs in zwei grosse Hauptgruppen:
Protozoen und Metazoen. GEGENBAUER, HUXLEY, RAY-LANKESTER,
ED. VAN BENEDEN, F. E. SCHULZE und andere namhafte Forscher
haben diese fundamentale Scheidung gebilligt und sie in ver-
schiedener Weise verwerthet. Die Vortheile, welche dieselbe für
die naturgemässe Auffassung der thierischen Verwandtschafts-
Verhältnisse gewährt, sind theils positiver, theils negativer Natur.

In letzterer Beziehung dürfte es nicht gering anzuschlagen sein,
dass damit endlich allen den verfehlten Versuchen ein Ende gemacht

wird, Homologien zwischen den einzelnen Theilen des Metazoen-
und des Protozoen-Organismus aufzustellen, und Organe der ersteren
aus Körpertheilen der letzteren abzuleiten. Bekanntlich sind der-
artige Versuche bei weitem am häufigsten und eingehendsten in der
Klasse der Infusorien, und ganz besonders bei den Ciliaten unternommen worden. Indem man im einzelligen Ciliaten-Organismus
einen Darmcanal mit Mund und After, eine wimpernde Epidermis
und einen darunter gelegenen Hautmuskelschlauch zu finden glaubte,
indem man ihre contractile Blase mit dem Herzen, ihren Nucleus
mit der Zwitterdrüse von Würmern verglich, suchte man irrthümlich nach Homologien, die gar nicht vorhanden sind. Denn die
einzellige Natur des Ciliaten-Organismus ist in neuester Zeit wohl
allgemein anerkannt. Nimmermehr aber können einzelne Theile
(oder physiologische „Organe") e i n e r e i n z i g e n Z e l l e in morphologische Vergleichung gestellt werden mit den morphologischen
Organen eines vielzelligen Metazoen-Organismus, welche sich
überall aus v i e l z e l l i g e n K e i m b l ä t t e r n entwickelt haben.
Alle solche Vergleichungen können nur A n a l o g i e n, niemals
wahre H o m o l o g i e n sein. Ich will dies hier ausdrücklich nochmals hervorheben, weil jene vergeblichen Versuche, die nur Verwirrung, niemals Aufklärung bringen können, selbst jetzt noch
immer fortgesetzt werden. So hat noch H. Ihering in seiner so
eben erschienenen grossen „Phylogenie der Mollusken" den künst-
lichen Versuch gemacht, die wichtigsten Organe der Metazoen
direct aus den angeblich homologen Organen der Protozoen abzuleiten. [1] Die contractile Blase der Infusorien soll dem Wasser-

---

[1] H. Ihering, Vergleichende Anatomie des Nervensystems und Phylogenie
der Mollusken. Leipzig 1877, p. 21: „So zeigt sich, dass die Parallelisirung
der Ontogenie mit der Phylogenie vielfach zu irrigen Vorstellungen führt.
Wahrscheinlich wird dies auch für die Bedeutung Geltung haben, welche
Haeckel dem Furchungs-Processe beimisst. Nach Haeckel's Darstellung
wären die ersten Metazoen Colonien von einzelligen Protozoen gewesen. Die
vergleichende Anatomie drängt dagegen, wie mir scheint, zu einem ganz
anderen Ergebnisse. Danach wurden nämlich die niedersten Metazoen viel-
kernige Protozoen gewesen sein, in denen es erst später zur Differenzirung
von Zellen um die einzelnen Kerne gekommen. Vergleichend anatomisch
wäre damit die Möglichkeit gegeben, einige Organe der Metazoen und speciell
der tiefststehenden Würmer in ihren Anfängen bis zu den Protozoen, namentlich den Infusorien, zu verfolgen, so namentlich den Mund und das Wassergefässsystem, welches letztere also zurückzuführen wäre auf die contractile
Vacuole, die bekanntlich bei zahlreichen Infusorien sich in verzweigte Gefäss-
stämme fortsetzt. Sollte diese Vermuthung zutreffen, so ergäbe sich für die

gefäss-System der Turbellarien und der Niere der Schnecken
homolog sein, ebenso der Mund der Infusorien und Würmer u. s. w.
Dem ganzen Furchung-Process und der Bildung der Gastrula spricht
IHERING demgemäss jede phylogenetische Bedeutung ab. Damit
wird aber natürlich die ganze Gastraea-Theorie mit allen ihren
Folgerungen einfach negirt, und es klingt sonderbar, wenn dieselbe an andern Stellen desselben Werkes Anerkennung findet. [1])
Wenn wirklich die Eifurchung und die Gastrulabildung i r g e n d
e i n e phylogenetische Bedeutung haben und nicht von Anfang
bis zu Ende bloss cenogenetischer Natur sind, dann ist auch jede
morphologische Vergleichung, jede Homologie zwischen Organen
der Protozoen und Metazoen völlig ausgeschlossen.

Ebenso falsch wie die Vergleichung der O r g a n e ist diejenige der G e w e b e zwischen Protozoen und Metazoen. Noch
immer spricht man bei den Infusorien von „Muskeln“, nennt den
contractilen Myophan-Strang im Stiele der Vorticellen einen
„Muskel“, ihre wimpernde Corticalschicht (das Exoplasma) ein
„Flimmer-Epithel“ u. s. w. Auch diese histologischen Vergleiche
können nur physiologische, keine morphologische Geltung beanspruchen. Denn die w a h r e n G e w e b e der Metazoen (Binde-
gewebe, Muskelgewebe, Nervengewebe), welche sämmtlich von
dem primären Epithelialgewebe der Keimblätter abstammen (vergl.
S. 231), sie sind sämmtlich Z e l l e n - A g g r e g a t e und können also
nimmermehr mit T h e i l e n v o n e i n z e l l i g e n O r g a n i s m e n
in morphologische Vergleichung gestellt werden.

Auf der anderen Seite gewährt uns die Scheidung der Protozoen und Metazoen den positiven Vortheil, jede dieser beiden

---

vergleichende Anatomie die Möglichkeit, ein und dasselbe Organ-System durch
eine Reihe von Typen zu verfolgen, da das Wassergefässsystem der Turbellarien der Niere der Platycoelliden homolog ist.“

[1]) Der Hauptfehler IHERING's liegt meines Erachtens darin, dass derselbe
in e i n s e i t i g s t e r Weise die Bedeutung der vergleichenden Anatomie über-
schätzt und ihr gegenüber der Ontogenie alle Bedeutung abspricht. Er bildet
genau das extreme Gegenstück zu GÖTTE, der in seinem grossen Unken-
Buche die ganze Morphologie allein durch die Ontogenie erklären will und
die vergleichende Anatomie für völlig werthlos erklärt (Vergl. meine „Ziele
und Wege der heutigen Entwicklungsgeschichte“, 1875, S. 52 ff.). Beide
Standpunkte sind gleich einseitig. Nur durch g l e i c h m ä s s i g e k r i t i s c h e
B e r ü c k s i c h t i g u n g d e r v e r g l e i c h e n d e n A n a t o m i e u n d O n t o -
g e n i e, welche sich gegenseitig ergänzen, werden wir in den Stand gesetzt,
die Thatsachen der Morphologie richtig zu erklären und phylogenetisch zu
deuten.

Hauptgruppen des Thierreichs einheitlich charakterisiren und scharf
von einander trennen zu können. Die Metazoen allein besitzen
einen wahren Darm und Mund; sie allein besitzen zwei primäre
Keimblätter, ein Exoderm und Entoderm; sie allein entwickeln
aus diesen beiden einfachen epithelialen Zellenschichten wahre Gewebe, und bauen aus diesen Geweben wahre Thier-Organe in
morphologischem Sinne auf. Die Metazoen erheben sich somit, und
zwar schon in ihrer Ausgangsform — ontogenetisch *Gastrula*,
phylogenetisch *Gastraea* — auf die Individualitäts-Stufe der P e r s o n ,
welche den Protozoen ebenso allgemein fehlt. [1] Man könnte daher
auch die Metazoen allein als echte T h i e r e bezeichnen, während
die Protozoen sämmtlich den indifferenten und neutralen P r o -
t i s t e n - Charakter beibehalten.

Im Grunde ist die principielle Scheidung von Protozoen und
Metazoen ganz dieselbe, wie die Gegenüberstellung des P r o t i s t e n -
r e i c h s und des T h i e r r e i c h s , welche ich vor zehn Jahren in
der generellen Morphologie vorgeschlagen habe. Nur war ich damals nicht im Stande, diese fundamentale Scheidung so fest zu
begründen, wie das heute möglich und fast allgemein anerkannt
ist. Denn damals fehlte die Grundlage der Gastraea-Theorie,
die Homologie der beiden primären Keimblätter und der Nachweis, dass diese letzteren bei allen Metazoen ursprünglich vorhanden sind, dass sie bei den verschiedensten Metazoen-Stämmen
ursprünglich eine und dieselbe primordiale Keimform, die *Archigastrula* bilden. Dieser Nachweis ist inzwischen geliefert und damit
eine einheitliche morphologische Auffassung des Thierreichs angebahnt.

Natürlich ist es eine Frage von untergeordneter Bedeutung —
und mir persönlich sehr gleichgültig, ob man die beiden Hauptabtheilungen des Thierreichs als *Protozoa* und *Metazoa* gegenüber-
stellt, wie ich in der Gastraea-Theorie gethan habe, oder als
Protista und *Animalia*, wie ich vor zehn Jahren in der generellen
Morphologie vorschlug. Die tiefe Kluft, welche beide Hauptgruppen
trennt und welche durch die mehrfach hervorgehobenen wichtigsten
Organisations-Unterschiede klar bestimmt wird, bleibt in beiden
Fällen dieselbe. Allerdings habe ich inzwischen (in mehreren

[1] Ueber den Begriff der P e r s o n , wie ich ihn gegenwärtig für das so-
genannte „e i g e n t l i c h e T h i e r - I n d i v i d u u m" mit Hülfe der Gastraea-
Theorie festgestellt habe, vergl. meine Monographie der Kalkschwämme,
Bd. I, S. 113.

Auflagen der „Natürlichen Schöpfungsgeschichte" und der Anthropogenie) den Versuch gemacht, Protisten und Protozoen zu trennen,
und neben dem ganz indifferenten und neutralen Protistenreiche
(Rhizopoden, Myxomyceten, Flagellaten u. s. w.) auch noch eine
Abtheilung von Protozoen aufrecht zu erhalten, welche die ältesten
phylogenetischen Entwicklungsstufen des Thierreichs, vom Moner
bis zur Gastraea, enthielt. Allein ich bekenne jetzt, dass ich
diesen Versuch für verfehlt und für praktisch nicht durchführbar
halte. Freilich wird man in der Theorie Protisten und Protozoen phylogenetisch scharf auseinander halten können; auf der
einen Seite wird man als echte Protisten (oder „Urorganismen")
diejenigen indifferenten und völlig neutralen Organismen niederster
Stufe betrachten können, welche weder mit echten Thieren (Metazoen), noch mit echten Pflanzen in verwandtschaftlichem Zusammenhange stehen, und welche höchstwahrscheinlich polyphyletischen, ganz unabhängigen Ursprungs sind (vor allen die formenreiche Gruppe der Rhizopoden, Acyttarien, Radiolarien u. s. w.);
auf der anderen Seite wird man als Protozoen (oder echte
„Urthiere") diejenigen einfachsten Organismen betrachten können,
welche die Wurzel des Metazoen-Stammbaums (— „vom Moner bis
zur Gastraea" —) bilden (Moneren, Amoeben, Synamoebien, Planaeaden). Aber so berechtigt diese phylogenetische Trennung
von Protozoen und Protisten in der Theorie, so werthlos erscheint
sie in der Praxis. Denn es fehlen uns — und werden uns wahrscheinlich immer fehlen — alle Anhaltspunkte, um mit Sicherheit
eine scharfe Grenzlinie zwischen jenen beiden Gruppen festzustellen, obwohl wahrscheinlich beide einen verschiedenen polyphyletischen Ursprung besitzen und von verschiedenen, autogon entstandenen Moneren ursprünglich abstammen. Der indifferente und
neutrale Charakter jener niedersten Lebensformen, die meistens
einzellig sind, lässt keine Hoffnung aufkommen, jemals jene wichtige
Ursprungs-Verschiedenheit aufzudecken. Solche ganz indifferente
einzellige Organismen, wie die Amoeben und Euglenen, und solche
charakterlose Zellen-Aggregate, wie die Catallacten und Volvocinen, können ebenso wohl Protozoen als neutrale Protisten, als
endlich auch Protophyten sein. Aus diesen Gründen wird es das
Zweckmässigste sein — vorläufig wenigstens — die Grenze
zwischen Protozoen und Protisten fallen zu lassen, und die beiden
Hauptgruppen des Thierreichs entweder als *Protista* und *Animalia*, oder als *Protozoa* und *Metazoa* gegenüber zu stellen.

21. Mesozoen. Gastraeaden. Dieyemiden.

Unsere „hypothetische" Gastraeaden-Klasse hat Glück. Kaum hat diese niederste Metazoen-Klasse, deren einstmalige Existenz ich rein theoretisch auf Grund der Gastrula-Beobachtungen mit Hülfe des biogenetischen Grundgesetzes behauptet hatte, einen realen Inhalt durch die Physemarien, diese wahren „Gastraeaden der Gegenwart", erhalten, so wird schon von anderer Seite eine neue interessante Gruppe von lebenden Gastraeaden hinzugefügt. Das sind die merkwürdigen Dieyemiden, über deren wahre Natur soeben Edouard van Beneden eine höchst interessante Abhandlung veröffentlicht hat. [1])

Dieser verdienstvolle Zoologe liefert den Nachweis, dass die Dieyemiden echte Gastraeaden im Sinne unserer hypothetischen Begriffs-Bestimmung sind. Bekanntlich wurden diese merkwürdigen kleinen Organismen, welche als Parasiten an den spongiösen Venen-Anhängen der Cephalopoden leben, und welche Kroux 1830 entdeckte, zuerst von Kölliker unter dem Namen *Dieyema paradoxum* genau beschrieben und für Wurmlarven erklärt. Ebenso hielten sie Guido Wagener und neuerdings Ray-Lankester für Entwicklungsformen von Würmern. Hingegen erklärte sie Claparède für bewimperte Infusorien, den Opalinen nächstverwandt.

Nach der trefflichen und sehr genauen Darstellung von Edouard van Beneden müssen wir die Dieyemiden für echte Gastraeaden halten, welche durch Anpassung an parasitische Lebensweise ihren Urdarm und Urmund verloren haben. Der einfache, langgestreckte, cylindrische oder spindelförmige Körper des vollständig entwickelten *Dieyema* besteht aus einer einzigen, colossalen, centralen Entoderm-Zelle und aus einer einfachen Schicht von platten flimmernden Exoderm-Zellen, welche gleich einem Pflaster-Epithelium die erstere allseitig umschliesst. Am einen Ende des langgestreckten Körpers sind die letzteren von eigenthümlicher Form und Beschaffenheit und lassen so die Un-

---

[1]) Edouard van Beneden, Recherches sur les Dieyemides, survivants actuels d'un embranchement des Mesozoaires. (Extrait des Bulletins de l'Académie royale de Belgique, II. Ser., Tom. XLI No. 6, Tom. XLII, Nr. 7. Bruxelles 1876.)

gleichheit der beiden Pole des einaxigen Körpers deutlich hervortreten. In der centralen Entoderm-Zelle bilden sich endogen
zweierlei verschiedene Embryonen: Nematogene und Rhombogene.
Jeder nematogene Keim besteht aus einer endogenen Zelle, welche
eine in aequale Furchung erleidet und aus welcher sich
(durch „Epibolie“ der Segmentellen) eine Amphigastrula entwickelt. Diese letztere besteht aus einer grossen Entoderm-Zelle,
welche haubenförmig von einer einfachen Exodermzellen-Schicht
umwachsen wird. Am oralen Pole der Axe ist anfangs eine Urmund-Oeffnung, an welcher die Entoderm-Zelle frei zu Tage liegt.
Dieser Urmund wächst aber zu, indem die Exoderm-Zellen sich
vermehren. Die Zahl der constituirenden Zellen beträgt bei der
fertigen Gastrula von *Dicyema typus* und *D. Koellikeriana* 26.
Diese Zahl wird nicht vermehrt; die Zellen nehmen während der
weiteren Entwicklung bloss an Volumen zu. Endlich entstehen
in der colossal vergrösserten Entoderm-Zelle wieder Embryonen.
*„Un Dicyemide est une Gastrula permanente dont l'entoderme est con-
stitué par une seule cellule.“* [1])

Offenbar ist Dicyema nichts Anderes, als eine uralte Gastracaden-
Form, welche durch Anpassung an parasitische Lebensweise eigenthümlich rückgebildet ist. Urdarm und Urmund sind verloren
gegangen; bloss die beiden primären Keimblätter sind geblieben
und diese bilden für sich allein den ganzen Körper: eine einzige
colossale Entoderm-Zelle und eine einfache, diese rings umhüllende
Schicht von wimpernden Exoderm-Zellen. Van Beneden beurtheilt
auch demgemäss ihre Bedeutung ganz richtig und betrachtet sie
als wahre „Gastracaden“.

Während ich diese Auffassung van Beneden's für vollkommen
naturgemäss halte, kann ich mich dagegen nicht den weiter-
gehenden Vorschlägen anschliessen, welche derselbe in Bezug auf
die Classification des Thierreichs daran knüpft. Er will nämlich
das letztere in drei grosse, coordinirte Hauptabtheilungen oder
„Unterreiche“ zerlegen und zwischen Protozoen und Metazoen die
dritte, in der Mitte stehende Abtheilung der Mesozoen ein-
schalten; letztere soll aus den beiden Klassen der Gastracaden

[1]) Die *Amphigastrula* von Dicyema erinnert sehr an gewisse Amphi-
gastrula-Formen höherer Metazoen, oder an jüngere, diesen vorausgehende
Blastula-Zustände. Vergl. die schöne und vollkommen naturgetreue (— nicht,
wie Einige meinen, schematische —) Darstellung der Amphiblastula von
Unio in der ausgezeichneten „Entwicklungsgeschichte der Malermuschel“ von
Carl Rabl (Jenaische Zeitschr. 1876, Bd. X, S. 382, Taf. X, Fig. 16).

und Planuladen [1]) bestehen und dadurch charakterisirt sein, dass
der Körper zeitlebens nur aus den beiden primären Keimblättern,
Entoderm und Exoderm besteht, während bei allen Metazoen sich
zwischen beiden noch ein drittes Keimblatt, das Mesoderm, entwickelt.

Diesem Vorschlag kann ich aus mehreren Gründen nicht bei-
treten. Erstens kann ich dem Mesoderm nicht die hohe Bedeutung
beilegen, welche die meisten neueren Embryologen ihm zuschreiben.
Ich halte vielmehr, wie oben (S. 233) erörtert, das M e s o d e r m
stets für ein s e c u n d ä r e s Product, welches an morphologischem
und phylogenetischem, also auch systematischem Werthe weit
hinter den beiden primären Keimblättern zurücksteht. Zweitens
aber halte ich es nicht für möglich, die Ausbildung eines selbständigen Mesoderms in der vorgeschlagenen Weise als oberstes
Classifications-Princip zu verwerthen. Denn innerhalb der Zoophyten-Gruppe, ja sogar innerhalb der einen Hydromedusen-Klasse
finden wir nebeneinander nächstverwandte Organismen, von denen
die einen ein vollkommen selbständiges Mesoderm besitzen, die
anderen nicht.

Vor allen sind hier die H y d r o i d - P o l y p e n zu nennen,
welche grösstentheils (— wenn nicht sämmtlich —) z w e i b l ä t t r i g
sind und k e i n w a h r e s M e s o d e r m besitzen. Ich erinnere zunächst an H y d r a, welche uns durch Kleinenberg's ausgezeichnete
Monographie (1872) so genau bekannt geworden ist. Wenn man
hier von einem Mesoderm zwischem dem Entoderm und Exoderm
sprechen wollte, so könnte man darunter nur die dünne Lage der
Muskelfäden verstehen, welche zwischen beiden sich ausbreitet.
Diese Muskelfäden sind aber nur innere Fortsätze der äusserlich
im Exoderm gelegenen Neuromuskel-Zellen, also unzweifelhaft
n u r T h e i l e v o n Z e l l e n und noch dazu k e r n l o s e Fortsätze
der kernhaltigen Exoderm-Zellen. Nimmermehr aber kann ich da
ein Mesoderm, d. h. ein secundäres Keimblatt anerkennen, wo
dasselbe nicht einmal durch eine einzige selbständige Zellenschicht
repräsentirt wird, sondern bloss durch kernlose Fortsätze von

---

[1]) P l a n u l a d e n nennt van Beneden eine hypothetische Mesozoen-Gruppe,
von der er annimmt, dass die beiden (persistirenden) primären Keimblätter
nicht durch I n v a g i n a t i o n, sondern durch D e l a m i n a t i o n entstanden
sind (wie bei der Gastrula von Geryonia nach Fol). Ich kann letzteren
Unterschied nicht als wesentlich anerkennen, sondern nehme an, dass die
Gastrula delaminata secundär (durch cenogenetische Veränderungen) aus der
Gastrula invaginata entstanden ist. Vergl. den letzten Abschnitt (24).

kernhaltigen Zellen einer anderen Schicht. Ich halte daher *Hydra*
noch heute für zweiblätterig und würde sie daher nach
Van Beneden zu den *Mesozoa* stellen müssen; und dasselbe gilt
wahrscheinlich auch von den meisten anderen Hydroid-Polypen.
Die genauen Untersuchungen von Franz Eilhard Schulze über
verschiedene Hydroid-Polypen, ebenso die neueste sorgfältige Darstellung des Baues von Podocoryne durch C. Grobben [1]) lassen
keinen Zweifel, dass die meisten Hydroiden sich der Hydra im
Wesentlichen gleich verhalten und kein Mesoderm besitzen.
Ueberall erscheinen die Muskelfasern als kernlose fadenförmige
Fortsätze der Neuromuskelzellen des Exoderms. Die von ihnen
gebildete Schicht kann daher ebenso wenig als ein besonderes
Keimblatt gelten, wie die innen daran liegende hyaline und
structurlose Stützlamelle. Das Mindeste, was ich für den Begriff eines Keimblattes verlange, ist eine selbständige
Zellenschicht, welche sich von den anliegenden anderen
Zellenschichten deutlich absetzt und eine morphologische Einheit
bildet. Ebenso zweiblätterig, wie die Hydroid-Polypen, sind
wahrscheinlich viele niedere Medusen, bei denen die structurlose
Gallertscheibe keine Zellen enthält und auch nichts weiter ist, als
eine sehr verdickte hyaline „Stützlamelle". Bei den höheren Medusen
hingegen, wo Zellen in die letztere eintreten und das „Gallert-
gewebe" des Medusen-Schirms, also eine selbständige Bindegewebs-
Formation bilden, da wird unzweifelhaft diese letztere den Werth
eines besonderen Keimblattes, eines wahren Mesoderms beanspruchen können.

Es handelt sich bei dieser Auffassung um eine histologische
Principien-Frage, die keineswegs gleichgültig ist. Viele Histologen
beschreiben Membranen, welche bloss structurlose Ausscheidungen
von Zellen sind, als selbständige Gewebe und nehmen daher
keinen Anstand, auch der structurlosen, zwischen Entoderm und
Exoderm gelegenen „Stützlamelle" der Acalephen den Werth einer
besondern Gewebsschicht, ja sogar eines Keimblattes zuzu-
sprechen. [2]) Dieser Auffassung kann ich eben so wenig bei-

---

[1]) C. Grobben, Ueber Podocoryne carnea, Sitzungsber. der Wiener Ak.,
1875. Nov.

[2]) Kölliker vergleicht in seinen *Icones histologicae* (II. Abth., 1. Heft,
1865, p. 89) die structurlose Gallertscheibe der niederen Medusen ganz richtig
mit einer „colossalen Basement Substance". Gleich darauf aber fasst er sie
doch wieder als ein besonderes Gewebe, und zwar als eine „eigenthümliche
Bindesubstanz" auf, hauptsächlich deshalb, weil sie oft „in Massenhaftigkeit"

pflichten, als ich etwa die Chitin-Skelete der Gliederthiere (o h n e die sie erzeugende Schicht von Chitinogen-Zellen) als ein besonderes „Gewebe" anerkennen kann. Der Begriff des Gewebes bezeichnet stets ein einheitliches Aggregat von Zellen von bestimmter morphologischer (und meist auch physiologischer) Beschaffenheit. Desshalb muss ich die Hydroiden und die niederen Medusen für zweiblätterig halten (ohne Mesoderm), hingegen die Corallen und die höheren Medusen für dreiblätterig (mit Mesoderm).

Ganz ähnlich verhält es sich mit den S p o n g i e n. In meiner Monographie der Kalkschwämme hatte ich den Bau dieser Thierklasse — in Uebereinstimmung mit der älteren Auffassung von LIEBERKUEHN und OSKAR SCHMIDT — als zweiblätterig beschrieben. Bei den einfachsten Kalkschwämmen, den Asconen, ist das Entoderm ein einfaches Geissel-Epithel, das Exoderm eine dünne Schicht von verschmolzenen Zellen, welche Kalknadeln ausscheiden (Syncytium). Diese Auffassung bekämpfte später FRANZ EILHARD SCHULZE, gestützt auf seine sehr sorgfältigen Untersuchungen eines Sycon. [1] Er wies nach, dass ich bei den Syconen eine sehr dünne Schicht von Platten-Epithel übersehen hatte, welche die äussere Oberfläche des Syncytium überkleidet. Dieses Epithel deutet er als Exoderm, das Syncytium als Mesoderm, und das Geissel-Epithel als Entoderm. Von der Existenz jenes äusseren Platten-Epithels bei den S y c o n e n habe ich mich an SCHULZE's eigenen, gütigst zur Ansicht übersandten Präparaten überzeugt. Dagegen ist es mir nicht möglich gewesen, dasselbe bei den niederen Kalkschwämmen, den A s c o n e n, wiederzufinden, trotzdem ich mir alle Mühe gegeben habe, mit Hülfe der von SCHULZE angegebenen Methoden es wahrzunehmen. Auch der neueste Untersucher der Kalkschwämme, KELLER [2] (der meine Angaben in allen wesentlichen Punkten bestätigt) hat dasselbe nicht wiederfinden können und hält die Körperwand für zweiblätterig. SCHULZE's Deutung kann ich namentlich deshalb nicht theilen, weil jenes Platten-

---

auftritt, und „eine besondere Function als Stützsubstanz" versieht. Aber weder diese p h y s i o l o g i s c h e Bedeutung noch jene Massenhaftigkeit können nach meiner Ansicht einer solchen structurlosen Ausscheidung den m o r p h o l o g i s c h e n Werth eines besonderen Gewebes verleihen.

[1] FRANZ EILHARD SCHULZE, Ueber den Bau und die Entwicklung von Sycandra raphanus. Zeitschr. für wiss. Zool., XXV. Bd. Supplem., p. 247.

[2] C. KELLER, Untersuchungen über die Anatomie und Entwicklungsgeschichte einiger Spongien des Mittelmeeres. Ein Beitrag zur Lösung der Spongienfrage. Basel 1876.

Epithel gerade da am deutlichsten ist, wo man es am wenigsten
erwarten dürfte, an der inneren Gastralfläche der Syconen. Diese
ist bei dem jungen Sycon (im Olynthus-Stadium) mit dem Geissel-
Epithel des Entoderms bedeckt. Erst später, wenn die Radial-
Tuben durch strobiloide Knospung entstanden sind, verschwindet
das Geissel-Epithel an der Gastralfläche und zieht sich in die
Hohlräume der Radial-Tuben zurück. Man kann daher das
später an der Gastralfläche zu findende Platten-Epithel entweder
für das umgewandelte Entoderm oder für eine Oberflächen-
Differenzirung des entblössten Exoderms halten. Jedenfalls würde
Schulze's Deutung nur dann vollständig gesichert sein, wenn
durch die Ontogenie gezeigt würde, dass jenes Platten-Epithel
ursprünglich zuerst aus dem Exoderm der Gastrula entsteht
und dass erst später zwischen ihm und dem Geissel-Epithel
des Entoderms sich das Syncytium bildet. Dieser Beweis ist aber
noch nicht geführt. So sicher jetzt durch die meisten neueren
Beobachter die Existenz der Gastrula bei den Kalkschwämmen
festgestellt ist, so sehr widersprechen sich ihre Annahmen darüber,
wie dieselbe sich in den jungen Schwamm verwandelt. Hier fehlen
sichere Beobachtungen.

Vergleiche ich Alles, was die neueren Beobachtungen über
Bau und Entwickelung der Spongien zu Tage gefördert haben,
so komme ich zu der Vermuthung, dass dieselben sich ähnlich wie
die Acalephen verhalten. Hier wie dort bestehen die niedern
Formen in entwickeltem Zustande bloss aus Entoderm und Exo-
derm, während bei den höheren Formen zwischen beiden sich
ein „Mesoderm" ausbildet. Jedenfalls steht aber so viel schon
jetzt fest, dass der Vorschlag van Beneden's, die zweiblätterigen
Gastraeaden (und Planuladen?) als *Mesozoa* den dreiblätterigen
Metazoa gegenüber zu stellen, nicht naturgemäss ist. Man würde
dann die niederen Hydromedusen — ohne Mesoderm — zu den
Mesozoa, die höheren Hydromedusen — mit Mesoderm — zu den
Metazoa stellen müssen. Daher kann ich das Unterreich der
Mesozoen überhaupt nicht anerkennen und muss bei meiner
früheren Eintheilung des Thierreichs in Protozoen und Metazoen
verharren.

22. Gastrulation der Säugethiere.

Zu den wichtigsten und interessantesten Ergebnissen, welche
die ontogenetischen Untersuchungen des letzten Jahres herbeigeführt

haben, gehört jedenfalls die Entdeckung der wahren Gastrula
der Säugethiere. Wir verdanken dieselbe Eduard van Beneden,
der sich schon so viele und grosse Verdienste um die Förderung
der Entwickelungslehre und um Aufhellung ihrer dunkelsten
Punkte erworben hat. Zwar ist die ausführliche Abhandlung noch
nicht erschienen, in welcher dieser ausgezeichnete Forscher seine
Entdeckung eingehend beschreiben und durch Abbildungen erläutern wird, sondern bloss eine vorläufige Mittheilung der wichtigsten Resultate. [1] Aber diese „Communication préliminaire" ist
so vortrefflich geschrieben und zeugt von so sorgfältigen und
gründlichen Untersuchungen, dass man sich daraus ein vollkommen klares Bild von der Eifurchung und Gastrulabildung der
Säugethiere entwerfen kann. Dieses Bild entspricht vollständig
den Voraussetzungen der Gastraea-Theorie und füllt die grosse,
hier bisher bestandene Lücke in derjenigen Weise aus, welche
man vom Standpunkte der vergleichenden Ontogenie und bei
der selbstverständlichen Annahme eines monophyletischen Stammbaums der Wirbelthiere a priori erwarten musste. Ich habe daher
auch kein Bedenken getragen, in der kürzlich erschienenen III. Auflage meiner Anthropogenie die Darstellung van Beneden's vollständig zu adoptiren und durch schematische, nach seiner Beschreibung entworfene Abbildungen zu erläutern [2].

Bekanntlich sind die ersten Vorgänge bei der Keimung der
Säugethiere bisher nur wenig Gegenstand ontogenetischer Untersuchungen gewesen. Die sorgfältigen und für ihre Zeit ausgezeichneten Beobachtungen, welche W. Bischoff über die Ontogenie
des Kaninchens (1840), des Hundes (1842), des Meerschweinchens
(1852) und des Rehes (1854) veröffentlichte, bildeten eigentlich
bis heute die einzige zusammenhängende Grundlage unserer Kenntnisse von der Keimesgeschichte derjenigen Thierklasse, der wir
selbst angehören. Zwar haben später Remak, Reichert. und Coste,
und in neuester Zeit Kölliker, Hensen, Rauber, Lieberkuehn und
einige andere Beobachter einzelne, und zum Theil werthvolle Beiträge zu diesem wichtigsten Theile der Naturgeschichte der

[1] Edouard van Beneden, La maturation de l'oeuf, la fécondation et les
premières phases du développement embryonnaire des Mammifères, d'après
des recherches faites chez le lapin. Communication préliminaire. Extrait des
Bulletins de l'Acad. royale Belgique, II. Ser., Tom. XL, No. 12. Bruxelles
1875.
[2] Anthropogenie, III. Aufl. 1877. Fig. 36—41, S. 170—174; ferner
Taf. II, Fig. 12—17, S. 193.

17*

Säugethiere geliefert; aber gerade die frühesten und wichtigsten
Vorgänge des Keimungs-Processes sind dabei theils gar nicht
berücksichtigt, theils falsch gedeutet worden. Eduard van Beneden
ist bis jetzt der einzige Beobachter, der uns eine gründliche und
vollständige Untersuchungsreihe über die ersten Vorgänge der
Säugethier-Keimung bis zur Bildung der Gastrula und der
Gastrocystis gegeben hat; und die von ihm entdeckten Thatsachen harmoniren so schön mit der Gastraea-Theorie, dass ich
nicht umhin kann, sie in ihrer Bedeutung für letztere hier kurz
zu beleuchten.

Als die wichtigste und interessanteste Thatsache, welche
van Beneden's Untersuchungen über die Keimung des Kaninchens
zu Tage gefördert haben, erscheint uns folgende: Die Eifurchung der Säugethiere ist eine inaequale, und
ihr Product eine Amphigastrula. Bisher hatte man irrthümlich angenommen, dass die Furchung des Säugethier-Eies
eine „regelmässige totale". d. h. eine primordiale sei, und dass
ihre Morula aus lauter gleichartigen Zellen von gleicher Grösse
und Beschaffenheit zusammengesetzt sei. Diese Annahme war
aber grundfalsch. Schon mehrere Figuren auf Bischoff's Tafeln
(z. B. Fig. 7, Tafel I vom Meerschweinchen) zeigen eine ungleiche
Grösse der Furchungszellen, und da seine Figuren im Ganzen
sehr genau gezeichnet und naturgetreu sind, so hätte man schon
daraus schliessen können, dass die Eifurchung der Säugethiere
keine echte primordiale, sondern eine inaequale sei. Ich hatte
daher dieselbe auch schon früher als „pseudototale" bezeichnet und
der „echten totalen" oder primordialen Furchung des Amphioxus
und vieler Wirbellosen gegenüber gestellt. Abgesehen von der
verschiedenen Grösse der Furchungszellen berechtigte dazu auch
das gänzlich verschiedene Verhalten der aus der Morula hervorgehenden „Keimblase".

Nach van Beneden verhalten sich die Furchungszellen oder
Segmentellen bei der Keimung des Kaninchens folgendermassen.
Nachdem aus dem befruchteten kernlosen Ei (Monerula) sich die
kernhaltige Stammzelle (Cytula) gebildet hat, zerfällt diese in
die beiden ersten Furchungszellen. Schon diese beiden ersten
Segmentellen haben verschiedene Beschaffenheit
und Bedeutung. Die eine ist etwas grösser, heller und fester
als die andere. Diese letztere aber, die kleinere, dunklere und
weichere, wird durch Carmin, Osmiumsaeure u. s. w. viel inten-
siver gefärbt als die erstere. Es zeigen also schon die beiden

ersten Furchungszellen des Säugethieres jene charakteristische
Differenz, welche wir allgemein zwischen den animalen und vegetativen Zellen der amphiblastischen Thiere antreffen. Das Protoplasma der animalen Exoderm-Zelle ist fester, klarer, durch-
sichtiger als das Protoplasma der vegetativen Entoderm-Zelle,
welches reicher an Körnchen, trüber, weicher, undurchsichtiger
ist und viel mehr Neigung zur Aufnahme von Farbstoffen besitzt.
Wie sich aus der weiteren Entwickelung ergiebt, ist die hellere,
grössere und festere von den beiden ersten Furchungszellen des
Säugethieres die Mutterzelle des Exoderms oder des animalen Keimblattes; die trübere, kleinere und weichere hingegen ist
die Mutterzelle des Entoderms oder des vegetativen Keimblattes. Wir können daher schon jetzt die erstere als animale,
die letztere als vegetative Zelle bezeichnen. Die Säugethiere
bieten also ganz dasselbe Verhältniss dar, welches ich früher bei
Fabricia beschrieben habe (Fig. 93) und welches auch viele andere
amphiblastische Eier zeigen.

Die beiden ersten Segmentellen des Säugethieres, welche dergestalt die Mutterzellen der beiden primären Keimblätter sind, zerfallen nunmehr durch gleichzeitige Theilung in
je zwei Tochterzellen. Diese vier Furchungszellen liegen gewöhnlich in zwei verschiedenen, auf einander senkrechten Ebenen
(seltener in einer Ebene). Die zwei grösseren und helleren Zellen,
die Tochterzellen der Exoderm-Mutterzelle, färben sich in Carmin
viel weniger intensiv, als die beiden kleineren und dunkleren Zellen,
die Töchter der Entoderm-Mutterzelle. Die Linie, welche die
Mittelpunkte der beiden letzteren Furchungskugeln verbindet, steht
gewöhnlich senkrecht auf der Linie, welche die beiden ersteren
verbindet. Nunmehr zerfällt jede von diesen vier Zellen durch
Theilung abermals in zwei gleiche Tochterzellen; wir bekommen
acht Furchungszellen, die Urenkelinnen der Stammzelle. Vier
grössere, festere und hellere Zellen liegen in einer Ebene: die
Enkelinnen der Exoderm-Mutterzelle. Vier kleinere, weichere und
dunklere Zellen liegen in einer zweiten, jener parallelen Ebene:
die Enkelinnen der Entoderm-Mutterzelle. Wenn wir die Mittelpunkte von je zwei entgegengesetzten Furchungszellen einer
Ebene durch gerade Linien verbinden, so schneiden sich diese
letzteren unter rechten Winkeln. Aber die vier Verbindungslinien
beider parallelen Ebenen zusammen schneiden sich unter Winkeln
von 45 Grad.

Jetzt aber verändern die acht Furchungszellen ihre ursprüng-

liche Lage und ihre kugelige Gestalt. Eine von den vier Entoderm-Zellen tritt in die Mitte des Zellenhaufens und bildet zusammen mit den drei anderen eine Pyramide (oder ein Tetraeder).
Die vier Exoderm-Zellen legen sich über die Spitze dieser Pyramide
haubenförmig herüber. Das ist der Anfang eines Keimungs-
processes, den wir als abgekürzte und gefälschte Wiederholung
der Einstülpung der Keimhautblase auffassen müssen
und der zur Gastrula-Bildung führt. Von jetzt an folgt die weitere
Furchung des Säugethier-Eies einem Rhythmus, der demjenigen
des Frosch-Eies im Wesentlichen gleich ist. Während bei der
ursprünglichen (oder primordialen) Eifurchung der Rhythmus in
regelmässiger geometrischer Progression fortschreitet (2, 4, 8, 16,
32, 64, 128 u. s. w.), so ist die Zahlenfolge der abgeänderten
Progression beim Säugethier-Ei dieselbe wie beim Amphibien-Ei:
2, 4, 8, 12, 16, 24, 32, 48, 64, 96, 160 u. s. w. Das rührt davon
her, dass von jetzt an die lebhafteren Exoderm-Zellen sich rascher
vermehren als die trägeren Entoderm-Zellen. Die letzteren bleiben
immer etwas hinter den ersteren zurück und werden von ihnen
umwachsen. Diese Umwachsung der inneren Darmblatt-Zellen
ist aber im Grunde nichts Anderes, als die Einstülpung der
vegetativen Halbkugel in die animale Hemisphäre der Keimhautblase; d. h. die Bildung einer Gastrula.

Zunächst folgt also jetzt ein Stadium, in welchem der Säugethier-Keim aus zwölf Furchungs-Zellen besteht. Vier dunklere
Entoderm-Zellen bilden eine dreiseitige Pyramide, die von einer
Haube von zwölf helleren Exoderm-Zellen bedeckt ist. Das nächste
Stadium, mit sechzehn Furchungs-Zellen, zeigt uns vier Entoderm-
Zellen im Inneren, vier andere aussen und unten; während die
acht Exoderm-Zellen in Gestalt einer halbkugeligen Haube die
obere Hälfte des Keimes bedecken. Die letztere umwächst die
innere Zellenmasse noch mehr, indem nun aus den acht Exoderm-Zellen sechzehn werden; von den acht Entoderm-Zellen
liegen drei, vier oder fünf im Innern, fünf oder entsprechend vier
oder drei an der Basis des kugeligen Keims. Auf dieses Stadium
von vierundzwanzig Zellen folgt eins mit zweiunddreissig, indem
auch die acht Entoderm-Zellen sich verdoppeln. Weiterhin folgen
nun Keimformen mit achtundvierzig Furchungs-Zellen (zweiunddreissig Exoderm, sechzehn Entoderm); vierundsechzig Furchungs-
Zellen (zweiunddreissig Hautblatt, zweiunddreissig Darmblatt);
sechsundneunzig Furchungs-Zellen (vierundsechzig Exoderm, zweiunddreissig Entoderm) u. s. w. Wenn die Zahl der Furchungs-

Zellen beim Säugethier-Keim auf sechsundzwanzig gestiegen ist (— beim Kaninchen ungefähr siebzig Stunden nach der Befruchtung —) tritt die charakteristische Form der Hauben-Gastrula (Amphigastrula) deutlich hervor. Der kugelige Keim besteht aus einer centralen Masse von zweiunddreissig weichen, rundlichen, dunkelkörnigen Entoderm-Zellen, welche durch genseitigen Druck vieleckig abgeplattet sind und sich mit Osmium-Säure dunkelbraun färben. Diese centrale dunkle Zellenmasse ist umgeben von einer helleren kugeligen Hülle, gebildet aus vierundsechzig würfelförmigen, kleineren und feinkörnigen Exoderm-Zellen, die in einer einzigen Schicht nebeneinander liegen und sich durch Osmiumsäure nur sehr schwach färben. Nur an einer einzigen Stelle ist diese Exoderm-Hülle unterbrochen, indem ein, zwei oder drei Entoderm-Zellen hier frei zu Tage treten. Diese letzteren bilden den Dotterpfropf und füllen den Urmund der Gastrula aus. Die centrale Urdarmhöhle ist von Entoderm-Zellen erfüllt. Die einaxige oder monaxonie Grundform der Säugethier-Gastrula ist dadurch deutlich ausgesprochen. (Vergl. die Figuren 36—41 in meiner Anthropogenie, III. Aufl., S. 170—174; sowie S. 113, Taf. II, Fig. 12—17.)

Erst nachdem diese Amphigastrula der Säugethiere ausgebildet ist, entsteht jene charakteristische und vielbesprochene „Keimblase" der Säugethiere, welche zuerst REGNER DE GRAAF, später BAER beobachtet und welche BISCHOFF mit dem Namen *Vesicula blastodermica* belegt hat. Bekanntlich hielt man bis jetzt allgemein diese mit Flüssigkeit erfüllte Hohlkugel für gleichbedeutend mit der *Blastula* (oder *Blastosphaera*) des Amphioxus und vieler Wirbellosen, jener einfachen, mit Flüssigkeit erfüllten Hohlkugel, deren Wand eine einzige Zellenschicht bildet, die Keimhaut (*Blastoderma*). Aber schon der Umstand, dass sich diese Hohlkugel bei der weiteren Entwicklung hier ganz anders verhält, als dort, musste gewichtige Bedenken erregen, und noch mehr jener vieldeutete, biconvexe, linsenförmige „Haufen von dunkleren Furchungszellen", welcher an einer Stelle der Innenwand der Säugethier-Keimblase anliegt. VAN BENEDEN's Entdeckungen haben auch in diese dunkle Frage volles Licht gebracht und zur Evidenz bewiesen, dass die sogenannte Keimblase der Säugethiere (*Vesicula blastodermica*) und die wahre Keimblase des Amphioxus und vieler Wirbellosen (*Blastula* oder *Blastosphaera*) gänzlich verschiedene

Bildungen sind. Letztere geht der Gastrula-Bildung voraus;
erstere folgt ihr nach. Letztere verwandelt sich in den ganzen
Keim; erstere bildet nur zum kleineren Theil den eigentlichen
Keim, zum grösseren Theil die „Nabelblase" oder den rück-
gebildeten Dottersack des Säugethieres. Es ist daher durchaus
nothwendig, jene beiden, bisher irrthümlich zusammengeworfenen
Bildungen gänzlich zu trennen und mit verschiedenen Namen zu
belegen. Ich habe in der Anthropogenie (III. Aufl., S. 235) die
„Vesicula blastodermica" der Säugethiere als Keimdarmblase
(Gastrocystis), hingegen die echte Keimblase des Amphioxus und
der Wirbellosen als Keimhautblase (Blastula) bezeichnet. Die
Wand der letzteren bildet die Keimhaut (Blastoderma), welche
noch nicht invaginirt und noch nicht in die beiden primären
Keimblätter gesondert ist. Die Wand der ersteren hingegen bildet
nicht das Blastoderma, sondern das Entoderma und der „linsenförmige Haufen von Furchungskugeln", welcher an einer be-
stimmten Stelle der Innenwand des letzteren anliegt, ist das
Entoderma. Die übliche, von Bischoff eingeführte Bezeichnung
Vesicula blastodermica ist daher grundfalsch.

Die Gastrocystis oder die Keimdarmblase ist mithin ein ganz
eigenthümlicher Keimzustand, welcher bloss bei den Säugethieren (vielleicht sogar bloss bei den Placentalien) vorkommt
und allen anderen Thieren fehlt. Die Entstehung dieser Keimdarmblase aus der vorhergehenden Amphigastrula der Säugethiere ist nach van Beneden folgende: Der Urmund der Amphigastrula verschwindet, indem die Entodermzelle, welche den Dotterpfropf bildete, in das Innere des kugeligen Keims, zu den anderen
Zellen des Darmblattes tritt. Der Säugethier-Keim bildet jetzt
eine solide Kugel, bestehend aus einem centralen Haufen dunkler
polyedrischer, grösserer Entoderm-Zellen, und einer peripherischen
Hülle, welche aus einer einzigen Schicht von helleren, rundlichen
kleineren Entoderm-Zellen zusammengesetzt ist. Nun sammelt sich
an einer Stelle zwischen beiden Keimblättern klare helle Flüssigkeit an; und diese wächst bald so bedeutend, dass sich die Exoderm-Hülle zu einer grossen kugeligen Blase ausdehnt. Die
Masse der dunkleren Entoderm-Zellen, welche eine Kugel von viel
kleinerem Durchmesser bildete, bleibt an einer Stelle (nach van
Beneden an der Stelle des Dotterpfropfes) mit dem Exoderm im
Zusammenhange. Sie flacht sich hier erst halbkugelig, darauf
linsenförmig, endlich scheibenförmig ab, indem sich die Entoderm-
Zellen verschieben und in Gestalt einer kreisrunden Scheibe in

einer Schickt ausbreiten. So entsteht an einer Stelle der Keim-
darmblasen-Wand die bekannte kreisrunde „Keimscheibe der
Säugethiere", welche man mit van Beneden als Keimdarm-
scheibe *(Gastrodiscus)* bezeichnen kann. Diese allein besteht
aus den beiden primären Keimblättern — einer äusseren Schicht
heller Exoderm-Zellen, einer inneren Schicht trüber Entoderm-
Zellen, — während die ganze übrige Wand der Keimdarmblase
bloss aus einer Schicht Exoderm-Zellen besteht. Erst später
wächst an deren Innenwand auch das Entoderm vollständig herum
und nun besteht die Wand· der Gastrocyste aus den beiden primären Keimblättern, während im Bezirke des Gastrodiscus oder
des „Fruchthofes" sich zwischen beiden bereits das Mesoderm gebildet hat.

Bekanntlich bildet nun später der Gastrodiscus allein den
Leib des Säugethier-Embryo, während der übrige Theil der Gastro-
cysten-Wand den vergänglichen Dottersack oder die Nabelblase
darstellt. Letztere verhält sich homolog dem Dottersack der Vögel
und Reptilien, und daraus geht klar hervor, was auch aus anderen
Gründen der vergleichenden Ontogenie schon längst wahrscheinlich war, dass der kleine und unbedeutende Dottersack der
Säugethiere stark rückgebildet ist, das Rudiment oder
schwache Ueberbleibsel von einem viel grösseren und bedeuten-
deren Dottersack, welchen die Vorfahren der Säugethiere besassen.
Vielleicht ist dieser letztere bei den Monotremen noch heute vorhanden, vielleicht noch bei einem Theile der Marsupialien. Jedenfalls steht zu erwarten, dass die wichtige, leider fast noch ganz
unbekannte Keimesgeschichte dieser beiden niederen Säugethier-
Subclassen uns noch viele wichtige Aufschlüsse über die Ontogenie
der Placentalien und ihre cenogenetische Entstehung aus älteren
Keimungsformen geben wird.

Das cenogenetische Anpassungs-Verhältniss, welches die Rückbildung des rudimentären Dottersacks der Säugethiere veranlasst
hat, liegt klar auf der Hand. Es ist die Anpassung an den
lange dauernden Aufenthalt im Uterus der lebendig
gebärenden Säugethiere, deren Vorfahren sicher eierlegend waren.
Indem der Proviant-Vorrath des mächtigen Nahrungsdotters, welchen die oviparen Vorfahren dem gelegten Ei mit auf den Weg
gaben, durch die Anpassung an den längeren Aufenthalt im
Fruchtbehälter bei ihren viviparen Epigonen überflüssig wurde,
und indem hier das mütterliche Blut in der Uterus-Wand sich
zur wichtigsten Nahrungsquelle gestaltete, musste natürlich der

überflüssig gewordene Dottersack durch „embryonale Anpassung"
rückgebildet werden.

Es ist also klar, dass die ersten Keimungs-Processe der
Säugethiere — und vor allen ihre Eifurchung und Gastrulation —
keineswegs, wie man bisher irrthümlich glaubte, in einer sehr
einfachen und ursprünglichen Form verlaufen, sondern im Gegentheil in einer sehr stark modificirten, zusammengezogenen und
abgekürzten Form, wie das nach der Gastraea-Theorie von vornherein zu erwarten war. Die Keimung der Säugethiere
ist sehr stark cenogenetisch verändert, stärker als bei
allen anderen Wirbelthieren. Ihre amphiblastische Keimungsform
ist wahrscheinlich durch Rückbildung des Nahrungsdotters aus
der discoblastischen Keimungsform ihrer Vorfahren entstanden.
Diese letztere aber muss wieder von der amphiblastischen Keimungsform älterer Ahnen (Amphibien), wie diese letztere von
der noch viel älteren archiblastischen Keimungsform der Acranier-
Ahnen (Amphioxus) abgeleitet werden. Die Amphigastrula der
Säugethiere (und des Menschen) hat demnach folgende Vorfahren-
Kette: Amphigastrula, Discogastrula, Amphigastrula, Archigastrula.

23. Urdarm und Urmund. Primitiv-Organe.

Die Lehre von den „Primitiv-Organen" des Thierkörpers gehört zu den widerspruchreichsten Kapiteln der Ontogenie. Die
meisten Autoren betrachten unbedenklich dasjenige Organ des
Embryo als „Primitiv-Organ", das ihnen zuerst im Laufe der
Keimesgeschichte als deutlich erkennbares und selbständiges Organ entgegentritt. An die erste Vorbedingung der richtigen Erkenntniss, an die scharfe Unterscheidung der palingenetischen
und cenogenetischen Verhältnisse, wird dabei meistens gar
nicht gedacht. Daher werden die verschiedensten Organe, Nerven-
system, Sinnesorgane, Drüsen u. s. w., als Primitiv-Organe aufgefasst, obwohl sie diese Bezeichnung durchaus nicht verdienen.
Im Gegensatz hierzu erkennt die Gastraea-Theorie überall nur
zwei wahre Primitiv-Organe des Metazoen-Organismus an: das
Hautblatt (*Exoderma*) und das Darmblatt (*Entoderma*), welches letztere die Urdarmhöhle mit der Urmundöffnung umschliesst.

Urdarm (*Progaster* oder *Protogaster*) hatte ich 1872 in der
Monographie der Kalkschwämme (Bd. I, S. 468) die ursprüngliche

Darmhöhle der Gastrula genannt, und deren einfache Mundöffnung: U r m u n d (*Prostoma* oder *Protostoma*). E. Ray-Lankester,
welcher sich grosse Verdienste um die Förderung der Gastraea-
Theorie erworben hat, und welcher unabhängig von mir, von
anderen Beobachtungen ausgehend, zu ganz ähnlichen Folgerungen
gekommen war, hat drei Jahre später (1875) den Urdarm der
Gastrula als *Archenteron* und deren Urmund als *Blastoporus* bezeichnet. [1]) Die letztere Bezeichnung, welche von mehreren Autoren
angenommen worden ist, hat vor der meinigen den Vorzug der
Neutralität; sie präjudicirt Nichts über die ursprüngliche Bedeutung der Oeffnung, durch welche sich die Urdarmhöhle nach
aussen öffnet. Meine Bezeichnung hingegen schliesst die Vorstellung
ein, dass jene Oeffnung ursprünglich und zuerst wirklich als M u n d -
ö f f n u n g der Gastraea und der nächstverwandten ältesten Metazoen fungirt habe; in derselben morphologischen Bedeutung des
Begriffes, in welcher wir die einfache Darmöffnung der Hydroiden
als ihren M u n d bezeichnen, obwohl dieselbe eine doppelte physiologische Function als Mund und After ausübt. Aber gerade
aus diesem Grunde gebe ich auch heute noch meiner Bezeichnung
den Vorzug vor der neutralen von Ray-Lankester. Denn ich bin
auch heute noch der Ansicht, dass der Urdarm mit seinem Urmund wirklich das älteste P r i m i t i v - O r g a n der ersten Metazoen
darstellte, und dass die einfache, am Oralpole nach aussen mün-
dende Höhle der heutigen Archigastrula mit jener hypothetischen
Urdarmhöhle identisch ist und von der ältesten Gastraea durch
zähe Vererbung Jahrtausende hindurch unverändert übertragen
wurde. Der U r d a r m (*Protogaster*) u n d der U r m u n d (*Protostoma*) d e r h e u t i g e n *Archigastrula* s i n d d i e p a l i n g e n e t i s c h e
W i e d e r h o l u n g d e r s e l b e n P r i m i t i v - O r g a n e v o n d e r
S t a m m f o r m d e r M e t a z o e n (*Gastraea*). Dabei kommt gar
nicht in Betracht, welche verschiedene Bedeutung etwa diese
Primitiv-Organe bei der weiteren Entwicklung der heutigen Metazoen erhalten. [2])

---

[1]) E. Ray-Lankester, On the invaginate Planula or diploblastic phase of
Paludina vivapara. Quarterly Journ. of microsc. science 1875, Vol. XV,
p. 163.

[2]) Aus dem gleichen Grunde nennen wir auch noch heute die embryonalen Schlundspalten und Schlundbogen der höheren Wirbelthiere K i e m e n -
b o g e n und K i e m e n s p a l t e n, obgleich sie ihre ursprüngliche physiologische
Bedeutung, die sie bei den kiemenathmenden Vorfahren der ersteren besassen,
längst verloren haben.

Zunächst wird dieser Satz nur bei denjenigen Keimformen der Metazoen unmittelbar einleuchten, bei welchen der Urdarm des Keimes wirklich von Anfang an eine einfache, leere Höhle und durch einen Urmund nach aussen geöffnet ist; also bei allen Modificationen der palingenetischen *Archigastrula*, und zweitens bei jenen Formen der cenogenetischen *Amphigastrula* und *Perigastrula*, welche in dieser Beziehung der Archigastrula gleichen. Wenn wir aber bei dieser die Gastrulahöhle wirklich als „Urdarmhöhle" und ihre Oeffnung als „Urmundöffnung" mit Sicherheit deuten können, so dürfen wir nach dem entsprechenden Primitiv-Organ auch bei allen anderen Gastrula-Formen suchen, wo dasselbe zu fehlen scheint. Hier ist es gewöhnlich der Nahrungsdotter, welcher die Urdarmhöhle ganz erfüllt, die Urmundhöhle verstopft und so deren Existenz verdeckt. Es ist aber nach meiner Ansicht für die morphologische Bedeutung dieser Primitiv-Organe ganz gleichgültig, ob dieselben mit Nahrungsdotter erfüllt oder leer sind, gerade so wie Magen und Mund des entwickelten Thieres ihre morphologische Bedeutung behalten wenn sie leer oder wenn sie mit Speise gefüllt sind. Ganz besonders lehrreich sind in dieser Beziehung die amphiblastischen Eier; denn sie bilden eine lange Reihe von verschiedenen Gastrula-Formen mit theils leerem, theils dottererfülltem Darm. Am einen Ende dieser Reihe treffen wir Amphigastrula-Formen mit leerem Urdarm und offenem Urmund, welche sich unmittelbar an die palingenetische Archigastrula anschliessen; am anderen Ende sehen wir Amphigastrula-Formen, deren Urdarm und Urmund grösstentheils oder ganz mit Dotterzellen erfüllt sind und die sich unmittelbar an die cenogenetische Discogastrula anschliessen. Zwischen jenen und diesen aber finden sich alle möglichen Uebergänge vor.

Natürlich ist es nach unserer Auffassung auch ganz gleichgültig, ob die Dottermasse, welche Urdarm und Urmund vieler cenogenetischen Gastrula-Keime erfüllt, aus wirklichen Dotterzellen besteht, d. h. aus axialen Entodermzellen, welche nicht zur Bildung des bleibenden Entoderms verwendet werden (wie z. B. bei Cyclostomen und Amphibien, Fig. 53) oder aus einer structurlosen oder nicht zellig organisirten Masse von Nahrungsdotter (wie bei vielen Knochenfischen, Fig. 55—75, Reptilien, Vögeln u. s. w.). Auch zwischen diesen beiden Fällen erkennen wir keinen scharfen Unterschied an und sind der Ansicht, dass die letzteren aus ersteren phylogenetisch erst später entstanden sind. Da ich in den Untersuchungen über „die Gastrula und die Eifurchung der Thiere" hinreichend dargethan zu haben glaube, dass wir alle verschiedenen Formen der Segmentation und Gastrulation ursprünglich von der primordialen Eifurchung und Archigastrula - Bildung ableiten können, vermag ich in jenen vielbesprochenen Differenzen wirklich keine Schwierigkeit zu erblicken und halte demnach auch heute noch an dem 1872 von mir aufgestellten Satze fest: Urdarm und Urmund sind bei sämmtlichen Metazoen homologe Primitiv-Organe. Dasselbe gilt natürlich auch von den beiden primären Keimblättern, welche die Wand des Urdarms bilden. Ganz ohne Einfluss auf diesen Satz sind, wie gesagt, die späteren Schicksale dieser Primitiv-Organe, welche sich bei den verschiedenen Metazoen sehr verschieden gestalten können.

Ueber diese späteren Schicksale des Urdarms und Urmundes bei den verschiedenen Metazoen gehen bekanntlich die Ansichten der verschiedenen Ontogenisten heutzutage noch so weit auseinander, dass es nutzlos sein würde, dieselben hier sämmtlich aufzuführen und zu discutiren. Offenbar bedarf es hier noch viel ausgedehnterer, vor Allem aber viel genauerer und mit mehr kritischem Urtheil angestellter Beobachtungen. Denn nicht allein bei verschiedenen (oft bei nahe verwandten) Thieren, sondern sogar bei einem und demselben Thiere lauten die Angaben der verschiedenen „exacten" Beobachter völlig entgegengesetzt. Wir beschränken uns daher auf folgende kurze Bemerkungen.

Der Urmund (*Protostoma, Blastoporus*, Rusconi'scher After, Invaginations-Oeffnung der Gastrula) scheint zu persistiren und sich in den bleibenden Mund zu verwandeln bei den meisten (nicht bei allen!) Zoophyten (Gastraeaden, Spongien, Hydromedusen). Dagegen scheint er frühzeitig im Laufe der Entwicklung zu verschwinden bei den meisten (vielleicht allen?) Bilaterien, d. h. bei den Würmern und den vier höheren typischen Thierstämmen (Mollusken, Echinodermen, Arthropoden, Vertebraten). Sicher scheint es zu sein, dass der Urmund hier nirgends zum bleibenden secundären Munde, zum Nachmunde (*Metastoma*) sich gestaltet; dieser scheint stets durch Neubildung vom Exoderm aus zu entstehen. Dagegen ist es möglich, dass der Urmund der Bilaterien sich bisweilen zum bleibenden After gestaltet.[1]

---

[1] Die Verwandlung des Urmundes in den bleibenden After wird z. B. in neuester Zeit mit grosser Bestimmtheit von Ray-Lankester bei Paludina behauptet. Quart. Journ. of microsc. Sc. 1876, Vol. XVI, p 377.

Jedenfalls entsteht der letztere sehr oft an einer Stelle, welche
der früheren Stelle des zugewachsenen Urmundes entspricht oder
ihr wenigstens sehr nahe liegt. Für ganz unmöglich halte ich,
was gegenwärtig viele Ontogenisten für wahrscheinlich und einige
für sicher halten, dass bei verschiedenen Thieren einer
natürlichen Klasse der Urmund bald zum bleibenden Munde,
bald zum bleibenden After wird, bald verschwindet. So behauptet
z. B. METSCHNIKOFF, dass der Urmund bei einigen Seesternen zum
bleibenden Munde, bei anderen zum After werde. Damit hören
alle Homologien zwischen zwei nächst verwandten Thieren auf.

Der Urdarm (*Protogaster*, *Archenteron*, Rusconi'sche
Nahrungshöhle) scheint nur bei sehr wenigen Metazoen sich
in den ganzen bleibenden Darmcanal, den Nachdarm (*Metagaster*) zu verwandeln. Das ist der Fall bei den Gastraeaden,
Spongien, Hydromedusen, vielleicht auch bei den niedersten
Würmern. Bei sämmtlichen übrigen Bilaterien (sowie bei den
Korallen, Ctenophoren [1]) und vielleicht auch noch bei anderen Zoophyten) bildet der Urdarm nur einen Theil, und zwar meistens den
mittleren Theil des Nachdarms. Hingegen entsteht der vordere Theil
(Schlunddarm) hier wohl immer durch Einstülpung von aussen,
aus dem Exoderm, und ebenso entsteht wohl bei den meisten
(oder allen?) mit After versehenen der After. Wie weit aber
diese beiden secundären Einstülpungen gehen (— die natürlich
gar nichts mit der Blastula-Einstülpung zu thun haben [2]) —) ist
bei den meisten Metazoen noch ganz unbekannt. Bei vielen dürften
sie viel beträchtlicher sein, als man bisher annahm. Bei den
Wirbelthieren [3]) dürfte nicht allein die Schlundhöhle, sondern auch

[1]) Bei den Korallen und Ctenophoren ist der sogenannte „Magen"
Schlund (vom Exoderm ausgekleidet). Der wahre Magen (Urdarm) ist bei
den Korallen die sogenannte „Leibeshöhle", bei den Ctenophoren der „Trichter".

[2]) KÖLLIKER (Entwicklungsgeschichte, II. Aufl. 1876. p. 383) sagt: „Will
man die Keimblase (der Säugethiere) mit den HAECKEL'schen Typen vergleichen, so kann man sie nur eine Blastula nennen; dagegen fehlt hier
ebenso wie beim Hühnchen, eine invaginirte Blastula oder eine Gastrula
ganz; und könnte man bei beiden Wirbelthierformen erst viel später in der
Einstülpung, die bei der Mundbildung statt hat, vielleicht eine schwache Andeutung der Gastrula finden." Die Antwort auf diese Auffassung enthält der
vorige Abschnitt (S. 252—258).

[3]) Bei den Wirbelthieren nimmt man gewöhnlich (seit REMAK) an, dass
die secundäre Einstülpung des Munddarms nur bis zum Gaumenthor reicht
und dass Schlund und Speiseröhre schon zum Urdarm gehören. Indessen
sprechen viele neuere Beobachtungen dagegen.

noch die Speiseröhre (— bei den Wiederkäuern vielleicht sogar
die drei ersten Magen-Abtheilungen —) zur Exoderm-Einstülpung
gehören. Bei den Gliederthieren hat kürzlich Paul Mayer gezeigt, dass wahrscheinlich meistens nur ein sehr kleiner Theil des
Mitteldarms, nämlich der nicht von Chitin-Cuticula bedeckte
„Chylus-Magen" oder der „eigentliche Magen" dem Urdarm entspricht.[1]) Alles Andere ist secundäre Einstülpung des Exoderms.

Jedenfalls dürfte es künftighin für die klare morphologische
Unterscheidung dieser genetisch so verschiedenen Darm-Abthei-
lungen von Vortheil sein, dieselben durch bestimmtere Bezeichnungen zu markiren, als die bisher üblichen und in sehr verschiedenem Sinne gebrauchten Ausdrücke: Vorderdarm, Mitteldarm und Hinterdarm (oder Munddarm, Magendarm und Afterdarm). Wir acceptiren dafür die von Ray-Lankester vorgeschlagenen
Ausdrücke: *Stomodaeum, Mesodaeum, Proctodaeum.* Stomodaeum
ist der Schlunddarm, vom *Exoderm* ausgekleidet, Mesodaeum der eigentliche Magendarm oder „Chylusdarm", hervorgegangen aus dem Urdarm, vom *Entoderm* gebildet; Proctodaeum der Afterdarm, ein Product des *Exoderms.*[2])

Dass die beiden primären Keimblätter, die ursprünglich allein
den ältesten Metazoen-Körper bildeten, wirklich Primitiv-
Organe sind, wird noch vielfach bestritten. So preist es noch
jetzt Kölliker[3]) als ein Verdienst Götte's, „Etwas ausgesprochen
zu haben, das zwar seit Langem sich vorbereitet, aber doch noch
nicht vollkommen zum Durchbruche gekommen war: dass die
Keimblätter weder für die Organe, noch für die Gewebe eine besondere einheitliche Bedeutung haben, mit anderen Worten, dass
dieselben weder histologische noch morphologische Primitiv-Organe
sind." Dieser Satz lässt sich nur für die höheren Thiere vertheidigen,
und auch hier nur in einem gewissen Sinne. Für die niederen
Thiere und für die ursprünglichen Bildungs-Verhältnisse des
thierischen Organismus ist derselbe entschieden unrichtig. Bei
unseren Gastraeaden (bei den Physemarien und Dicyemiden), bei den
Hydroiden und Spongien, und in weiterer Fassung überhaupt bei
den niederen (wenn nicht bei allen) Pflanzenthieren sind die
beiden primären Keimblätter noch heute wahre Primitiv-Organe;

[1]) Paul Mayer, Ueber Ontogenie und Phylogenie der Insecten. Jenaische
Zeitschr. für Naturw. 1876, Bd. X, S. 141.

[2]) Ray-Lankester, An account of Haeckel's recent additions to the Ga-
straea-Theory. Quarterly Journ. of micr. sc. 1876, Vol. XVI, p. 64.

[3]) Kölliker, Entwicklungsgeschichte, II. Aufl. 1877, p. 398.

und dasselbe gilt von der hypothetischen Gastraea, von welcher
wir sämmtliche Metazoen (monophyletisch oder auch polyphyletisch)
ableiten müssen. Ueberall ist bei diesen niedersten Metazoen das
Exoderm, das animale Primitiv-Organ, das Organ der
Bewegung und Empfindung, der Deckung und Skeletbildung;
ebenso ist hier überall das Entoderm (mit der von ihm um-
schlossenen Urdarmhöhle) das vegetative Primitiv-Organ,
das Organ der Nahrungs-Aufnahme, Verdauung, Ausscheidung
und wahrscheinlich auch Fortpflanzung. Sowohl jenes animale
als dieses vegetative Primitiv-Organ bildet bei allen jenen niedersten
Metazoen eine geschlossene morphologische und physiologische
Einheit und ist sowohl organologisch als histologisch scharf
charakterisirt.

Anders verhält es sich freilich bei den meisten höheren
Thieren, wo im Laufe der historischen Entwicklung von Millionen
Jahren die verwickeltsten Beziehungen zwischen den verschiedenen
Producten der primären Keimblätter eingetreten sind. Nicht allein
die Arbeitstheilung, sondern auch der Arbeitswechsel
hat hier vielfach die Organe und Gewebe auf das Mannichfaltigste
modificirt. Namentlich ist aber der Umstand hier von grösster
Bedeutung, dass die Keimblätter vielfach stellvertretend oder
vicariirend sich ersetzt und ihre Functionen sich wechselseitig
übertragen haben. Alle diese verwickelten Verhältnisse sind aber
erst später entstanden, sind secundärer, abgeleiteter Natur.
In den primären, ursprünglichen Verhältnissen, wie sie uns
die Gastraeaden und Hydroiden bis auf den heutigen Tag bewahrt haben, sind sowohl in physiologischer als in morphologischer
Beziehung, sowohl in organologischer als histologischer Bedeutung
die beiden primären Keimblätter die wahren Primitiv-Organe des Metazoen-Organismus.

24. Heuristische Bedeutung der Gastraea-Theorie.

Angesichts der verschiedenartigen Beurtheilung, welche die
Gastraea-Theorie sowohl bei den Gegnern als bei den Anhängern
der Entwicklungslehre gefunden hat, ist es mir hier am Schlusse
dieser Studien wohl gestattet, noch einige Worte über die heuristische
Bedeutung derselben hinzuzufügen. Unsere Theorie ist mehrfach
als ein Complex von Theorien und Hypothesen beurtheilt werden,
die sehr verschiedenen Werth und sehr ungleichen Anspruch auf

Geltung haben. Ich lasse mir diesen Ausspruch gern gefallen, zumal ich wohl einsehe, dass ich im Eifer für die Begründung einer monistischen Entwicklungslehre und in dem Bestreben, derselben durch die Gastraea-Theorie ein sicheres einheitliches Fundament zu geben, bisweilen zu weit gegangen bin. Ich lege selbst den mannichfaltigen Folgerungen, welche ich daraus für verschiedene Gebiete der thierischen Morphologie gezogen habe, einen sehr verschiedenen Werth bei, obgleich ich in der generellen Homologie der Gastrula und ihrer beiden primären Keimblätter bei sämmtlichen Metazoen einen festen Kern der Theorie erblicke, der die meisten daraus entwickelten Folgerungen wohl zu verknüpfen und einheitlich zusammen zu halten im Stande ist.

Die wichtigste Folgerung, welche ich aus jener Homologie der Keimblätter für das natürliche System, oder — was dasselbe ist — für die phylogenetische Classification des Thierreichs abgeleitet habe, war die Annahme einer monophyletischen Descendenz aller Metazoen von einer gemeinsamen Stammform, der Gastraea. So wichtig und folgenreich aber auch diese monophyletische Hypothese erscheint, so möchte ich ihr doch zunächst mehr eine heuristische, als eine causale Bedeutung sichern. Denn der Gewinn einer einheitlichen Auffassung der wichtigsten ontogenetischen Processe scheint mir durch die Gastraea-Theorie auf alle Fälle gesichert zu sein, gleichviel ob man daraus die gemeinsame Abstammung sämmtlicher Metazoen von einer einzigen Gastraea folgert oder nicht. Allerdings besteht für diese monophyletische Descendenz-Hypothese jetzt keine theoretische Schwierigkeit mehr. Denn unerschütterlich fest steht die fundamentale Thatsache, dass sich die niederen Thierformen sämmtlicher Stämme, und Thiere der verschiedensten Classen, aus einer und derselben Keimform, aus der palingenetischen *Archigastrula* entwickeln — und ebenso fest steht die ebenso wichtige Thatsache, dass sich die cenogenetischen Keimformen aller anderen Thiere, — alle verschiedenen Formen der *Amphigastrula, Discogastrula* und *Perigastrula,* — auf jene ursprüngliche *Archigastrula* direct oder indirect zurückführen lassen. Wenn wir das biogenetische Grundgesetz anerkennen, dürfen wir daraus unmittelbar den Schluss ziehen, dass sämmtliche Metazoen von einer gemeinsamen Stammform, einer der Archigastrula gleichgebildeten Gastraea ursprünglich abstammen. Aber auch wenn man jenes Grundgesetz der organischen Entwicklung nicht anerkennt und wenn man dem-

18

gemäss diesen monophyletischen Schluss nicht zulässt, auch dann
wird man zugeben müssen, dass durch die Zurückführung aller
der mannichfaltigen Keimformen der Metazoen auf die palingenetische Keimform der *Archigastrula* ein einheitliches „Bildungs-
gesetz" für den Metazoen-Keim gefunden sei.

Im letzteren Falle wird man die Homologie aller
Gastrula-Formen, und die damit verknüpfte generelle Homologie der beiden primären Keimblätter und des Urdarms, nur
als Homomorphie (oder anatomische Homologie) auffassen,
im ersteren Falle als Homophylie (oder genetische Homologie)[1].
Wenn die verschiedenen Gastrula-Formen wirklich nur homo-
morphe wären, und wenn also die verschiedenen Metazoen-
Gruppen von vielen ursprünglich verschiedenen und nicht zusammenhängenden Gastraea-Vorfahren abstammten, so würde man
annehmen müssen, dass die Existenz-Bedingungen der Urzeit so
gleichförmig waren, dass sie überall durch gleichartige Anpassung die werdenden Metazoen-Ahnen in die gleiche Bildungs-
Bahn der Gastraea drängten. Wenn man hingegen mit uns
annimmt, dass sämmtliche Gastrula-Formen homophyletisch
sind, so erklärt sich ihre genetische Homologie (— oder Homophylie —) sehr einfach durch Vererbung von einer gemeinsamen Stammform. Beide Hypothesen lassen sich mit Gründen
stützen; doch scheint mir die letztere einfacher und natürlicher
als die erstere.

Gegen die Homophylie — oder die wahre genetische Homologie — sämmtlicher Gastrula-Formen ist neuerdings wieder mehrfach der Einwurf erhoben worden, dass dieselben auf ganz verschiedene Weise entstünden, bald durch Delamination, bald durch
Invagination, und im letzteren Falle bald durch Entobolie, bald
durch Epibolie. Dass die letzteren beiden Formen nur verschiedene Modificationen eines und desselben Processes sind, habe

---

[1] „Homophylie nenne ich die wirklich phylogenetisch begründete Homologie, im Gegensatze zur Homomorphie, welcher die geneologische
Begründung fehlt". Monographie der Kalkschwämme, Bd. I, S. 462. Diese
beiden verschiedenen Modi der Homologie, welche ich mit den angeführten
Worten 1872 unterschieden habe, fallen nicht zusammen mit denjenigen
Modalitäten der Homologie, welche Ray-Lankester 1870 als Homogenie
und Homoplasie, neuerdings aber H. Ihering als Homogenie und
Homoeogenie unterschieden hat. Ich werde darauf bei einer andern Gelegenheit ausführlich zurückkommen. Vergl. Annals and Mag. of nat. hist.
1870, Vol. VI, p. 34, 113, 342; und Ihering, Phylogenie der Mollusken. 1877.

ich schon früher gezeigt. Wenn der Nahrungsdotter fehlt oder
unbedeutend ist, so erscheint die Gastrulabildung in der ursprünglichen Form, als Einstülpung oder Invagination der Blastula
(Entobolic); dieselbe tritt aber unter dem Bilde der „Umwachsung"
(Epibolie oder Circumcrescenz) auf, wenn der Nahrungsdotter
sehr gross wird. Was aber ferner die Entstehung der Gastrula
durch Delamination oder Abspaltung (Flächenspaltung des Blastoderms in zwei Schichten) betrifft, so hat sich neuerdings immer
klarer herausgestellt, dass dieser Vorgang äusserst selten — wenn
überhaupt vorhanden ist.[1]) Und in diesen sehr wenigen Fällen
dürfen wir annehmen, dass ein cenogenetischer Process vorliegt,
der erst secundär aus dem palingenetischen Processe der Invagination entstanden ist. RAY-LANKESTER hat diesen Punkt zu verschiedenen Malen so gründlich und umsichtig erörtert, dass ich
hier einfach auf seine ausführliche, mehrfach citirte Darstellung
verweisen kann. Ich nehme daher mit RAY-LANKESTER an, dass
die Gastrula ursprünglich überall durch Invagination der Blastula entstanden ist, und schliesse nach
dem biogenetischen Grundgesetze, dass ebenso ursprünglich die
Stammform der *Gastraea* aus der vorhergehenden Ahnen-Stufe der
Planaea (oder *Blastaea*) entstanden ist.

Durch diese Auffassung gewinnt natürlich die monophyletische
Gastraea-Hypothese wesentlich an Wahrscheinlichkeit, und wir
können eigentlich keinen einzigen Grund mehr gegen die Annahme finden, dass wirklich alle Metazoen ursprünglich von einer
Gastraea abstammen. Aber selbst wenn diese monophyletische
Hypothese der Wahrheit nicht entspräche, so würde sie zunächst
schon bloss als heuristisches Princip von hohem Werthe
sein. Ich möchte bei dieser Gelegenheit ausdrücklich hervorheben,
welchen unschätzbaren Werth für unsere morphologische Erkenntniss die phylogenetischen Hypothesen (ganz abgesehen
von ihrer realen Sicherheit) als heuristische Principien
besitzen. Bekanntlich hat man während der ersten Hälfte unseres
Jahrhunderts überall in der vergleichenden Anatomie und Physiologie mit grösstem Vortheil und Erfolge als heuristisches Princip
die Teleologie verwerthet, obwohl dieselbe bloss auf anthro-

---

[1]) Augenblicklich liegt eigentlich nur noch ein einziger Fall vor, in dem
wirklich die Gastrula durch Delamination, nicht durch Invagination entstehen soll; das ist die *Geryonia* nach FOL; aber bei derselben Meduse behauptet KOWALEVSKY, die Invagination gesehen zu haben!

pomorpher Imagination beruhte und jetzt als wirkliches Erklärungs-Princip allgemein verlassen ist. Um wie viel mehr muss es gestattet sein, sich als heuristischer Principien der phylogenetischen Hypothesen zu bedienen, die in irgend einer Form jedenfalls richtig sind. Zunächst ist hier aber unter den verschiedenen möglichen und gleichberechtigten Hypothesen jedenfalls die einfachste die beste, und schon aus diesem Grunde ziehe ich die monophyletische Gastraea-Hypothese jeder polyphyletischen Annahme vor.

Welchen ausserordentlichen Werth als heuristisches Princip die monophyletische Descendenz-Hypothese besitzt, zeigt vielleicht kein Thierstamm klarer, als derjenige der Wirbelthiere. Wenn es irgend eine grössere Thiergruppe gibt, deren monophyletische Abstammung wir schon heute mit voller Gewissheit behaupten können, so ist es sicher das Phylum der Vertebraten. Der reiche empirische Urkundenschatz, den uns hier vor allen die greifbaren Thatsachen der Palaeontologie, demnächst die zusammenhängenden Argumente der vergleichenden Anatomie und endlich die nicht minder werthvollen Erscheinungen der vergleichenden Ontogenie zu Gebote stellen, spricht so laut und deutlich, dass wir mit voller Sicherheit die gemeinsame Abstammung aller Wirbelthiere von einer einzigen gemeinsamen Stammform, einem „Urwirbelthier", annehmen dürfen. Wie ich nach meiner subjectiven Auffassung mir diese monophyletische Descendenz der Vertrebraten vorstelle, habe ich in der Anthropogenie (III. umgearbeitete Auflage 1877), gestützt vor allen auf Gegenbaur's classische Untersuchungen, ausführlich dargethan. Mögen nun die dort entwickelten Descendenz-Hypothesen zum grösseren Theil richtig sein oder nicht, so habe ich damit doch jedenfalls auf diesem schwierigen und dunkeln Gebiete einen ersten Versuch gemacht, der als heuristische Hypothese die nachfolgenden besseren Versuche eine Zeit lang leiten wird. Jedenfalls stimmen die competentesten und urtheilsfähigsten Fachgenossen heute darin überein, dass die gemeinsame Abstammung aller Wirbelthiere, vom Amphioxus bis zum Menschen hinauf, auf irgend einem Wege gesucht werden muss. [1]

[1] Die monophyletische Descendenz aller Vertrebraten ist so einleuchtend, dass (meines Wissens) noch kein einziger ernstlicher und nennenswerther Versuch gemacht worden ist, das Phylum der Wirbelthiere in mehrere verschiedene Phylen zu zerlegen und von gänzlich verschiedenen,

Wenn das nun der Fall ist, so ergiebt sich für die vergleichende Ontogenie der Wirbelthiere sofort die bestimmte
Aufgabe, alle verschiedenen Keimungs-Formen derselben auf eine
und dieselbe ursprüngliche Keimungs-Form zurückzuführen. Nur
eine Keimungsform kann die ursprüngliche, palingenetische
sein; alle anderen müssen abgeleitete, cenogenetische sein. Und
welche unter allen den zahlreichen und so weit divergirenden
Keimungs-Formen der Vertebraten jene eine ursprüngliche Form
ist, das liegt seit zehn Jahren, seit Kowalevsky's epochemachender
Entdeckung, klar auf der Hand. Der archiblastische Amphioxus zeigt uns noch heute in der Bildung seiner palingenetischen Archigastrula (entstanden durch Invagination
der Archiblastula) die ursprüngliche Art und Weise, in der
sich die ältesten Wirbelthiere (gleich den niedersten wirbellosen
Thieren) aus dem Ei entwickelt haben. Es ist also klar, dass
wir alle übrigen heute existirenden Keimformen der Wirbelthiere
in irgend einer Art auf jene Gastrula zurückzuführen und
durch Invagination einer Blastula entstanden denken
müssen. Damit ist aber für die vergleichende Keimesgeschichte
der Wirbelthiere ein heuristisches Princip von grösster Tragweite
gefunden.

Wie viel Mühe und Arbeit, wie viel Streit und Verwirrung
wäre der vergleichenden Ontogenie der Vertebraten erspart worden,
wenn man jene einfache Reflexion sich angeeignet und auf Grund
der Gastraea-Theorie nach einem einheitlichen Zusammenhang der
verschiedenen Keimungsformen der Wirbelthiere gesucht hätte.
Statt aber diesen Zusammenhang zu suchen, haben sich die
meisten Embryologen nur um das eine Wirbelthier bekümmert,
dessen Ontogenie sie gerade „exact" untersuchten, und sowohl

---

wirbellosen Stammformen abzuleiten. Nur Carl Semper blieb es vorbehalten,
in neuester Zeit die merkwürdige Entdeckung zu machen, dass das wichtigste
(und nächst dem Menschen interessanteste) aller Wirbelthiere, dass der Amphioxus kein Wirbelthier ist, sondern ein Descendent der „Proto-
mollusken", ein nächster Verwandter der Brachiopoden und Bryozoen!
(Semper, Die Stammesverwandtschaft der Wirbelthiere und Wirbellosen, 1875,
S. 59 ff.) Diese und ähnliche phylogenetische Speculationen von Semper sind
so flacher und seichter Natur, dass sie nicht erwähnt zu werden verdienten,
wenn sie nicht durch ihr anspruchsvolles und unfehlbares Auftreten eine gewisse Geltung erlangt hätten. Nur durch Semper's Mangel an gründlicher
vergleichend-anatomischer Bildung und logischer Schulung lassen sich seine
verkehrten Einfälle entschuldigen.

den Amphioxus, wie die übrigen Vertebraten ganz ausser Acht gelassen. Da ist es denn freilich kein Wunder, wenn nicht nur alle möglichen, sondern auch verschiedene unmögliche Hypothesen als „exacte Beobachtungen" sich geltend machten, und schliesslich zu dem Resultate führten, dass nicht nur die verschiedenen Wirbelthiere, sondern auch verschiedene Exemplare einer und derselben Vertebraten-Species ganz verschiedene Keimungs-Formen besässen!

Dieses eine Beispiel mag genügen, um die heuristische Bedeutung der Gastraea-Theorie zu erläutern. Weit entfernt, mit derselben unsere phylogenetischen Forschungen in eine dogmatische Richtung drängen zu wollen, wünschte ich zunächst nur für den Angriff ihrer höchst schwierigen und verwickelten Aufgaben eine feste einheitliche Basis zu gewinnen. Wie weit es gelingen wird, bei weiterem Ausbau unserer Theorie ihre Folgerungen zu bestätigen und ihren heuristischen Werth in einen causalen zu verwandeln, das lässt sich heute natürlich weder in günstigem noch in ungünstigem Sinne vorhersagen. Wenn mir aber meine Gegner vorwerfen, dass die Gastraea-Theorie „zu philosophisch" und „zu wenig empirisch" sei, so darf ich mich gegen diesen Vorwurf wohl mit denselben Worten vertheidigen, mit denen vor 111 Jahren Caspar Friedrich Wolff seine grundlegende Theorie der Epigenesis in Schutz nahm: „Wer eine Sache nicht aus der Erfahrung unmittelbar, sondern aus ihren Gründen und Ursachen erkennt, wer also durch diese, nicht durch die Erfahrung, gezwungen wird, zu sagen: „„Die Sache muss so und sie kann nicht anders sein, sie muss sich nothwendig so verhalten, sie muss diese Eigenschaften haben, und andere kann sie nicht haben"" — der sieht die Sache nicht nur historisch, sondern wirklich philosophisch ein, und er hat eine philosophische Kenntniss von ihr. Eine solche philosophische Erkenntniss von einem organischen Körper, die von der bloss historischen sehr verschieden ist, wird unsere Theorie der Generation sein!"

Druck von G. Pätz in Naumburg a. S.

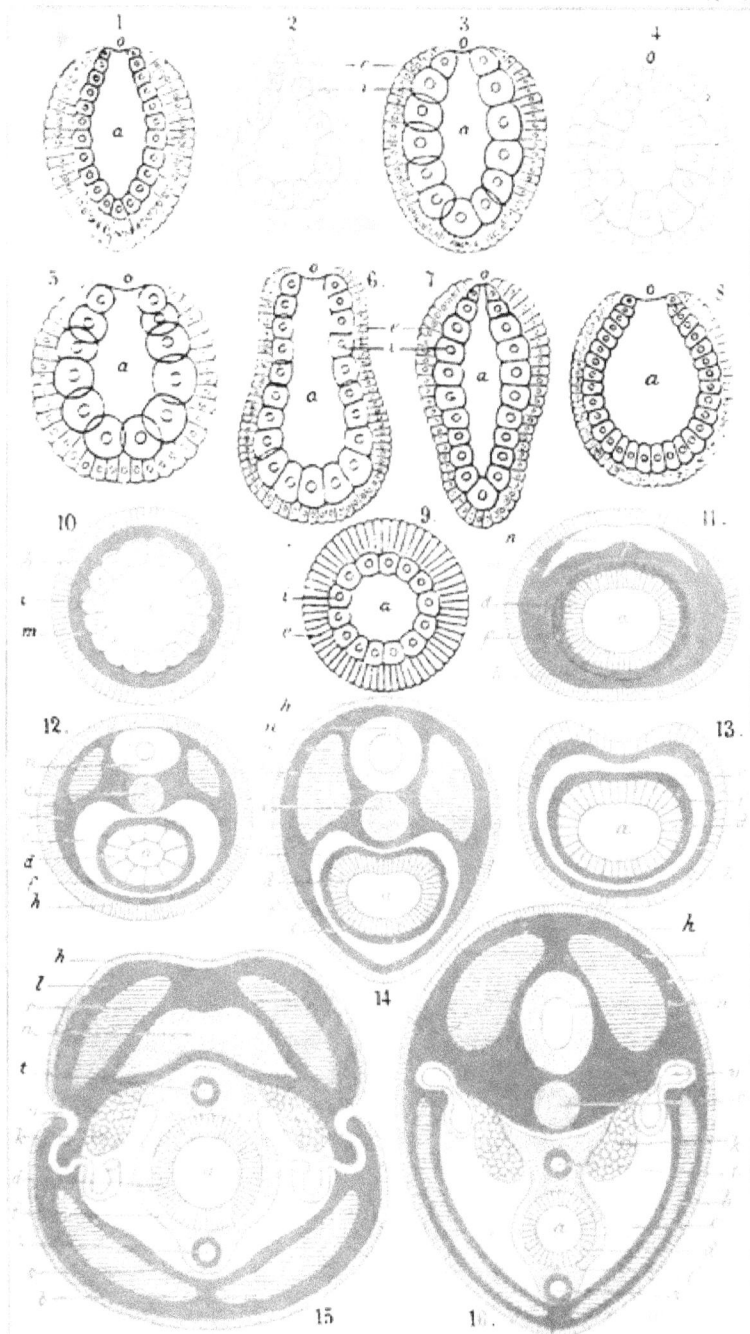

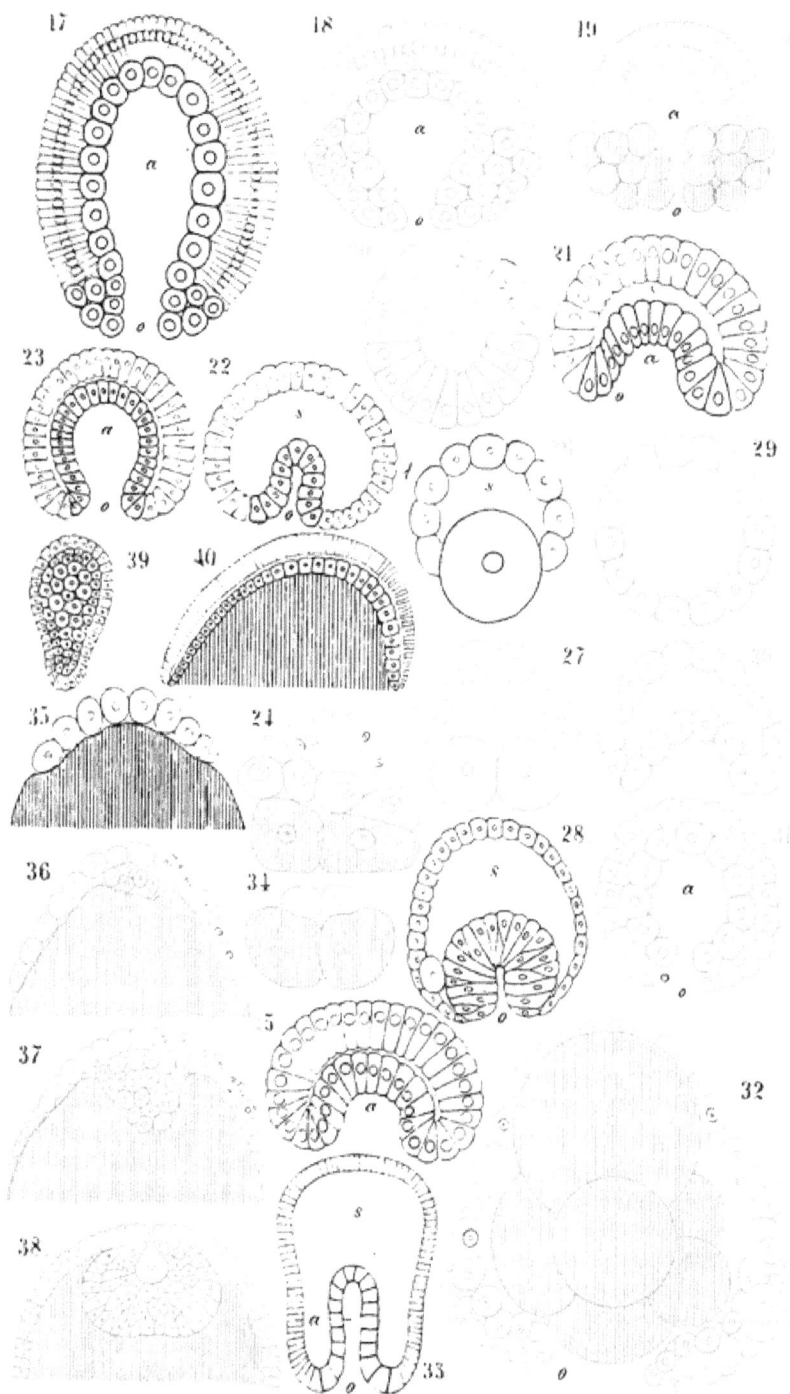

41  42  43

44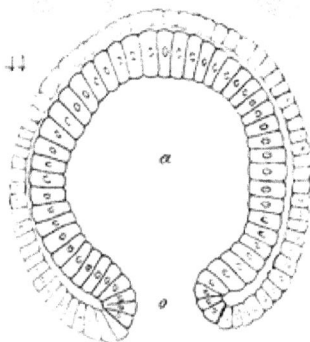

53

45  46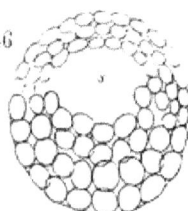

52

48 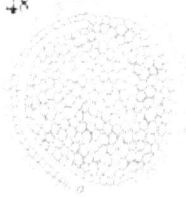 47

51 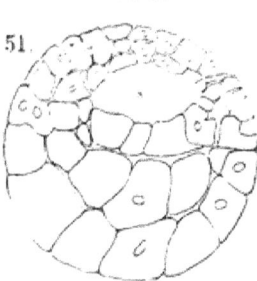 50

49

54

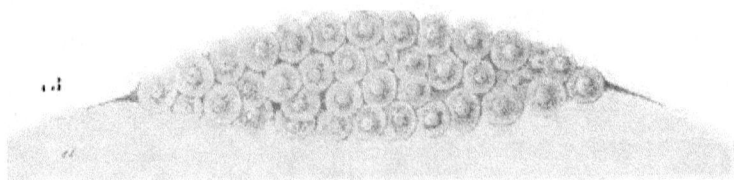

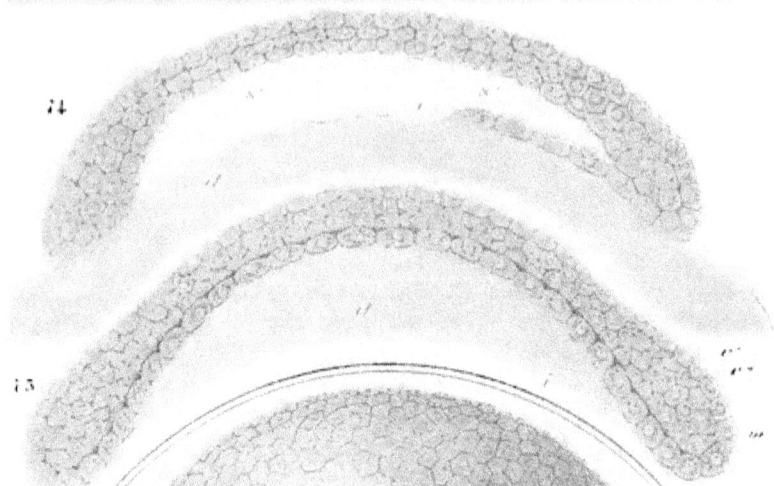

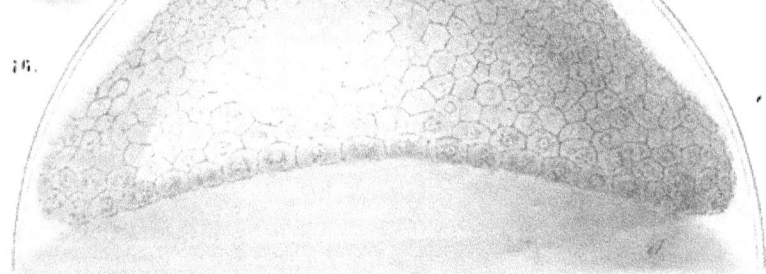

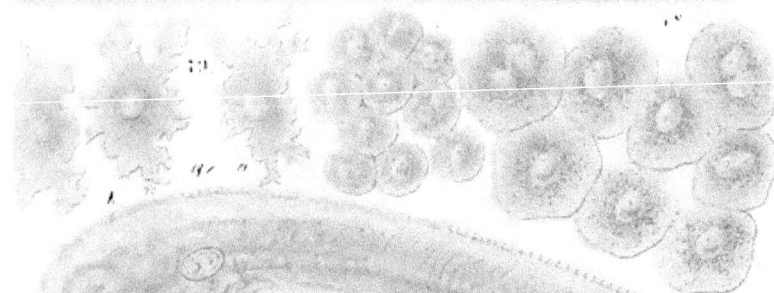

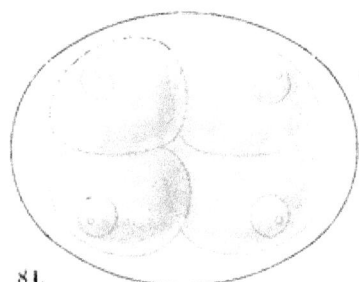

81.

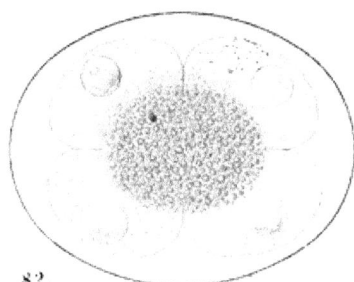

82.

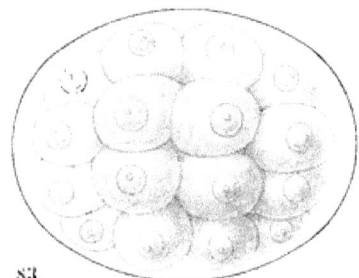

83.

84.

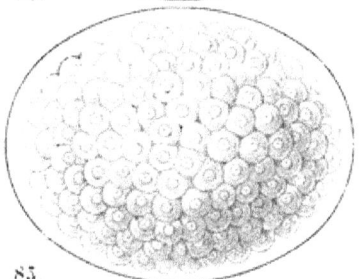

85.

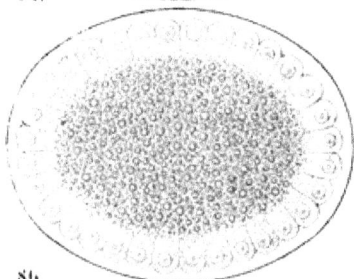

86.

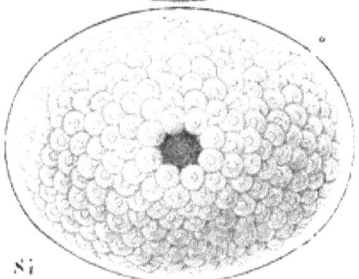

87.

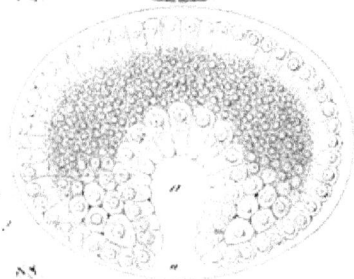

88.

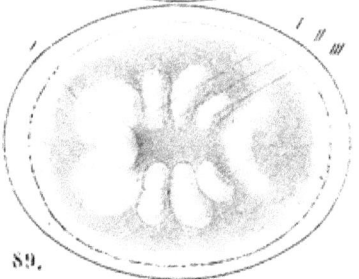

89.

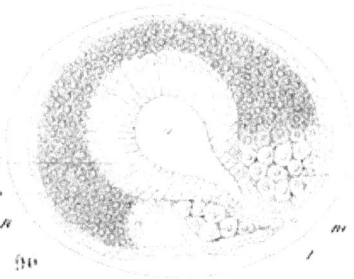

90.

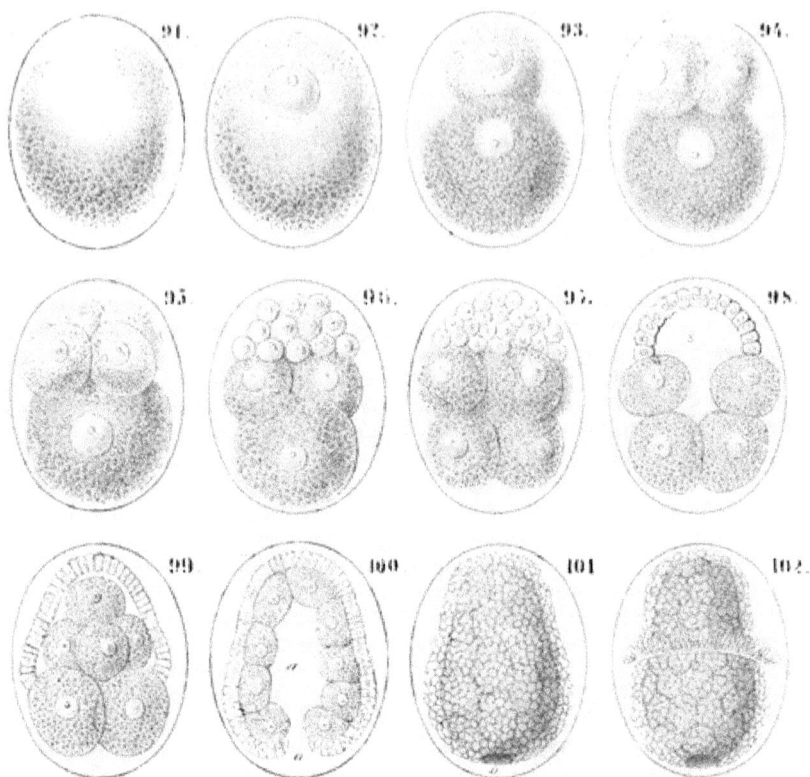

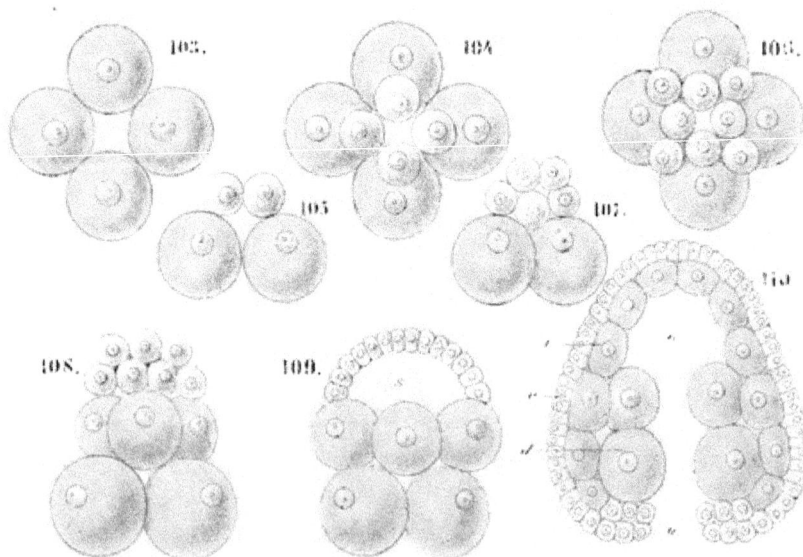

114

115

116

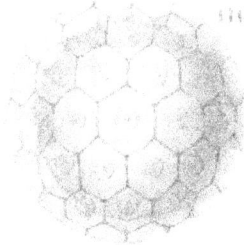

117

118

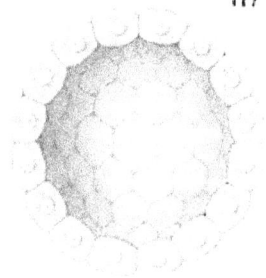

119

120

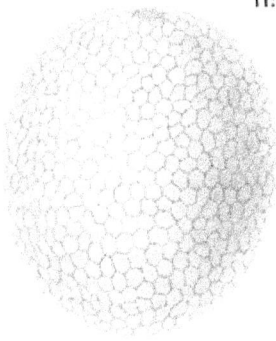

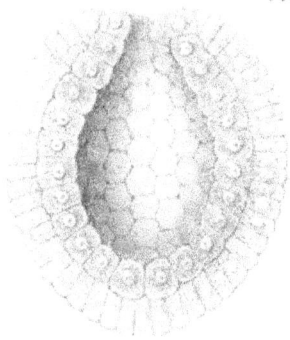

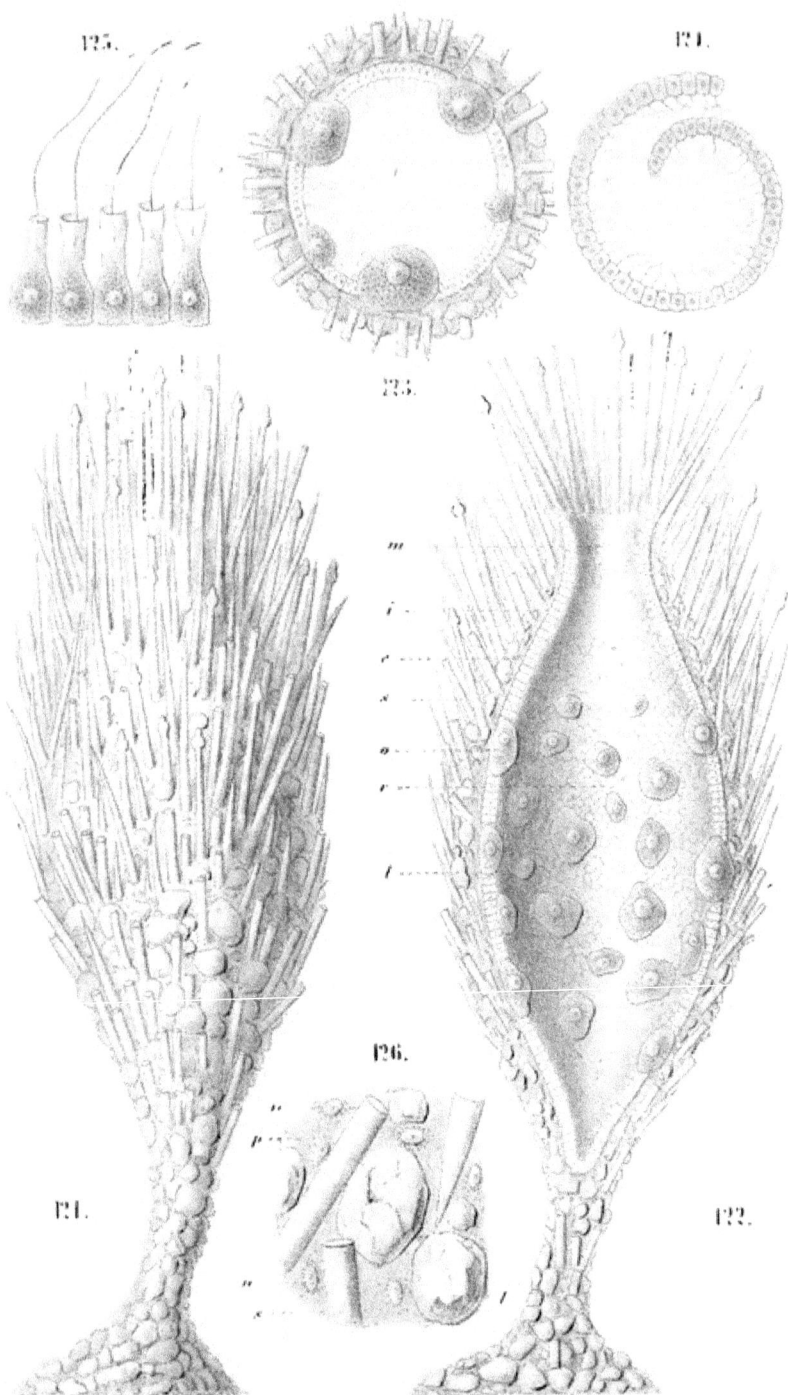

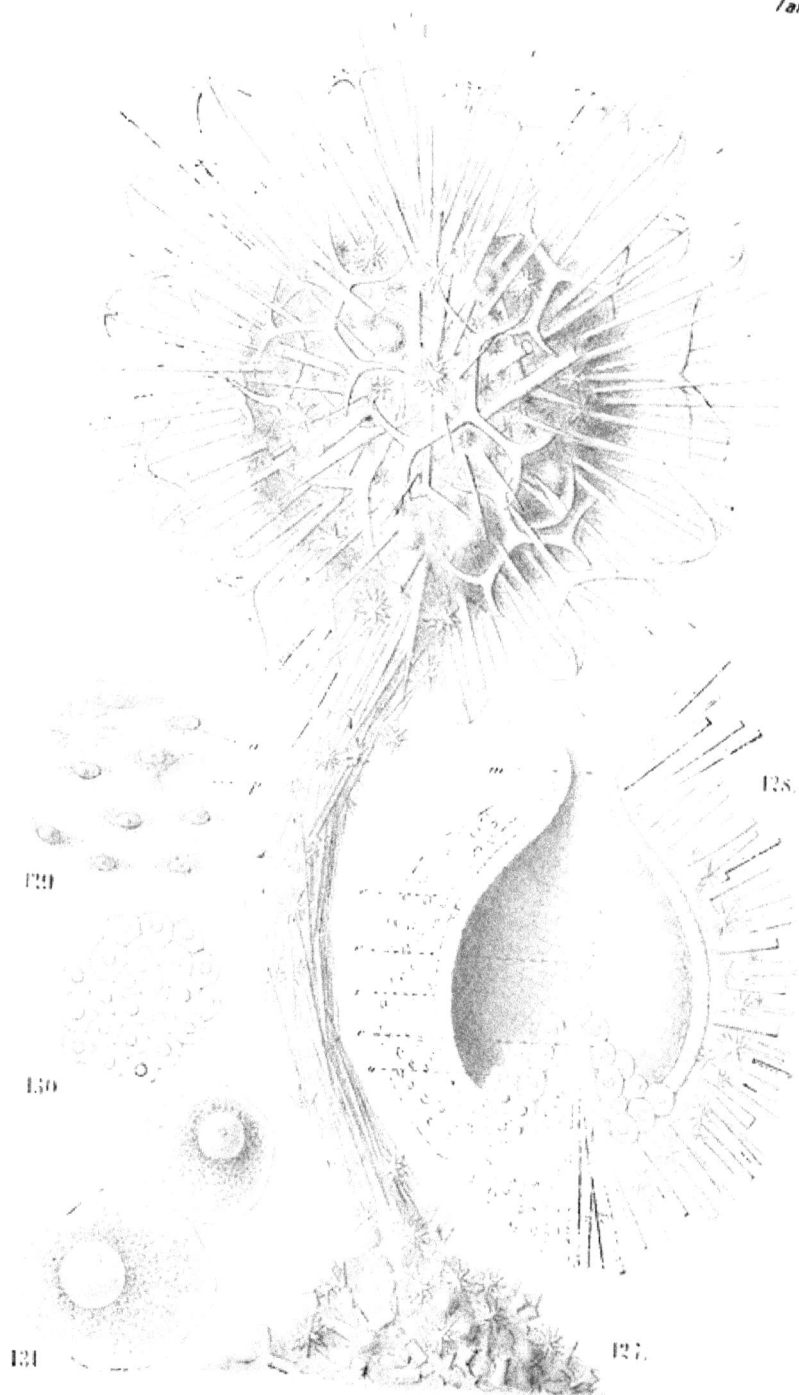

129

130

131

128.

127.

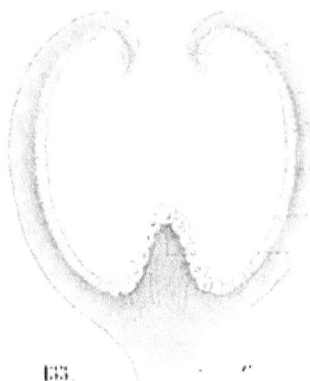

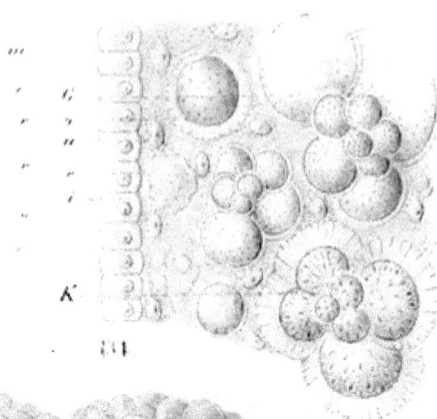

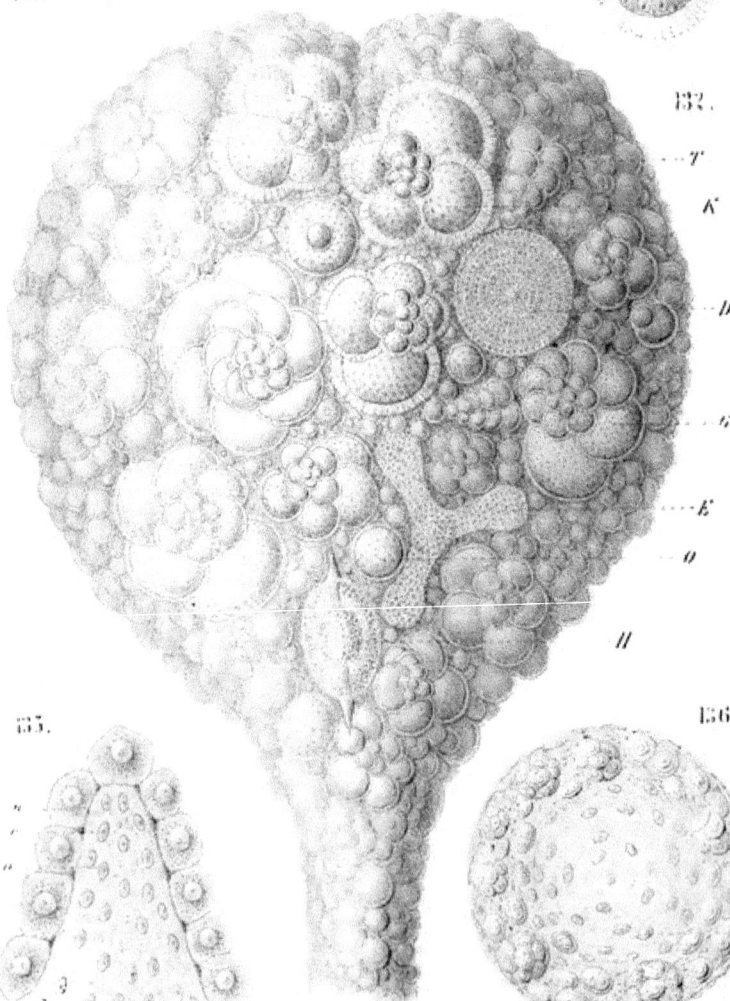

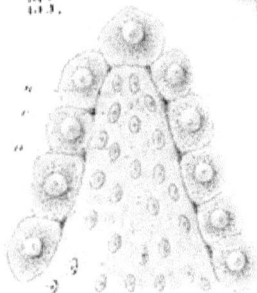

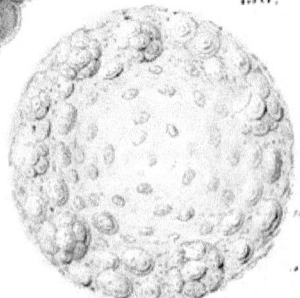

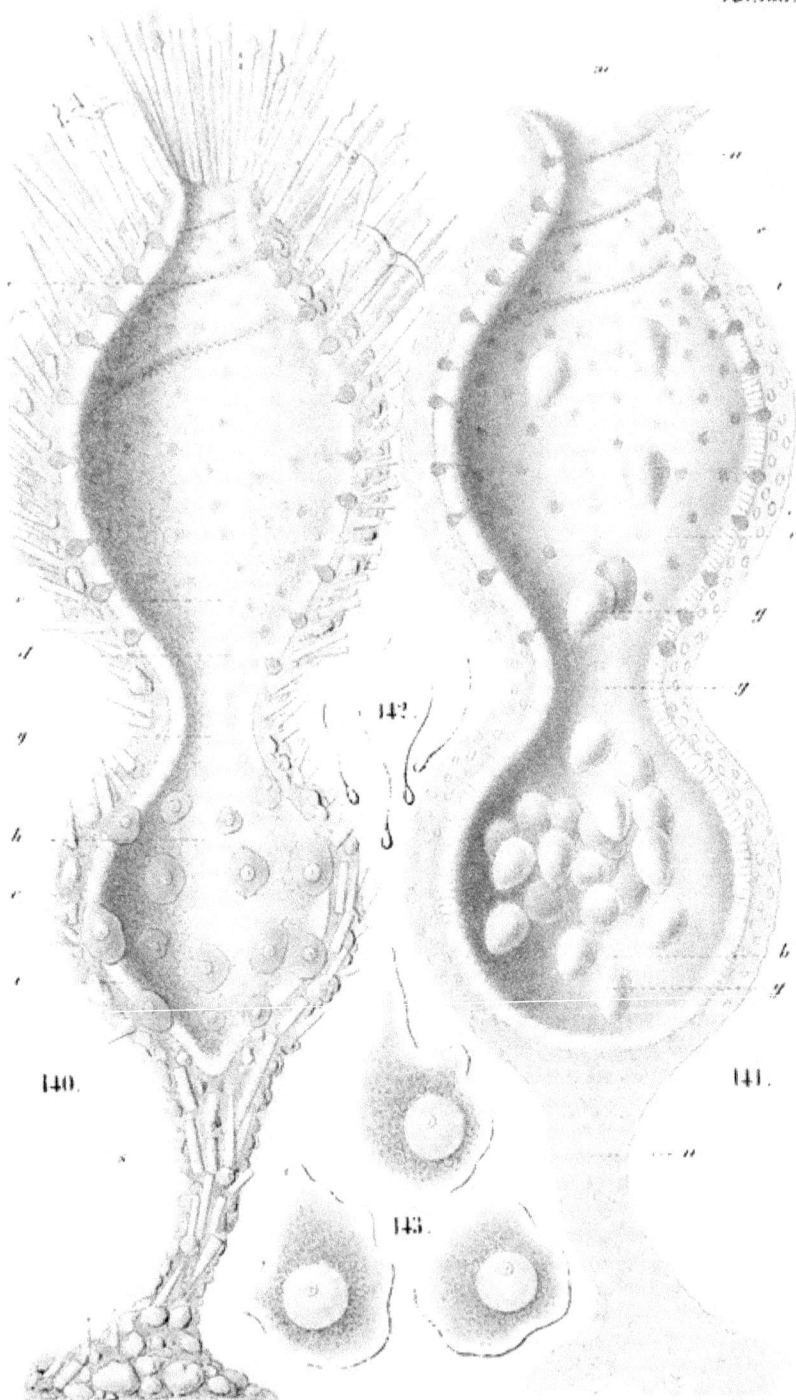

140.

141.

142.

143.

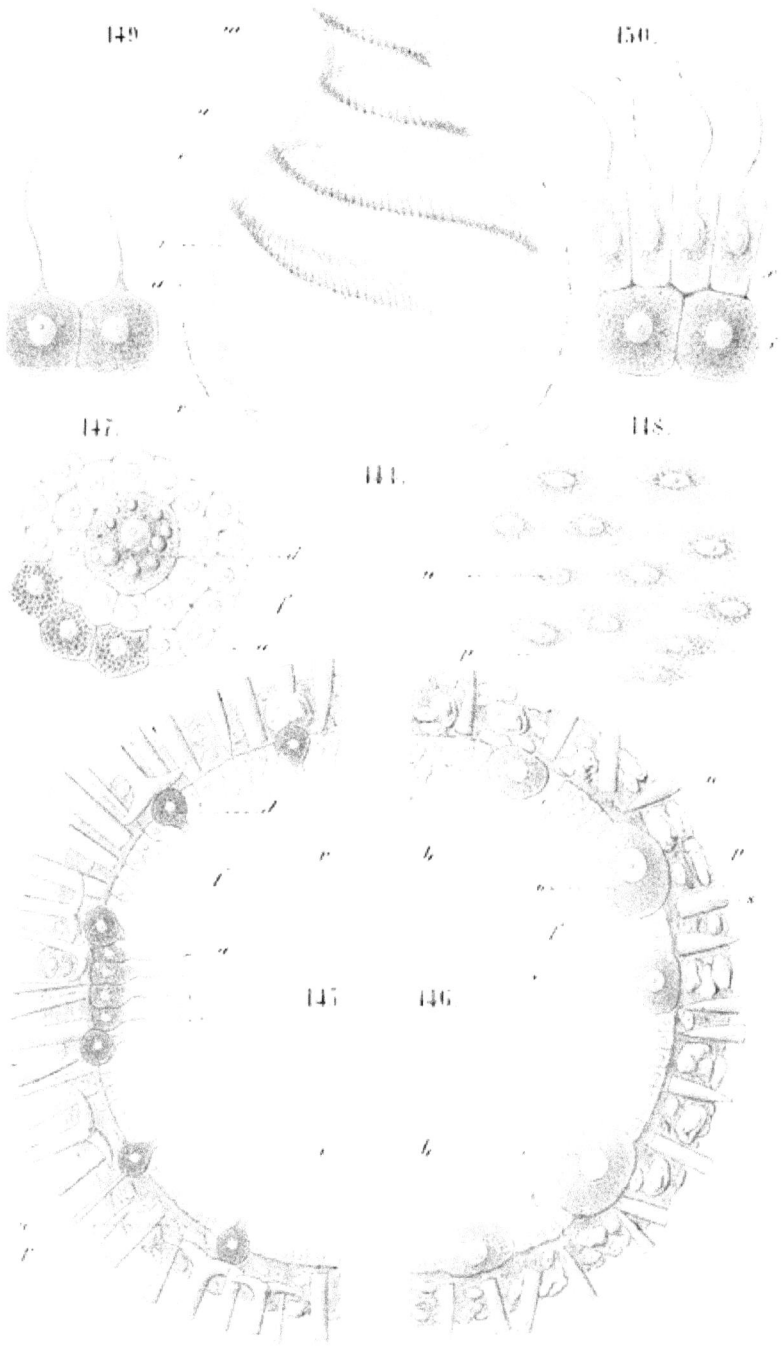

149

150.

147.

148.

141.

145

146